W0229405

Philipp Rösler · Christian Lindner (Hrsg.)

Freiheit: gefühlt – gedacht – gelebt

Philipp Rösler
Christian Lindner (Hrsg.)

Freiheit: gefühlt –
gedacht – gelebt

Liberale Beiträge zu einer
Wertediskussion

VS VERLAG FÜR SOZIALWISSENSCHAFTEN

Bibliografische Information der Deutschen Nationalbibliothek
Die Deutsche Nationalbibliothek verzeichnet diese Publikation in der
Deutschen Nationalbibliografie; detaillierte bibliografische Daten sind im Internet über
<http://dnb.d-nb.de> abrufbar.

1. Auflage 2009

Alle Rechte vorbehalten
© VS Verlag für Sozialwissenschaften | GWV Fachverlage GmbH, Wiesbaden 2009

Lektorat: Frank Schindler

VS Verlag für Sozialwissenschaften ist Teil der Fachverlagsgruppe
Springer Science+Business Media.
www.vs-verlag.de

Umschlaggestaltung: KünkelLopka Medienentwicklung, Heidelberg
Druck und buchbinderische Verarbeitung: Krips b.v., Meppel
Gedruckt auf säurefreiem und chlorfrei gebleichtem Papier
Printed in the Netherlands

ISBN 978-3-531-16387-1

Inhalt

Autorenverzeichnis

352

8

Philipp Rösler und Christian Lindner

Vorwort

Wir treffen sie oft. In Berlin und Köln, in Chemnitz und Hannover, in Frankfurt und Bremerhaven. Sie sind Handwerksmeister, die gerade mit einem eigenen Betrieb den Schritt in die Selbständigkeit wagen. Die junge allein erziehende Mutter, die neben der Erziehung ihrer Kinder mit großen Mühen eine Berufsausbildung abschließen will, gehört dazu. Der Künstler Ende 60, der sich seine Kreativität täglich neu erarbeitet, ist einer von ihnen. Sie sind Lehrer, die ihre Berufung darin gefunden haben, jeden Morgen Kindern und Jugendlichen das Wichtigste unserer Gesellschaft zu vermitteln: Wissen und Werte. Der Arbeiter ohne Arbeit, der trotzdem unverdrossen Bewerbungen schreibt und Neues lernt, zählt zu ihnen. Als *Consultants* pendeln sie zwischen London, Peking und München – engagieren sich aber in den Sommerferien als Gruppenleiter in der kirchlichen Jugendarbeit. Sie sind Menschen mit Behinderung, die trotz eines Handicaps auch mit ihren Stärken gesehen und ernst genommen werden wollen. Trotz aller Unterschiede ist diesen Persönlichkeiten eines gemeinsam: Sie pflegen einen individuellen Lebensstil, übernehmen Verantwortung für sich und andere und haben Freude an der eigenen Leistung. Mit anderen Worten: Sie teilen gefühlte und gelebte Freiheit.

Wir sprechen bei vielen Gelegenheiten mit diesen Menschen. Dienstlich als Parlamentarier und privat im Freundes- und Bekanntenkreis. Wir stellen dann gemeinsame Werte und Lebensperspektiven fest, ärgern uns über die gleichen politischen Versäumnisse und stimmen schnell darin überein, was jetzt von der Regierung getan werden sollte. Und doch werden wir zu oft Zeugen ungläubigen Staunens: „Dafür steht die FDP? Das war mir nie klar." Wer sich für die Freien Demokraten engagiert, der kennt diese Reaktion nur zu gut. Viele unserer Gesprächspartner hatten ein Bild des Freiheitsbegriffs der FDP, das nicht viel mehr als eine böse Karikatur war. Fraglos, wenn es danach an das Eingemachte geht, dann dauert es, bis wir Liberale unsere eigene politischen Überzeugungen erklärt und Vorurteile abgebaut haben. Im Gespräch müssen regelmäßig viele Einzelfallbeispiele und Missbrauchsmöglichkeiten der Freiheit durchgespielt werden. Denn auch mancher derjenigen, die selbst Freiheit fühlen und leben, misstraut dem persönlichen Leitwert, wenn mit ihm auch das soziale Leben gestaltet werden soll. Wenn der Wert der Freiheit aber in seiner faszinierenden Vielfalt gedacht und geprüft wird, dann findet er rasch neue Freunde.

Solche Gespräche haben uns eines gelehrt: Der FDP fehlen nicht kluge Konzepte in den verschiedenen Politikfeldern. Daran herrscht kein Mangel. Wir glauben aber nicht daran, dass eine Partei nur wegen sinnvoller Maßnahmevorschläge gewählt wird. Sie erhält vielmehr Zustimmung, wenn sie mit einer positiven politischen Erzählung verbunden wird, die das Lebensgefühl der Menschen trifft und ihnen Hoffnung auf eine bessere Zukunft macht. Eine solche Tonalität wollen wir für unsere Partei, um den politisch-konzeptionellen Führungsanspruch der FDP mit Empathie zu untermauern! Deshalb haben wir vor einiger Zeit vorgeschlagen, über ein neues Grundsatzprogramm für die Freien Demokraten zu diskutieren. Das ist kein Beleg für gegenwärtige Schwäche, sondern Ausdruck des festen Willens, sich neuen gesellschaftlichen Realitäten stellen und immer mehr Menschen für sich begeistern zu wollen. Was die FDP indes nicht braucht, wäre eine Totalrevision unserer Überzeugungen: Der Wert der Freiheit ist nicht abhängig von Zeitgeist und Umfragewerten. Allerdings muss sich jede politische Generation ihren konkreten Begriff von Freiheit neu erarbeiten.

Die Autorinnen und Autoren dieses Bandes gehören zur jüngeren Generation von Mandats- und Funktionsträgern der FDP. Sie arbeiten auf unterschiedlichen politischen Ebenen und sie haben eigene Positionen, die oft übereinstimmen – aber nicht immer. Es ist also keine organisierte Gruppe innerhalb der FDP, die beispielsweise mit den „Netzwerkern" aus der SPD vergleichbar wäre. Anders als der viel zitierte „Anden-Pakt" aus der Union bilden wir als jüngere Führungskräfte in der FDP auch kein Karrierenetzwerk. Und doch gibt es eine Gemeinsamkeit: Für nahezu alle waren die Krisenjahre 1993 bis 1995 politisch prägend. Seinerzeit fuhr die FDP in schwerem Fahrwasser. Bei den Landtagswahlen wurden wir nicht selten unter „Sonstige" eingeordnet, die Presse sprach von der „Dame ohne Unterleib" und allenthalben wurde in den Feuilletons die Frage diskutiert, ob und wofür man eigentlich den organisierten Liberalismus noch brauche. In einer Wochenzeitung wurde gar eine Karikatur veröffentlicht, in der die Punkte der damaligen „F.D.P." durch Totenköpfe ersetzt worden waren. Insbesondere die Kampagne zur Bundestagswahl 1994 war beschämend. „Diesmal geht's um alles" wurde plakatiert. Im Werbemittelkatalog wurde eine Kleinanzeige mit dem Text angeboten: „FDP wählen, damit Kohl Kanzler bleibt." Wir haben diese Kampagne als Offenbarungseid empfunden, weil nur noch die dienende Funktion für eine andere Partei und nicht mehr das liberale Programm im Vordergrund stand – eine Situation, die sich nie mehr wiederholen soll. Wer also damals – wie wir – bei den Liberalen aktiv wurde, der kann es kaum aus Karrieregründen getan haben. Wir spürten, dass der deutschen Politik eine weltanschauliche Grundrichtung verloren gehen könnte, wenn wir diese Partei jetzt nicht stärken. Deshalb haben wir als '94er Generation der FDP Partei für die Freiheit ergriffen. Bald kamen noch jüngere Liberale mit derselben Überzeugung hinzu.

Ohne Zweifel ist es vor allem das Verdienst von Guido Westerwelle, dass die FDP diese Krise überwinden konnte. Auf seine Initiative hin und maßgeblich von ihm formuliert hat sich unsere Partei neue Perspektiven im Programm und eine neue Positionierung im gewandelten Parteiensystem erarbeitet. Die 1997 verabschiedeten „Wiesbadener Grundsätze" haben der FDP ein neues, klares Profil gegeben. Sie waren der Ausgangspunkt für unsere neue Vitalität, die bis heute anhält. Viele von uns Jüngeren haben bereits an der Diskussion um die „Wiesbadener Grundsätze" teilgenommen. In den Gremien der Jungen Liberalen, als Delegierte von Parteitagen oder auch schon als Mitglieder der damaligen Programmkommission. Dieses Grundsatzprogramm ist also auch unser Grundsatzprogramm, das wir mit erarbeitet haben und vertreten.

Als Deutschland in der Endphase der Regierung Kohl für die Zukunftsfähigkeit unseres Landes wichtige Anpassungen versäumt hat, musste sich die FDP als Motor für Veränderungen positionieren – im ökonomischen Bereich der Politik genauso wie in der Gesellschaftspolitik. Weil vom Staat alles und von sich selbst so gut wie nichts mehr erwartet wurde, plädierten wir als Freie Demokraten für die gelebte Eigenverantwortung in der Bürgergesellschaft. Wir wollten mit den „Wiesbadener Grundsätzen" den Zugriff des Staates auf das private Leben begrenzen. Aus der historischen Situation heraus betonen die „Wiesbadener Grundsätze" also vor allem die quantitative Dimension der Freiheit – die Ausdehnung individueller Handlungsoptionen. Auch heute noch, mehr als ein Jahrzehnt später, ist dieser Tenor unseres gültigen Grundsatzprogramms offensichtlich aktuell. Und dennoch hat sich die Welt seit 1997 verändert: Mit den wiederholten Krisen der Weltfinanzmärkte, dem Klimawandel, den inzwischen spürbaren Veränderungen in der Demographie, den Anschlägen des 11. September 2001, der Globalität unseres wirtschaftlichen und kulturellen Lebens und nach einem politischen Reformjahrzehnt seit 1998, das Probleme allerdings vielfach nicht gelöst sondern verstärkt hat, stellen sich heute Fragen, auf die die

„Wiesbadener Grundsätze" natürlich nicht antworten können. Die JuLis als Jugendorganisation der FDP haben vor diesem Hintergrund bereits eine Debatte über ein neues Grundsatzprogramm begonnen. Eine neuerliche Grundsatzdiskussion ist auch in der FDP erforderlich, damit wir uns unserer Werte vergewissern und neue Metaphern für unsere Prinzipien finden können.

Vor der Bundestagswahl dieses Jahres ist die Arbeit an einem Grundsatzprogramm, das die Gegenwart politisch interpretieren muss und die Zukunft positiv gestalten soll, natürlich nicht zu leisten. Gerade wenn nicht nur kleine Zirkel formulieren, sondern der Diskurs öffentlich und unter Einbeziehung von externer Expertise geführt werden soll, dann braucht ein Beratungsprozess Zeit. Wir verstehen diesen Sammelband also als erste Ideen- und Materialsammlung. Alle Autorinnen und Autoren hatten bei der Themenwahl und -bearbeitung weitgehende Freiheit. Wir haben die Beiträge lediglich grob nach Grundsatzpositionen (Teil 1) und stärker an Politikfeldern orientierten Argumentationen (Teil 2) geordnet. Darüber hinaus hatten wir uns entschieden, in dieser Publikation ausdrücklich auch „Liberale ohne Parteibrille" zu Wort kommen zu lassen (Teil 3), für deren Bereitschaft zu Stellungnahme und Dialog wir uns herzlich bedanken.

Durch diesen Ansatz der Herausgeber kann der Band natürlich nicht einem geschlossenen Konzept folgen. Er ist auch keine Blaupause für ein neues Grundsatzprogramm. Dann würde sich eine Debatte erübrigen. Durch die sich ergebenden Schwerpunktsetzungen zeigt sich allerdings in ersten Konturen, welche Aspekte neue Prominenz in der Grundsatzprogrammatik erhalten könnten: Mit den hier unter anderem diskutierten Werten Fairness, Solidarität, Teilhabe, Nachhaltigkeit, Familie, Heimat, Kultur und Gesundheit wird die qualitative Dimension unseres Freiheitsbegriffs hervorgehoben, die den vor allem quantitativ-liberalen Fokus der „Wiesbadener Grundsätze" ergänzt. Mit anderen Worten: Wir verdeutlichen, dass Freie Demokraten nicht abstrakt die nackte Zahl der Optionen für individuelle Lebensentwürfe maximieren wollen. Denn dann wäre Freiheit nur ein leerer Raum, der vergrößert wird. Freie Demokraten bemühen sich stattdessen, wertvolle und sinnstiftende Optionen für Lebenswege zu eröffnen. Dadurch erst wird Freiheit lebendig und fühlbar. Schon in den „Freiburger Thesen" haben die Freien Demokraten seinerzeit geschrieben: „Freiheit und Glück des Menschen sind (...) nicht einfach nur eine Sache gesetzlich gesicherter Freiheitsrechte und Menschenrechte, sondern gesellschaftlich erfüllter Freiheiten und Rechte." Ein neuer Gedanke ist dies somit nicht. Aber einer, der wert ist, neu durchdacht und von der FDP in Anspruch genommen zu werden.

Wenn dieser Band Debatten anstößt und zu Zuspruch oder Widerspruch anregt, dann hat er sein Ziel erreicht. Wir suchen den Dialog und wollen ihn fortsetzen. Dazu haben wir im Internet unter *www.freiheit-gefühlt-gedacht-gelebt.de* eine Plattform eingerichtet, auf der das Buch und seine Beiträge diskutiert werden können. Auch weitergehende Informationen über die einzelnen Autoren und ihre Arbeit finden sich dort.

Zu danken ist unseren Mitarbeitern Dr. Florian Keisinger, Mareike Goldmann und Nina Schultes, die dieses Buch durch Rat und Tat möglich gemacht haben.

Hannover und Düsseldorf (Januar 2009)

1. Teil
Liberale Grundsätze

Christian Lindner

Freiheit und Fairness

Ungerechtigkeit wird zuerst gefühlt. Ich habe in den letzten Monaten viele Gespräche geführt, in denen meine Gegenüber dieses Gefühl ausgedrückt haben: Darunter war beispielsweise der Besitzer eines kleinen Geschäfts, der jeden Monat knapp mit jedem Euro kalkulieren muss, während der Staat den Banken doch mit Milliarden Euro Schutzschirme spannt. Die junge Frau, die alles getan hat, um im Beruf Fuß zu fassen – aber nun keinen KiTa-Platz findet. Der Rentner, der sein Einkommen mit den Bezügen eines DAX-Vorstands verglichen hat. Ein Herzchirurg, der nach jahrzehntelanger Arbeit jetzt zu den Kapazitäten in seiner Disziplin gehört und sich durch die „Reichensteuer" bestraft fühlt. Der Mitarbeiter eines Konzerns, der ausgerechnet hatte, dass der Gewinn seines Arbeitgebers schneller steigt als sein Gehalt. Ein Unternehmer, der sein Leben in den Dienst seines Betriebs gestellt hat und nun sein Lebenswerk vor einem als unmoralisch empfundenen Fiskus schützen will, indem er vor der Erbschaftssteuer ins Ausland flieht. Jeder kennt andere Beispiele.

Die subjektiv wahrgenommene Ungerechtigkeit erregt starke Emotionen, die Menschen zu allen Zeiten bewegt und veranlasst haben, für eigene Interessen und höhere Ideale zu streiten. Allerdings sind diese Gefühle auch an die eigene Lebensperspektive gebunden. Und das dabei jeweils zu Grunde gelegte Paradigma der Gerechtigkeit ist situationsabhängig: Einem Verhungernden werden wir zu essen geben und nicht zuerst Fragen stellen: Bedürfnisgerechtigkeit will konkret die soziale Lage Einzelner verbessern. Es gibt beim Kindergeburtstag schnell Tränen, wenn nicht jedes Kind ein gleich großes Tortenstück erhält: Gleichheit als Gerechtigkeitsmodell will soziale Beziehungen verbessern. Der Bäcker, der günstiger und besser backen kann, wird mehr Brötchen verkaufen als seine Wettbewerber und deshalb mehr verdienen: Gerechtigkeit der Leistung will Effizienz, indem sie Einzelne entsprechend ihres Anteils am Zustandekommen eines Gemeinschaftsergebnisses belohnt. Keine dieser drei Modellvorstellungen ist aber allein tauglich, menschliches Zusammenleben zu gestalten.

Gerechtigkeit ergibt sich nicht aus der Summe der Einzelforderungen und Einzelperspektiven. Vielmehr ist die Frage nach einer gerechten Gesellschaft genuin politisch – um ihre Antwort muss gerungen werden. Zumal in Zeiten entfesselter Dynamiken in Wirtschaft und Gesellschaft werden Veränderungen als Gerechtigkeitsfragen wahrgenommen – so war es schon beim Wechsel von der Agrar- in die Industriegesellschaft. Und so ist es in Deutschland heute in der dämmernden Dienstleistungs- und Wissensgesellschaft wieder: Seit Beginn der 1990er Jahre steigt in Umfragen die Zahl derjenigen, die meinen, in Deutschland gehe es eher ungerecht zu. Mit der nüchternen statistischen Wirklichkeit hat diese „gefühlte Temperatur" wenig zu tun; beispielsweise blieb die Einkommenskonzentration (Gini-Index) seit der Deutschen Einheit in etwa konstant. Aber es ist ein Alarmzeichen, wenn immer mehr Menschen mangelnde Aufstiegschancen beklagen oder Abstiegsängste bewältigen müssen. Deshalb braucht unser Land eine Debatte über den Begriff der Gerechtigkeit und über Wege zu einer in diesem Sinne gerechteren Gesellschaft. In dieser Klärung liegt für Deutschland die Herausforderung, einen neuen sozialen Konsens für die Zukunft zu gewinnen. Ich bin zudem überzeugt: Geteilte moralische Empfindungen prägen die Entscheidung für oder gegen eine politische Richtung stärker als einzelne Programmaspekte.

Die Wiesbadener Grundsätze, das aktuelle Grundsatzprogramm der Freien Demokraten aus dem Jahr 1997, verwenden den Begriff der „sozialen Gerechtigkeit". Er ist gewiss politisch korrekt, insofern er zur Phraseologie der deutschen Parteien gehört. Mit ihm lässt sich jeder Eingriff in Markt und Gesellschaft gegen Einwände verteidigen, knallhart vertretene Gruppeninteressen können gegen Widerspruch immunisiert werden und kaum ein Vorwurf wiegt schwerer als der, eine Politik verstoße gegen die „soziale Gerechtigkeit". Der Versuch ihrer Verwirklichung hat den „Staat zu einem Tag und Nacht arbeitenden Pumpwerk der Einkommen" (Wilhelm Röpke) gemacht – aber wirklich auch gerechter und sozialer? Was bezeichnet also dieser Begriff? Der liberale Wirtschaftsnobelpreisträger Friedrich-August von Hayek zog aus seinen langwierigen Bemühungen um eine Klärung den Schluss, „dass für eine Gesellschaft freier Menschen dieses Wort überhaupt keinen Sinn macht", denn „niemand hat bis jetzt eine einzige allgemeine Regel herausgefunden, aus der wir für alle Einzelfälle, auf die sie anzuwenden wäre, ableiten könnten, was ‚sozial gerecht' ist." Es handele sich um einen „quasi-religiösen Aberglauben". Für Liberale liegt deshalb eine Chance darin, ihren Gerechtigkeitsbegriff in Abgrenzung zum ausgehöhlten Kampfbegriff der „sozialen Gerechtigkeit" zu präzisieren. Aus den Wiesbadener Grundsätzen ergibt sich indes nur implizit ein Umriss. Dabei verfügen die Liberalen über eine Vorstellung von Gerechtigkeit, die den moralischen Gefühlen vieler und immer mehr Menschen entspricht: *Fairness*. Die FDP sollte diesen Begriff offensiv für sich reklamieren. In der Diskussion um ein neues Grundsatzprogramm wäre er zu systematisieren. Meine Assoziationen will ich nachfolgend notieren.

Freiheit vor Gerechtigkeit. Freiheitsqualität vor Freiheitsquantität.

Ein liberaler Gerechtigkeitsbegriff baut auf der Menschenwürde der Einzelpersönlichkeit und ihrer daraus folgenden Freiheit auf – die Freiheit geht ausdrücklich der Gerechtigkeit voraus! Der Einzelne ist frei, weil ein Leben in Würde unter dem Machtdiktat anderer nicht denkbar wäre. Der Wert der Menschenwürde impliziert eine fundamentale Gleichheit, weil es keine Individuen erster und zweiter Klasse geben kann. Aus der Freiheit folgt das Recht auf das Eigentum an den Ergebnissen von Arbeit und Tausch. Die Freien kooperieren zur Herstellung einer staatlichen Ordnung, die im Interesse aller die Bedingungen für freien Wettbewerb schafft und erhält. Dieses Credo des Liberalismus hat prinzipiell Bestand. Es bildet heute aber nur die eine Dimension der Freiheit, die sich negativ als Abwesenheit von Zwang und als Abwehr von staatlichem Zugriff auf Privatsphäre und Privateigentum definiert. Geöffnet wird durch diese „quantitative Freiheit" (Claus Dierksmeier) ein Raum, in dem Menschen autonom zwischen Optionen für den eigenen Lebensweg wählen können. Die Freiheitsbilanz der Gesellschaft insgesamt verbessert sich aber nicht dadurch, dass nur die Zahl wertloser oder theoretischer Optionen maximiert wird. Die Wahlentscheidung beispielsweise zwischen den nur zwei akzeptablen Lebensentwürfen Tennislehrer oder Fischhändler wäre den vier scheußlichen Optionen Hungertod, Kriminalität, Ausbeuterlohn oder Glücksspiel vorzuziehen.

Ich verstehe Freiheit in ihrer qualitativen Dimension als Summe von „Lebenschancen" (Ralf Dahrendorf): Frei ist derjenige, der zwischen möglichst vielen, wertvollen und realisierbaren Optionen für den eigenen Lebensweg wählen kann. Diese Freiheit bedarf für jeden Einzelnen einer materiellen Grundlage, aber genauso auch ideeller Voraussetzungen wie Toleranz, Bildung, Leistungsbereitschaft und Verantwortungsgefühl für sich wie andere. Hingegen ist nicht frei, wer Angst vor Krankheit, Alter, Arbeitslosigkeit, Ausgrenzung und Diskriminierung haben muss. Eine Gesellschaft ist also zuerst gerecht, wenn sie durch ihre

Institutionen sicherstellen kann, dass möglichst alle diese „Befähigungen"
(Amartya Sen) – die tatsächlichen Handlungsmöglichkeiten – zur Verwirklichung von wertvollen Lebenschancen erhalten.

Der türkischstämmige Junge aus Köln, der keinen Schul- und Berufsabschluss hat und der trotz zehnjährigem Schulbesuch nur gebrochen Deutsch
spricht, ist in diesem Sinne nicht frei, denn ihm stehen nur theoretisch alle Türen
offen. Andererseits ist die Arbeitnehmerin mit 60, die sich bereits eine Alterssicherung oberhalb des Existenzminimums erarbeitet hat und Abschläge von ihrer
Rente in Kauf nehmen würde, um sich dem Ehrenamt und den Enkeln widmen
zu können, nicht frei, wenn sie von den Sozialversicherungen im Erwerbsleben
gehalten wird. Und auch der hochqualifizierte Rechtsanwalt ist nicht frei, wenn
er gegen seinen persönlichen Willen auf den Rechtsanspruch auf Elternzeit verzichtet, weil er den Spott seiner herkömmlichere Familienmodelle lebender Kollegen und Karrierenachteile fürchten muss.

An diesem letzten Beispiel zeigt sich insbesondere, dass Freiheitsqualität
nicht überwiegend oder gar ausschließlich vom Staat herzustellen ist, sondern
auf ein gesellschaftliches Fundament der Liberalität und Toleranz und damit des
aktiven Ermöglichens der Freiheit des anderen angewiesen ist: Informelle Konventionen und Konformitätsanforderungen bestimmen individuelle Lebensentwürfe genauso wie formelle Gesetze und Strukturen des Sozialstaats und seiner
Bürokratie. Eine Fortentwicklung der Wiesbadener Grundsätze muss in diesem
Sinne stärker für die zweite Dimension der Freiheit – die Freiheitsqualität – Partei ergreifen und ihre Implikationen ausführen.

Legitime Ungleichheit. Liberale Verteilungspolitik.

Chancen sind keine Garantien: Sie werden erst durch individuelle Anstrengungen zu konkret gelebten Biographien – oder sie werden verwirkt. Die Freiheit
unterschiedlicher Individuen führt trotz einer Gleichheit der Rechte und des
Bemühens um vielfältige Chancen notwendigerweise zu gesellschaftlicher Ungleichheit mit Blick auf die im freien Wettbewerb erzielten Verteilungsergebnisse.

Insoweit ergeben sich zwei gleichrangige Gerechtigkeitsgrundsätze: Zum
einen bilden größtmögliche und für alle Individuen gleiche Grundfreiheiten als
unveräußerliche Rechte des Einzelnen das politische Gerüst eines gerechten

Gemeinwesens. Dazu gehören die Meinungs- und Gewissensfreiheit, das Recht auf körperliche Unversehrtheit sowie die politischen Partizipationsrechte, die nicht aufgrund wirtschaftlicher oder kultureller Erwägungen eingeschränkt werden dürfen. Zum anderen ist aber in Bezug auf die sozialen Verhältnisse Ungleichheit legitimiert – unter bestimmten Bedingungen. Ergebnis des Marktprozesses ist eine Ordnung der Leistungsgerechtigkeit, sofern sich alle Teilnehmer dem Wettbewerb in gleicher Weise ungehindert und diskriminierungsfrei stellen konnten. Es ist ein Zustand der Ungleichheit, da sich Leistungsfähigkeit und -bereitschaft individuell unterscheiden und der Preisbildungsmechanismus zudem die relative Knappheit von Gütern und Dienstleistungen bewertet. Eine Organisation des menschlichen Zusammenlebens wird allerdings auf der Basis nur dieses einen Gerechtigkeitsparadigmas kaum breite Zustimmung finden. Deshalb muss Ungleichheit weiter gerechtfertigt werden.

Nach John Rawls ist sie legitim, wenn nicht nur die Allgemeinheit, sondern jedes einzelne – gerade auch das schwächste – Gesellschaftsmitglied von diesen Ungleichheiten in Bezug auf Einkommen, Vermögen und Status profitiert und ihnen bei einer rationalen Betrachtung zustimmen könnte. Dieses „Differenzprinzip" formuliert eine hohe Rechtfertigungsbedürftigkeit für soziale Unterschiede: Die Effizienz freier Märkte allein, die den allgemeinen Wohlstand maximieren, wäre nicht hinreichend. Legitimität wird allerdings dann hergestellt, wenn die sich aus dem Wettbewerb am Markt ergebende Ungleichheit durch Verteilungspolitiken – ich verwende das provokante Wort bewusst – so gedämpft wird, dass die den Wohlstand erwirtschaftende Risiko- und Leistungsbereitschaft der Starken nicht beeinträchtigt wird, die Schwachen aber dennoch in einer Ordnung legitimer Ungleichheit besser gestellt sind als in einer egalitären, aber weniger dynamischen Gesellschaft. Der soziale Ausgleich sollte sich nach meiner Überzeugung nicht überwiegend auf Ressourcen beziehen, sondern vielmehr bei der Verbesserung der Handlungsmöglichkeiten – im Sinne der von Amartya Sen definierten „Befähigungen" – der vormals Schwachen ansetzen, erneut und gestärkt in das Wettbewerbsspiel einzutreten. Der redistributive Eingriff darf nicht im Marktprozess erfolgen und damit dessen Belohnungs-, Koordinierungs- und Innovationsfunktionen beschädigen; er muss dessen Ergebnis zum Ausgangspunkt nehmen. Die Verteilungswirkung sollte zudem transparent erreicht werden, indem sie allein auf das Steuersystem beschränkt wird.

Libertäre Gegner dieser Gerechtigkeitskonzeption wie Robert Nozick machen dagegen allein das Handeln eines Individuums bzw. seine Leistung zum

Maßstab dessen, auf welche Ressourcen ein gerechtfertiger Anspruch besteht. Verteilungspolitiken lehnen sie ab. Beispielsweise plädieren sie oft für eine pauschale Kopfsteuer, die für alle Bürger die exakt gleiche Höhe hat. Die libertäre Position überzeugt mich nicht: Auch persönlicher Erfolg braucht schließlich zivilisatorische Voraussetzungen, gesellschaftliches Vorwissen und Kooperationsbeziehungen, die der Erfolgreiche vorgefunden und nicht selbst geschaffen hat. Durch seine stärkere Eingebundenheit in den sozialen Prozess profitiert er zudem besonders von öffentlichen Gütern wie der Infrastruktur. Und nicht zuletzt basiert sein Erfolg in der Regel zumindest auch auf natürlichen Begabungen und familiären Prägungen, die sich nicht eigener Leistung, sondern der „natürlichen Lotterie" verdanken. Im Umkehrschluss haben die von Natur Benachteiligten keine gleiche Chance auf Erfolg, was eine stärkere Inanspruchnahme der Starken zur Milderung dieser eben nicht auf Leistung basierenden Ungleichheit rechtfertigt. Fairness ist also in meinem Verständnis keine reine Konzeption der Leistungsgerechtigkeit; sie greift ebenso die Paradigmen von Bedürfnis und Gleichheit auf.

Diese theoretischen Darlegungen sind praktisch nicht als Verteidigung des Status quo in Deutschland oder gar als Forderung nach neuer Umverteilung misszuverstehen. Im Gegenteil widersprechen die herkömmlichen Verteilungspolitiken in der Bundesrepublik unseren Idealen. Hierzulande wird zu diesem Zweck das Marktgeschehen verzerrt (Beispiel Mindestlöhne) und der soziale Ausgleich in unterschiedlichen Regelsystemen gesucht (von der Einkommensstaffelung der Kindergartenbeiträge bis hin zu Privilegierungen einzelner Gruppen in den gesetzlichen Krankenversicherungen) – mit dem Preis der vollständigen Intransparenz. Die Grenze von aus liberaler Sicht legitimer Verteilungspolitik ist ferner dort erreicht, wo Leistungsunterschiede nivelliert, Leistungsbereitschaft zerstört und Anerkennung durch Neid ersetzt wird. Diese Grenze ist lange überschritten. Die Deutschen leiden an der lähmenden „Gleichheitskrankheit" (Udo Steiner) – zum Schaden der Starken wie der Schwachen.

Ein liberaler Begriff von Gerechtigkeit unterscheidet sich von anderen Konzeptionen aber gerade dadurch, dass er Ungleichheit nicht nur mit Bedauern akzeptiert, sondern sie vielmehr als notwendig und unvermeidlich bewertet, sofern dies Ergebnis eines an für alle gleichen Regeln orientierten Wettbewerbsspiels in Wirtschaft und Gesellschaft ist. Ungleichheit ist die Hefe im Teig der Marktgesellschaft: In ihr ist der Starke nicht automatisch und dauerhaft stark, der Schwache nicht automatisch und dauerhaft schwach. In einer solchen Ordnung der Freiheit mobilisiert Ungleichheit Energien und hält jeden dazu an, das Beste aus seinen Möglichkeiten zu machen – hier ist sie die Quelle der Hoffung, dass Schweiß und Tränen durch Aufwärtsmobilität belohnt werden. Sie ist nur dann nicht mehr legitim, wenn „aus den materiellen Ungleichgewichtslagen harte Strukturen der Freiheitsverengung wachsen, weil wenige selbstherrlich über die Lebensbedingungen herrschen" (Udo Di Fabio) – wenn also die Vielfalt der Lebenschancen verloren geht.

Aktivieren statt Stilllegen. Fordern und Fördern.

Liberale Politik will Menschen befähigen, ihre Lebenschancen in eigener Verantwortung und aus eigener Kraft zu nutzen. Unser Ziel ist es, dass eine prosperierende Marktwirtschaft mit Beteiligungsmöglichkeiten für alle die sozialpolitischen Aufgaben des Staates reduziert und seine Handlungsmöglichkeiten zugleich vergrößert. Wir konzentrieren unsere Sozialpolitiken deshalb darauf, möglichst jeden Einzelnen in den Erwerbsprozess zu integrieren. Dabei darf es keine Rolle spielen, dass gering Qualifizierte in der Wissensgesellschaft am Markt immer seltener ihren Lebensunterhalt erwirtschaften können. Ihre Einkommen sind durch Umverteilungswirkungen im Steuersystem auf ein die Existenz sicherndes Niveau zuzüglich einer Anreize stiftenden Prämie für ihr Engagement im Erwerbsleben anzuheben – am besten durch eine negative Einkommensteuer. Dieses Bemühen um möglichst umfassende Inklusion in den Erwerbsprozess ist nicht Ausdruck von Pragmatismus. Es verdankt sich Humanität und Verantwortungsethik, weil Aktivieren sozialer ist als Alimentieren.

Sozialdemokraten und christlich Soziale halten hingegen alternativlos am Modell einer Vollzeitbeschäftigung fest, mit der eine Familie ihren Lebensunterhalt bestreiten kann. Wer aufgrund von qualifikatorischen Mängeln oder anderen Umständen entsprechende Einkommen nicht am Markt erzielen kann, bestreitet seinen Lebensunterhalt durch staatliche Transferzahlungen. Die Motive mögen edel sein, im Ergebnis werden Schwache und Bedürftige aber „fürsorglich vernachlässigt" (Paul Nolte). Es ist kein zivilisatorischer Fortschritt, dass wegen dieser Politik die Sozialbudgets wachsen und die Gruppe der als wirtschaftlich unmündig Betrachteten immer größer wird.

Eine solche Politik ist sogar gefährlich für die Stabilität unserer Gesellschaft insgesamt, weil sie einen sukzessiven Mentalitätswandel bewirkt. Wenn immer mehr Bürger ideell und materiell zu Staatskunden degradiert werden, geht der Wert des eigenverantwortlichen Lebensvollzugs verloren: Während es früher zum Ethos des Arbeitermilieus gehörte, unabhängig von fremder Hilfe auf eigenen Beinen zu stehen, betrachtet heute mancher Transferzahlungen als gegenleistungsfrei gewährte Rente. Und mehr als ein Drittel der Befragten meinten 2008 in einer Umfrage des Bankenverbandes, es sei Aufgabe nicht der Einzelnen, sondern des Staates, den Wohlstand zu sichern. „Freiheitsfähigkeit und Freiheitswilligkeit als Voraussetzung und Ergebnis einer liberalen Gesellschaftsordnung" (Guy Kirsch et.al.) müssen zusammen gedacht werden.

Eine Gesellschaft von Taschengeldempfängern müssen wir uns als unglückliche Gesellschaft vorstellen. Denn Arbeit ist nicht allein dem „Reich der Notwendigkeit" zuzuordnen, das dem „Reich der Freiheit" gegenübersteht, in dem dann die Persönlichkeit verwirklicht wird. Diese auf Karl Marx zurückgehende Dichotomie bestimmt bis heute mal bewusst mal unbewusst das linke Bild der Erwerbsarbeit. Tatsächlich aber beziehen Menschen einen großen Teil ihrer Selbstachtung aus der aktiven Teilhabe am Gemeinwesen. Durch innere, aber öfter durch äußere Motivation lernen wir und erweitern wir unseren Horizont. Nicht zuhause im Wohnzimmer wachsen wir zu Persönlichkeiten, sondern in der Auseinandersetzung draußen in der sozialen Umwelt. Arbeit strukturiert den Tag, die Woche, das Jahr. Sie diszipliniert uns. Deshalb erhält eine Alimentierung ohne die energische Einforderung von Gegenleistungen den inhumanen Charakter einer Stilllegungsprämie. Sie ist der einfachste Weg. Trotz guter Absicht ist ihr Ergebnis Lethargie und nicht die mündige, aufgeklärte und glückliche Persönlichkeit, die ihren Platz in der Mitte unserer Gesellschaft gefunden hat. Vor allem aber ersetzt sie nach und nach die echte Sozialität in Familie, Freundeskreis und Nachbarschaft.

Ein faires Deutschland. Darum FDP.

Welche Politiken sind nun erforderlich, um Deutschland in diesem Sinne fairer zu machen?

- Ein faires Deutschland verfügt über ein Bildungssystem, das jedem unabhängig von der Herkunft praktische Lebenstüchtigkeit im Alltag, die bestmögliche Qualifikation für das Erwerbsleben und die emanzipierte Teilhabe an sozialen und kulturellen Gütern vermittelt. Bildungsausgaben sind Sozi-

alinvestitionen, die allemal Sozialreparaturen vorzuziehen sind. Neben zahlreichen Einzeldiskussionen – kann die Hauptschule realistischerweise noch
eine Zukunft haben? – ist eine der größten Herausforderungen die fatale
Selbstselektion bildungsferner Schichten: Vor allem Menschen mit Zuwan-
derergeschichte bleiben in ihrer Bildungsbiographie oft genug aus eigenem
Entschluss unter ihren Möglichkeiten. Ein System von Paten und Mentoren
könnte diesem Umstand abhelfen.

- Ein faires Deutschland schafft sozialen Ausgleich ausschließlich im Steuersystem. Hier verwirklichen sich redistributive Ziele. Alle anderen öffent-
lich-rechtlichen Systeme insbesondere der Sozialen Sicherung bauen weitgehend auf dem Äquivalenzprinzip von Leistung und Gegenleistung bzw.
Anspruch auf. Dadurch werden auch Anreize für den schonenden Umgang
mit ihren Ressourcen gegeben (Verringerung von Moral-Hazard-Verhalten).

- Ein faires Deutschland besteuert Einkommen progressiv – allerdings auf
anderem Niveau. Wer mehr verdient, führt auch prozentual einen höheren
Anteil an das Gemeinwesen ab. Eine Kopfsteuer, die von orthodoxen Libertären gefordert wird, widerspricht diesem Ziel. Eine *flat tax* dagegen nicht,
wenn sie mit steuerfreien Grundfreibeträgen verbunden wird. Rechnerisch
ergibt sich nämlich auch dann eine progressive Wirkung. Allerdings darf
die Belastung der Leistungsträger nicht deren Motivation und ihre Möglichkeit zur Kapitalbildung beschneiden. Niemand sollte mehr als ein Drittel
seines Einkommens über direkte Steuern abführen müssen. Über die indirekten Steuern wächst der Steueranteil am Einkommen bei Leistungsstarken
mit höheren Konsumausgaben schließlich ohnehin.

- Ein faires Deutschland besteuert Eigentum nicht. Vermögen und Erbschaf-
ten bleiben unangetastet, weil sie mit schon versteuertem Einkommen gebildet wurden. Die Besteuerung des Todes ist inhuman. Diejenigen Liberalen, die für die vollständige Chancen- und Leistungsgerechtigkeit eintreten,
plädieren dagegen für eine regelrecht konfiskatorische Besteuerung der Er-
bmasse, damit alle aus der gleichen Lage heraus in das Wettbewerbsspiel
eintreten (beispielsweise Alexander Rüstow). Eine solche Chancengleichheit ist allein wegen der immateriell unterschiedlichen Startbedingungen Illusion. Ein an dieser Fiktion orientiertes Steuersystem würde zudem eine
anthropologische Konstante mit Füßen treten: dass nämlich eine Generation
für die nächste vorsorgen will. Stattdessen würden fatale Anreize geschaf-

fen, das gebildete Vermögen möglichst vollständig in der eigenen Lebenszeit und vor dem Zugriff des Fiskus zu verjuxen.

- Ein faires Deutschland konzentriert seine Sozialpolitik auf die Integration in das Erwerbsleben. Eine Politik für Fairness wertschätzt und gleicht materiell aus, wenn eine Persönlichkeit für ein marktkonformes Einkommen arbeitet, das den eigenen Lebensunterhalt aber (noch) nicht sichert. Sie weiß, dass Beschäftigungsfähigkeit (*employability*) auf diesem Weg besser zu erhalten und auszubauen ist als durch realitätsferne Maßnahmenkarrieren.

Diese Ziele kann glaubwürdig nur die FDP vertreten und erreichen.

Markt als Moralordnung. Gemeinwohl in Regeln.

Die Wohlfahrt einer Gesellschaft ist nicht allein abhängig von den gerade skizzierten Strukturen, Regel und Institutionen. Eine bedeutende Rolle spielen Mentalitäten und Normen, die die tatsächlichen Lebensbedingungen prägen. Deshalb bin ich überzeugt, dass wir in Deutschland nicht nur eine neue Ordnungspolitik brauchen, sondern auch und genauso dringend einen kulturellen Wandel.

Die Marktwirtschaft wird in Deutschland nicht akzeptiert, sondern nur mangels Alternativen toleriert. Die Wirtschaft solle, so wird gefordert, für den Menschen da sein und nicht umgekehrt. Hinter diesen Appellen wirkt das mittelalterliche Paradigma des Nullsummenspiels einer Bedarfsdeckungswirtschaft. Dabei ist die faire Marktwirtschaft selbst bereits eine Moralordnung: Sie ist „Freiheit auf der Grundlage von Recht" (Rainer Hank) – ein dynamisches Arrangement, das für die Konsumenten Partei ergreift: Der Mechanismus von Angebot und Nachfrage passt die Produktion laufend an die sich wandelnden Präferenzen der Verbraucher an. Der Wettbewerb erzwingt fortwährend Produktivitätssteigerungen, die allen nützen, weil immer mehr Konsumenten Zugang zu immer hochwertigeren Gütern erhalten – der Markt ist eben kein Nullsummenspiel! Für die Menschen ist damit übrigens ein unauflösbares Dilemma begründet, insofern sie als Konsumenten vom Markt profitieren, während sie als Arbeitnehmer unter Leistungs- und Anpassungszwang stehen.

Es wäre eine Überforderung des in dieser Konkurrenzsituation betriebswirtschaftlich agierenden Einzelakteurs, wenn ihm die Verantwortung für volkswirtschaftliche Zusammenhänge zugewiesen würde. Die FDP muss vor dieser falschen Rigorosität warnen. Von keinem Unternehmen kann beispielsweise ernsthaft verlangt werden, dass es aus „Solidarität" mehr Arbeitnehmer beschäftigt, als für die Wertschöpfung erforderlich sind: Das wäre DDR – und würde einerseits seine Position im Wettbewerb bereits auf kurze Sicht gefährden und andererseits den Kundeninteressen der besten Qualität zum niedrigsten Preis widersprechen. Besser ist es, wenn volkswirtschaftliches Wachstum dazu führt, dass in einer Branche wegfallende Jobs immer wieder durch neue Stellen in einer anderen ersetzt werden. Insofern ist Gewinnmaximierung eine moralische Pflicht auf der Ebene des einzelnen Marktteilnehmers. Es sind die Rahmenbedingungen, die den Markt in die Lage versetzen, Gemeinwohl zu stiften. Die Ordnung muss so konzipiert sein, dass die allgemeine Wohlfahrt steigt, wenn jeder regelkonform seine Interessen verfolgt. Gemeinwohlorientierung muss in den allgemeinen Handlungsbedingungen enthalten sein, damit der in diesem Sinne moralische Akteur vor Wettbewerbsnachteilen bis hin zur Ausbeutung durch seine Konkurrenz geschützt ist.

Zum nötigen kulturellen Wandel gehört aber nicht nur die Akzeptanz der Kalküle von Unternehmen, sondern auch die Wertschätzung und Wiederentdeckung unternehmerischer Tugenden: die Orientierung an der nachhaltigen Steigerung des Unternehmenswerts und an dauerhaft stabilen Ertragszahlen; das Streben nach langfristigen und deshalb profitablen Kundenbeziehungen; eine Risikobereitschaft, die aber durch die Haftung für die eigenen Entscheidungen gebändigt wird; eine Innovationsfreude, die den Respekt vor fremdem geistigen Eigentum einbezieht; eine Kaufmannsehre, für die Einhaltung von Zahlungszielen und der verantwortungsvolle Umgang mit Arbeitnehmern selbstverständlich ist.

Fairness. Gerechtigkeitskonzept einer liberalen Gesellschaft

Eine Konzeption von Fairness ist das verantwortungsethische Gegenmodell zur „sozialen Gerechtigkeit", die in Deutschland die Meinungsführerschaft beansprucht: Fairness zu verwirklichen heißt, dass das Lebensglück der Menschen stärker von ihren freien Wahlentscheidungen bestimmt wird als von ihren Lebensumständen oder anonymen Bürokratien. Eine Politik für Fairness sorgt dafür, dass jeder nach gleichen Regeln auf dem Markt seine Chance suchen kann – damit schafft sie zugleich die Voraussetzungen von „Wohlstand für alle". Sie akzeptiert, dass Ungleichheit ein legitimes und notwendiges Ergebnis und die gewollte Voraussetzung eines Lebens in Freiheit ist. Fairness ist zuerst eine Verfahrensgerechtigkeit, aber sie ist dennoch nicht blind gegenüber den Ergebnissen des Wettbewerbsspiels in der Lebenswirklichkeit: Sie umfasst deshalb einen sozialen Ausgleich, der aber die Vermittlung von „Befähigungen" materiellen Verteilungspolitiken vorzieht. Fairness fordert den Einzelnen und hält ihn an, das Beste aus den eigenen Möglichkeiten zu machen.

In einem Satz: Fairness will mehr Lebenschancen für mehr Menschen.

Philipp Rösler

Freiheit und Solidarität

Der entscheidende Unterschied zwischen Freiheit und Beliebigkeit ist der, dass es Freiheit niemals ohne Verantwortung geben kann. Verantwortung gegenüber sich selbst, im Sinne von Eigenverantwortung, Verantwortung gegenüber den nachfolgenden Generationen, im Sinne von Generationengerechtigkeit, und Verantwortung gegenüber den natürlichen Lebensgrundlagen, im Sinne eines modernen Umweltschutzes. Von entscheidender Bedeutung für das Zusammenleben in einer freien Gesellschaft ist darüber hinaus die Verantwortung des Einzelnen gegenüber seinen Mitmenschen. Für Liberale sind deshalb Toleranz und Solidarität wesentliche Werte. Gerade diese Werte sind Grundlage für den gesellschaftlichen Zusammenhalt.

Toleranz beschreibt den Umgang von Menschen, die nicht nur für sich Verantwortung übernehmen, sondern genauso die vielfältigen eigenverantwortlichen Lebensgestaltungen der Mitmenschen respektieren und wertschätzen. Sie ist die Grundlage für die gesellschaftliche Vielfalt und für den gesellschaftlichen Fortschritt. Anders als bei der Solidarität wird allgemein anerkannt, dass Toleranz ein wesentlicher Wert des Liberalismus ist.

Solidarität hingegen wird eher selten als liberaler Wert erkannt. Dabei ist Solidarität in ihrem ursprünglichen Sinne ein urliberaler Wert und innerhalb eines liberalen Wertegerüstes genauso bedeutend wie Toleranz. Während Toleranz den Umgang auf einer vergleichbaren Ebene beschreibt, verstehen Liberale unter Solidarität die Hilfe Starker für die Schwachen. Nicht mehr und nicht weniger.

Die Erklärung dafür, dass der Begriff der Solidarität in der öffentlichen Diskussion aber häufig von anderen politischen Richtungen beansprucht wird, ist, dass sich die Solidarität immer weiter von ihrer ursprünglichen Bedeutung entfernt hat: Längst geht es in der tagespolitischen Debatte über Solidarität in unserer Gesellschaft nicht mehr um das Prinzip „Der Starke hilft dem Schwachen", sondern es geht lediglich um die Ausgestaltung von sozialstaatlichen Transfersystemen.

Da sich also die Diskussion über Solidarität immer weiter von den Ursprüngen des Begriffes entfernt hat, verwundert es nicht, dass Liberale bei solchen Diskussionen nicht gehört werden. Im Gegenteil, solch ein schlichtes Verständnis von Solidarität lehnen wir zu Recht ab. Denn eine Reduzierung des Begriffes Solidarität auf staatliche Systeme hat mit der Verantwortung des Einzelnen gegenüber seinen Mitmenschen nichts mehr zu tun. Schlimmer noch, gerade die heutigen Sozialversicherungssysteme werden der ihnen übertragenen Verantwortung gegenüber den Schwachen in unserem Lande längst nicht mehr gerecht. Da es ohne Verantwortung aber keine Freiheit geben kann, erklärt sich, warum die freie Gesellschaft gerade durch das falsche Verständnis von Solidarität gefährdet wird.

Das Eintreten für eine freie Gesellschaft erfordert also nicht nur ein klares Bekenntnis zu Toleranz, sondern im gleichen Maße ein Bekenntnis zu Solidarität in ihrer ursprünglichen Bedeutung.

Auch wenn die öffentliche Diskussion derzeit ein aus liberaler Sicht falsches und für die Gesellschaft wenig hilfreiches Bild von Hilfe für die Schwachen prägt, wäre es fatal, sich als Liberale vollständig aus dieser Diskussion zu verabschieden. Wenig sinnvoll wären weitere Vorschläge, wie die bisherigen Sozialsysteme im Detail verändert werden könnten. Sehr wohl aber wären Vorschläge für echte und grundlegende Verbesserungen dringend notwendig. Jedenfalls dann, wenn man nicht aufgegeben hat, wirklich etwas für die Schwachen tun zu wollen. Gerade dann muss einen die Absurdität der aktuellen Sozialpolitik herausfordern, Alternativen zu entwickeln und in der aktuellen politischen Diskussion anzubieten.

Sicher ist der Begriff Reform in den letzten Jahren inflationär gebraucht worden und deshalb heute auch nichts mehr wert. Dennoch erklären sich die Vorschläge der FDP zur Verbesserung unseres Gesundheitssystems oder der Unterstützung von Arbeitslosen aus dem Wunsch heraus, die bisherigen überbordenden und wenig robusten Sozialversicherungssysteme wieder auf ihre eigentliche Aufgabe zu konzentrieren. Gleichsam einem sozialpolitischen Resetknopf, der die über Jahre immer bürokratischer verwachsenen Systeme wieder auf ihre Ursprünge zurückführt und wieder an die Menschen heranführt, für die sie einmal geschaffen wurden.

Dass dies möglich ist, zeigt das liberale Bürgergeldsystem. Anstatt mit starren Transferleistungen wie den SGB II-Regelsätzen Arbeitslosigkeit zu zementieren, wird hier durch die Ausgestaltung als negative Einkommensteuer ein klarer Leistungsanreiz gegeben. Jeder Zuverdienst führt dabei zu einem spürbaren Anstieg des Nettoeinkommens. In diesem System helfen die Starken den Schwachen, indem sie durch ein Mindesteinkommen in einem ersten Schritt die Grundlage für gesellschaftliche Teilhabe ermöglichen. Getreu dem Satz des ersten Generalsekretärs der FDP, Karl-Hermann Flach: „Wer heute nicht weiß, wovon er morgen leben soll, ist nicht wirklich frei." Bei diesem ersten Schritt bleibt das Bürgergeld aber nicht stehen: Denn da es sich dabei um ein bedingtes Mindesteinkommen handelt, wird gleichzeitig die Eigeninitiative und Eigenverantwortung gestärkt. Wer sich um eine Arbeitsaufnahme bemüht, wird über ein höheres Einkommen belohnt, wer hingegen zumutbare Arbeit verweigert, kann nicht mit der gleichen Unterstützung rechnen. Das Bürgergeldsystem bietet also eine grundlegende Absicherung, es gibt Leistungsanreize und ersetzt die bisherigen bürokratischen und deshalb wenig effizienten Transferleistungen, damit die Hilfe der Starken für die Schwachen wieder voll zum Tragen kommen kann.

Hilfe aus liberaler Sicht beschränkt sich dabei nicht nur auf eine finanzielle Hilfe. Die ist lediglich Grundlage für die eigentliche Hilfe Starker: Den Schwachen die Fähigkeit oder die Möglichkeit zur Eigenverantwortung zurückzugeben. Und erst mit der Eigenverantwortung wird den Schwächeren die Grundlage für die eigene persönliche Freiheit gegeben.

Ein ganz praktisches Beispiel hierfür ist die liberale Idee des „Persönlichen Budgets für Menschen mit Behinderungen". Hier reduziert sich die Hilfe nicht nur auf die Zuteilung von Sachleistungen für Menschen mit Behinderungen, sondern es wird versucht, auf individuellem Niveau möglichst viel Eigenverantwortung trotz gesundheitlicher Einschränkungen zu ermöglichen, indem Anbieter und Ausgestaltung der Hilfeleistungen selbst ausgewählt werden können. Eine bessere und für die Menschen würdigere Hilfe als der platte Wettbewerb: „Wer bietet mehr?" Es ist gerade diese Form der Hilfe, die Menschen mit Behinderungen nicht entmündigt, sondern ihnen die Chance gibt – trotz Beschränkungen – Freiheit zu leben.

Dass die Fähigkeit zum Umgang mit einem eigenen Budget nicht von Geburt an bei den Menschen vorhanden ist, sondern von jedem mühsam erlernt werden muss, macht die eigentliche Herausforderung moderner Sozialpolitik deutlich: Auf ihre Ursprünge zurückgeführte Hilfesysteme brauchen zwar weniger Geld, aber dafür umso mehr Fähig- und Fertigkeiten des Einzelnen. Gerade deshalb ist eine richtige Bildungspolitik ein wesentlicher Beitrag für die Sozialpolitik von heute. Das Prinzip der Hilfe zur Selbsthilfe durch Bildung und Ausbildung ist die beste Umsetzung der Hilfe der Starken für die Schwachen.

Denn Solidarität heißt immer auch Gerechtigkeit. Aber eben gerade nicht Verteilungsgerechtigkeit, sondern Chancengerechtigkeit. Und wie in allen anderen Bereichen gilt auch in der Sozialpolitik, dass Chancengerechtigkeit nur durch Bildung zu erreichen ist.

Dies zeigt, dass Bildungspolitik nicht die standardisierte Generalantwort der FDP auf alle gesellschaftlichen und politischen Fragen ist, sondern sich von einigen wenigen liberalen Grundwerten herleiten lässt.

Solidarität, die Hilfe der Starken für die Schwachen, als einer dieser Grundwerte findet dabei seine tagespolitische Umsetzung in der Bildungspolitik, aber nicht ausschließlich. Ebenso findet sich die praktische Ausgestaltung von Solidarität in der Familienpolitik.

Gerade die Familie ist in einer Gesellschaft der kleinste und wichtigste Ort der Solidarität. Hier findet sich die Hilfe der Starken für die Schwachen bei der täglichen Erziehung der Kinder durch ihre Eltern. Und ebenso wird in der Familie solidarische Hilfe gefordert, wenn sich erwachsene Kinder um ihre Eltern in Krankheit und Pflege kümmern. Das Engagement für die Familie in der Tagespolitik findet daher seinen Ursprung in der Erkenntnis, dass eine Gesellschaft nur existieren kann, wenn es derartige Orte der gelebten Solidarität gibt.

Dabei beschränken sich solche Orte nicht ausschließlich auf die Familie: Alle Orte oder Gemeinschaften, wo sich die Hilfe Starker für Schwächere finden lässt, sind Orte gelebter Solidarität. Bestes Beispiel ist das Ehrenamt in jeglicher Form. Eine Bürgergesellschaft, die nicht nur eine Gesellschaft einiger weniger Honorationen ist, fordert möglichst viele solcher Orte. Orte oder Gemeinschaften, die nicht staatlich organisiert, reglementiert und gelenkt werden und in denen im Alltag die Hilfe von Starken für Schwächere zum Ausdruck kommt, sind aus liberaler Sicht die Grundlage einer freien Gesellschaft. Anders als staatliche Transfersysteme, die längst überfordert sind, sind diese Orte die eigentliche Solidarität, die eine Gesellschaft braucht und die in der heutigen Zeit besonders gefordert wird. Beispiele hierfür sind z. B. Elternvereine an Schulen, Tafeln, aber auch Sportvereine.

Während die anderen politischen Parteien sich in der weiteren Ausgestaltung dieser Transfersysteme verlieren, ohne etwas für die Menschen zu erreichen, dürfen wir nicht nachlassen, deutliche Veränderungen in diesen Systemen zu fordern, damit die Hilfe der Starken überhaupt wieder bei den Schwachen ankommen kann.

Vor allem aber bedeutet das Eintreten der FDP für eine solidarische Gesellschaft die Stärkung von Gemeinschaften, in denen Solidarität gelebt wird, wie Familie und Ehrenamt, sowie die Betonung von Bildung und Ausbildung gerade auch in der Sozialpolitik.

Obwohl dieses Eintreten der FDP für die Solidarität nicht von jedem erkannt wird, so sind gerade diese Aktivitäten der beste Beweis dafür, dass das tagespolitische Engagement der FDP von Werten getragen wird. Von liberalen Werten, zu denen die Solidarität unzweifelhaft gehört.

Freiheit kann es für Liberale nicht ohne Verantwortung geben. Und die Verantwortung des Einzelnen für seine Mitmenschen in einer Gemeinschaft wird von Toleranz und Solidarität bestimmt. Zwei urliberale Werte – auf gleicher Augenhöhe.

Michael Kauch

Freiheit und Nachhaltigkeit

Es gibt wenige Begriffe, die in der politischen Sprache so missbraucht sind wie dieser: Nachhaltigkeit. Doch zugleich ist das Konzept, das dahinter steht, für Liberale so zentral. Denn es geht um politische Verantwortung über den Tag hinaus, um die Interessen kommender Generationen und die Integration unterschiedlicher Bedürfnisse von Menschen in eine konsistente Politik. Dabei geht es uns gleichermaßen um Klima, Rohstoffe und Natur, Bildung und Wissenschaft, soziale Sicherung und Staatsverschuldung. Nachhaltigkeit ist als Begriff missbraucht, aber auch positiv besetzt. Wir nehmen deshalb die Herausforderung an, die Deutungshoheit über den Inhalt nachhaltiger Entwicklung zu gewinnen.

1 Vom Missbrauch des Begriffs der Nachhaltigkeit

Missbrauch Nummer 1: Es wird „nachhaltig" mit „nachdrücklich", „dauerhaft" oder „grundlegend" verwechselt. Oft genug behaupten Politiker, ihre Politik bewirke nachhaltige Veränderungen. Dabei meinen sie in Wirklichkeit, dass sie grundlegend oder dauerhaft anders ist als die bisherige Politik. Und zwar unabhängig davon, ob es Auswirkungen auf Zukunftsfragen oder kommende Generationen hat.

Missbrauch Nummer 2: Alles ist plötzlich „nachhaltig", was man selbst immer schon gefordert hat. Geschlechtergerechtigkeit, Nord-Süd-Problematik, innere Sicherheit, gleichmäßigere Verteilung von Einkommen und Vermögen – die eigenen Vorstellungen von guter Politik werden in den Mantel der Nachhaltigkeit gekleidet. Dadurch wird der Kern von Nachhaltigkeit – Zukunfts- statt Gegenwartsorientierung im Interesse kommender Generationen – entwertet und unkenntlich gemacht.

Missbrauch Nummer 3: Nachhaltig sei, wirtschaftliche, soziale und ökologische Interessen abzuwägen. Eine häufig gehörte und auch bei Liberalen nicht unbeliebte Definition. Sie ist auch nicht falsch, denn künftige Generationen haben wirtschaftliche, soziale und ökologische Bedürfnisse. Aber das ist geradezu eine Selbstverständlichkeit. Und eine inhaltsleere dazu. Wie wägt man denn zwischen Zielen ab? Oft genug ist diese Definition der Ausgangspunkt dafür, langfristige ökologische Interessen den kurzfristigen wirtschaftlichen Interessen unterzuordnen – unter dem Deckmäntelchen der „Abwägung".

2 Was ist also unser Verständnis von Nachhaltigkeit?

Liberale sehen seit den Wiesbadener Grundsätzen von 1997 die Generationengerechtigkeit als zentralen Baustein liberaler Politik. Generationengerechtigkeit ist der Kern von Nachhaltigkeit. Die grundlegende normative Aussage des liberalen Nachhaltigkeitskonzeptes lautet: Künftige Generationen sollen gleiche Lebenschancen haben wir die heute Lebenden.

So prägnant diese grundlegende Wertentscheidung ist, so eindeutig stellt sich die Frage, wie gleiche Lebenschancen zu interpretieren sind. Klar ist: Man kann die Welt nicht konservieren. Die Natur ändert sich – auch ohne den Menschen. Wissen und Technologie verbessern sich – weitgehend auch ohne die Politik. Der materielle Wohlstand wächst – auch mit Staatsschulden.

Zwei Interpretationen gleicher Lebenschancen stehen im Widerstreit: Sollen künftige Generationen nur ein gleiches Wohlstandsniveau wie heute erreichen oder sollen sie in die Lage versetzt werden, ihre Potenziale zur Steigerung des Wohlstands voll auszuschöpfen? Und welche Wohlstandserwartung wird zur Grundlage gemacht? Wobei Wohlstand hier auch Wissen, Rohstoffe und Umweltqualität umfasst.

Dass dieser Unterschied nicht nur theoretisch ist, zeigt sich z.B. in der Klimadebatte. Es gibt Ökonomen, die verrechnen die im Stern-Report prognostizierten Schäden durch den Klimawandel mit dem langfristigen Wirtschaftswachstum und kommen zu dem Ergebnis, den kommenden Generationen gehe es materiell doch auch mit Klimawandel immer noch mindestens so gut wie uns heute. Logische Konsequenz dieser Denkweise: Heute nicht soviel in Klimaschutz investieren, sollen künftige Generationen das doch aus ihrem dann höheren Einkommen bezahlen. Ähnlich könnte man dann argumentieren hinsichtlich der Belastung aus den Generationenverträgen in der Sozialpolitik oder bei der Frage, ob man heute Konsumverzicht übt, um z.B. in Infrastruktur für die Zukunft zu investieren.

Es wird deutlich, dass die Reduktion auf ein gleiches materielles Wohlstandsniveau künftiger und heutiger Generationen nicht überzeugt. Selbst wenn man das normativ zur Grundlage machen würde: Wer weiß, ob das historische Wirtschaftswachstum sich so fortschreiben lässt? Das Abstellen auf einen Prognosewert reicht nicht aus. Da unser Wissen begrenzt ist, müssen Risiko-Szenarien bedacht werden. Und auch Verteilungswirkungen innerhalb der Generationen spielen eine Rolle: Wenn wir heute deutsche Staatsschulden im Ausland finanzieren, dann haben künftige Generationen in Deutschland ein Problem, selbst wenn es für die Menschen im Ausland positiv sein kann. Gleiches gilt für die Verteilungswirkung zwischen unterschiedlichen Gruppen in der Gesellschaft. Manche mögen von einer Infrastruktur profitieren, die mit Staatsschulden finanziert wurde, andere tragen die Last künftiger Steuern.

Auf der anderen Seite kann Politik aber auch nicht daran ausgerichtet sein, heute Askese zu üben, damit künftige Generationen ein möglichst gutes Leben haben. So ist es zum Beispiel nicht sinnvoll, bestimmte Rohstoffe um jeden Preis für kommende Generationen zu bewahren. Möglicherweise werden sie Technologien entwickelt haben, die diese Rohstoffe verzichtbar und somit wertlos machen.

Und natürlich haben auch die heute Lebenden ein Recht auf ein gutes Leben. Wir müssen uns nicht heute aufzuopfern, damit es unsere Urenkel einmal besser haben. Aber ebenso sollten wir daran denken, dass es auch ein Morgen gibt, wenn wir diese Erde schon längst verlassen haben.

3 Säulen oder Leitplanken?

Die Brundtland-Kommission hat Ende der 1980er Jahre einige Management-Regeln entwickelt, die eine Antwort auf den Widerstreit um die Interpretation gleicher Lebenschancen versuchen. Zwei Gedanken erscheinen mir dabei von zentraler Bedeutung:

Wenn wir nicht-regenerierbare Ressourcen (z.B. Öl oder Metalle) verbrauchen, dann müssen wir es zugleich schaffen, kommende Generationen durch technischen Fortschritt in die Lage zu versetzen, diese Rohstoffe funktional zu ersetzen. Oder anders gesagt: Den gleichen Zweck mit anderen Mitteln erreichen zu können. Wenn wir Rohstoffe verbrauchen, müssen wir also Technologien produzieren, um die intergenerative Balance zu halten. Das gilt zum Beispiel für den Bereich der erneuerbare Energien.

Klassisch ist der Nachhaltigkeitsgedanke bei regenerierbaren Ressourcen in der Natur. Denn die immer wieder zitierte Herkunft des Begriffes aus der Forstwirtschaft wird hier deutlich: Entnehme einem Wald nur so viele Bäume, wie in der gleichen Zeit nachwachsen können. Oder allgemeiner: Regenerierbare Ressourcen dürfen nur in dem Maße verbraucht werden, wie die Natur sie wiederherstellen kann.

Die Grenzen der Belastbarkeit von Ökosystemen müssen daher eine Leitplanke für die wirtschaftliche Entwicklung sein. Arten, die einmal ausgestorben sind, sind für kommende Generationen für immer verloren. Öko-Systeme, die zusammengebrochen sind, sind oft nicht wiederherzustellen. Es gibt gerade bei der ökologischen Nachhaltigkeit absolute Grenzen, die beachtet werden müssen. Man muss somit unterscheiden zwischen Umweltproblemen, bei denen es um ein akzeptables Maß an Belastung geht, und solchen, bei denen eine Abwägung mit wirtschaftlichen Interessen nicht möglich ist.

Deshalb ist das Bild von den drei Säulen – Wirtschaft, Umwelt und Soziales –, die in Ausgleich gebracht werden müssen, nur ein begrenzt zutreffendes. In einer Reihe von Fragestellungen geht es tatsächlich darum, Leitplanken für die Entwicklung zu setzen. Wenn man es mathematisch ausdrücken will: Es geht dann um die Optimierung einer Gleichung mit mehreren Variablen, wobei es eine feste Nebenbedingung für einen der Werte gibt. Dem Leitplanken-Gedanken folgen übrigens nicht nur diejenigen, die ökologische Leitplanken fordern. Gleiches gilt für die Begrenzung der Staatsverschuldung etwa durch ein Verschuldungsverbot. Auch hier gibt man eine feste Nebenbedingung vor, um Belastungsgrenzen nicht zu überschreiten.

4 Ökologische Nachhaltigkeit: Anthropozentrisch oder naturalistisch?

In der Debatte um die ökologische Nachhaltigkeit gibt es einen Grundsatzstreit. Schützen wir die Natur für den Menschen oder um ihrer selbst willen? Zählt nur der Wert der Natur für die Menschen, die heute und in Zukunft leben, oder entzieht sich die Natur einer solchen Nützlichkeitsüberlegung?

Die anthropozentrische Ethik ist darauf ausgerichtet, die Natur und ihr genetisches Reproduktionspotenzial für künftige Generationen nutzbar zu erhalten. Hier steht dann der Mensch im Mittelpunkt, wenn auch der noch nicht geborene, dessen Naturnutzung und Naturerleben durch unser heutiges Handeln beeinträchtigt wird. Umweltpolitik, die mit Generationengerechtigkeit begründet wird, ist anthropozentrisch. In diesem Sinne vertritt die FDP mit ihrem Grundsatzprogramm der Wiesbadener Grundsätze auch in der Umweltpolitik eine anthropozentrische Ethik. Dies erscheint mir vor dem Hintergrund des liberalen, humanistischen Menschenbildes konsequent – ist aber in der Partei nicht unumstritten.

Denn manchem widerstrebt es, die ganze Natur der Nützlichkeitserwägung des Menschen zu überlassen. Eine naturalistische Ethik, die die Natur um ihrer selbst Willen erhalten möchte, ist aber im Wesentlichen religiös zu begründen. In der christlichen Tradition steht dahinter der Gedanke, die Schöpfung zu bewahren. Die Natur wird als göttliches Geschenk betrachtet, das der Mensch nur in dem Maß nutzen darf, wie er sie nicht beeinträchtigt. Zumindest die Rhetorik christdemokratischer Umweltpolitik stützt sich auf diese Sichtweise. Und interessanterweise sind auch die Grünen nicht allzu weit davon entfernt, denkt man an das frühere Wahlplakat „Wir haben die Erde nur geborgt".

Diese naturalistische Sicht ist in der inneren Ethik des Individuums unproblematisch. Sie stößt aber an ihre Grenze, wenn damit demokratische Prozesse gestaltet werden sollen. Denn wenn die Naturalistik sich auf ein höheres Prinzip beruft, ist sie auch Abstimmungen nicht zugänglich. Daher sollten wir in der Politik einen anthropozentrischen Ansatz verfolgen, auch wenn der einzelne Mensch seine Präferenz durchaus religiös bzw. naturalistisch begründen kann.

Der entscheidende Unterschied in der Praxis liegt in der Langfristigkeit oder Kurzfristigkeit von Nützlichkeitserwägungen. Betrachtet man lange Zeiträume, dann ist ökologische Politik in der Regel identisch mit einer langfristig ausgerichteten Wirtschaftspolitik.

5 Finanzielle Nachhaltigkeit: Welcher Zinssatz?

Eine wichtige Frage in allen Berechnungen zur finanziellen Nachhaltigkeit ist, welcher Zinssatz anzusetzen ist, um Auswirkungen in der Zukunft mit Kosten und Nutzen in der Gegenwart zu vergleichen. Diese Frage hört sich vielleicht etwas technisch an, sie sollte aber nicht nur Volkswirte und Mathematiker interessieren. Denn hinter der Höhe des verwendeten Zinssatzes versteckt sich neben empirischen Erhebungen stets auch eine Wertentscheidung.

Wenn der Zinssatz hoch ist, werden Auswirkungen in der Zukunft heute niedrig bewertet. Beispielhaft sieht man das bei der ökonomischen Bewertung des Klimawandels. Im Stern-Report entschied man sich dafür, zukünftige Schäden nur mit 0,1% abzuzinsen. Somit sind Schäden, die in 50 Jahren auftreten, auch heute hoch zu bewerten. Nicolas Stern stellt die Schäden den heutigen Kosten einer wirksamen Klimapolitik entgegen und kommt zu dem Ergebnis, dass die Kosten heutigen Handelns weit niedriger sind als die künftigen Schäden. Würde man die gleichen Schadenserwartungen aber mit 5% jährlich abzinsen, hätte ein Milliardenschaden in 50 Jahren heute einen Wert von nahe Null. Die Empfehlung wäre, heute weniger in Klimaschutz zu investieren.

Welcher Zins ist also der richtige? Im Wesentlichen stehen sich drei Positionen gegenüber: Die Nutzung des realen (inflationsbereinigten) Kapitalmarktzinses, die Zeitpräferenzrate der Menschen oder ein Zinssatz von Null.

Für den realen Kapitalmarktzins spricht, dass dieser leicht zu ermitteln ist und nicht willkürlich von den Verfassern einer Studie festgelegt werden kann. Gegen ihn spricht, dass er ausschließlich die Präferenzen der heute lebenden Menschen zu Grunde legt. Zudem beeinflussen etwa Erwartungen über künftiges Wachstum sowie konjunkturelle Einflüsse den Marktpreis für Kapital. Dies verzerrt aber langfristige Betrachtungen auf Sicht mehrerer Generationen.

Die Zeitpräferenzrate von Menschen spiegelt wider, wie viel weniger Wert sie künftigem Konsum im Vergleich zum heutigen zumessen. Dies schaltet anders als beim Kapitalmarktzins die Nachfrageseite des Kapitalangebots aus. Die Zeitpräferenzrate ist empirisch zu ermitteln. Auch hier ist zu kritisieren, dass sie nur die Präferenzen heute lebender Menschen berücksichtigt.

Ein Zinssatz von Null folgt der normativen Entscheidung, dass Nutzen bzw. Schäden für künftige Generationen genauso zu bewerten sind wie solche für heute Lebende. Dieser Zins entspricht also wesentlich der Idee der Generationengerechtigkeit. Gegen ihn ist einzuwenden, dass er die wachsenden technischen und wirtschaftlichen Potenziale künftiger Generationen unberücksichtigt lässt und somit die Wohlstandseinbußen für künftige Generationen durch zu erwartende Schäden überschätzt. Zudem wird auch die Zeitpräferenzrate der Menschen völlig ausgeschaltet. Dabei ist zu erwarten, dass auch künftige Generationen wiederum frühzeitigen Konsum höher schätzen als späteren.

Eine eindeutige Aussage, welcher Zins der richtige ist, ist daher nicht möglich. Aus meiner persönlichen Sicht sollten Liberale bei Berechnungen, die Politikentscheidungen zu Grunde gelegt werden, aber für einen niedrigen Zins plädieren. Denn er entspricht eher der Wertentscheidung für Generationengerechtigkeit. Allerdings sollten kleine Korrekturen am Null-Zins-Konzept vorgenommen werden, um empirischen Erkenntnissen über die Präferenzen von Menschen Rechnung zu tragen.

Vor allem ist aber eins wichtig: Wer immer Studien über künftige Belastungen oder den Nutzen für kommende Generationen liest, muss den Berechnungszins und damit das zu Grunde liegende Wertekonzept kennen. Denn sonst führen vermeintlich objektive Berechnungen in die Irre. Denn je nach Bewertung künftiger Auswirkungen kann man völlig konträre Politikempfehlungen aus den gleichen Rohdaten entwickeln.

6 Generationenbilanzen und Nachhaltigkeitsprüfung

Trotz der Probleme, die die dargestellte Frage des richtigen Berechnungszinses aufwirft, ist es wichtig, Transparenz durch eine Bilanzierung der Leistungen und Lasten für künftige Generationen zu schaffen. Seit mehr als zehn Jahren fordert die FDP daher die Einführung offizieller Generationenbilanzen, wie es sie in anderen Ländern bereits gibt. Auf der einen Seite der Bilanz stehen die Leistungen, die wir heute für künftige Generationen erbringen: z.B. Bildung und Forschung, Investitionen in Infrastruktur und neue Technologien. Auf der anderen Seite stehen die Lasten: z.B. Staatsverschuldung, Lasten aus den umlagefinanzierten Sozialversicherungssystemen, Zahlungsverpflichtungen für künftige Beamtenpensionen, auf die Zukunft verlagerte Kosten wie die nukleare Entsorgung.

Eine solche Generationenbilanz würde zum einen das Bewusstsein für eine generationengerechte Politik schärfen, zum anderen könnte sie zur Grundlage gemacht werden, um Gesetzesvorhaben auf ihre finanzielle Nachhaltigkeit zu prüfen.

Dabei kann eine Generationenbilanz vernünftigerweise nur die Leistungen und Lasten aufnehmen, die in Geld zu bewerten sind. Es wäre zwar wünschenswert, auch Leistungen und Lasten etwa in den Bereichen Umwelt und Gesundheitsprävention mit in die Berechnungen aufzunehmen. Doch hier stößt man an

Grenzen. Der Nutzen, gesund zu sein, ist da – doch wie bewertet man ihn? Der Nutzen biologischer Vielfalt ist da – doch wie bewertet man ihn? Für beides gibt es wissenschaftliche Versuche. Doch die Methoden öffnen Tür und Tor für den Einfluss von subjektiven Interpretationen, systematischen Fehlern und individuellen Wertentscheidungen des Forschers. Daher halte ich es für sinnvoll, nicht so zu tun, als könne man alles monetarisieren. Generationenbilanzen sollten sich auf die Felder konzentrieren, die sie bewerten können: die Finanzströme zwischen Staat und Individuen in unterschiedlichen Generationen.

Eine solche Generationenbilanz der finanziellen Nachhaltigkeit muss durch eine qualitative Nachhaltigkeitsprüfung ergänzt werden, die dann auch ökologische und soziale Faktoren bewertet. Eine solche Nachhaltigkeitsprüfung sollte verpflichtend in die Gesetzesfolgenabschätzung eingeführt werden. So wie Auswirkungen eines Gesetzes auf Verbraucherpreise, Mittelstand oder Geschlechtergerechtigkeit geprüft werden, so müssen sie künftig vor ihrer Verabschiedung auch auf Generationengerechtigkeit geprüft werden.

7 Institutionelle Verankerung und Handlungsfelder nachhaltiger Politik

Das Grundgesetz hat eine Schwäche: Es beinhaltet keine wirksamen Verfassungsschranken gegen die dynamische Ausbeutung künftiger Generationen. Grundrechte gelten nur für alle heute lebenden Menschen und die Finanzverfassung hat bisher nur schwache Hürden für die ausufernde Staatsverschuldung. Daher setze ich mich gemeinsam mit anderen jüngeren Abgeordneten dafür ein, dass die Generationengerechtigkeit in die Staatszielbestimmungen aufgenommen wird und die Verschuldungshürden in der Finanzverfassung gestärkt werden. Doch auch unterhalb der Verfassungsänderung gibt es Handlungsbedarf für die weitere institutionelle Absicherung nachhaltiger Politik.

Die Nationale Nachhaltigkeitsstrategie sollte eine stärkere Rolle in der Tagespolitik spielen. In ihr sind langfristige Ziele definiert und die Zielerreichung mit Indikatoren überprüfbar gemacht. Bei aller Kritik im Detail, die Nationale Nachhaltigkeitsstrategie kann einen Leitfaden für Politik über die Wahlperioden hinweg bieten. Sie ist kein Instrument der Planwirtschaft, sondern muss die Leitplanken definieren, in denen sich Politik und Märkte bewegen müssen, um künftigen Generationen faire Lebenschancen zu bieten.

Voraussetzung für einen solchen Leitfaden ist allerdings, dass die Nachhaltigkeitsstrategie im Parlament breiter diskutiert und wirklich fraktionsübergreifend erarbeitet wird. Hierbei sollte der Parlamentarische Beirat für Nachhaltige Entwicklung innerhalb des Bundestages, aber auch gegenüber der Bundesregierung ein stärkeres Gewicht erhalten. Es wäre zu überlegen, die Nachhaltigkeitsstrategie künftig im Bundestag und nicht mehr nur im Bundeskabinett zu beschließen. Und auch ein formelles Mitberatungsrecht des Parlamentarischen Beirats in Gesetzgebungsverfahren wäre von Vorteil.

Darüber hinaus sollte die Bund-Länder-Kooperation in der Nachhaltigkeitspolitik gestärkt werden. Es ist ärgerlich, dass die Kooperation heute auf Beamtenebene in einer Unterarbeitsgruppe der Umweltministerkonferenz stattfindet. Wenn man Nachhaltigkeit als Politik für Generationengerechtigkeit ernst nimmt, dann muss die Debatte heraus aus den Umweltministerien und zudem auf eine politische Ebene gehoben werden. So wie bei der Nachhaltigkeitsstrategie des Bundes ein Staatssekretärsausschuss verantwortlich ist, der vom Kanzleramt koordiniert wird, so gehört die Koordinierung der Nachhaltigkeitspolitik der Länder in die Staatskanzleien und in die Ministerpräsidentenkonferenz.

Die institutionelle Verankerung von Nachhaltigkeit ist aber kein Selbstzweck. Vielmehr dient sie der Umsetzung politischer Veränderungen für mehr Generationengerechtigkeit. Dabei spielen der Schutz des Klimas und der Erhalt der biologischen Vielfalt unseres Planeten eine herausragende Rolle. Für Deutschland ist die Zukunft der sozialen Sicherung in einer alternden Gesellschaft ein ebenso vorrangiges Thema wie die gesellschaftlichen Veränderungen, die mit dem demografischen Wandel verbunden sind. Die Rückführung der Staatsverschuldung bleibt auch in und nach der Finanzkrise auf der Tagesordnung. Bildung, Forschung und neue Technologien bilden darüber hinaus die Grundlage für eine langfristig positive wirtschaftliche Entwicklung unseres Landes. Diese Zukunftsthemen wollen wir Liberale ganz oben auf die politische Tagesordnung setzen – im Interesse unserer Kinder, Enkel und Urenkel.

Stefan Kapferer

Freiheit und Teilhabe

Die Teilhabe des Bürgers an den politischen Entscheidungsprozessen und die Freiheit, sich an den Angelegenheiten einer Gesellschaft beteiligen zu können, gehört zu den konstitutiven Werten demokratischer Systeme. Eine Selbstverständlichkeit war dieses Recht allerdings nach dem Entstehen moderner Staatlichkeit nicht. Gerade 200 Jahre ist es her, dass in der Preußischen Ständeordnung von 1808 das Recht des Bürgers auf Engagement im Gemeinwesen festgehalten wurde. Und weitere 40 Jahre dauerte es, bis in Deutschland zumindest eine größere Zahl an Bürgern erstmals ihr Wahlrecht ausüben konnte. Noch einmal 30 Jahre später begann dann die staatlich organisierte soziale Teilhabe mit dem Start der Rentenversicherung.

Heute scheinen in den Demokratien nach westlichem Muster die Teilhaberechte voll entwickelt. Der Bürger hat sich schrittweise seine Anrechte erkämpft. Der Anspruch des Einzelnen in der demokratischen Gesellschaft auf politische, ökonomische, gesellschaftliche und soziale Teilhabe wird nicht in Frage gestellt. Niemand käme auf die Idee, das Wahlrecht des Bürgers von zu erfüllenden Voraussetzungen – sei es ein bestimmtes Einkommen, Bildungsniveau oder vielleicht politisches Grundwissen – abhängig zu machen. Und auch wenn Politiker des linken Spektrums gerne den Eindruck erwecken, im Sozialstaat des wiedervereinigten Deutschlands drohe so manchem der Hungertod, ist auch der Anspruch auf soziale Unterstützung einklagbar verankert – ein Anrecht das bekanntermaßen seit der Einführung von Hartz IV vor deutschen Sozialgerichten gerne genutzt wird. Scheinbar ist also alles in bester Ordnung.

Werfen wir eine genaueren Blick auf diese vier Dimensionen von Teilhabe in der deutschen Wirklichkeit, deren Befunde, das sei vorweggeschickt, so ähnlich in anderen freiheitlichen Demokratien gezogen werden könnten.

Die politische Teilhabe gehört zweifelsfrei zu den Grundvoraussetzungen einer liberalen Demokratie. Eine Gesellschaft, in der dem Bürgerstatus nicht das Recht auf politische Mitentscheidung zugeordnet ist, ist keine freiheitliche Gesellschaft. Auf den ersten Blick ist die demokratische Teilhabe in Deutschland eine Erfolgsgeschichte der letzten 160 Jahre. Nach zähem Beginn und vielen Restriktionen – wie der Beschränkung auf die männlichen Bürger oder der Besserstellung der vermögenden Schichten (Dreiklassenwahlrecht) – erlebten wir in den letzten Jahrzehnten eine beständige Ausweitung des Kreises und der Mitwirkungsmöglichkeiten der Teilhabeberechtigten. Zuerst durch eine wiederholte Absenkung des Wahlalters, inzwischen vorrangig durch eine von einer starken *Pressure Group* erkämpfte Erweiterung der Möglichkeiten der direkten Demokratie. Volksbegehren auf kommunaler Ebene sind deutschlandweit der Normalfall und auch in einzelnen Bundesländern schreiten Bürger gerne mit der Unterschriftenliste zur Tat – ob gegen das Rauchverbot in Gaststätten oder für die Wiedereinführung von Religionsunterricht. Und der Bundestag diskutiert die Einführung des Kinderwahlrechtes – wenn auch nur in Form einer Stimmrechtserweiterung für die Eltern. Soviel demokratische Teilhabe war nie?

Die Realität hat mit den erweiterten Möglichkeiten nicht Schritt gehalten. Vielmehr sind gegenläufige Trends zu beobachten. Während der liberale Rechtsstaat beständig neue Chancen auf Teilhabe generiert und garantiert, hat sich der Citoyen aus der politischen Arena zurückgezogen. Deutschlands Volksparteien diffundieren wie Schnee in der Märzsonne, bei manchen Wahlen nimmt nur noch eine Minderheit der Berechtigten ihr Stimmrecht wahr. Und die, die wählen gehen, fühlen eher Frust als Lust. Die auch daraus resultierende Zersplitterung der Parteienlandschaft beseitigt diese Unzufriedenheit nur sehr kurzzeitig.

Auch bei der direkten Demokratie sieht es nicht besser aus. Volkes Stimme wird zumeist nur dann zum lauten Organ, wenn es darum geht, Bürgermeister abzuwählen oder Infrastrukturprojekte zu verhindern. Das Mehr an direkten Entscheidungsmöglichkeiten geht nicht mit einem Mehr an Beteiligung einher. Konstruktive politische Initiativen scheitern meist an fehlender Mobilisierung. Und die viel gerühmte moderne *Agora* der Internet-Demokratie mag mit Blogs und Spendern wachsende Teilhabe suggerieren, ein Ersatz für die gelebte Teilhabe ist sie (noch) nicht. Die demokratische Teilhabe ist ein formales, kein lebendiges Erfolgsmodell.

Und wie sieht es mit der gesellschaftlichen Teilhabe jenseits der institutionalisierten demokratischen Mitwirkungsmöglichkeiten aus. Die Möglichkeiten des Einzelnen, sich einzubringen und damit seine Ziele und Wünsche in dieser Gesellschaft eigenverantwortlich zu realisieren, scheinen riesig. Keine Klassenschranken hindern an der Ausübung bestimmter Berufe, auch in der Provinz sind alle Lebensstile möglich. Deutschland ist tolerant gegenüber alternativen Lebens- und Partnerschaftsformen. Und selbst in der Zuwanderungsdiskussion dominieren die, die Öffnung statt Abschottung postulieren. Deutschland – eine offene Bürgergesellschaft mit Möglichkeiten zum Engagement für jedermann?

Auch hier ist der Lack schnell ab. Wie viel gesellschaftliche Teilhabe wird von wem gelebt? In manchen Schulen finden sich nicht einmal mehr Elternvertreter. Die gesellschaftliche Desintegration in Deutschland schreitet munter fort. Parallelgesellschaften sind die offenkundige Realität, Aufstiegschancen weichen einer *closed shop*-Mentalität. Im deutschen Bildungssystem gibt es eine unübersehbare Spaltung zwischen Hochschulzugangsberechtigten und dem Rest. Diese Spaltung setzt sich in der Bürgergesellschaft fort. Hier die „Arrivierten" und „Gebildeten", die Engagement leben. Dort das „abgehängte Prekariat", das keinen Zugang findet.

Eine wachsende Minderheit in der Bevölkerung ist gar nicht mehr in der Lage, die erkämpften Teilhabechancen mit Leben zu erfüllen. Und die Politik weiß keine bessere Antwort als Rechtsansprüche und Sozialprogramme. Ein Mehr an gesellschaftlicher Teilhabe schafft sie damit nicht.

Ein ganz ähnlicher Befund lässt sich bei der ökonomischen Teilhabe ziehen. Auch hier soll staatliche Regulierung Teilhaberechte garantieren. Beginnend mit den ersten Rezessionsphasen der Bundesrepublik Ende der sechziger Jahre und potenziert mit dem notwendigen Umbau der sozialistischen Wirtschaft nach 1989 hat sich der Staat schleichend in die Marktbeziehungen eingemischt. Wo der Arbeitsmarkt kein ausreichendes Stellenangebot zu generieren schien, wurden Anrechte verbrieft. Arbeitsbeschaffungsmaßnahmen, ein öffentlicher Beschäftigungssektor, ein staatlich garantierter Mindestlohn – das Ideenrepertoire der Arbeits- und Sozialminister scheint unerschöpflich, wenn es um die Teilhabechancen der Menschen auf dem Arbeitsmarkt geht. Dass diese Formen der Teilhabe nur in den seltensten Fällen zu einer angemessenen Teilhabe am ökonomischen Erfolgsprozess führen, wird dabei gerne ausgeblendet. Beschäftigungsprogramme für Langzeitarbeitslose enden nur in Ausnahmefällen auf dem ersten Arbeitsmarkt, der staatlich garantierte Mindestlohn vernichtet Arbeitsplätze. Wie in den ersten beiden Bereichen soll auch bei ökonomischen Fragen der Staat die Teilhabe des Bürgers garantieren. In der Realität schafft er Frust über sinnlose Beschäftigungstherapien, bei denen der Betroffene merkt, dass er geparkt statt gefördert wird.

Auch die soziale Teilhabe in Deutschland steht in den letzten Jahren immer stärker in der Kritik. Lange Zeit hatten die Bürger den Eindruck, der Staat gebe ihnen über soziale Transfers in schwierigen Zeiten das zurück, was er ihnen an Steuern und Sozialabgaben zuvor abverlangt hatte. Dass ein solch komplexes Umverteilungssystem mit hohen Bürokratiekosten verbunden ist, blieb oftmals unbeachtet. Heute gerät das Modell des deutschen Wohlfahrtsstaates von allen Seiten unter Druck. Die breite Mitte, die im Laufe ihres Lebens Steuern und Abgaben zahlt, aber nur Gesundheitsversorgung und Rente in Anspruch nimmt, stellt fest, dass Abgaben und Leistung immer weiter auseinanderklaffen. Zugleich hat die immer weitere Ausdifferenzierung von Programmen und Ansprüchen den Kreis der Anspruchsberechtigten immer weiter ausgedehnt, ohne dass die Leistungsfähigkeit der öffentlichen Hand damit Schritt gehalten hätte. Für alles und jeden wurden Programme entwickelt. Im Ergebnis sind immer mehr Bürger enttäuscht. Inzwischen zweifeln nach einer aktuellen Studie des Bankenverbandes 46% der Deutschen daran, dass unsere Gesellschaft im Wohlstand lebt. Die soziale Teilhabe wird zur Chimäre. Allumfassende Transfers verbriefen nur auf dem Papier soziale Teilhaberechte. In Wirklichkeit lassen sie immer mehr Bürger unselbständig zurück und erdrücken mit ihrem Umverteilungsanspruch viele in der unteren Mitte, die bisher alleine zurecht gekommen sind.

Aus Rechtsansprüchen entsteht keine Teilhabe

Halten wir fest: Obwohl die Rechtsansprüche auf demokratische, gesellschaftliche, ökonomische und soziale Teilhabe beständig ausgeweitet wurden, empfinden die Menschen das Gegenteil. Um mit Ralf Dahrendorf zu sprechen: Die mit dem Bürgerstatus verbundenen Anrechte sind in unserer Gesellschaftsordnung institutionalisiert. Aber sind sie auch erreichbar?

Wer trägt die Verantwortung für eine Gesellschaft, in der die Teilhabechancen des Einzelnen zunehmend entwertet werden? In der die gelebte Teilhabe einem Rechtsanspruch auf Teilhabe gewichen ist, der formalisiert und erstarrt ist?

Folgt man dem aktuellen politischen Diskurs, dann ist – wie an so vielem – der Sieg des Neoliberalismus schuld. Dieser habe immer mehr Menschen in prekäre Beschäftigungsverhältnisse verdrängt, den Sozialstaat abgebaut und damit das Vertrauen in Sozialstaat und Demokratie erschüttert. Die „freien" Märkte hätten die Finanzkrise ausgelöst und damit zum Abbau zahlloser Arbeitsplätze beigetragen. Bei manchen extremen Vertretern des linken Spektrums ist es bis zu Verschwörungstheorien des Kapitalismus gegen die demokratischen Mitwirkungsmöglichkeiten dann kein weiter Weg mehr.

Es wäre wohlfeil, darauf hinzuweisen, dass der Neoliberalismus in Deutschland offensichtlich gerade nach elf Jahren in der Opposition seine größten Erfolge feiert. Denn natürlich ist es weder ein übersteigerter Individualismus noch ein entfesselter Markt, der die Teilhabechancen zerstört. Es ist der Staat, der sich in immer mehr gesellschaftliche Bereiche einmischt und dabei seine eigenen Kapazitäten zur Problemlösung überschätzt hat. Und es ist oftmals der einzelne Bürger, der den Wert einer eigenverantwortlich gelebten Teilhabe in Freiheit einer vermeintlichen Sicherheit staatlichen Handelns geopfert hat.

Deutschland hat eine Inflation von Anrechten definiert, die nicht mehr einlösbar sind. Rechtsansprüche auf Teilhabe ersetzen zunehmend Lösungen von gesellschaftlichen Problemen. An zwei prägnanten Beispielen soll dies noch einmal verdeutlicht werden: Reicht der Marktlohn in einzelnen Bereichen nicht zur Gewährleistung des Lohnabstandsgebotes, werden nicht staatliche Belastungen reduziert, um das Netto zu erhöhen. Lieber werden mit einem Mindestlohn die Arbeitsplätze vernichtet. Der betroffene Arbeitslose kann dann wenigstens den Anspruch auf soziale Teilhabe einlösen – durch staatliche Transfers. Beispiel zwei: Immer mehr junge Menschen scheitern bei dem Versuch, den Hauptschulabschluss zu erlangen. Das Ergebnis liegt für alle auf der Hand: Ohne Schulabschluss keine Berufsqualifikation und damit dauerhafte Probleme am Arbeitsmarkt. Statt aber durch konkrete Hilfen für leistungsschwache Schüler oder grundsätzliche Reformen des Schulsystems die Erfolgsquote zu steigern, soll ein Rechtsanspruch auf einen Hauptschulabschluss eingeführt werden. Die eigentliche Herausforderung für bildungsferne Schichten wird es sein, diesen einzuklagen. Die beiden Beispiele zeigen eine gefährliche Tendenz: Unser Modell gesellschaftlicher Teilhabe schafft nicht mehr Chancen durch Teilhabe sondern Teilhabe durch Garantieversprechen. Diese Garantien sind aber so wenig abgesichert wie manche der amerikanischen Hypothekenkredite. Eine inflationäre Ausweitung dieser Garantien führt zu einer Stabilitätskrise unserer freiheitlichen Gesellschaft wie die *Subprime*-Krise zur Instabilität des Weltfinanzsystems.

Eine liberale Antwort auf die Fehlentwicklungen in unserer Gesellschaft – und natürlich auch auf die oben geschilderten Schuldzuweisungen an einen liberalen Politikansatz – muss die Wertedebatte deshalb offensiv angehen. Es ist Zeit für Liberale den Wert der Teilhabe wieder zu entdecken und mit Leben zu erfüllen.

Gesellschaftliche Teilhabe – Die liberale Bürgergesellschaft muss gelebt werden

In liberalen Programmschriften darf sie nicht fehlen – die liberale Bürgergesellschaft. Das Selbstverständnis einer liberalen Partei basiert ganz selbstverständlich auf dem engagierten, für das Gemeinwohl aktiven *Citoyen*. Und Deutschland ist ein Land der engagierten Bürger. In der Elterninitiative für die notleidende öffentliche Schule, im Nachbarschaftskreis, der älteren Bewohnern ein Leben in den eigenen vier Wänden sichert, im Sportverein als Trainer oder Kassenwart: Das ehrenamtliche Engagement ist stärker denn je. Mehr als 23 Millionen Deutsche engagieren sich laut Freiwilligensurvey 2004 der Bundesregierung ehrenamtlich. Der sogenannte dritte Sektor hat die öffentliche Hand längst aus vielen gesellschaftlichen Bereichen verdrängt oder die Leerstelle besetzt, die die überforderte öffentliche Hand hinterlassen hat. Die Bürgergesellschaft ist aktiv. Zwei Probleme aber sind unübersehbar.

Zum einen dominieren in der politischen Arena – die die Rahmenbedingungen für den dritten Sektor setzt – diejenigen, die darin nur einen Notbehelf sehen. Quasi einen bürgerfinanzierten und -organisierten „Ersatzstaat", der aushilft, bis der eigentliche Gewährleister Staat seine wirtschaftliche und finanzielle Leistungsfähigkeit wiedererlangt hat, um in die alte Rolle zu schlüpfen.

Zum anderen treten die zivilgesellschaftlichen Initiativen auch nicht mit dem Selbstbewusstsein auf, das ihnen eigentlich zusteht. Es ist keine Schande – und auch keine Notlösung – die „Dinge" des gesellschaftlichen Zusammenlebens selbst in die Hand zu nehmen. Es ist ein Verständnis von Bürgerstatus im besten Sinne. Die Bürger haben sich nicht vom Staat Freiräume auf gesellschaftliches Engagement geborgt – und schon gar nicht, kann der Staat sie verpflichten,

Leerstellen auszufüllen. Die Bürger nehmen vielmehr wieder ihr Recht auf gesellschaftliche Selbstorganisation wahr.

Hier einen Stimmungswandel zu befördern und damit bürgerschaftliches Engagements zu verstetigen, ja zum Normalfall zu machen, ist Aufgabe einer modernen liberalen Partei. Gerade dort, wo Bürgergesellschaft gelebt wird, bekennen sich aber zu wenige zu ihrer liberalen Gesinnung. Vielmehr trennen sie zwischen politischem Bewusstsein und gesellschaftlichem Engagement. Und überlassen das Feld häufig den „Berufsehrenamtlichen", die bei jeder Gelegenheit nach der Verantwortung der öffentlichen Hand rufen. Dabei leben die engagierten Bürger den modernen Liberalismus – die Freiheit zur Teilhabe, nicht die Freiheit von Verantwortung. Diese Freiheit zeigt sich eben nicht in radikaler Individualisierung sondern im Engagement des Einzelnen für die Gesellschaft – freiwillig und temporär.

Eine stärkere Präsenz der Liberalen in den Sphären bürgerschaftlichen Engagements wäre auch die Grundvoraussetzung dafür, den Zeitgeist zu drehen. Im zivilgesellschaftlichen Engagement findet sich ein bemerkenswertes Paradoxon: Zum einen engagieren sich Bürger für die Gemeinschaft. Auch wenn dies manchmal nur eine Notlösung ist, um die öffentliche Hand zu ersetzen, so zeigt es doch, dass es in vielen Fällen ohne eine übergeordnete staatliche Daseinsvorsorge geht. Zum anderen aber dominieren die Vertreter linker Parteien den Diskurs im bürgerschaftlichen Netzwerk. So zielt dieser Diskurs auf die Notwendigkeit der Rückkehr des Staates. Liberale sollten die Lufthoheit über den (Mittags-) Tafeln und Besprechungstischen der Zivilgesellschaft erobern. Dann kommt die Lufthoheit über den Stammtischen ganz von alleine.

Politische Teilhabe – Bürger zurück in die Parteien

Auch eine nach obigem Verständnis optimale Selbstorganisation gesellschaftlicher Prozesse macht Parteien und den institutionalisierten Entscheidungsprozess der Demokratie nicht überflüssig. Eine freiheitliche Bürgergesellschaft braucht auch morgen noch Parteien. Als Transmissionsriemen zwischen Gesellschaft und Staat sind sie unverzichtbar.

Dabei entstand zuletzt der gegenteilige Eindruck. Mitgliederschwund und negative Images sind die Schlagworte. Die Reformkommissionen aller deutschen Parteien zur Öffnung und zur Belebung derselben sind Legion. Bei allen Lösungsansätzen haben die Parteien aber immer darauf gesetzt, es bedürfe nur anderer Kommunikationswege und neuer Beteiligungsformen, dann kämen die Bürger schon zurück. Der Erfolg lässt auf sich warten. Umgekehrt wird ein Schuh daraus. Die Parteien müssen wieder dahin gehen, wo die Bürger sind. In die Stadtteilinitiativen, in die Elternvereine oder die Förderorganisationen für Kultureinrichtungen und Mittagstisch. Dann nehmen die Bürger die spezifische Kompetenz der Parteien auch wieder wahr. Viele gesellschaftliche Initiativen haben eines übersehen: Dass es für die Durchsetzung ihrer Ziele häufig darum geht, administrative Entscheidungsprozesse zu beeinflussen. Und das funktioniert in Deutschland am besten über die politischen Parteien. Lernen die *Citoyens* die Parteien aufgrund dieser Kontakte wieder von innen kennen, werden einige von ihnen diese Organisationsform schätzen lernen.

Die Erfolgsaussichten der Liberalen sind dabei überdurchschnittlich hoch. Als Partei, die nicht auf den Staat sondern auf den Bürger vertraut, steht sie Apparaten mit der nötigen inneren Distanz gegenüber. Dazu ist aber in der FDP ein radikaler Bruch vonnöten. Die Kompetenz der Partei vor Ort muss wieder gestärkt werden. Heute sind die Gliederungen der Partei vor allem für zwei Aufgaben trainiert: die Auswahl von Mandatsträgern und die Führung von Wahlkämpfen. Ihr Ohr an der gesellschaftlichen Wirklichkeit hat die Partei als Organisationsform an der Basis zumeist nicht. Genau dieses muss aber gelingen, wenn die Liberalen gesellschaftliche Avantgarde sein wollen.

Zum Anspruch, gesellschaftliche Avantgarde zu sein, gehört auch eine intensive Debatte um ein neues Grundsatzprogramm. Die erfolgreichsten Grundsatzprogramme der Liberalen waren immer auch Programme, die gesellschaftliche Umbrüche widerspiegelten oder aufnahmen. Es ist deshalb an der Zeit, nach der Wahl 2009 eine neue Grundsatzprogrammdiskussion anzustoßen.

Ökonomische Teilhabe – Neustart für die liberale Teilhabedebatte

Keine Debatte wurde bei den deutschen Liberalen solange ohne erkennbare gesellschaftliche Veränderung geführt wie die Debatte um eine Teilhabe der Arbeitnehmerinnen und Arbeitnehmer am ökonomischen Grundstock unseres Landes. Beginnend mit Hermann Schulze-Delitzsch's Produktivgenossenschaften haben sich Liberale immer wieder mit dieser Frage beschäftigt. Auch die Grundsatzprogramme der FDP thematisierten diese Problematik immer wieder, ob in den Freiburger Thesen oder zuletzt den Wiesbadener Grundsätzen. Verändert hat sich in Deutschland wenig.

Wenn wir aber wollen, dass die Überdehnung des Wohlfahrtsstaates ohne politische Verwerfungen weiter zurückgeführt werden kann, wenn wir wollen, dass die Bürger selbst sich vom Sozialstaat deutscher Ausprägung abkehren, müssen wir die Debatte um zusätzliche Möglichkeiten ökonomischer Teilhabe neu starten. Einige Lösungsansätze sind keineswegs neu. Investivlohn und Beteiligung am Produktivkapital sind wiederholt diskutiert worden. Das Ziel, die Beschäftigten mit „dem Kapital" zu versöhnen, bleibt richtig. Dass es nicht gelungen ist, hier weiter voranzukommen, rächt sich. Unternehmen mit starker Kapitalbeteiligung der Beschäftigten wären heute eine schöne Ergänzung zum wieder hoch geschätzten Familienunternehmer. Und eine schöne Antwort auf die Heuschrecken-Debatte der Linken, die gerne vergisst, dass es regelmäßig Pensionsfonds ausländischer Arbeitnehmer sind, die im *Private-Equity*-Sektor als Kapital eingesetzt werden.

Niemand sollte glauben, dass es eine Rückkehr zum *statu nascendi* nach der Finanzkrise geben wird. Das Unternehmertum steht mehr denn je unter Rechtfertigungsdruck. Unternehmen haben auf diese Herausforderung längst reagiert: ob Unternehmensleitbilder, *corporate social responsibility* oder interne Förderprogramme. Unternehmen sind mehr denn je bemüht, gesellschaftlichen Erwartungshaltungen gerecht zu werden. Sie versuchen, sich gegenüber dem gesellschaftlichen Zeitgeist zu öffnen. Aufgabe der Liberalen muss es sein, die Gesellschaft gegenüber dem Geist des Unternehmertums zu öffnen.

Zur ökonomischen Teilhabe gehört deshalb auch die Steigerung der Selbstständigenquote. Während einige dahinter nur den Versuch sehen, Arbeitslosigkeit zu kaschieren, stehen für Liberale Eigenverantwortung und Selbstverwirklichung im Fokus. Ein wenige Jahre alter Vorschlag aus der sozialphilosophischen Debatte in den USA zeigt, welche neuen Ideen in diesem Zusammenhang diskutiert werden könnten: die *Stakeholder Society* von Bruce Ackermann. Sein Vorschlag eines finanziellen Grundstocks von 80.000 Dollar für jeden 18-jährigen wirft zugegebenermaßen eine Reihe praktischer Fragen auf. Der Charme der Idee liegt aber auf der Hand. Die Diskussion um Jugendliche, die aufgrund ihrer Herkunft chancenlos seien, wäre beendet. Und viele junge Menschen würden mehr Unternehmergeist riskieren als heute. Die Liberalen sollten die Diskussion um den liberalen und kapitalistischen Ansatz der *Stakeholder Society* nicht der Heinrich-Böll-Stiftung überlassen.

Der Niedergang der sozialen Frage

Gelingt es, die Teilhabe in den drei oben diskutierten Dimensionen auf ein neues Fundament zu stellen, so wird es erheblich einfacher, soziale Teilhabe zu sichern. Eine gestärkte gesellschaftliche Selbstorganisation weist dem Staat in sozialen Fragen die großen Risiken zu und reduziert die finanziellen Lasten des sozialen Ausgleichs. Zusätzliche Chancen auf ökonomische Teilhabe bieten mehr Bürgern die Möglichkeit, aus prekären sozialen Verhältnissen auszubrechen.

Zur sozialen Teilhabe gehört ein Politikfeld, dem Liberale seit vielen Jahren verstärkte Aufmerksamkeit widmen: die Bildungspolitik. Die banale Weisheit gilt nach wie vor: Bildung ist der Schlüssel zur Lösung einer Vielzahl sozialer Probleme. Nur eine angemessene Ausbildung schafft die Voraussetzungen, um Teilhaberechte wahrzunehmen. An anderer Stelle in diesem Sammelband ist mehr Raum und Kompetenz zur Diskussion dieses Aspektes.

Die liberale Bürgergesellschaft als Teilhabegesellschaft in den Mittelpunkt gerückt, ist die Chance, den herrschenden Diskurs von der sozialen Ungerechtigkeit zu durchbrechen. Die Entmündigung des Einzelnen durch den Umverteilungsstaat ist auch eine Entwertung des eigenen Lebens und ein Verlust an Freiheit. Immer mehr Menschen suchen Alternativen – auf der Seite der anonymen Zahler äußert sich die Unzufriedenheit im oben beschriebenen bürgergesellschaftlichen Engagement. Auf der Seite der Empfänger in Kritik an der bestehenden Ordnung. Da die Linke aber nur unfinanzierbare Heilsversprechen macht, wäre es für Liberale eine Gelegenheit mit immateriellen Werten – ohne die materielle Absicherung aufzukündigen – gegenzuhalten. Der Wert Teilhabe könnte auch bei vielen heute Abhängigen eine Renaissance erfahren. Und den Niedergang der sozialen Frage einleiten.

Den Wert einer Teilhabedebatte wieder entdecken

Es ist an der Zeit, den Wert einer Debatte über die Teilhabe für eine freiheitliche Partei wieder zu entdecken. Nur eine Teilhabe-Gesellschaft, also eine Bürgergesellschaft, die nicht auf dem Papier steht, sondern gelebt wird, ist in der Lage, den Staat zurückzudrängen bzw. den von ihm selbst eingeleiteten Rückzug aufzufangen. Es gibt zu denken, dass die in Wissenschaft und Gesellschaft geführte

Debatte um die zukünftige Rollenverteilung zwischen Staat, Markt und Bürger-gesellschaft in der FDP kaum vorkommt. Der dritte Sektor lebt jenseits aller politischen Parteien. Mit einer Teilhabedebatte könnte die FDP das Signal geben, dass sie gewillt ist, zum Sprachrohr dieser breiten Bürgerbewegung zu werden. Dies wäre zum beiderseitigen Nutzen: Für die Zivilgesellschaft, weil sie in der politischen Arena an Durchsetzungskraft gewinnt. Und für die Liberalen, weil es an der Wahlurne noch selten geschadet hat, neuen sozialen Bewegungen Gehör zu verschaffen.

Florian Toncar

Freiheit und Menschenrechte

1   Die metaphysische Leerstelle

Anders als Konservative oder Linke haben wir Liberalen keinen an und für sich geltenden Wissens- oder Glaubenssatz, keinen letzten Grund der Dinge, aus dem sich *natürlicherweise* ein Bild vom Menschen sowie ihm daraus gegebene Rechte ergäben. Der Liberalismus ist, so schreibt Ludwig von Mises 1927, „keine abgeschlossene Lehre, er ist kein starres Dogma; er ist das Gegenteil von all dem" (Mises 1927, 3). Insofern steht *a priori* im Zentrum des politischen Liberalismus eine metaphysische Leerstelle. Allerdings ist festzuhalten: „Die Einrichtung der menschlichen Gesellschaft nach einem möglichst zweckmäßigen Schema ist eine ganz prosaische und nüchterne Sache", wie Mises fortfährt (ebd. 6). Was sollte Politik mehr oder anderes sein als zweckmäßig?

Damit pflegen Liberale ein reflexives und diskursives *Werte*verständnis. In diesem Sinne sind Menschenrechte konkrete kulturelle, zivilisatorische Werte, die historisch gewachsen sind. Sie können sich also wandeln und müssen dies auch, wie etwa im Falle des erst im Laufe der Zeit anerkannten Rechtes auf Gleichberechtigung von Mann und Frau oder des Rechts von Homosexuellen, selbstbestimmt und ohne Diskriminierung leben zu können. Menschenrechte beruhen auf keiner natürlichen Evidenz. Ihre universelle und unteilbare Geltung hängt nicht von metaphysischen Annahmen ab, sondern ist ganz im Diesseits begründet. Die Verwirklichung von Menschenrechten ist die Wertebasis liberaler Politik und gleichsam ihr Imperativ und Zweck.

2   „Menschenwürde"?

Die wesentliche ethische Begründung einer universellen Geltung der Menschenrechte hängt eng zusammen mit dem Konzept der „Menschenwürde". Dieser Zusammenhang wird in unserem Grundgesetz durch die konsekutiv verwendete Konjunktion „darum" ausgedrückt, die Artikel 1 Absatz 1 und Absatz 2 verknüpft: Die Menschenwürde ist unantastbar, „darum" bekennt sich das Deutsche Volk „zu unverletzlichen und unveräußerlichen Menschenrechten". Ich will mich im Folgenden damit beschäftigen, *woraus* für uns Liberale „Menschenwürde" entspringt und *weshalb* und *wie* Menschenrechte gelten sollen. Ausgangspunkt ist dabei zunächst die Auseinandersetzung mit anderen Herleitungen von Menschenwürde.

Ein konservativ-christliches Denken würde den letzten und zugleich ursprünglichen, natürlichen Grund dieser Würde im Kontext eines göttlichen Schöpfungswerkes sehen. Der Mensch ist ein Ebenbild Gottes und trägt somit Züge des Absoluten in sich. Deshalb muss ihm ein unveräußerliches Wesen zukommen, dem mit Ehrfurcht zu begegnen ist, wie man dem Göttlichen begegnet. Aus diesem theologischen Argument begründete Theophilos von Antiochien bereits im zweiten Jahrhundert in seiner Schrift *Ad Autolycum* einen unveräußerlichen Kern des Menschseins. Robert Spaemann, ein zeitgenössischer katholischer Moralphilosoph, hält genau an dieser Herleitung der Menschenwürde fest, da der Mensch als sittliches Wesen „Repräsentation des Absoluten" sei (Spaemann 1987, 303). Hieraus ergebe sich die Verpflichtung, diesem Heil gerecht zu werden, also den Geboten Gottes zu gehorchen, die sich in der Überlieferung, der Tradition, dem Gewachsenen und dem Hineingeboren-Sein in die Gemeinschaft verwirklichten. Allerdings sei zu unterscheiden, inwieweit der Mensch dieser Verpflichtung nachkomme. Entscheide er sich zum Guten, dann werde er dieser Würde, dem ihm gegebenen Heil, gerecht. Tue er dies nicht, beschädige er sie, wie bereits Thomas von Aquin im 13. Jahrhundert meinte. Gleichwohl gebe es ein unverletzliches und unveräußerliches Minimum an Würde, das in der dem Menschen gegebenen Möglichkeit zur Sittlichkeit gründe, so Spaemann. Die freie Entscheidung zum Guten oder Bösen, die jedem Einzelnen durch die Geltung von Menschenrechten ermöglicht werde, sei die dem Menschen gestellte Aufgabe. Insofern sei „die Freiheit nicht um ihrer selbst willen" vom Gemeinwesen gewährt, sondern als „verantwortete Freiheit, die Freiheit zum Dienst, die freie, verantwortliche Zuwendung zum Nächsten", wie Peter Saladin bemerkt (Saladin 1993, 217).

Eine linke, marxistische Weltsicht definiert den Menschen über seine soziale Existenz und denkt von einem gewünschten Zustand her. Insofern bringe die Überwindung der Ungerechtigkeit erst den „Menschen der Zukunft" hervor, den „emanzipierten Menschen". Der Mensch soll noch auf dem Weg sein, Mensch zu werden. Der Endzustand wird demnach erreicht, wenn die soziale Einteilung in herrschende versus beherrschte Klasse überwunden wird, d.h. gleiche Verteilung der Güter vorliegt, und die Ontologie der vermeintlichen kapitalistischen Ausbeutung und Entfremdung durch die vollständige Umsetzung eines „kritischen Kommunismus" abgelöst ist. Erst müsse die soziale und materielle Wirklichkeit verändert werden, sodann komme der Mensch zu seinem „eigentlichen" Bewusstsein. So schreibt Karl Marx: „Die Produktionsweise des materiellen Lebens bedingt den sozialen, politischen und geistigen Lebensprozess überhaupt. Es ist nicht das Bewusstsein der Menschen, das ihr Sein, sondern umgekehrt ihr gesellschaftliches Sein, das ihr Bewusstsein bestimmt." (MEW 13, 8f.) Unantastbare Individualrechte – das nämlich ist nach liberaler Überzeugung die konkrete Gestalt von Menschenrechten – ergeben sich danach nur eingeschränkt, denn der Mensch wird als durch ein falsches System korrumpiert angesehen und kann deswegen seine „wahren" Bedürfnisse nicht kennen. Die massiven Menschenrechtsverletzungen des Realsozialismus werden dieser Logik folgend durch „sozialistische Errungenschaften" wie subventionierte Grundnahrungsmittel, verringerte Lebenshaltungskosten und großzügige Sozialleistungen aufgewogen. Hierin erschöpfen sich Menschenwürde und Menschenrechte bis zur „Aufhebung aller Entfremdung" durch die vollständige Abschaffung des Privateigentums, für Marx „die Rückkehr des Menschen aus Religion, Familie, Staat etc. in sein *menschliches*, d.h. gesellschaftliches Dasein." (MEW 40, 537)

3   Das dreifache Fundament der Menschenwürde

Offensichtlich sind die beiden skizzierten Ansätze keinesfalls eine Ausgangsbasis für die liberale Erklärung der Menschenwürde und der Menschenrechte. Ein akzidentielles, bedingtes Wesen der Menschenwürde, und zwar durch Gottesebenbildlichkeit und evolutionistischen Entwicklungsbegriff auf der einen und materialistischer Geschichtsphilosophie und Ontologie der Entfremdung und Ausbeutung auf der anderen Seite, ist aus liberaler, freiheitlicher Sicht inakzeptabel. Denn das, was Menschenrechte sein sollen, kann sich nicht lediglich aus den jeweiligen metaphysischen Vorgaben ergeben. Menschenrechte drohen zur beliebigen Interpretationssache und relativen Größe zu werden, wenn sie einem vorgängigen Zweck (Entscheidung zum Guten bzw. Aufhebung der Entfremdung) unterstellt sind. Dieser aber ist willkürlich, denn wie ließe sich bestimmen, was „das" Gute ist? Wer soll festlegen, wann der Mensch endlich „bei sich" ist, so dass er das Schicksal in die eigenen Hände nehmen kann? Liberale dagegen setzen den Menschen im Hier und Jetzt in den Mittelpunkt ihrer Politik. Der einzelne Mensch, das Individuum ist das Absolutum des Liberalismus. Darin zeigt sich deutlich, dass „Menschenrechte" – die in unserem Rechtssystem als Individualrechte bestehen – historisch betrachtet ein originär liberales Konzept sind. Von John Locke und David Hume über Adam Smith, Voltaire, Montesquieu, Jean-Jacques Rousseau und Immanuel Kant hin zu den wesentlichen vertraglichen Ausformulierungen dieser Gedanken in der *Virginia Bill of Rights, Declaration of Independence, Déclaration des droits des droits de l'homme et du citoyen,* der *Paulskirchenverfassung* und schließlich der *UN-Menschenrechtserklärung* ist die Geschichte der Menschenrechte eng mit der des politischen Liberalismus verbunden.

Abgesehen von der historischen Tradition, die verdeutlicht, wie eng Liberalismus und Menschenrechte verwoben sind, stellt sich die Frage, welche liberalen Axiome „Menschenwürde" untermauern und gleichsam deren Wesen auszeichnen. – Ich sehe drei wesentliche:

Willensfreiheit als Bedingung von Personalität

Um sich als Subjekt und damit als Mensch erkennen und bezeichnen zu können, muss man mit sich, seinem Selbst, vertraut sein. Dies ist aber nicht naturgegeben, sondern wird ermöglicht durch die Fähigkeit zum inneren Dialog, den wir gemeinhin Reflexion nennen. Wille ist nun in diesem Zusammenhang nicht ein spontanes Bedürfnis oder ein Eindruck, der „einfach so" in den Sinn kommt, sondern er beruht genau auf einem solchen inneren Dialog, also Reflexion und Abwägung der Gedanken, der in einer Entscheidung mündet. Dann erst besteht ein Wille. Die Bekanntschaft mit sich selbst und die Fähigkeit, „ich" zu sagen, ist zum erheblichen Teil die Bekanntschaft mit der Geschichte der eigenen Willensentscheidungen. Würde man die Willensfreiheit nun durch äußere Gewalt unterlaufen, z.B. durch körperliche oder psychische Folter, würde das die fundamentale Erfahrung, Person zu sein, verletzen. Die freie, unverletzte und unbedingte Hervorbringung des eigenen Willens ist aber nicht irgendein Wert. Für uns Liberale ist es der schlechthin wichtigste, weil durch ihn das Menschsein überhaupt aufgeht. Darum hat dieser absolute liberale Wert keinen Preis, sondern „Würde", wie Kant den Begriff in seiner *Grundlegung zur Metaphysik der Sitten* definiert. Er ist für mich unveräußerlich und nicht aufzuwiegen mit einem anderen Wert. Willensfreiheit bezeichnet damit menschliche Würde.

Anerkennung des anderen als mündiges Subjekt möglicher Verantwortung.

Personalität verwirklicht sich nicht in der Isolation, sondern im Zusammenleben mit den Mitmenschen sowie im eigenen und gemeinsamen Handeln. Damit ein Leben in der Gemeinschaft – wie etwa der alltägliche Umgang, das Eingehen von Abmachungen und Verträgen, das Festlegen von Normen und Zielen des Zusammenlebens – möglich wird, muss jeder Mensch die Willensfreiheit des anderen akzeptieren. Andernfalls wäre die Freiheit des Willens willkürlich und ungleich, weil sie den anderen vom Menschsein ausschließt. In einer Welt, in der ein Mensch den anderen nicht in seiner Personalität anerkennt, d.h. in all dem, was ihn als Individuum auszeichnet, sondern in der er alle wie bloße Instrumente seines Willens behandelt, ergibt es für ihn gar keinen Sinn, Ich zu sein, denn ihm fehlt das Gegenüber, das ihn erst seine Personalität erkennen lässt. Die Schlussfolgerung aus diesem Gedankengang formuliert Kant:

> „der Mensch, und überhaupt jedes vernünftige Wesen, existiert als Zweck an sich selbst, nicht bloß als Mittel zum beliebigen Gebrauche für diesen oder jenen Willen, sondern muss in allen seinen, sowohl auf sich selbst, als auch auf andere vernünftige Wesen gerichteten Handlungen jederzeit zugleich als Zweck betrachtet werden." (Kant 1983, 64)

Das Zugeständnis der Mündigkeit des anderen, also seiner Befähigung, einen Willen zu bilden, danach zu handeln und dafür Verantwortung zu tragen, ist der moralische Imperativ, der sich aus dem eigenen Anspruch auf Willensfreiheit ergibt. Denn ohne die Akzeptanz des anderen als Verantwortungssubjekt wären „normative Verbindlichkeiten zwischen Menschen letztlich nicht denkbar", so Heiner Bielefeldt (Bielefeldt 2008, 8). Sie ist die Vorbedingung dafür, dass allgemeine Rechte, Verträge etc. gelten können und nicht Willkür herrscht.

Mitgefühl als soziale Dimension der Personalität.

Menschen werden in einen familiären bzw. clanartigen Sozialverbund hineingeboren, der Personalität erst ermöglicht. Nur innerhalb dieses notwendigen „sozialen Uterus" erlangen wir Menschen ein fühlendes und denkendes Bewusstsein für Individualität. Das ist ein weiteres Argument dafür, dass Menschenwürde jedem unbeschränkt und unbedingt zukommen muss, da wir die angesprochene Fähigkeit zum inneren Dialog zunächst durch Interaktion mit der Außenwelt erlernen. Schon zu Beginn unserer Existenz werden alle Menschen mit Gefühlen konfrontiert, die ihr moralisches Wesen prägen. Menschen erfahren die Bedeutung von Zuwendung für das eigene Wohlbefinden, spüren Dankbarkeit und Zuneigung und erfahren, dass Menschen füreinander Gefühle empfinden. Der innere Drang zum Mitgefühl verdeutlicht, wie sehr wir Menschen unserem sozialen Wesen nach der Zuwendung bedürftig sind. Auf der Fähigkeit zu und dem Bedürfnis nach emotionalen Austausch, d.h. Mitgefühl oder Empathie, beruhen soziale Empfindungen wie Solidarität und Sympathie. Sie sind keine vom Ich losgelöste Erfahrung, sondern mit dem verbunden, was uns erst formt. Darum muss auch Mitgefühl als originärer Bestandteil der Menschenwürde gelten.

4   Die konkrete Gestalt der Menschenwürde: Menschenrechte

Die drei vorgestellten Axiome bedeuten und begründen für uns Liberale das Wesen der Menschenwürde. Die *Menschenrechte* schaffen die Möglichkeit und den Rahmen, Individualität, Verantwortung und Mitgefühl in Handlungen umzusetzen. Warum ist bei der Umsetzung dieses Konzepts die Freiheit so wichtig? Weil kein einzelner Mensch weiß, was das *summum bonum*, das höchste Gut im Leben ist und wie es zu erreichen ist. Selbst eine demokratische, hoch entwickelte Gesellschaft kann es nicht verbindlich bestimmen. Deshalb kann es auch nicht zur politischen Aufgabe werden, durch Erlass und Vollzug von Gesetzen die Vorstellungen der Mehrheit vom Glück und von wünschenswertem, moralischen oder einfach nur nützlichen Verhalten jedem einzelnen Menschen zur Maxime zu machen. Der Liberalismus verbietet es, Menschenbeglückungsmaschine zu sein, indem ein Konzept des gelingenden Lebens dekretiert wird, und er „verspricht nichts, was über das hinausgeht, was in der Gesellschaft und durch die Gesellschaft geleistet werden kann. Er will den Menschen nur eines geben: friedliche, ungestörte Entwicklung des materiellen Wohlstandes für alle, um so von ihnen die äußeren Ursachen von Schmerz und Leid fernzuhalten [...] Leid zu mindern, Freude zu mehren, das ist sein Ziel", wie Mises trefflich formuliert (Mises, 168).

Menschenrechte sind kein Glücksversprechen, wohl aber die Glück ermöglichende Bedingung. Freilich kann der gelebte Freiheitsanspruch nur „größtmöglich" gelten, da es keine grenzenlose Handlungsfreiheit geben kann und darf. Andernfalls herrschten das Gesetz des Stärkeren, Willkür und Anarchie. Die Grenze unserer Handlungsfreiheit ist durch die unantastbare Würde des anderen markiert. Dazu muss der Staat in verhältnismäßigem Umfang Zwang androhen und gegen diejenigen einsetzen, die Würde, Freiheit oder andere Rechtsgüter anderer beschädigen. Doch nur „als Verhinderung eines Hindernisses der Freiheit" (Kant) ist dieser staatliche Zwang zu rechtfertigen. Diese Maxime ist nicht einfach leere Formel, sondern sie führt zum Kern der politischen Auseinandersetzung, wie die folgenden Beispiele zeigen.

5   Zwei problematische Beispiele staatlichen Eingreifens

In Deutschland gibt es aus Sicht der Freiheit zwei rechtspolitisch bedenkliche Entwicklungen: Zum einen der zunehmende Drang zur Moralisierung des Rechts. Staatliche Eingriffe in die Freiheit erfolgen gelegentlich gerade nicht zum Schutze von Rechtsgütern anderer Menschen, sondern zur Befriedung von Gefühlen und zur Durchsetzung von Moralvorstellungen. So obliegt es nach dem Allgemeinen Gleichbehandlungsgesetz zukünftig einem Richter, darüber zu entscheiden, ob jemand, der einen Vertrag mit einer bestimmten Person geschlossen und mit einer anderen Person nicht abgeschlossen hat, diese Auswahl aus billigenswerten Motiven heraus getroffen hat oder nicht. Dieser Eingriff des Staates dient, da es unter Privaten kein Gleichheitsgrundrecht gibt, nicht dem Schutze eines anerkannten Rechtsguts, sondern dem eigener Moralvorstellungen. Ähnlich verhält es sich mit der gleichheitswidrigen Sonderbesteuerung bestimmter Einkünfte im Rahmen der so genannten Reichensteuer oder einer diskutierten Beschränkung des Rechts von Eigentümern (Aktionären) eines Unternehmens, die Bezahlung von Führungskräften selbst und frei zu gestalten. Diese Eingriffe haben hauptsächlich symbolische Bedeutung und sollen lediglich dem Gerechtigkeitsgefühl, nicht aber dem Schutz anerkannter Rechtsgüter dienen. Diese Entwicklung weg vom Rechtsgüterschutz und hin zum Schutz von Moral und Gefühl ist für einen Rechtsstaat sehr bedenklich.

Die zweite Fehlentwicklung ist die Tendenz, Freiheitsrechte im Zuge der Kriminalitätsbekämpfung auch auf Verdacht hin einzuschränken. Die Möglichkeit, dass ein Eingriff bestimmte Rechtsgüter schützen könnte, genügt vielfach schon, um den Eingriff zu legitimieren. So kann etwa niemand konkret nachweisen, dass die Vorschriften, nach denen an europäischen Flughäfen Flüssigkeiten im Handgepäck nahezu verboten worden sind, die Sicherheit der Passagiere tatsächlich erhöhen. Trotzdem bestehen die einschlägigen Bestimmungen. Auch die polizeiliche Ermittlungsarbeit wird immer stärker von flächendeckenden, ins Blaue hinein wirkenden Methoden wie Vorratsdatenspeicherung von Telekommunikationsdaten oder Rasterfahndung geprägt. Der Verdacht einer konkreten Gefahr bzw. der Begehung einer konkreten Straftat wird zunehmend für entbehrlich gehalten. Eine echte Verhältnismäßigkeitsprüfung von staatlichen Eingriffen wird so fast unmöglich gemacht. Keiner ist gegen eine wirksame Kriminalitätsbekämpfung. Aber der Staat schuldet präzise Rechenschaft über die Notwendigkeit und Verhältnismäßigkeit einer Maßnahme und darf es sich mit Grundrechtseingriffen nicht so leicht machen wie derzeit. Nur dann wird er der rechtsstaatlichen Vorgabe, Zwang nur zum Schutze von Rechtsgütern auszuüben, gerecht.

6 Menschenrechte sind Abwehrrechte gegen staatlichen und gesellschaftlichen Zwang

Die Ableitung der Menschenrechte aus dem skizzierte Verständnis der Menschenwürde sowie die gegebenen Beispiele machen es einsichtig, dass wir Liberalen primär an die sog. bürgerlichen und politischen Freiheitsrechte denken, die in erster Linie Abwehrrechte gegenüber staatlichem und gesellschaftlichem Zwang sind, wie das Recht auf Leben und körperliche Unversehrtheit, das absolute Folterverbot, Meinungs- und Pressefreiheit, Religionsfreiheit, Schutz der Privatsphäre oder die Gleichheit vor dem Gesetz. Dazu kommen noch Menschenrechte wie die Unschuldsvermutung, das Recht auf ein faires Gerichtsverfahren oder der Anspruch auf rechtliches Gehör. Durch diese Freiheitsrechte wird die Personalität geschützt und die freie Entfaltung der Individualität durch mündiges und selbstverantwortetes Handeln ermöglicht. Ebenso ist das Recht auf materielles Eigentum ein unveräußerliches Menschenrecht. Ohne dieses Konzept wären Menschenrechte schlichtweg undenkbar, weil sie ihrem Wesen nach Eigentumsrechte sind. Es ist daher folgerichtig, dieses Prinzip auch auf materielle Dinge anzuwenden. Versammlungs-, Vereinigungs- und Berufsfreiheit verwirklichen schließlich die soziale Dimension der Menschenwürde.

Seit einigen Jahren werden vermehrt Stimmen laut, den genannten Menschenrechten wirtschaftliche, soziale und kulturelle Rechte, kurz WSK-Rechte, gleichrangig gegenüberzustellen. Der Hauptsache nach sind diese Rechte im *Internationalen Pakt über wirtschaftliche, soziale und kulturelle Rechte* (IPwskR) niedergelegt, der am 19. Dezember 1966 durch die Generalversammlung der VN verabschiedet und mittlerweile durch 158 Staaten ratifiziert wurde, darunter auch Deutschland. Der IPwskR beinhaltet etwa das Recht auf Arbeit und angemessene Entlohnung, das Recht auf Bildung, auf Teilhabe am kulturellen Leben und auf Gesundheit. Dazu kommt in der jüngeren Debatte die Forderung nach „Menschenrechten der dritten Generation", wie Rechte auf Entwicklung, Frieden, eine intakte Umwelt und einen gerechten Anteil an den Schätzen von Natur und Kultur.

Sicherlich teilen die meisten Menschen abstrakt solche auf allgemeine Wohlfahrt zielenden Forderungen. Altruismus und Gerechtigkeitsstreben sind Ausdruck menschlichen Mitgefühls und damit menschlicher Würde. Wir Liberalen begrüßen den Einsatz für diese Werte, insbesondere von Nichtregierungsorganisationen und durch privates Engagement, das durch Versammlungs- und Vereinigungsfreiheit abgesichert ist und damit prinzipiell jedem offensteht. Gleichwohl ist es problematisch, WSK-Rechte – also die klassischen Ziele eines sozialen Staatwesens – allesamt in den Rang von Menschenrechten zu erheben. Ich bestreite zwar keineswegs, dass die tatsächliche Nutzung von Freiheitsrechten an eine angemessene materielle Versorgung, Gesundheit und auch Bildung gebunden ist. Eben diesen Zielen fühlen wir Liberale uns verpflichtet, haben wir doch „nichts anderes im Auge als die Förderung der äußeren, materiellen Wohlfahrt der Menschen", um ein letztes Mal Ludwig Mises zu zitieren (Mises, 3). Für mich handelt es sich aber bei vielen WSK-Rechten im Kern um Staatsziele und nicht um subjektive Rechte. Denn sie sind in der Regel nicht justiziabel. Was wäre denn im konkreten Fall mit „gerechter" Lohn gemeint? Die Bedeutung dieser Forderung in der Rechtspraxis ist schlichtweg unklar und nahezu beliebig. Im Übrigen besteht die Gefahr, dass der Entwicklungsstand eines Landes darüber entscheidet, welchen Menschenrechtsstandard wir anlegen. Wenn es in Kenia Klassen mit über 50 Schülern gibt, loben wir die Tatsache, dass überhaupt Schulpflicht besteht, als Fortschritt bei der Verwirklichung des Rechts auf Bildung. Wenn in Europa solche Klassengrößen existieren, wird das ganze plötzlich eine Menschenrechtsverletzung. Das kann nicht richtig sein, wenn Menschenrechte absolut geschützt werden und universell gültig sein sollen. Denn wenn der Inhalt des Rechtes auf Bildung oder auf Wasser vom gegenwärtig erreichbaren Entwicklungsstand eines Landes abhängt, warum soll das nicht auch für den Inhalt des Rechts auf körperliche Unversehrtheit gelten? Dann gelten plötzlich für Polizisten in armen Ländern andere Maßstäbe als für solche in wohlhabenderen Ländern. Viele autoritäre Staaten argumentieren so. Wer das anerkennt, tut dem universellen und absoluten Geltungsanspruch von Menschenrechten keinen Gefallen.

Der einzige Ausweg aus dem Dilemma der allgemeinen Formelhaftigkeit läge darin, WSK-Rechte mit deskriptiven Normen zu versehen, was die Fürsprecher in der aktuellen Debatte auch fordern. Allein, wer soll festlegen, was ein „gerechter" Arbeitslohn oder eine „intakte" Umwelt sei? Ich meine, solche normative Festlegungen sind die der Politik gestellte Aufgabe und dürfen nicht allgemeinverbindlich durch internationale Gremien oder durch Richter festgesetzt werden. Die Debatte über eine gerechte Gesellschaft und darüber, welcher Weg dorthin Erfolg verspricht, machen den politischen Diskurs und damit das Wesen unserer Demokratie aus. Ohne diesen Diskurs würden wir uns nicht nur die Möglichkeit versagen, in veränderten Zeiten diese Fragen anders zu beantworten, sondern wir würden effektiv die Demokratie beschneiden. Wie soziale Ziele umzusetzen sind, muss der Volksentscheidung und den Volksvertretern überlassen bleiben.

7   Menschenrechte – universell, unteilbar?

Zuletzt möchte ich auf das Spannungsverhältnis zwischen dem Anspruch der Menschenrechte auf Universalität und Unteilbarkeit auf der einen und dem Pluralismus kultureller Prägung von Staaten und Kulturgemeinschaften auf der anderen Seite eingehen. Allerdings besteht dieser nicht einfach zwischen homogenen zivilisatorischen Blöcken, d.h. „westlich-christliche" vs. „arabisch-muslimische" vs. „asiatisch-konfuzianische" Zivilisation, sondern ist innerhalb jeder Kulturgemeinschaft vorhanden. Kulturen sind in sich divers und divergierend, und keine widerspruchsfreien Hypostasierungen einer kohärenten historischen, kulturellen und religiösen Identität. Ein so falsch verstandener Kulturalismus hätte zur Folge, „historische Prozesse als die Naturgeschichte von Kulturen [zu betrachten], von denen jede in der Bastion ihrer völligen Abgeschlossenheit ein absolutes Subjekt darstellt, das sich der Universalität der kritischen Vernunft entzieht. Vernunft selbst würde zu etwas kulturspezifischem", wie Ariz Al-Azmeh kritisch anmerkt (Al-Azmeh 1997, 10). Wir Liberalen sind der Überzeugung, dass Menschenrechte interkulturell vermittelbar sind, da die in ihnen liegende Vernünftigkeit, Gerechtigkeit und Ethik universal einsichtig ist, und zwar auf der Basis unseres Verständnisses der sie konstituierenden Menschenwürde. Menschenrechtspolitik ist kein westlicher Kulturimperialismus, sondern prinzipiengeleitetes Engagement für mehr Freiheit und Gerechtigkeit. Deswegen ist und bleibt die kulturalistisch oder religiös begründete Verletzung von international anerkannten Menschenrechten, die von gewissen Staaten geduldet oder sogar insgeheim unterstützt wird, inakzeptabel. So sind die immer noch praktizierte Zwangsverheiratung und Genitalverstümmelung von Frauen krasse Beispiele für die Gefahren einer kulturalistischen, aufklärungsfeindlichen Argumentation, die am Ende autoritären Regimen zur zynischen Rechtfertigung und Instrumentalisierung dient.

Gleichwohl ist die Behauptung, die Menschenrechte seien „westliche" Werte, nicht ganz von der Hand zu weisen. Es ist schlichtweg eine historische Tatsache, sind sie doch in ihrer konkreten Gestalt in Nordamerika und Europa im ausgehenden 18. Jahrhundert zum Durchbruch gelangt, und verweisen durch ihre Genealogie teilweise auf abendländische juristisch-institutionelle und philosophisch-ideelle Traditionen. Doch trifft die daraus abgeleitete Dichotomie, hier Individualismus und Anthropozentrismus der „westlichen" Menschenrechte, dort damit unvereinbare sozio- und theozentrische oder konfuzianistische Menschenbilder, nicht zu, auch wenn sie zunächst einleuchten mag. Es ist richtig, dass z.B. in China Individualität niemals den Stellenwert erreicht hat, wie in der neuzeitlichen westlichen Kultur. Allein, es war und ist keineswegs notwendig und evident, dass wir heute in Europa Menschenrechte verwirklicht haben. Vielmehr ist ihre Existenz einem fortdauerndem Prozess der ethischen Einsicht geschuldet, mit gewaltigen Rückschlägen und Rückfällen. Insofern ist der „Stachel der Aufklärung" (Heiner Bielefeldt), d.h. ein kulturkritisches und progressives Potential, natürlicher Bestandteil der Menschenrechte. In Europa gelten sie gerade einmal 200 Jahre, unterbrochen von schwersten Rückfällen in die Barbarei, und erst in den letzten Jahren haben wesentliche Normen wie die Ächtung der Todesstrafe, Gleichberechtigung und Minderheitenschutz allgemeine Akzeptanz gefunden.

Die Menschenrechte durchweht ein Ethos der Freiheit. Deswegen fühlen die Liberalen sich ihrer Achtung, Einhaltung und weltweiten Durchsetzung verpflichtet. Durch sie geht der Mensch in seinem Eigentum, seiner Verantwortung und seinem Mitgefühl, also seiner Würde auf. In ihnen formuliert sich der universelle und unteilbare Anspruch des Menschseins. Dabei ist uns aber klar, dass sie nicht die Erlösung von Leid und Unglück auf der Welt bedeuten. In der trefflichen Formulierung von Heiner Bielefeldt lautet das:

> Menschenrechte können die Ambivalenzen der Moderne [...] nicht auflösen. Sie stellen nicht die Mittel bereit, die Widersprüche unserer Zeit zu heilen. Sich von den Menschenrechten umfassende ‚Versöhnung' in einer komplexen und oft zerrissenen modernen Gesellschaft zu versprechen, wäre nicht nur eine Illusion [...] sondern liefe im Ergebnis möglicherweise sogar auf die Zerstörung der in den Menschenrechten angelegten aufklärerischen Zumutung der Mündigkeit hinaus. (Bielefeldt 1998, 33)

Genau dieser Zumutung der Mündigkeit zu Freiheit und Verantwortung fühlt sich der Liberalismus verpflichtet.

Bibliographie

Al-Azmeh, Ariz: Die Islamisierung des Islam. Imaginäre Welten einer politischen Theologie, Frankfurt/New York 1997.

Bielefeldt, Heiner: Gefahrenabwehr im Demokratischen Rechtsstaat. Zur Debatte um ein Feindrecht, Berlin/Bonn 2008.

Bielefeldt, Heiner: Philosophie der Menschenrechte. Grundlagen eines weltweiten Freiheitsethos, Darmstadt 1998.

Kant, Immanuel: Grundlegung zur Metaphysik der Sitten, Darmstadt 1993.

Marx, Karl: Zur Kritik der politischen Ökonomie, in: MEW 13, 3-160.

Mises, Ludwig von: Liberalismus, Jena 1927.

Saladin, Peter: Menschenwürde und Menschenrechte, in: Hertz, Anselm (Hg.), Handbuch der christlichen Ethik Bd. 3, Freiburg 1993.

Spaemann, Robert: Über den Begriff der Menschenwürde, in: Böckenförde, Ernst-Wolfgang / Spaemann, Robert (Hrsg.): Menschenrechte und Menschenwürde. Historische Voraussetzungen – säkulare Gestalt – christliches Verständnis, Stuttgart 1987.

2. Teil
Liberale Politik

Johannes Vogel

Freiheit als Kern liberaler Außenpolitik

Anlässlich der erstmaligen Verleihung des Walther-Rathenau-Preises im Herbst 2008 hat der Preisträger Hans-Dietrich Genscher eine beeindruckende Rede in Berlin gehalten. Er wies in dieser darauf hin, dass „zwei Jahrzehnte nach Ende des Kalten Krieges verstrichen sind, die für die Gestaltung einer neuen Weltordnung nicht oder nicht ausreichend genutzt wurden". Gerade die junge Generation wird gefordert sein, in der ersten Hälfte des 21. Jahrhunderts die Aufgabe zu bewältigen, die der ehemalige amerikanische Präsident Bill Clinton mit den Worten „to create a world where we can celebrate our religious, our racial, our ethnic, our tribal differences because our common humanity matters most of all" beschrieben hat. Eine solche Entwicklung ist zwar alles andere als sicher, genau hierzu besteht aber eine historische Chance. Wer sich in unserer Republik heute politisch engagiert, kann der Außenpolitik deshalb nicht den Rücken kehren. In unserer globalisierten Welt nimmt bekanntermaßen nicht nur der Warenaustausch zu, auch die Bedeutung räumlicher Entfernungen zwischen den Menschen nimmt ab. Also bedeutet Weltgemeinschaft heute mehr als die Summe aller Staaten, sie ist mehr als eine bloß technische Formel der internationalen Politik. Sie besteht vielmehr auch als individuell erfahrbare Weltgesellschaft – die Menschen erleben sie als Weltbürger real in ihrem Alltag: Der eigene Lebensweg führt heute bei immer mehr jungen Menschen über Ländergrenzen hinaus. Soziale Kontakte, Freundschaften und Beziehungen bestehen über ganze Kontinente hinweg. In NGOs vernetzen sich Weltbürger für globale politische Ziele. Niemand sollte unterschätzen, in welcher Weise CNN, das Internet, E-Mail, Facebook und die globale lingua franca – ein mindestens mäßiges – Englisch zur Entstehung einer echten Weltgesellschaft beitragen. Wenn die individuelle Vernetzung der Menschen zunimmt, steigt jedoch unweigerlich auch der Austausch von Ideen. Nicht nur in China lässt sich daher beobachten, dass autoritäre Regime den Versuch unternehmen, das Internet zu zensieren. Wenn wir ernsthaft davon überzeugt sind, dass es einen weltweiten Konsens über grundsätzliche Werte und allen Menschen immanente Rechte gibt, für dessen allgemeine Achtung und Durchsetzung es sich zu streiten lohnt – wovon ich persönlich überzeugt bin – ist die Entwicklung einer echten Weltgesellschaft die historische Chance, die diesen Traum im 21. Jahrhundert Realität werden lassen kann. Denn jeder Mensch *ist* frei geboren. Die Teilhabe an der beschriebenen Weltgesellschaft nicht nur einer gebildeten „Weltelite" sondern irgendwann *allen* Menschen zu ermöglichen, ist daher die zentrale entwicklungspolitische Herausforderung unserer Zeit und eine Grundverantwortung liberaler Außenpolitik.

Es bleiben auf diesem Weg jedoch außenpolitische Herausforderungen, für die die FDP sich vor allem in zweierlei Hinsicht gedanklich weiterentwickeln sollte: Hier ist zum einen die Erkenntnis vonnöten, dass eine liberale Außenpolitik gerade in der Weltgemeinschaft des 21. Jahrhunderts um ein Grundbekenntnis zum Interventionismus nach meiner Überzeugung nicht herum kommt. Interventionismus weckt – gerade in seiner militärischen Dimension – spätestens nach dem an missionarischer Verblendung sowie Naivität und stümperhafter Ausführung zugleich leidenden Wirken der amerikanischen Administration von Bush junior und den innereuropäischen Debatten über den Irak-Krieg in den Köpfen der meisten Deutschen heute zwar keine guten Assoziationen. Wir dürfen aber nicht den Fehler begehen, schlechte Politik mit einem schlechten Grundansatz zu verwechseln. Denn es bleibt richtig, Freiheit und Demokratie in der Welt fördern zu wollen – nur sollte man dies eben nicht militärisch, sondern mit diplomatischen Mitteln tun. Es bleibt außerdem richtig, dass wir manchmal – als letzter Ausweg – zu militärischen Mitteln greifen müssen. Dies gilt zum einen, um Verbrechen gegen die Menschlichkeit zu verhindern. Die Vergangenheit hat immer wieder unter Beweis gestellt, dass die dünne Schutzschicht der Zivilisation vom Handeln der Menschen leicht abzukratzen ist. Dies ist auch in der Zukunft denkbar, darf von der Weltgemeinschaft aber nie wieder zugelassen werden. Ich selbst bin Jahrgang 1982, mein erstes politisch bewusst verfolgtes außenpolitisches Ereignis war der furchtbare Genozid in Ruanda 1994. Dieser hätte nur durch ein robustes militärisches Eingreifen verhindert werden können, was jedem Beobachter damals angesichts über einer halben Million Toten in schmerzlicher Hilflosigkeit bewusst werden musste. Dies und die Gewalt und das Morden, die den Zerfall Jugoslawiens begleiteten, haben mir eines klar gezeigt: Pazifismus und das Dogma der Nichteinmischung machen unsere Welt ganz sicher nicht zu einem besseren Ort. Aber auch bei nicht durch humanitäre Katastrophen entstehenden Herausforderungen ist eine militärische Dimension manchmal notwendig und richtig und wir sollten uns daher auch klar zu ihr bekennen – und die Bundeswehr hierfür endlich angemessen ausstatten und als

Berufsarmee ohne Wehrpflicht entsprechend ausrichten. Ein aktuelles Beispiel ist der Einsatz in Afghanistan. Dieser ist alternativlos für unsere Sicherheit, um das Land nicht in einen Ausbildungsraum der Terroristen zurückzuverwandeln und um den Menschen Hoffnung zu geben. Das allein reicht selbstverständlich nicht, um den islamistischen Terrorismus an der Wurzel zu packen und die Herausforderung dieses neuen totalitären Weltbilds durch eine Verteidigung der Werte der freien Gesellschaft zu meistern. Die Auseinandersetzung geht von einer Stärkung der Zivilgesellschaften in der gesamten Region, über einen nachhaltigen Frieden im Nahen Osten bis hin zum Gewinnen der Herzen und Köpfe junger perspektivloser Muslime hierzulande. Dennoch bestehen die Herausforderungen eben auch in Afghanistan: Die zivilen Aufbaubemühungen, der Aufbau der Wirtschaft samt Bekämpfung des Drogenanbaus und die Stärkung von staatlichen Strukturen zum Beispiel durch die Ausbildung und Ausstattung von Polizeikräften müssen erheblich erfolgreicher und effizienter werden als sie das bisher sind. Aber auch um die militärische Komponente kommt man eben nicht herum. Es liegt angesichts der Größe des Landes auf der Hand, dass die Zahl der Soldaten zunehmen muss und die kleinteiligen Einsatzbeschränkungen der einzelnen Nato-Länder auf Dauer zu hinderlich sind, um den Einsatz zu einem dauerhaften Erfolg zu führen. Beides gilt auch und vor allem für Deutschland. Hiergegen gibt es hierzulande ausweislich der Umfragen leider eine breite öffentliche Mehrheit der Ablehnung. Dies könnte auch daran liegen, dass die den Einsatz seit sieben Jahren verantwortenden deutschen Regierungen dieses Thema in der öffentlichen Debatte unzweifelhaft so weitgehend wie nur irgend möglich meiden und allenfalls dann völlig defensiv vermitteln, wenn es sich gar nicht mehr umgehen lässt. Genau das kann aber in einer Demokratie auf Dauer nicht funktionieren, politische Führung sieht anders aus. Grundsätzlich gilt: Die Liberalen haben zahlreiche Auslandseinsätze der Bundeswehr mitgetragen, vom Kosovo-Krieg bis zum besagten Beispiel in Afghanistan. Ein gewisses grundsätzliches Unbehagen gegenüber dem Interventionismus ist jedoch bei vielen Beteiligten immer spürbar gewesen, die Ablehnung des Kongo-Einsatzes der Bundeswehr ist hier nur ein Beispiel unter vielen. Vielleicht ist der Grund hierfür, dass diese Entscheidungen in der Opposition getroffen und damit immer eher nachvollzogen denn selber vorangetrieben werden mussten. Vielleicht liegt dem auch ein unterschiedlicher Blickwinkel der verschiedenen Generationen zugrunde. Liberale Außenpolitik, also *wertgebundene* Außenpolitik mit realistischem Blick, muss im 21. Jahrhundert jedoch in einem gewissen Maß immer auch eine Grundbereitschaft zur Intervention für diese Werte haben. Hier offenbart sich, ob man seine universalen Wertvorstellungen ernst nimmt oder nicht. Dies heißt selbstverständlich nicht, kritiklos für jeden Militäreinsatz zu sein. Hier müssen im Rahmen der EU und in der transatlantischen Allianz – als zentrale Institutionen für die militärische Komponente unserer Außenpolitik – und im Rahmen der Vereinten Nationen – also auf der Ebene der Weltgemeinschaft – vielmehr allgemein anerkannte Kriterien entwickelt werden, die einen Orientierungsrahmen bieten, aber auch alle Akteure auf diesen verpflichten. Die Blair-Doktrin des Jahres 1999 – die nicht ohne Grund eigentlich „Doctrine of the International Community" tituliert war – und das daran anschließende Konzept der „responsibility to protect" stellt hier für humanitäre Militäreinsätze bereits einen wertvollen Ausgangspunkt dar. Angesichts der europäischen Begeisterung für Barack Obama stellten viele Kommentatoren hierzulande bereits die bange Frage, ob diese Begeisterung anhalten würde, sollte Obama Forderungen nach einem stärkeren europäischen Engagement in Afghanistan und beispielsweise in Darfur stellen. Aus liberaler Sicht möchte ich dem entgegnen: Eine solche allein reagierende Einstellung ist nicht nur ziemlich mut- und konzeptlos, man kann vielmehr auch gerade deshalb ein Anhänger Obamas außenpolitischer Konzeption sein, weil dieser eben gleichzeitig gegen den Irak-Krieg und für eine stärkere militärische Präsenz in Afghanistan und mehr Einsatz des Westens bei humanitären Herausforderungen eintritt und von Anfang an eintrat. Dies zeigt nämlich in erster Linie eines: Urteilsfähigkeit. Für eine solche Politik sollten die Liberalen von nun an die offensivsten Befürworter sein – zumal alleine die Existenz der Linkspartei dafür sorgen wird, dass die Debatte zwischen einer grundsätzlich nationalegoistischen, isolationistischen Außenpolitik und einem Eintreten für unsere Werte in der Welt uns als Grundkonflikt heutiger deutscher Außenpolitik noch längere Zeit erhalten bleiben wird.

Der zweite Bereich, in dem wir uns als deutsche Liberale gedanklich weiterentwickeln müssen, betrifft die Zukunft der Europäischen Integration. Bis heute wird diese vor allem mit ihren enormen Leistungen und Errungenschaften der historischen Befriedung, des Wohlstands und der Durchsetzung von Freiheit und Demokratie auf dem europäischen Kontinent selbst begründet. Dennoch wird dieser Zweck nach meiner Überzeugung für den weiteren Fortgang der Europäischen Integration nicht das einzige sinnstiftende Element bleiben können. Nur die europäische Rolle in der Welt wird als zweites treibendes Element schließlich zur Vollendung des europäischen Bundesstaates führen. Denn Elemente von

Freiheit, Menschenrechten und Demokratie finden sich in vielen Kulturen; das Weltethos-Projekt Hans Küngs ist hier ein Indiz unter vielen. Gleichzeitig können sich die für diese Werte eintretenden Menschen heute ganz offenkundig nicht überall durchsetzen. Sie brauchen daher Fürsprecher und Förderer. Diese Rolle wird die alten europäischen Nationalstaaten zunehmend überfordern. Deshalb brauchen wir eine Europäische Union, die ihren gebündelten Einfluss für diese Werte und für die Entwicklungschancen durch Freihandel in der Welt geltend machen kann. Die Einigung Europas darf nicht in Selbstzufriedenheit münden. Europa hat eine Aufgabe in der Welt. Genau hier muss eine neue und weitergehende Sinnstiftung für die Europäische Integration entstehen. Dies wird aber nur gelingen, wenn die eigene Gesellschaft selbst in jeder Hinsicht ein leuchtendes Beispiel darstellt, das in die Welt strahlt. Die gedankliche Nähe zum biblischen Bild der „leuchtenden Stadt auf dem Berge" als einem Gründungsversprechen der Vereinigten Staaten von Amerika liegt auf der Hand. Hier liegt auch eine der wesentlichen Grundlagen für die unverändert bestehende Gemeinsamkeit der westlichen Welt, die heute auch nötiger ist denn je. Eine stärkere europäische Rolle in der Welt darf daher auch kein Gegenpol, sondern muss vielmehr ein gestärkter Pfeiler der transatlantischen Allianz sein. Denn wenn die Welt im 21. Jahrhundert von Freiheit und Demokratie geprägt werden soll, wird *eine* „leuchtende Stadt auf dem Berge" allein dafür nicht ausreichen. Dies ist die den Westen einigende „angewandte Aufklärung" von der Ralf Dahrendorf auch im Hinblick auf die Zukunft spricht (Dahrendorf 2004, 323). Glücklicherweise werden die Amerikaner aller Voraussicht nach zu dieser Rolle zurückfinden und die gemeinsamen Werte nicht mehr durch Folterpraktiken und andere Akte der Selbstverleugnung diskreditieren.

Nur eine starke, auf diesen gemeinsamen Werten beruhende transatlantische Allianz kann zudem das notwendige Kraftzentrum darstellen, um auch die vielen weiteren Aufgaben meistern zu können, die sich uns heute bei der Gestaltung einer neuen Weltordnung stellen. Europa kann sich hier mit seiner Erfolgsgeschichte der friedlichen Integration in Wohlstand und auf der Grundlage von Werten wahrlich in vielerlei Hinsicht produktiv einbringen. Dies betrifft zum Beispiel den notwendigen Umbau der internationalen Institutionen und Organisationen. Die Vereinten Nationen als die auf globaler Ebene Legitimation schaffende Institution der Weltgemeinschaft und das zentrale Instrument der friedlichen Konfliktlösung müssen natürlich endlich an die multipolare Realität angepasst und vor allem der Sicherheitsrat um die wichtigsten Akteure aus *allen*

Weltregionen erweitert werden. Nur so kann auch eine immer stärkere Verrechtlichung der internationalen Beziehungen erreicht werden. Der Welthandel ist noch lange nicht so frei, wie er im Interesse des Friedens und der Menschen gerade in benachteiligten Weltregionen sein sollte – das bisherige Scheitern der Doha-Handelsrunde macht dies klar. Die Gefahren der globalen Überhitzung durch zu viel menschliche CO_2-Emissionen und Krankheitspandemien bestehen bis heute fort. Auch die internationale Finanzarchitektur bedarf weiterentwickelter Institutionen, um die Marktwirtschaft auch im globalen Maßstab ihr Potential entfalten zu lassen, eine Notwendigkeit die die jüngste Krise gezeigt hat. Schon Hannah Arendt hat zudem darauf hingewiesen, dass die mehrfache atomare Selbstvernichtungsfähigkeit der Menschheit das Politische selbst bedroht, was neben anderen Herausforderungen klar macht, dass Abrüstung ebenfalls eine zentrale Herausforderung bleibt und zu lange vernachlässigt wurde. Dies gilt umso mehr angesichts der Gefahr nuklearer Proliferation und den erheblichen drohenden Problemen, die etwa durch einen nuklear bewaffneten Iran entstehen würden. Es ist offenkundig, dass sich der Frieden auch für uns Europäer nicht von selbst sichert und dies nur durch einen ganzheitlichen Ansatz gelingen kann. Auch gegenüber neuen Antworten auf neue Gegebenheiten – wie beispielsweise der Attraktivität von Raketenabwehrsystemen gegenüber irrationalen Akteuren – sollten wir nicht zurückschrecken, sofern diese auch auf lange Sicht zu mehr und nicht zu weniger Sicherheit führen. Ganz aktuell braucht etwa die UNAMID-Mission in Darfur neben mehr chinesischer Konstruktivität auch eindeutig mehr Soldaten um das Töten endlich dauerhaft zu beenden. Hier werden die Europäer – und damit auch Deutschland – um einen Beitrag nicht herumkommen. Leider gilt selbiges aller Voraussicht nach bald auch wieder für den Konflikt im Ostkongo. All das sind jedoch nur Beispiele für die zahlreichen Herausforderungen. Die Voraussetzung zum Meistern all dieser ist für uns Liberale, sich zuerst über die Ziele und den Grundansatz liberaler Außenpolitik im 21. Jahrhundert klar zu werden. Auch in der Außenpolitik steht im Kern liberalen Handelns – im Unterschied zu allen anderen Parteien – das Ziel der Freiheit an erster Stelle.

Bibliographie

Dahrendorf, Ralf: Der Wiederbeginn der Geschichte, Vom Fall der Mauer bis zum Krieg im Irak, München 2004.

Christoph Hartmann

Welchen Einfluss nimmt eigentlich…

…die Diskussion um den 45-Minuten-Unterrichts-Takt auf die spätere Berufswahl meines vierjährigen Sohnes? Wird die Schulbuchauswahl von Bedeutung dafür sein, ob meine kleine Tochter später einen Ausbildungsplatz bekommt? Wie sieht es mit dem dreigliedrigen Schulsystem aus? Sechsjährige Grundschule? Achtjähriges Gymnasium?

In der Diskussion um das Bildungssystem in Deutschland geht es häufig mehr um Ideologien als um die Zukunftschancen der Betroffenen: unserer Kinder! So geht wichtige Zeit bei der Reform unseres Bildungssystems verloren, die eigentlich so dringend genutzt werden müsste.

Die ideologisch belastete Sichtweise hat außerdem dazu geführt, dass Bildungspolitik isoliert diskutiert wird: Sie hat aber Einfluss auf alle Lebensbereiche und alle Teile der Gesellschaft: Volkswirtschaftliche Effekte, Renteneinzahlungen, ehrenamtliches Engagement, gesunde Ernährung, Freizeitverhalten, Patentanmeldungen oder Kriminalitätsstatistiken.

Zusätzlich versperrt uns die Fokussierung auf die Innenansicht unseres Bildungssystems die Fernsicht. Internationale Entwicklungen betrachten wir zahlenstarr ausschließlich im PISA-Vergleich und versuchen Ideen zu kopieren, die in anderen Ländern funktionieren. Wenn Mitglieder des Deutschen Bundestages nach Finnland fahren, um abzugucken, wie der Unterricht in einer ländlich geprägten Struktur arbeitet, heißt dies noch lange nicht, dass das gleiche System in Berlin, Saarbrücken oder Magdeburg funktioniert. Selbst wenn wir erfolgreich einzelne Elemente in unser System integrieren können bzw. konnten, bedeutet dies immer, dass wir den führenden Bildungsnationen hinterherlaufen.

Außerdem hat jede Bildungsnation ihre eigenen Leitinstitutionen, die die jeweiligen Bildungssysteme geprägt haben: Das Internat in England, staatliche Eliteeinrichtungen für den Verwaltungsnachwuchs in Frankreich, Gymnasien in Deutschland. Steigender Wettbewerb durch Globalisierung erhöht den Druck auf Angleichung dieser Systeme. Bei allen Reformansätzen darf aber nicht ausgeblendet werden, dass die einzelnen Institutionen die Nationen unterschiedlich geprägt haben und gleiche Maßnahmen deshalb nicht überall das Gleiche bewirken.

1 Was hat die FDP damit zutun?

Die FDP bezeichnet sich gerne als *die* Bildungspartei. Ist dieser Anspruch gerechtfertigt?

Der Grundwert der FDP, das oberste Ziel liberaler Politik ist die Freiheit. Freiheit kann unterschiedlich definiert werden. Ein möglicher Ansatz ist der der Unterscheidung zwischen positiver und negativer Freiheit (Kersting 2006, 21-15). Unter negativer Freiheit versteht man gemeinhin die Abwesenheit von Zwang. Positive Freiheit in Abgrenzung dazu „ist die Fähigkeit, sein Leben selbstverantwortet zu gestalten" (Lay 1994, 164). Die notwendige Voraussetzung, um die Fähigkeit zu erlangen, selbstbestimmt handeln zu können, ist Bildung.

In der Konsequenz muss die FDP sich daher wie keine andere Partei um die optimale Bildung jedes Einzelnen bemühen.

Liberale haben – nicht zuletzt aufgrund oben dargestellter Motivation – seit jeher für Reformen im deutschen Bildungssystem gekämpft.

So wurden mit den heute noch aktuellen Kernelementen „Aufstiegsmöglichkeiten für viele", „mehr Chancengerechtigkeit durch Bildung" sowie der „Ausbau der Rechte für Frauen" die Reformen überschrieben, die in der von Willy Brandt und Walter Scheel geprägten Ära begonnen wurden und die noch bis heute wirken. So zumindest die Bewertung von SPD-Kanzlerkandidaten Frank-Walter Steinmeier, nicht etwa eines Liberalen. Diese Einschätzung zeigt, dass die Aspekte, die heute für uns wichtig sind, bereits vor Jahrzehnten von der FDP aufgegriffen wurden.

Allerdings haben sich die Gesellschaft und die Anforderungen an Bildung im Laufe der Zeit gewandelt, so dass sich auch Bildung verändern muss (was teilweise schon geschehen ist). Wenn die Struktur der Bildungspolitik aber nicht anderen gesellschaftlichen Entwicklungen voraus ist, sondern hinterherläuft, dann kann sie nicht auf zukünftige Herausforderungen vorbereiten.

Deshalb ist es nicht ausreichend, die internationalen Entwicklungen nachzuzeichnen. Bildung muss zukünftige Entwicklungen einbeziehen. Um Bildung von morgen zu gestalten, ist es heute schon notwendig, den Trends von morgen soweit wie möglich gerecht zu werden.

Dies soll hier geschehen, indem die wichtigsten sogenannten Megatrends kurz dargestellt und von ihnen entsprechende Herausforderungen für die Bildung von morgen abgeleitet werden.

Der Begriff „Megatrend" wurde von John Naisbitt in seinem gleichnamigen Bestseller aus dem Jahr 1982 geprägt. „Im Unterschied zu kurzfristigen Mode- und Konsumtrends oder soziokulturellen Trends, die maximal 5 Jahre Wirkkraft entfalten können, stellen Megatrends die ‚Blockbusters' der Veränderung dar. In ihnen bündeln sich starke, auf ökonomischen und soziokulturellen Grundwellen basierende Veränderungskräfte. Naturgemäß sind Megatrends nicht sehr häufig, und auch nicht sehr ‚geheim'. In der modernen Trend- und Zukunftsforschung arbeitet man heute mit etwa 15 Megatrends, wobei ‚Namings' und Gewichtungen von Institut zu Institut leicht variieren können" (Horx 2008).

Megatrends sind also nicht etwa eine neue Erfindung, sondern die konsequente Fortentwicklung einer Gesellschaft und ihrer Werte. Diese sollten bei der Reform unseres Bildungssystems berücksichtigt werden.

2   Die Megatrends

Megatrend Globalisierung

„Globalisierung ist kein neuer Prozess. […] Heute sprechen wir von der *dritten Phase* der Globalisierung. […] Ökonomisch bedeutet sie die Entstehung ‚nahtloser' Weltmärkte.[…] SozioPOLITISCH bedeutet dies ein Verblassen des Nationalstaates" (Horx 2008).

Globalisierung, ein Prozess, vor dem viele Menschen Angst haben, ist unaufhaltsam.

Darauf vorbereitet zu sein, bedeutet für die Bildungspolitik, internationaler zu denken.

Das Institut der deutschen Wirtschaft Köln redet im Zusammenhang von Bildung und Globalisierung von „Eduployment" und meint damit: „Die Globalisierung der Bildung folgt der Globalisierung der Arbeit."

Perspektivisch entwickelt sich die Zahl der Gering- und Mittelqualifizierten stärker als das gesamte Arbeitsangebot. Damit kommt es zu bereits oben beschriebener Konkurrenz verschiedener Bildungssysteme. Das Bildungssystem, das den Herausforderungen der Globalisierung am besten standhalten kann, wird mit der gesamten Volkswirtschaft dieses Landes Erfolg haben.

Der Markt für Geringqualifizierte wird also nicht nur in Deutschland enger. Notwendig – wenn auch nicht hinreichend – ist demnach eine gute Bildung und Ausbildung, um zu den Gewinnern der Globalisierung zählen zu können. Industrieländer konzentrieren sich bereits seit langem auf Bereiche, in denen sie der Niedriglohnkonkurrenz nicht unterliegen. Im Zusammenhang damit sinkt die Anzahl von notwendigen Facharbeitern im verarbeitenden Gewerbe. Die Arbeitsplätze im Dienstleistungssektor nehmen dagegen weiter zu.

Daraus ergeben sich folgende Herausforderungen:

- Alle Reformansätze des Bildungssystems müssen darauf ausgerichtet werden, dass sie die Kinder auf ein Leben als „Weltenbürger" vorbereiten.
  - Englisch ab der 5. Klasse reicht dafür beispielsweise nicht mehr aus. Fremdsprachenkenntnisse müssen verstärkt und von Anfang an Teil jeglicher Bildung sein.
- Wir brauchen noch mehr Abiturienten und Hochschulabsolventen.
- Wir müssen die internationale Kompatibilität der Ausbildungsgänge verbessern.
- Wir müssen internationalen Qualifikationen mehr Bedeutung zumessen.
- Wir müssen die Durchlässigkeit nicht nur horizontal (zwischen Bildungsstufen), sondern auch vertikal (zwischen Berufen und Bildungsgängen unterschiedlicher Systeme) verbessern.

Megatrend Individualisierung

Individualisierung bedeutet nicht nur die häufig öffentlich diskutierte Entwicklung zu *Single*-Haushalten und *Patchwork*-Familien. Individualisierung bedeutet auch nicht, dass Werte, die auf Zusammenhalt beruhen, keinen Wert mehr hätten – im Gegenteil, sie werden sogar noch größere Bedeutung erlangen. Individualisierung ist eine konsequente Entwicklung, die sich aus der Globalisierung ergibt, weshalb auch die daraus abzuleitenden Maßnahmen sinnvoll ergänzend zu diesen Entwicklungen passen müssen.

In der Industrialisierung ging es darum, technische Abläufe zu verstehen, zu verbessern und Arbeitsprozesse zu optimieren. In dieser Zeit ging es um wiederholende Tätigkeiten, Weisungsgebundenheit, das Einhalten von grundlegendem Arbeitsschutz. Werte der Wissensgesellschaft, die auf Kooperation, Kreativität oder Kommunikationsfähigkeit basierten, spielten keine Rolle.

Der Einfluss der Megatrends Globalisierung und Individualisierung und die praktische Einflussnahme in Form von häufigeren Job- bzw. Berufswechseln machen Eigenschaften, wie Eigenständigkeit, Selbstvermarktungs- bzw. -lernfähigkeit sowie emotionale Kompetenz notwendig.

Daraus ergeben sich folgende Herausforderungen:

- Eine zukunftsgerichtete Bildung muss Werte und Grundsätze vermitteln, die auf sozialen Zusammenhalt gründen und jenseits bestehender Konventionen funktionieren.
- Bildung muss auf die Flexibilität des zukünftigen Lebens und Lernens vorbereiten.

Megatrend Frauen

Inzwischen machen mehr Mädchen Abitur als Jungen, der Anteil weiblicher Studenten, Universitätsprofessorinnen und Führungskräfte steigt. Um Mädchen für klassische „Männerjobs" zu begeistern gibt es spezielle Angebote wie den *Girls Day* oder nach Geschlechtern getrennten naturwissenschaftlichen Unterricht. Es ist für Mädchen genauso wie für die gesamte Volkswirtschaft von entscheidender Bedeutung, dass sie gleichberechtigt und ihren Wünschen und Neigungen entsprechend an der Gesellschaft teilhaben. So wie es aber jahrzehntelang ein Ungleichgewicht zulasten der Mädchen gab, ergibt sich heute eine Benachteiligung der Jungen, die sich z.B. schlechteren Abschlüssen für die Jungen widerspiegeln.

Hieraus ergeben sich folgende Herausforderungen:
- Insbesondere Frauen sind bei ihren Karriereplänen darauf angewiesen, dass Familie und Beruf vereinbart werden können. Gerade für weibliche Füh-

rungskräfte kommt es auf Flexibilisierung der Kinderbetreuungszeiten und eine hohe Qualität von Betreuung und Bildung an.

- Die individuellen Bedürfnisse jedes Geschlechts müssen wahrgenommen, pädagogische Berufe müssen gerade für Männer attraktiver gestaltet werden, damit Jungen auch mit neuen „Modelle[n] von Männlichkeit" (Fthenakis 2007) in Berührung kommen.

Megatrend Wissensgesellschaft

Technologien von morgen verlangen nichtMenschen, die bereit sind, monotonmechanisch Tätigkeiten auszuführen, sondern solche, die in der Lage sind, sich in einer veränderten Umwelt zu Recht zu finden. Entsprechend gehört die Zukunft der Wissensgesellschaft, die sich durch lebenslanges Lernen auszeichnet. Eine größere Anzahl von Menschen braucht bessere Kompetenzen und höhere Bildungsabschlüsse. Eltern spüren den Wettbewerbsdruck, unter dem ihre Kinder zunehmend stehen und sie sind deshalb bereit, verstärkt in die Ausbildung der nächsten Generation zu investieren. Dabei sind sie teilweise nicht mehr überzeugt, dass staatliche Angebote (alleine) ihre Kinder ausreichend fördern.

Folgerichtig wird die Bildung durch diese Entwicklungen auch immer mehr zu einem lukrativen Markt für Nachhilfeschulen, Lernsoftware und privaten Bildungseinrichtungen. Inzwischen gibt es die ersten Schulen, die als Aktiengesellschaften eingerichtet sind.

Aber auch neue pädagogische Konzepte bahnen sich ihren Weg: „Irgendwie ungemütlich", urteilte eine 15-jährige, als sie das erste Mal einen „richtigen" Klassenraum zu Gesicht bekommt. Bisher kannte sie nur die Leseecken, Experimentierarbeitsplätze und Teppichkreise der Laborschule Bielefeld. Obwohl es hier weder einen festen Stundenplan, Noten oder Fächer gibt, schnitten die Laborschüler bei PISA in den Bereichen Lesen und Naturwissenschaften gut ab. Und während die Ergebnisse in Mathematik schlechter waren, ragt die Bereitschaft der Schüler Verantwortung zu übernehmen weit über andere Schulen hinaus. Um die festgelegten Lernziele zu erreichen, müssen sie viel Selbstdisziplin und Eigenverantwortung aufbringen, also genau die Eigenschaften, die ihnen in einer späteren globalisierten Arbeitswelt das richtige Rüstzeug mit auf den Weg geben.
Dabei geht es nicht um kalte ökonomische Kriterien.

Ganz im Gegenteil: Institutionen wie die Laborschule bieten Kindern mit unterschiedlichen Begabungen die Möglichkeit, gemeinsam den Weg zum Abitur zu beschreiten sowie bessere individuelle Förderung. Den verschiedenen Talenten wird stärker entsprochen. Alle Schüler, auch die an anderen Schulen und Schulformen profitieren von dieser Pädagogik. Den viele Reformansätze wie altersübergreifendes Lernen, Lernen im Ganztagsbetrieb oder frühere Einschulungen haben wir Einrichtungen wie der Laborschule zu verdanken.

Daraus ergeben sich folgende Herausforderungen:

- Wir müssen die richtigen Rahmenbedingungen setzen, um Standards für einen von unterschiedlichen pädagogischen und methodischen Konzepten geprägten Wettbewerb von privaten und staatlichen Bildungseinrichtungen zu schaffen.

- Wir müssen vergleichbare Rahmenbedingungen für einen fairen Wettbewerb zwischen allen beteiligten privaten und staatlichen Institutionen schaffen.

- Wir müssen auch den staatlichen Institutionen endlich ihre eigene Selbstständigkeit zugestehen, darüber hinaus bedarf es externer Qualitätsevaluierungen und echter Transparenz.

Selbst wenn wir auf diese Entwicklungen mit entsprechenden Maßnahmen reagieren, ist es notwendig, sie nach einem übergeordneten Leitmotiv auszurichten. Das Ziel dieses Leitmotivs muss es sein, für die Zukunft alle Maßnahmen so zu treffen, dass sie für alle unterschiedlichen Kinder jeweils möglichst optimal sind. Am besten dafür geeignet ist die liberale Grundüberzeugung, dass jeder Mensch entsprechend seinen Begabungen und seiner Leistungsfähigkeit die Chance zur Entfaltung erhalten muss: Chancengerechtigkeit.

Chancengerechtigkeit

Der Begriff soll hier in Abgrenzung zur Chancengleichheit gebraucht werden. Letztere – auch wenn dies festzustellen vielleicht der *political correctness* widerspricht – gibt es nicht. Unsere Kinder haben ungleiche Neigungen, unterschiedliche Elternhäuser und verschiedene Eigenschaften wie Fleiß und Ehrgeiz. Wir müssen uns folgerichtig von dem Gedanken verabschieden, dass es gerecht wäre, allen Kindern trotz dieser Erkenntnis die gleiche Ausbildung angedeihen zu lassen. Nicht nach seinen individuellen Fähigkeiten gefördert zu werden, führt zu Frustrationen durch Unter- bzw. Überforderungen. Damit wird jedem Kind die Chance genommen, sich optimal zu entfalten.

Daraus ergibt sich folgende Herausforderung:

- Das Leitmotiv, das die notwendigen Maßnahmen als Antwort auf all diese Entwicklungen wie ein Kompass ausrichtet, muss für uns die Chancengerechtigkeit sein.

3 Zusammenfassung

Die Werte, für die die FDP steht, geben die besten Antworten auf die Megatrends und damit gleichzeitig auf die notwendigen Reformen in der Bildungspolitik.

Es muss darum gehen, Menschen wieder dafür zu begeistern, eigene Entscheidungen zu treffen und sie dazu befähigen im weltweiten Wettbewerb zu bestehen. Klassische Lebensbiographien brechen auseinander; einen einzigen Job bis zur Rente gibt es kaum noch, Biographien werden umfangreicher, komplizierter; die Möglichkeit des Scheiterns nimmt zu. Deshalb benötigen Menschen mehr Chancen. Die FDP ist bereit, den Menschen diese Chancen zu geben.

Chancen geben und nutzen ist dabei keine neue Entwicklung, sondern nur ein verschütteter, aber gleichzeitig traditioneller Wert, ohne den die Nachkriegsgeneration Deutschland nicht wieder hätte aufbauen können.

Gleichzeitig haben die Liberalen die Chance, die Auswirkungen der Globalisierung für sich zu nutzen, weil die klassischen Volksparteien mit ihren Werten von Gleichheit und Sicherheit keine zukunftsweisenden und zukunftsfesten Antworten auf die kommenden Herausforderungen und Entwicklungen geben.

Liberale haben mehr als alle anderen Parteien die Chancen verschiedener Gruppen im Blick. Damit ist die FDP die sozialste Partei in Deutschland!

Bibliographie

Fthenakis, Wassilios: Ist das moderne Verlierertum männlich?, in: FAZ vom 12. Oktober 2007.

Horx, Matthias, Die Macht der Megatrends, Rede, in: www.horx.com/Reden/Macht-der-Megatrends.aspx [abgerufen am 29.10.2008].

Kersting, Wolfgang: Der liberale Liberalismus, Beiträge zur Ordnungstheorie und Ordnungspolitik, Tübingen 2006.

Lay, Rupert: Ethik für Manager, Econ, Düsseldorf/Wien/New York, 1994.

Naisbitt, John: Megatrends, New York 1982.

Christopher Gohl

Die Bedeutung des Bürgersektors für das liberale Projekt

1 Praktiker der Freiheit

Kein Sektor wächst in Deutschland und weltweit so stark wie der Bürgersektor. Das sind gute Nachrichten für den Arbeitsmarkt, aber vor allem fantastische Nachrichten für Liberale. Denn am Projekt einer liberalen Bürgergesellschaft wird an zwei Stellen hart gearbeitet: im Parlament durch die FDP, und im Bürgersektor durch „Akteure mit Agenda". Die einen schützen den rechtlichen Rahmen des Freiheitsraums, die anderen organisieren in kreativer Arbeit eine bessere, subsidiär selbstbestimmte und selbstorganisierte, am Menschen orientierte Gesellschaft. Die Parlamentspolitik der liberalen Partei ist liberale Ordnungspolitik, die durch die emanzipative Projektpolitik des Bürgersektors ergänzt wird. Vielleicht ist es die Unterschiedlichkeit dieser Freiheitsideen: Hier Freiheit als geschützter Freiraum, dort Freiheit als Befreiung des Menschen zu sich selbst, die bislang eine starke Allianzbildung der Partei der Freiheit mit den Praktikern der Freiheit verhindert. Für die Liberalen im Parlament und im Bürgersektor gibt es jedenfalls viel (miteinander) zu tun.

2 Gute Nachrichten, die keiner kennt: der Bürgersektor wächst

Was ist der Bürgersektor? Der „dritte", „gemeinwohlorientierte" oder „soziale" „Nonprofit"-Sektor ist der professionalisierte Teil der Zivilgesellschaft. Er ist geprägt durch ein Neben- und Miteinander von Marktmechanismus, staatlichen Einflüssen, Transferleistungen und selbstorganisierter Arbeit. Nachdem dieser Sektor sich lange nur über Abgrenzungen negativ definiert hat, setzt sich der Begriff „Bürgersektor" (*Citizen Sector*) in letzter Zeit immer stärker durch – auch, weil der Sektor sich fundamental verändert.

   Akteure des Bürgersektors sind neben (klassischen) Verbänden die *Non-Profit*-Organisationen, Stiftungen, kommunale und regionale Träger sozialer,

84

kultureller, gesundheitlicher und ökologischer Projekte, Philanthropen, Sozialunternehmer (*Social Entrepreneurs*) und Sozialunternehmen (*Social Business*). Sie alle haben eine Agenda der Veränderung – egal, ob sie als Stiftungen oder kommunale und regionale Träger die Treiber und Impulsgeber, Vermittler, Innovationsschmieden oder finanzielle Säule der Bürgergesellschaft sind, ob sie als Philanthropen kreativ und investiv handeln, oder ob sie mit Unternehmergeist und unternehmerischen Mitteln nicht finanziellen, sondern sozialen, ökologischen, politischen und kulturellen Mehrwert schaffen.

Der Anstieg zivilgesellschaftlicher Selbstorganisation in den genannten Formen ist dramatisch, die Zahl der Bürgergruppen hat sich in den letzten zwei Jahrzehnten vervielfacht. Illustrative Statistiken zu den zweistelligen Wachstumsraten betreffen die Stiftungszahlen in den letzten Jahren. Allein in den 5 Jahren zwischen 2000 und 2005 wurden 1,6-mal mehr Stiftungen gegründet (ca. 4.800) als in den 30 Jahren zwischen 1960-1990 zusammen (ca. 3000). Wurden in den 1980er Jahren noch durchschnittlich 150 Stiftungen jährlich gegründet, so lag die Zahl im Jahr 2006 bei 899 Neuerrichtungen, im Jahr 2007 sogar bei 1.134. Damit dürfte es in Deutschland im ersten Halbjahr 2009 über 16.000 Stiftungen geben. Der Vorstandsvorsitzende des Bundesverbandes Deutscher Stiftungen prognostiziert, dass sich in 25 Jahren die Zahl der deutschen Stiftungen vervierfachen wird.

Illustrativ sind auch kommunal verankerte Bürgerstiftungen: 1996 wurde die erste deutsche Bürgerstiftung in Gütersloh gegründet, im Jahr 2000 gab es 25 Bürgerstiftungen. In 2006 wurden allein 44 Bürgerstiftungen gegründet, und Ende 2008 gab es über 200 davon. Prognosen erwarten bis Mitte des kommenden Jahrzehnts etwa 650 Bürgerstiftungen mit einem Kapital von einer Milliarde Euro und einem Fördervolumen von weit über 100 Millionen Euro. Der Anstieg der Assoziationszahlen ist aber nicht auf Stiftungen in Deutschland beschränkt. So gab es in Brasilien 1980 nur 5.000 zivilgesellschaftliche Organisationen, im Jahr 2000 über eine Million; in Indonesien gab es Ende 1980 eine Umweltorganisation, heute gibt es über 2.000. Auch die mittel- und osteuropäischen Länder holen auf, Beispiel Slowakei: Dort gab es 1989 elf zivilgesellschaftliche Organisationen, im Jahr 2000 über 10.000.

Das hat Auswirkungen auf den Arbeitsmarkt. Der Bürgersektor macht 4-7% der gesamten Beschäftigung in den OECD-Ländern aus. In den letzten zwei Jahrzehnten wuchs die ökonomische Bedeutung des Bürgersektors signifikant, teilweise 5% pro Jahr und Land. Der Bürgersektor schaffte dabei in den OECD-

Ländern zweieinhalb bis dreimal so viele Arbeitsplätze wie die restliche Wirtschaft. In Deutschland ist die Anzahl der Beschäftigten im Bürgersektor seit 1960 um 380 Prozent gewachsen, der klassische Wirtschaftsbereich verzeichnete im gleichen Zeitraum minus 2 Prozent. Nach einer Untersuchung der John-Hopkins-Universität, die seit 15 Jahren die Zahlen zum NPO-Sektor in den 40 größten Ländern der Welt erhebt, setzen die NPOs weltweit jährlich fast 2 Billionen US-Dollar um, was dem Bruttoinlandprodukt von Frankreich entspricht. In Deutschland haben allein die zehn größten Stiftungen ein Kapital von 20 Milliarden Euro, die zwanzig größten deutschen Stiftungen geben im Jahr 660 Millionen Euro aus. Auch die Philanthropen sind großzügig: Die zehn größten Spender allein geben im Jahr mehr als eine halbe Milliarde Euro aus.

Die genannten Zahlen mögen im Vergleich zu den Ressourcen des Staates und der Wirtschaft immer noch klein wirken. Aber der Bürgersektor beginnt zu lernen, wie man Ressourcen mit maximaler Hebelwirkung einsetzt. Evaluation und *Impact* sind entscheidende Themen. Die Erfahrungen, welche Mittel sozialen Wandel befördern, führen mittelfristig zur Verbesserung und zum strategischen Einsatz eines stattlichen Werkzeugkastens gesellschaftlichen Wandels, gegen den sich staatliche Programme auf Hammer und Nagel reduzieren.

3 Hintergründe professioneller Projektpolitik

Warum wächst der Bürgersektor? Mehrere Faktoren spielen dabei zusammen: Die praktische Nachfrage steigt, da der Staat mit gesellschaftlichen Problemen überfordert ist. Auch die normative Nachfrage nach dezentralen Projekten nachhaltiger und gesamtheitlicher Entwicklung steigt. Im historischen Vergleich ermöglichen wachsende demokratische Freiheiten und steigende Bildungsniveaus individuelle Selbstbestimmung und kollektive Selbstorganisation in einem nie gekannten Ausmaß. Auch die historische Wohlstandsexplosion, insgesamt steigende Einkommen und vereinfachte rechtliche Rahmenbedingungen fördern den Anstieg philanthropischer, „post-materieller" Investitionen. Die Informationsrevolution der digitalen Globalisierung vereinfacht Vernetzung und Kooperation, beschleunigt Lernprozesse und schafft transnationale Bürgerbewegungen, deren Akteure zum Partner transnationaler Institutionen werden – wie beispielsweise im Rahmen der Agenda 21 oder des Global Compact der UN.

Das sind historische Umbrüche, bei denen die Anti-Generation der parlamentarisch fokussierten APO von gestern durch eine Pro-Generation der projektfokussierten, professionellen Problemlöser ersetzt wird. Das ist Projektpolitik, die auf Parlamentspolitik nicht immer angewiesen ist.

Die Explosion des Bürgersektors setzt Bill Drayton mit Entwicklungen wie der Industrialisierung oder Digitalisierung gleich. Drayton arbeitete zunächst für *McKinsey* und die *US Environmental Protection Agency*, wo er sich als Pionier des Emissionshandels einen Namen machte. Dann bemerkte er einen neuen Trend im sozialen Bereich: unternehmerische Initiative. Das war neu – und Drayton erblickte darin eine historisch nachholende Entwicklung, die er vereinfacht wie folgt beschreibt.

Um das Jahr 1700 herum veränderte einsetzender Wettbewerb und Unternehmertum die ständische Wirtschaftsordnung, führte zu Produktivitätssteigerungen und neuem Wohlstand. Aber während die „wirtschaftliche Hälfte" explosiv wuchs und materiellen Mehrwert bis zum Überfluss schuf, verharrte „die soziale Hälfte" der Gesellschaft in prämodernen Zuständen. Ohne Wettbewerb, Ideen und Produkte lebte sie von Steuern und milden Gaben, eingefroren in finanzierter Unmündigkeit, beschränkt auf den Konsum zugeteilter Alimentierung, ohne Investition in die selbstständige Produktion sozialen Mehrwerts. Aber Anfang der 1980er Jahre zeigte der soziale Sektor erste unternehmerische Regungen. Seine Produktivität steigt seither durch Professionalisierung, Orientierung an unternehmerischem Handeln und erfolgreicher *Business Practice*. Neue Instrumente und *Impact*-Evaluationen werden eingeführt. Steigender Wettbewerb begünstigt neue Angebote, weiteres Wachstum und transformiert den sozialen Sektor vom Konsumenten zum Produzenten.

Um diese Entwicklung voranzutreiben, gründete Drayton 1981 Ashoka, die Pionierorganisation der *Social Entrepreneurs*. Draytons Vision: *Everyone a changemaker*, jeder ein Unternehmer in Sachen Weltverbesserung. 2006 erhielt der erste *Social Entrepreneur* für seine die Gesellschaf verändernde Politik der Vergabe von Mikrokrediten an Arme den Friedensnobelpreis: Muhammad Yunus.

4 Perspektive des Bürgersektors: Keimzelle der liberalen Bürgergesellschaft

Der Bürgersektor ist der professionalisierte Teil der Zivilgesellschaft. Der historische Anstieg seiner Produktivität hat politische Konsequenzen für die Aufgaben des Staates und die zukünftige Arbeitsteilung zwischen Staat und Bürgersektor (und Wirtschaft). Politik ist kollektive Problembearbeitung; staatliche Institutionen sind dauerhafte und konstitutionell legitimierte Plattformen kollektiver Problembearbeitung. Wenn kollektive Problembearbeitung zunehmend auch über Projekte des Bürgersektors erfolgt, entsteht im Kooperationsfall mit dem Staat *Governance*: Regieren mit sektorübergreifender Steuerung, mit Koalitionen, Allianzen, Netzwerken, konzertierten Aktionen.

Ein Beispiel für Perspektiven solcher Partnerschaft: Der Bürgersektor wird staatlich organisierte Grundlagensicherung nicht ersetzen können. Aber warum soll beispielsweise eine alternde Gesellschaft nur ein Problem der Renten- und Pflegeversicherungen sein? Menschen im dritten Lebensabschnitt brauchen Ansprache, Gemeinschaft und Sinnstiftung, die sie gesund und glücklich machen – Projekte des Bürgersektors können das leisten. In ihnen drückt sich ein neuer Typus von Politik aus: dezentralisierte, zeitlich begrenzte Projektpolitik von Bürgern, für Bürger und durch Bürger.

Liberale schätzen das, denn darin erkennen sie selbstbestimmtes und freiwilliges, kreatives und unternehmerisches, aber gleichzeitig solidarisches, mitfühlendes und zivilisierendes Handeln für eine bessere Gesellschaft. Das ist der schönste Vollzug der Freiheit. Und es ist die beste Antwort auf die ökologischen, sozialen, ökonomischen und politischen Herausforderungen unserer Zeit. Liberale wissen, dass nur eine Praxis der Selbstbestimmung, Selbstorganisation, des zivilen Wettbewerbs und der Kooperation in der Lage sein wird, den gesamten Reichtum an Ideen und Initiativen, an Aktivitäten und Aktionen, an Wissen und Werten in unserer Gesellschaft für die Bewältigung dieser Herausforderungen fruchtbar zu machen. Generationengerechte Entwicklung gelingt nur, wo liberale Ordnungen die Kreativität und Dynamik ziviler und nachhaltiger Lösungen freisetzen – sowohl in der wirtschaftlichen als auch in der sozialen Hälfte der Gesellschaft.

Die Leidenschaft der Liberalen für die ordnende und faire Hand des Staates und für die unsichtbare Hand des Marktes muss deshalb auch den vielen schöpferischen Händen des Bürgersektors gelten. Der Bürgersektor ist, wie der parteilich organisierte Liberalismus selbst, eine Keimzelle der liberalen Bürgergesellschaft. Liberale gestalten Gesellschaften ausgehend vom Menschen und seiner Freiheit, nicht ausgehend vom Staat und seiner Schlagkraft. Die liberale Zielperspektive dafür ist die liberale Bürgergesellschaft. Sie ist eine umfassende politische Ordnung und Praxis der Freiheit zugleich, die den Bürgerstaat in ihren Dienst nimmt. Hier unterscheidet sich die liberale Bürgergesellschaft von der real existierenden sozialdemokratischen Zivilgesellschaft: Diese begrenzt sich auf die soziale Teilhabe an einer integrativen und zivilen Sphäre der Assoziationen. Die Bürgergesellschaft geht darüber hinaus und schließt die politische Teilnahme an einer kreativen, dezentralen Demokratie mit ein, in der Freiheit heißt: selbstbestimmte, selbstorganisierte Projektpolitik von Bürgern, für Bürger und durch Bürger.

5 Eine Agenda für Liberale

Liberale sind gut organisiert. Ihr Zentrum ist die FDP, um die sich zahlreiche Vorfeldorganisationen scharen. Aber den so organisierten Liberalen muss klar sein, dass freie und menschliche Gesellschaften nicht nur durch Gesetze und Programme geschaffen werden können, die der parlamentarische Arm des Liberalismus veranlasst oder verhindert. Zivilisationsverantwortung liegt nicht beim Staat allein. Organisierte Liberale müssen deshalb die strategische Partnerschaft mit den praktizierenden Liberalen des Bürgersektors suchen.

Die vielen dezentralen und temporären Projekte des wachsenden Bürgersektors werden in ihrer Summe eine politische Dynamik annehmen, die liberale Ordnungspolitik, Partnerschaft und Umdenken erfordert. Dafür folgende Agenda:

a) Der Bürgersektor bedarf einer umfassenden Ordnungspolitik, deren oberstes Gebot die Transparenz sein muss. Sie muss Anreize setzen, die mehr Wettbewerb schaffen und die Produktion von sozialem, ökologischem und kulturellem Mehrwert belohnen. Der private Kapitaltransfer in den Bürgersektor ist zu vereinfachen und Förderpolitik transparenter und intelligenter zu organisieren.

b) Erste Agentin einer Partnerschaft zwischen Bürgersektor und organisiertem Liberalismus muss die Friedrich Naumann Stiftung für die Freiheit sein. Sie hat unter Wolfgang Gerhardt begonnen, sich für Phänomene des Bürgersektors zu interessieren und kann von den Instrumenten und *Impact*-Modellen des Bürgersektors lernen. Liberale Stiftungen müssen zum Inkubator, Anwalt und Partner für den Bürgersektor werden.

c) Eine Partnerschaft erfordert auch, dass die Praktiker der Freiheit ihrerseits eine Telefonnummer brauchen, unter der sie erreichbar sind. Noch zu wenige von ihnen haben den Weitblick für die politische und historische Dimension ihres sozialen Projekthandelns. Hier braucht es *Hubs* kollektiver politischer Intelligenz des Bürgersektors.

d) Liberale brauchen eine etwas komplexere Idee der Freiheit. Zu viele organisierte Liberale begrenzen die Idee der Freiheit auf einen leeren Raum, der erweitert werden sollte. Dieses quantitative Verständnis muss durch ein qualitatives Verständnis von Freiheiten (Claus Dierksmeier) ergänzt werden, um den sinnvollen Vollzug von Freiheiten durch Praktiker der Freiheit überhaupt beurteilen zu können.

e) Liberale brauchen ein Politikverständnis, das über die parlamentarische Parteiendemokratie und die FDP hinaus reicht. Dafür werden Landtage, Stadtregionen und Kommunen wieder wichtiger. Nur so gelingt eine komplementäre Partnerschaft mit der Projektpolitik des Bürgersektors – für das liberale Projekt einer starken, kreativen und zivilen Bürgergesellschaft.

Gisela Piltz

Datenschutz – Liberale Antworten auf die Herausforderung des 21. Jahrhunderts

1 Schöne neue digitale Welt – Segen oder Fluch?

Handys, Computer, Kühlschränke, die selbständige Bestellungen vornehmen, elektronische Tickets, *Radio Frequency Identification Chips* (RFID), zur automatischen Identifizierung von Gegenständen, aber auch zur Speicherung von biometrischen Daten wie z.b. in Reisepässen, Videoüberwachung oder der drohende Einsatz von Personen-Scanner an Flughäfen: Unser heutiger Alltag ist geprägt von technischen Geräten, Systemen und elektronischen Verfahren, die noch vor wenigen Jahren kaum denkbar gewesen wären. Die Digitalisierung erleichtert vieles, überwindet große Distanzen und macht Informationen aller Art jederzeit verfügbar. Wir gehen einer Welt entgegen, in der computerisierte Alltagsgegenstände unmerklich und umfassend dem Menschen ihre Dienste anbieten und selbständig miteinander kommunizieren können.

Datenverarbeitung in der heutigen Zeit ist allgegenwärtig. Sie wird jedoch meistens vom Menschen nicht wahrgenommen, da sie im Hintergrund abläuft. Mit Hilfe von digitalisierten Verfahren können aber auch zahlreiche Kommunikationsvorgänge verfolgt und überwacht werden. Hieraus ergeben sich besondere Anforderungen an die Kontrolle solcher Vorgänge. Die Anhäufung von Daten in Datensammlungen ist außerdem eine wahre Fundgrube für persönliche Daten aller Art. Ohne großen Aufwand können Daten heutzutage kopiert, verknüpft und nach Mustern – zeitlich oft unbegrenzt – durchsucht werden. Hinzu kommt der oft sorglose Umgang von Bürgerinnen und Bürger aber auch von Behörden mit persönlichen Daten, der das Missbrauchspotential noch vervielfacht. Kontodaten und Passwörter werden achtlos in den Müll geworfen, Laptops verschwinden einfach bei Behörden, so dass nicht einmal technische Mittel notwendig sind, um persönliche Daten zu stehlen und auszuspionieren.

Die fortschreitende Digitalisierung ist nicht mehr aufzuhalten, wenn wir nicht ins Mittelalter zurückfallen wollen. Neuen Entwicklungen waren und sind Liberale stets aufgeschlossen, da sie vor allem die Chancen und Möglichkeiten erkennen, die neue Technologien, Verfahren und Systeme mit sich bringen. Jede neue Entwicklung birgt aber auch spezifische Gefahren, für die eine verantwortungsvolle Lösung gefunden werden muss. Gerade beim Datenschutz ist dazu eine kontinuierliche Beobachtung der technischen Entwicklungen und die Evaluierung der erhobenen, gespeicherten und verwendeten Daten besonders geboten, um auch den sich aus der Verfassung ergebenden Verpflichtungen –nämlich dem Schutz der Bürgerrechte – nachzukommen. Nur wenn diese Rahmenbedingungen von der Politik beachtet und aufgegriffen werden, können Fehlentwicklungen im Datenschutzrecht erkannt und vermieden werden. Die Digitalisierung an sich ist weder Segen noch Fluch, sondern Mittel zum Zweck. Erst mit der Entscheidung über die Art der Verwendung der Technik und mit der Genehmigung von konkreten Überwachungsmöglichkeiten durch den Staat weisen wir der Technik ihren Platz zu. Wichtigstes Leitmotiv für eine liberale Datenschutzpolitik ist dabei die Wahrung der Menschenwürde und die daraus abzuleitenden Grundrechte auf informationelle Selbstbestimmung sowie die Gewährleistung der Vertraulichkeit und Integrität informationstechnischer Systeme (Bundesverfassungsgericht 2008).

2 *Big Brother is watching you*: Wie viele Datensammlungen und Überwachungsmaßnahmen verträgt der soziale Rechtsstaat noch?

Das Jahr 2008 hat uns die Gefahren der neuen digitalen Welt deutlich aufgezeigt. Eine solche Anhäufung von Datenschutzskandalen vor allem im nicht-öffentlichen Bereich innerhalb eines Jahres hat es bis dahin noch nicht gegeben: Überwachung von Mitarbeitern in allen Lebenslagen bei Discountern, Einsehbarkeit von Meldedaten, Patientenakten und Kundenprofilen im Internet, Überwachungsskandale in der Telekommunikationsbranche und in einem großem Verlagshaus. Und obwohl das Thema Datenschutz auf der politischen Ebene nach den jüngsten Skandalen wieder populär ist, findet eine grundsätzliche Diskussion über staatliche Datensammlungen und Überwachungsmaßnahmen und deren Mehrgewinn für die Sicherheit nicht statt. Vorratsdatenspeicherung, Fluggastdatenspeicherung, die Einführung einer lebenslangen Steueridentifikationsnummer und des elektronischen Entgeltnachweises (ELENA), Kfz-Kennzeichen-Scanning, Kontenabrufverfahren durch Justiz, Finanz- und Sozialbehörden, der

Ruf nach heimlichen Online-Durchsuchungen und Überlegungen zu einem zentralen Bundesmelderegister werden als wirkungsvolle Mittel im Kampf gegen Terrorismus und Kriminalität angesehen. Der Datenschutz wird dabei zunehmend als ein Hindernis wahrgenommen.

Das Bundesverfassungsgericht hat seit 2002 diverse Gesetze des Bundes und der Länder im Bereich der Sicherheitsgesetzgebung für verfassungswidrig erklärt. Mit seinen Entscheidungen verdeutlicht das Gericht das Spannungsfeld zwischen technischem Fortschritt, Digitalisierung, wachsenden Sicherheitsansprüchen auf der einen sowie der Garantie unserer Bürgerrechte als Grundpfeiler unseres demokratischen Rechtsstaates auf der anderen Seite. Überprüfte Maßnahmen, wie z.B. das Kfz-Kennzeichen-Scanning, wurden zwar im konkreten Fall für verfassungswidrig erklärt. Grundsätzlich wurden sie jedoch nicht als unvereinbar mit der Verfassung befunden.

Die Entscheidung über den Einsatz solcher Mittel bleibt damit auch weiterhin dem Gesetzgeber und der Politik vorbehalten. Das in den Entscheidungen des Bundesverfassungsgerichts zum Ausdruck kommende Spannungsverhältnis wird von der Politik allzu häufig unter sicherheitspolitischen Gesichtspunkten einseitig aufgelöst. Anlasslose und verdachtsunabhängige Kontrollen werden zunehmend als probates Mittel im Kampf gegen den Terrorismus angesehen, wie z.B. bei der Vorratsdatenspeicherung, bei der das Kommunikationsverhalten von mehr als 450 Millionen Bürgern der Europäischen Union aufgezeichnet wird. Das klassische Verständnis von staatlichen Eingriffen zur Abwehr konkreter Gefahren wird immer mehr zu Gunsten eines generellen Präventivstaates aufgegeben, der in sich den Keim des Überwachsstaates trägt.

Datensammlungen – vor allem im privaten Bereich – bergen aber auch sozialen Sprengstoff. Bisher haben nämlich vor allem diejenigen die Nachteile zu spüren bekommen, die den ärmeren Schichten der Gesellschaft angehören: Verweigerte Kredite und Versicherungen oder ungünstigere Vertragskonditionen. Im Hintergrund werden Menschen katalogisiert und nach ihren persönlichen Daten sortiert, ohne dass sie die leiseste Ahnung davon haben. Hier ist die Gefahr besonders groß, dass der Mensch auf bloße Datensätze oder Nummern reduziert und zum Objekt herabgewürdigt wird. Die Diskussion um die Ausweitung von Datensammelbefugnissen ist damit vor allem eine Wertediskussion, die an den Grundmauern des Rechtsstaates rüttelt und die Gefahr in sich trägt, die Gesellschaft sozial zu spalten.

3 Datenschutz – stumpfes Schwert im globalen virtuellen Leben?

Einmal berühmt sein – und wenn auch nur für wenige Augenblicke. Sicherlich ist dies auch ein Grund dafür, warum so viele selbstgedrehte Videos im Internet z.B. auf der Internetplattform *You Tube* eingestellt werden. Vor allem junge Menschen legen dort freiwillig einen regelrechten Daten-Striptease hin. Die weitreichenden Konsequenzen sind ihnen nicht bewusst: Das Netz vergisst nichts und das Netz vergibt nicht. Das Verhalten der Bürgerinnen und Bürger wirkt geradezu grotesk angesichts der Ereignisse im Jahr 1983, als die Menschen noch zu Tausenden auf die Straße gegangen sind und zum Boykott gegen die Volks- zählung aufgerufen haben, um nicht zum gläsernen Bürger zu werden.

Im Internet werden heute zahlreiche Daten erfasst, aus denen das Verhalten der Internetnutzer bis ins Detail rekonstruiert werden kann. Gerade hier ist die Gefahr besonders hoch, dass schon durch wenige Eingaben aussagekräftige Nut- zerprofile erstellt werden. Was sich jeder Bürger in der realen Welt verbitten würde, ist in der virtuellen Welt längst Realität: Jeder Schritt und Klick ist nach- vollziehbar, verfolgbar und auswertbar.

Gerade im Bereich der virtuellen Welt ist daher die Datenvermeidung die beste Vorsichtsmaßnahme und der beste Datenschutz. Erst an zweiter Stelle kommen weitere Maßnahmen wie Verschlüsselung, Anonymisierungen oder technische Lösungen wie z.B. datensparsame Einstellungen bei Computerpro- dukten.

Die datenschutzrechtlichen Regelungen fürs Internet, die für Deutschland im Bundesdatenschutzgesetz und im Telemediengesetz, in Europa in der Europä- ischen Datenschutzrichtlinie und in der Datenschutzrichtlinie für die elektroni- sche Kommunikation zu finden sind, weisen gegenüber anderen Ländern wie z.B. den USA schon ein gutes Schutzniveau auf. Allerdings gibt es auch hier noch Verbesserungsbedarf. Da Ländergrenzen im Internet nur bedingt gelten, sind neben der Verfolgung von Lösungsansätzen auf nationaler und europarecht- licher Ebene auch internationale Ansätze notwendig. Extraterritoriale Rech- tsanwendungsmöglichkeiten sind dabei nur bedingt hilfreich, da der Versuch der Durchsetzung zu diplomatischen Konflikten führen kann. Die Entwicklung von völkerrechtlichen Lösungen bedarf meist einer langen Entwicklungsphase, da eine Verständigung über die materiellen Anforderungen gerade bei den daten- schutzrechtlichen Anforderungen im Internet nicht selten auf unterschiedliche Vorstellungen zwischen den Staaten hinsichtlich der Werte- und Gesellschaftsordnung trifft. Die damit einhergehende Zeitverzögerung führt jedoch zu weiteren Beeinträchtigungen der informationellen Selbstbestimmung. Insofern ist die Vereinheitlichung des Datenschutzrechts als eine Art Globalrecht in naher Zukunft nicht zu erwarten. Sinnvoller wäre es daher zunächst eine Koordinierungslösung anzustreben – ähnlich wie die Richtlinienlösung in der Europäischen Union. Dies garantiert den Staaten in der Umsetzung ein höheres Maß an Freiheit und Flexibilität, gleichzeitig kann aber ein Mindestschutz gewahrt werden (Roßnagel 2002,70).

Aus liberaler Sicht wäre darüber hinaus die Einführung eines Verfallsdatums für digitale Daten eine erhebliche Verbesserung. Auch Korrekturansprüche bei rechtswidrig erhobenen oder unrichtig gewordenen Daten im Internet müssen dringend verbessert werden. Denn selbst wenn die ursprünglich eingestellten Daten entfernt werden ist unklar, wie oft diese Daten bereits kopiert und für andere Zwecke genutzt wurden. Hilfreich wäre daneben die Einführung eines gesetzlichen Anspruchs auf Gegendarstellung im Internet, damit die Betroffenen, soweit Informationen nicht entfernt werden können, eine Weiterverbreitung der falschen oder rechtswidrig gewordenen Daten nicht widerspruchslos hinnehmen müssen (Weichert 2008).

4 Die Herren der Daten, oder: Welche Datenschätze lagern in den Unternehmen?

Vertrauen – das ist eines der wichtigsten Güter im Unternehmen. Ohne Vertrauen der Verbraucher und Lieferanten gibt es keinen Handel und damit kein Geschäft. Neben der Finanzkrise, die das Vertrauen der Bürgerinnen und Bürger im letzten Jahr tief erschütterte, ist auch das Vertrauen durch die Datenschutzskandale im nicht-öffentlichen Bereich tief erschüttert worden. Bei den Bürgerinnen und Bürgern herrscht Misstrauen und Verunsicherung vor, ob die Unternehmen mit ihren persönlichen Daten ordnungsgemäß umgehen. Unternehmen sind damit zunehmend unter den Generalverdacht geraten, persönliche Daten zu ihrem Vorteil auszuschlachten. In diesem Zusammenhang ist die Verständigung der Politik auf die so genannte opt-in-Lösung – d.h. einer Datenerhebung nur nach ausdrücklicher Zustimmung des Betroffenen, die an keine Vertragsbedingungen geknüpft sein darf (Kopplungsverbot) – zu verstehen.

Datenschutz ist in erster Linie auch Kundenschutz. Und nicht alle Unternehmen können zu den schwarzen Schafen gezählt werden. Umso wichtiger ist die Einführung eines Datenschutzaudits sowie eines Datenschutzgütesiegels. Hersteller datenschutzgerechter Produkte und Prozesse sowie Anbieter datenschutzgerechter Dienstleistungen müssen endlich die Möglichkeit erhalten, diese zertifizieren zu lassen.

Um Datenpannen und Risiken im Unternehmen zu verhindern, ist ein gut ausgestattetes Risikomanagement die beste Vorsorge. Eingriffe des Staates, die für Liberale stets ultima ratio sind, können durch eine Stärkung des betrieblichen Datenschutzmanagements vermieden werden. Dreh- und Angelpunkt sind dabei gut ausgebildete Mitarbeiter, die im Umgang mit personenbezogenen Daten geschult sind. Oft fehlt es nämlich schon an den einfachsten Vorsichtsmaßnahmen: Passwörter werden gedankenlos übernommen oder zu selten gewechselt. Der betriebliche Danteschutzbeauftragte muss darüber hinaus eine stärkere Stellung als bisher im Unternehmen erhalten. Neben einer besseren institutionellen Absicherung sollte das Berufsbild des betrieblichen Datenschutzbeauftragten ausdrücklich festgelegt werden.

Zur Verbesserung des Datenschutzes in Unternehmen ist auch die Einrichtung einer Datenschutz-Stiftung – nach dem Vorbild der Stiftung Warentest – notwendig. Verschiedene Unternehmen könnten dann hinsichtlich der Menge der von ihnen erhobenen Daten, der Datenverwendung und –weitergabe sowie des internen Datenrisikomanagements verglichen werden. Datenschutzwidrige Praktiken könnten damit durch die Sanktionen der Verbraucher, die auf andere Produkte ausweichen, und die Selbstreinigung des Marktes erfolgreich bekämpft werden.

5 Der Arbeitsplatz als Big Brother Container

Das Arbeitsverhältnis bietet eine Vielzahl von Überwachungsmöglichkeiten, die vor allem auf technische Entwicklungen zurückzuführen sind. Selbst bei einer erfolglosen Bewerbung werden zahlreiche Daten erhoben, wie z.B. Angaben über die Schulbildung, berufliche Ausbildung etc. Im Berufsalltag werden Anwesenheitszeiten mit Hilfe digitaler Zeiterfassungssysteme oder zukünftig durch biometrische Systeme erfasst, digitale Telefon- und Computeranlagen zeichnen Verbindungsdaten auf, per Videokameras können nicht nur Ladendiebe gefasst sondern auch Arbeitsplätze permanent überwacht werden. Es besteht die Gefahr, dass das Verhältnis zwischen Arbeitnehmern und Arbeitgebern, das durch ein besonderes Abhängigkeits- sowie Über- und Unterordnungsverhältnis geprägt wird, sich auf Kosten des Grundrechts auf informationelle Selbstbestimmung und Gewährleistung der Vertraulichkeit und Integrität informationstechnischer Systeme verschiebt. Da diese beiden Grundrechte auch in privaten Rechtsverhältnissen eine Drittwirkung entfalten, ist der Staat gefordert, einen möglichst schonenden Ausgleich zu erreichen. Gerade beim Arbeitnehmerdatenschutz müssen Mindeststandards festgeschrieben werden, da ansonsten eine Zwei-Klassen-Gesellschaft, in Arbeitnehmer, die durch Betriebsräte vertreten werden, und Arbeitnehmer, die keine solche Lobby haben, entstehen kann.

Ein Spezialgesetz zum Arbeitnehmerdatenschutz ist bis heute nicht erlassen worden. Mehrfachen Aufforderungen des Deutschen Bundestages, ein solches vorzulegen, ist die Bundesregierung bisher nicht nachgekommen. Aufgrund fehlender Regelungen sind Arbeitgeber und Arbeitnehmer darauf angewiesen, sich an der Rechtsprechung zu orientieren, die jedoch stark einzelfallbezogen und schwer zu verstehen ist. Genaue rechtliche Vorgaben für E-Mail und Internetnutzung am Arbeitsplatz bestehen nicht. Rechtssicherheit wird damit nicht erreicht. Dabei gehört die Festlegung von klaren Rahmenbedingungen zum festen Bestandteil fairer Arbeitsverhältnisse.

Arbeitnehmerinnen und Arbeitnehmern müssen Kenntnis von der Erhebung, Verarbeitung und Nutzung ihrer persönlichen Daten haben. Neben Auskunfts- und Einsichtsrechten gehören dazu auch Löschungs- und Berichtigungsansprüche, die effektiv durchgesetzt werden können. Grundsätzlich sollten Untersuchungen, die keine Aussage über die Leistungsfähigkeit des Arbeitnehmers bezüglich seiner konkreten Tätigkeit zulassen, nicht vorgenommen werden. Gentests oder Fragen zur genetischen Disposition sollten grundsätzlich ausgeschlossen werden. Selbst das nachvollziehbare Interesse des Arbeitgebers an der Aufdeckung von Industriespionage und anderem schädlichen Verhalten durch Arbeitnehmern darf nicht dazu führen, dass widerstreitende Interessen einseitig zu Gunsten der Arbeitgeber verschoben werden. Nur wenn auch in diesem Bereich ein ausgewogenes Verhältnis gefunden und Standards festgeschrieben werden, können soziale Spannungen vermieden und die verfassungsrechtlichen Vorgaben eingehalten werden.

6   Neue Hoffnung

Aus liberaler Sicht ist vor allem ein neues Datenschutzbewusstsein in der Bevölkerung notwendig. Dies kann nur erreicht werden, wenn datenschutzrechtliche Fragestellungen bereits in der Schule thematisiert werden. Liberale Werte sollten dafür die Grundlage bilden. Das Jahr 2008 bietet hierfür, trotz seiner zahlreichen Datenschutzskandale, eine gute Ausgangsbasis. So hat das Bundesverfassungsgericht die Gewährleistung der Vertraulichkeit und Integrität informationstechnischer Systeme erstmals als ein Grundrecht definiert. Zuvor hatten sich 34.000 Menschen mit einer Verfassungsbeschwerde an das Bundesverfassungsgericht gewandt, um sich gegen die Vorratsdatenspeicherung zu wehren.

Die bisherigen von der Politik formulierten Lösungsansätze sind vielfach eine Reaktion auf Missstände beim Datenschutz im nicht-öffentlichen Bereich. Ein grundlegender Ansatz für eine dringend notwendige Reform des Datenschutzes wurde bisher jedoch nicht gefunden. Eine Schwierigkeit liegt vielleicht darin, dass Datenschutz nicht losgelöst von anderen Themen diskutiert werden kann. Als Querschnittsaufgabe greift der Datenschutz in viele Themengebieten ein. Schutzkonzepte können daher nicht generell entwickelt, sondern müssen auf das jeweilige Gebiet abgestimmt werden.

In der digitalen Welt wird die Wahrung der Grundrechte nur möglich sein, wenn die heutigen Schutzprogramme modifiziert und ergänzt werden. Dazu sind aus liberaler Sicht neben technischen Schutzeinrichtungen auch neue Regulierungsmechanismen erforderlich, die auch an Ländergrenzen keinen Halt machen. Ziel einer liberalen Politik ist ein modernes, leicht verständliches, technikfestes und übersichtliches Datenschutzrecht, dass den Anforderungen im 21. Jahrhundert umfassend gerecht wird.

Bibliographie

Urteil des Bundesverfassungsgerichts vom 27. Februar 2008, 1 BvR 370/07. [http://www.bverfg.de/entscheidungen/rs20080227_1bvr037007.html]

Roßnagel, Alexander: Weltweites Internet – globale Rechtsordnung?, in: MMR 2002.

Weichert, Thilo, Suchmaschinen sind im Prinzip rechtswidrig, in: Handelsblatt vom 03 Februar 2008.

Silvana Koch-Mehrin

Mein Europäischer Traum

1969 richteten Astronauten des Apollo-Programms zum ersten Mal aus dem Weltraum eine Farbkamera auf die Erde. Die Bilder verzückten die Menschen auf der ganzen Welt. Der Perspektivwechsel, der neue Blick auf sich selbst, veränderte das Bewusstsein: „Wir sind eine Welt", hieß es friedensbewegt. Kein Land, das war durch die Kraft der Bilder für alle unübersehbar, kann so tun, als sei es allein.

Heute leben und arbeiten wir selbstverständlich mit *Google-Earth*. Wir sehen Bilder von jedem Flecken der Welt, so nah herangeholt, dass einzelne Menschen zu erkennen sind – mit all den Fragen, die sich für die Bürgerrechte dadurch ergeben. Moderne Informationstechnologie ändert unser Leben rasant, unser Globus wird ein Dorf. Detailscharfe Bilder von fernen Anderen, unerwartete Blicke auf uns selbst verändern uns, und verändern die Art und Weise, wie wir zusammenleben.

Die Europäische Union kann das Modell für eine solche neue Gemeinsamkeit sein: Als Akademie des Respekts, mit den Werten Freiheit, Demokratie und Eigenverantwortung. Das ist mein Europäischer Traum.

Europas Werte

Die Europäische Union ist die einzige politische Gemeinschaft der Welt, die erfolgreich Frieden, Menschenrechte, Rechtsstaat und Marktwirtschaft exportiert. Deshalb ist die EU so einzigartig und wertvoll. Sie arbeitet auf der Grundlage eines urliberalen Wertes: Freiheit. Nur Länder die frei sind, also demokratisch regiert, können Mitglied der EU werden. Diktaturen werden nicht aufgenommen.

Auch jede gemeinsame Politik beruht darauf, dass die Mitgliedsländer freiwillig Kompetenzen an die gemeinsamen EU-Institutionen abgeben. Zwang verstößt gegen das europäische Prinzip.

Die EU ist ein großartiger Freiheitsgewinn für jeden Bürger: Reisen ohne Komplikationen, Grenzkontrollen und Zölle gehören der Vergangenheit an. Fast 500 Millionen Europäer können zwischen Helsinki und La Valetta frei wählen, wo sie leben, arbeiten oder lernen wollen. Der Euro spart Zeit und Kosten, und beweist in Krisenzeiten seinen wahren Wert. Der gemeinsame Binnenmarkt hat mehr Verbraucher als die USA und Russland zusammen, und er schafft Wohlstand mit sozialem Ausgleich. Aber vor allem: Die EU ermöglicht, dass wir uns als Europäer näher kommen. Dass wir uns nicht als Ausländer wahrnehmen, sondern immer mehr erkennen, dass wir gemeinsame Werte haben, die uns verbinden. Und dass wir unsere kulturelle Verschiedenheit akzeptieren und als Bereicherung sehen. Die Generation meines Großvaters ist meist in andere europäische Länder gereist, um dort mit Waffen zu kämpfen. Das ist heute unvorstellbar. Erstmals in der Geschichte ist Deutschland mit allen seinen Nachbarn verbündet und nicht verfeindet. „Freude schöner Götterfunken […] Deine Zauber binden wieder, Was die Mode streng geteilt; Alle Menschen werden Brüder, Wo dein sanfter Flügel weilt", heißt es so wunderschön in der „Ode an die Freude", die es irgendwann auch offiziell zur EU-Hymne bringen wird.

Aber natürlich ist nicht alles eitel Sonnenschein, und die EU ist keine perfekte Insel der Seligen. Die EU ist kein Projekt von Idealisten mehr, sondern alltägliche Realität. Welche Firmen fusionieren dürfen, welche Inhaltsstoffe in Lebensmitteln enthalten sind, dass Frauen bei der Bundeswehr in Kampftruppen im Einsatz sind, wie viel CO_2 Autos ausstoßen: Das und noch viel mehr wird von der EU entschieden. Nicht zu beanstanden wäre das, wenn diese Entscheidungen tatsächlich demokratisch gefällt würden. Aber das ist derzeit nicht der Fall. Denn auf dem richtigen Weg der politischen Integration ist die EU stecken geblieben: Die Gesetzgebung wurde gemeinsame Sache, die Demokratie aber nicht.

Als Liberale bin ich überzeugte Demokratin. Demokratie ist ein fundamentaler politischer Wert. In Bezug auf die Funktionsweise der Europäischen Union ist das leider keine Binsenweisheit. Was in jedem Mitgliedsland der EU gilt, fehlt auf der gemeinsamen EU-Ebene: Alle Macht dem Volke!

Die Volksherrschaft wurde auf unserem Kontinent erfunden. In den europäischen Ländern wurde sie mit viel Blutvergießen durchgesetzt, mit dem unermüdlichen Kampf von Idealisten. Letztendlich geht es in Sachen Demokratie um zwei Prinzipien: Selbstentscheidung des Volkes und inhaltliche Richtigkeit. Abraham Lincoln, der frühere amerikanische Präsident, hat es auf die Formel gebracht: „Regieren des Volkes, durch das Volk und für das Volk." Die Bürger haben Einfluss auf die Auswahl der Politiker und deren Politik, welche wiederum den Interessen der Bürger gerecht werden sollte.

Ich bin überzeugte europäische Patriotin. Die europäische Idee zu kritisieren ist nicht meine Sache. Allerdings halte ich es für meine Aufgabe, die Art und Weise, wie Politik im Namen der europäischen Bürger gemacht wird zu hinterfragen und zu kritisieren.

In Artikel 16 der französischen Erklärung der Menschen- und Bürgerrechte von 1789 wurde einer Gemeinschaft ohne Gewaltenteilung jede Verfassungsqualität aberkannt. Alle demokratischen Rechtsstaaten bekennen sich zum Prinzip der klaren Trennung zwischen Legislative, Exekutive und Judikative. In der EU jedoch ist Gewaltenteilung – eine Fehlanzeige.

Der Ministerrat, der sich aus Mitgliedern der nationalen Regierungen zusammensetzt, ist das wichtigste gesetzgebende Organ der EU und hat zugleich Exekutivaufgaben.

Die EU-Kommission besitzt, obwohl sie eine Behörde ist, das Initiativrecht, kann Gesetzgebung auf den Weg bringen. Gleichzeitig ist sie Exekutive und hat die Aufgabe, „Hüterin der Verträge" zu sein.

Das Europäische Parlament ist inzwischen wesentlicher Mit-Gesetzgeber, aber noch längst hat es nicht die Rechte und Pflichten eines wirklichen Parlaments. Es beginnt bei den Wahlen: *one man – one vote* gilt nicht. Der Grundsatz von freien, gleichen und geheimen Wahlen ist verletzt: Gleich sind die Wahlen nicht. Denn nach dem Prinzip der so genannten degressiven Proportionalität ergibt es sich, dass ein deutscher Abgeordneter etwa 834.000 Einwohner repräsentiert, ein Luxemburger aber nur etwa 75.000. Die Stimme eines Wählers in Deutschland ist fast 12-Mal weniger Wert als die eines Wählers in Luxemburg. Jeder Abgeordnete hat allerdings im Europäischen Parlament nur eine Stimme. Gewählt wird übrigens in jedem Mitgliedsland nach dem jeweils nationalen Recht.

Jede Demokratie braucht zum Funktionieren eine Regierung und eine Opposition. Im Europäischen Parlament, in der EU gibt es das nicht. Klare Verantwortlichkeit und Kontrolle fehlen zu oft.

Dabei steht eines fest: Die Macht von Europa wird weiter wachsen. Eine Alternative zur EU gibt es nicht. Viele globale Probleme erfordern Lösungen, die von einem Land allein nicht erbracht werden können. Erfolgreich wird die EU jedoch nur bleiben, wenn sie ihre Entscheidungen mit den Bürgern rückkoppelt.

Mehr Demokratie! Konkret bedeutet das: Gewaltenteilung, demokratische Wahlen, und auch Elemente von direkter Demokratie. Als Abgeordnete maße ich mir nicht an, mich über meinen Souverän zu erheben. Ich plädiere daher für mehr direkte Demokratie auf EU-Ebene, was mehrere Vorteile mit sich bringt: Zum einen sehen die Bürgerinnen und Bürger einen Grund, sich mit den Themen zu befassen, über die sie entscheiden sollen. Nichts animiert mehr zum Mitmachen als die eigene Verantwortlichkeit für Entscheidungen. Zum zweiten erhält jede durch das europäische Volk getroffene Entscheidung eine hohe Relevanz und Stabilität. Volkes Wille soll verbindlich sein. Und schließlich ist zu erwarten, dass wir uns als Europäer wahrnehmen; als Verantwortungsgemeinschaft für ein gemeinsames Projekt, eine gemeinsame Abstimmung, eine gemeinsame Idee. Gemeinsame demokratische Abstimmungen schmieden uns zusammen. So wird aus einem nationalen Staatsbürger ein europäischer Verantwortungsträger.

Letztlich stärkt dieses Vorgehen auch das europäische Recht. Der Liberalismus will das Recht stärken und nicht das Recht des Stärkeren. Europäische Entscheidungen müssen weg vom Kuhhandel in Hinterzimmern. Die Idee des liberalen Rechtsstaates gründet auf ein verlässliches Rechtssystem und auf seine eigenen Entscheidungen. Dann bleibt die EU ein phänomenaler Erfolg.

Europas Zukunft

Europa muss für jeden Einzelnen greifbar, spürbar, wichtig sein – in einem alltäglichen, selbstverständlichen Umgang. Davon sind wir noch ganz schön weit entfernt. Die nationalen Grenzen in Europa spielen zwar schon lange keine Rolle mehr. Doch eine liberale Bürgergesellschaft, die sich nicht mehr an gedachten Linien orientiert, ist noch nicht überall herangewachsen: Eigenverantwortung und gesellschaftliches Engagement, globales Denken aus einer regionalen Identität heraus, die Bereitschaft zu lernen, vor allem voneinander – diese Merkmale kennzeichnen das moderne demokratische Miteinander.

Diese liberale Bürgergesellschaft ist eine Bildungsgemeinschaft. Dabei geht es nicht nur um Schule und Unterricht, sondern die permanente Bereitschaft zur Offenheit. Diese Offenheit beginnt im Elternhaus, setzt sich beim Schüleraustausch fort, bedeutet Engagement im Verein, Praktika und Rucksackreisen in den Ferien. Treibstoff sind Neugier und Aufgeschlossenheit, die Bedingung ist Freiheit.

Als die FDP sich 1997 die Wiesbadener Grundsätze gegeben hat, atmeten wir den Geist der 90er Jahre. Mancher europäische Weg war noch nicht betreten. Seither ist das Vertrauen der Menschen in die wirtschaftlichen, gesellschaftlichen und politischen Mechanismen und Institutionen Europas deutlich gesunken.

Skepsis ist gut. Niemand sollte blind einer Obrigkeit folgen. Die gesellschaftliche Dynamik, die überall in Europa zu beobachten ist, ob in Frankreich, den Niederlanden, Tschechien, Polen oder auch Irland, geht von den Bürgern aus, wird aber nicht mit Europa verbunden. Wie auch, wenn die EU vorwiegend auf Regierungskonferenzen sichtbar wird oder durch Richtlinien und Verordnungen auf sich aufmerksam macht.

Wir Liberale wollen nicht bevormunden und reglementieren, wir wollen eine neugierige und ergebnisoffene Bürgergesellschaft mit einer positiven Vision für unseren Kontinent: Wir wollen Frieden, Wohlstand und Demokratie in einer offenen Gesellschaft. Dazu braucht es Bürger mit Wissen, Toleranz und dem freien Willen zum Zusammenleben.

Johann Sebastian Bach und der Wirtschaftshistoriker Eric Lionel Jones haben den wahren Reichtum Europas erkannt – die Einheit der Vielfalt. Der Komponisten Bach schuf glanzvolle Musik, indem er die polyphonen Grundgesetze anwendete. Durch Polyphonie – das griechische Wort bedeutet nichts weiter als „viele Stimmen" – gelang es Bach stets aufs Neue, eine musikalische Einheit erklingen zu lassen. Das Erfolgsrezept ist einfach: Jede Stimme bleibt individuell eigenständig, konkurriert mit den anderen um das Recht der Melodie und ordnet sich doch im Gesamtwerk einem Thema unter.

Der Wirtschaftshistoriker Jones fragte sich, was das Erfolgsrezept Europas sein konnte, dass es sich im Verhältnis zu anderen Hochkulturen zu Wohlstand, Stärke und Erfolg entwickeln konnte. Seine Antwort ist deutlich. Der Reichtum an seiner Vielfalt zeichnet Europa seit Jahrhunderten aus und nährt erfolgreich die gemeinsame europäische Identität. Größere zentralisierte Einheiten, die eine diktierte Gemeinsamkeit an Stelle gewachsener Pluralität setzen, haben sich als nicht erfolgreich erwiesen. In Wahrheit liegt in der vermeintlichen Schwäche und Herausforderung der politischen Fragmentierung die eigentliche Stärke Europas, die Kraft der Vielfalt.

Europas Vielfalt ist ein Wert. Ein rund geschliffenes zukünftiges Europa mit diktierter Gemeinsamkeit wäre absurd. Was aus der Wirtschaft längst bekannt ist – Konkurrenz ist besser als das Monopol – gilt erst Recht für die Politik.

Dezentralisierung fordert und fördert diesen Wettbewerb. Bürger und Unternehmen bekommen innerhalb eines Wettbewerbssystems die Chance, besser zu erkennen, wo ihnen welche Leistungen für ihre Steuerzahlungen geboten werden.

Damit Länder, die mehr europäische Gemeinsamkeit wollen, nicht von denen ausgebremst werden, die zögerlich oder unwillig sind, sollte ein Europa der unterschiedlichen Geschwindigkeiten möglich sein. Das existiert schon in einigen Bereichen, ob beim Euro oder dem Schengen-Abkommen.

Europa wird noch wachsen, soviel ist sicher. Die Länder des Balkans, die Türkei, Nachbarstaaten im Osten – sie alle möchten Mitglied werden. Die ungebremste Anziehungskraft der EU ist wunderbar. Kann die Europäische Union eine solche Erweiterung verkraften? Es gibt darauf eine einfache Antwort: Für jedes Land soviel Europa wie es möchte.

Die Idee eines Europas der verschiedenen Geschwindigkeiten hat viel Potential zum Erfolg. Eine kleine Gruppe von Avantgardisten hat immer bessere Möglichkeiten, Vorwärtskraft und Dynamik zu entfalten. Das Diktat der Langsamen darf die Zügigen nicht bremsen. Ein Europa der verschiedenen Geschwindigkeiten bietet Raum für individuelle Entwicklungsmöglichkeiten. Je nach Integrationswillen, kann sich eine einzelne Nation für ihr eigenes Tempo entscheiden. Einziges gemeinsames Kriterium muss der Wille zum Vorantreiben des Europäischen Gedankens bleiben.

Die EU war noch nie so wichtig wie heute. Die europäische Integration ist kein Auslaufmodell, im Gegenteil. In der globalisierten Weltwirtschaft können wir Europäer unsere Vorstellungen einer sozialen Marktwirtschaft nur gemeinsam durchsetzen.

Kaum irgendwo sonst ist der potenzielle Mehrwert der EU so hoch wie in der Außenpolitik. Deutsche, Briten, Italiener, Franzosen – alleine kann keiner auf der Weltbühne viel ausrichten. Nur gemeinsam sind die Europäer stark.

Damit sich die EU auf die Aufgaben konzentrieren kann, die sie tatsächlich besser kann als die Nationalstaaten, müssen dem EU-Zentralismus Zügel angelegt werden. Warum muss Werbung in Brüssel verboten werden und warum die Standfestigkeit von Leitern und das nationale Mietrecht dort geregelt sein? Und warum sollten Eurokraten über die Eingriffe in Naturschutzgebieten wachen? Vieles kann besser von den Mitgliedsstaaten erledigt werden. Wir brauchen mehr Bürgerbeteiligung und Selbstverantwortung.

Wie kann die EU handlungsfähig, effizient und stark werden? Als Demokratie, in Freiheit und mit gegenseitigem Respekt.

Miriam Gruß

Ein liberales Familienbild für Morgen

1 Einleitung

Familie ist Gegenwart, Vergangenheit und Zukunft zugleich. Sie war und ist der Ursprung unserer Gesellschaft. Die Werte jedoch, die diese Institution mit Leben füllen, und die Bedingungen, unter denen Familie existiert, haben sich geändert und befinden sich in einem tiefgreifenden, fortlaufenden Wandel. Diese Veränderung bietet auch Chancen. Gerade die neu gewonnene Freiheit von Familie kann für die Gesellschaft förderlich sein. In einer modernen, globalisierten Welt bedarf es dazu liberaler Werte, die die Brücke schlagen zwischen Tradition und Moderne. Die auf der einen Seite den Familien Stabilität und Sicherheit gewähren, ihnen aber gleichzeitig Raum für die freie Entfaltung lassen.

Es gibt keine gesetzliche Definition von Familie – also sollten wir Familien auch nicht in ein Korsett zwängen. Das Bürgerliche Gesetzbuch beschreibt Familie als ein verwandtschaftliches Verhältnis und das Grundgesetz stellt die Familie in Artikel 6 als Institution unter den besonderen Schutz des Staates. Der Staat muss Familien aus diesem Grunde auch sichere Rahmenbedingungen bieten – nicht weniger, aber auch nicht mehr. Rahmenbedingungen, die ihnen größtmögliche Wahlfreiheit und Entfaltung ermöglichen.

Es liegt auf der Hand, dass die traditionelle Familie Konkurrenz bekommen hat. Die einst typische Mutter-Vater-Kind-Familie macht heute zwar noch die Mehrheit der gelebten Modelle aus. Aber es gibt keine Monopolstellung mehr für eine bestimmte Form des Zusammenlebens. Das darf nicht bedeuten, dass wir uns von der klassischen Familie verabschieden. Aber wir müssen uns mit einer zunehmenden Individualisierung auseinandersetzen. Alleinerziehende, Stieffamilien, Patchworkfamilien, Regenbogenfamilien, Wohngemeinschaften mit Kindern, kinderlose Ehepaare, eingetragene Partnerschaften, nicht-eheliche und andere Lebensgemeinschaften werden immer selbstverständlicher.

Kernelement einer Familie sind nach wie vor die Kinder. Familie ist also primär dort, wo auch Kinder sind. Doch ob es sich um die eigenen Kinder handelt, Adoptivkinder oder Stiefkinder, spielt in einer liberalen Gesellschaft keine

Rolle. Wichtigster Gradmesser für den Zustand einer Familie ist heute nicht mehr der Trauschein oder das Einfamilienhaus. Heute zählt das Wohl von Kindern, die Einzigartigkeit der verschiedenen Konstellationen und das verantwortungsvolle, generationenübergreifende Bekenntnis von Familienmitgliedern zueinander.

Die Art und Weise, wie Familie in der Gegenwart gelebt wird, verändert unsere Gesellschaft und spiegelt gleichzeitig ihre aktuelle Situation wider. Um Familienstrukturen zukunftsfähig zu machen, müssen die politischen Rahmenbedingungen erneuert werden. Unser Ziel ist ein Familienbild, das auf den Werten Selbstverantwortung, Freiheit, Erziehung und Solidarität fußt.

Damit unsere Gesellschaft eine Gesellschaft bleibt, in der sich Familien und Kinder willkommen fühlen, müssen die Bedingungen für das Aufwachsen von Kindern und Jugendlichen verbessert werden. Ziel guter Familienpolitik muss es sein, Kinder zu verantwortungsbewussten, selbständig handelnden Menschen zu erziehen, die unsere Gemeinschaft mit unserer Kultur und unseren Werten fortführen. Dieses ehrgeizige Ziel kann nur gelingen, wenn Eltern ihre Verantwortung wahrnehmen.

So scheint Elternschaft zum Beispiel oft konträr oder sogar inkompatibel mit einer Berufstätigkeit oder Karriere. Hier treffen grundverschiedene, aber doch essentielle Lebensinhalte aufeinander. Ein wichtiges Element liberaler Familienpolitik ist es deshalb, mehr Flexibilität und mehr Familienfreundlichkeit am Arbeitsmarkt zu erreichen, um Familie und Arbeit besser vereinbaren zu können. Die Entscheidung zur Gründung einer Familie erfolgt in unserer Gesellschaft oft spät, berufliche Laufbahnen erschweren Frauen und Männern die Entscheidung für Kinder. Die Rückkehrbereitschaft in den Beruf wird oftmals nicht leicht gemacht. Wir Liberale setzen deshalb auch auf eine qualitative und quantitative Verbesserung des Angebots von Bildung, Erziehung und Betreuung der Kinder und auf eine finanzielle Entlastung von Familien insgesamt.

Im Folgenden wird zunächst die veränderte Situation dargestellt, in der Familien sich heute befinden. Anschließend zeigen politische Handlungsempfehlungen die Ziele und Ideen einer modernen Familienpolitik auf. Daraus ergibt sich abschließend ein Ausblick auf ein liberales Familienbild für die Gesellschaft von Morgen.

2 Ausgangssituation: Das Familienbild heute

Im Laufe der Jahrhunderte hat sich das, was eine Gesellschaft unter Familie verstanden hat, immer wieder verändert. Der lateinische Ursprungsbegriff *familia* bedeutete schlicht Hausgemeinschaft. Familie in diesem Sinne zielte lange nur auf die Sicherung der Handlungs- und Überlebensfähigkeit ihrer Mitglieder. Nach und nach wurde der Begriff Familie aber mit Werten und neuen Idealen gefüllt, die auch von Staat und Kirche mit geprägt wurden.

Gerade in den vergangenen Jahrzehnten fand nun aber ein radikaler Wandel dieses Familienbildes statt. Nach dem Zweiten Weltkrieg war die Ehe ein fester Bestandteil dieser Institution. Das löste sich in den 60er- und 70er-Jahren auf. Uneheliche Verbindungen hielten Einzug in die Gesellschaft. Später definierte man Familie mit den Worten: Familie ist da, wo Kinder sind. Heute sehen Wissenschaftler zum Teil sogar eine Abkehr von Kindern als festen Bestandteil des Familienbildes. Sie definieren Familien-Verbände zum Teil lediglich als eine Verbindung, in der das Streben nach größtmöglichem Glück zweier erwachsener Menschen als Sinn gesehen wird.

Diese Entwicklung ist kritisch zu beurteilen und bestätigt ein Phänomen, das in Deutschland seit Jahren zu beobachten ist: Die Deutschen bekommen zu wenige Kinder! Zwar stieg die Geburtenrate im vergangenen Jahr leicht, doch insgesamt reicht dies noch lange nicht aus, um die Bevölkerungszahl auf dem heutigen Niveau zu halten. Dies hat wiederum schwerwiegende Konsequenzen für unsere gesamte Gesellschaft. Die ersten Auswirkungen spüren wir bereits heute: Die sozialen Sicherungssysteme werden ihren Aufgaben nicht mehr gerecht, die ältere Generation nimmt überproportional zu und die Wirtschaft beklagt gleichzeitig fehlendes Fachpersonal. Eine zugleich schrumpfende und alternde Gesellschaft konfrontiert uns mit völlig neuen Herausforderungen. Darauf sind der Arbeitsmarkt und unsere Infrastruktur noch nicht vorbereitet, ebenso wenig wie unsere Sozialsysteme.

Doch wie können wir dieser Entwicklung begegnen? Wie wird Familie, wie werden Kinder wieder „en vogue"? Das ist die Frage, auf die wir Antworten finden müssen. Es fehlt uns in Deutschland an einem bekennenden und überzeugtem „Ja!" zur Familie. Familien fühlen sich heute nicht mehr wertgeschätzt. Es fehlt grundsätzlich an Respekt und Unterstützung bei der Organisation von Haushalt und Familie, von Beruf und Freizeit. Familienarbeit genießt schon lange nicht mehr den Stellenwert, den sie eigentlich einnehmen müsste. Dabei ist

Erziehung zu großen Teilen für die Zukunft eines Menschen verantwortlich. Dies ist eine Leistung, die im höchsten Maße anzuerkennen ist. Wir Liberale verstehen darunter aber nicht nur eine weitere finanzielle Anerkennung von Seiten des Staates.

Bereits heute greift der Staat insbesondere mit finanziellen Mitteln in das Familienleben ein. Die überbordende Förderung von Familien ist unverhältnismäßig und nicht Ziel führend. Beinahe 40 verschiedene staatliche Stellen gewähren etwa 100 verschiedene Leistungen für Familien. Laut Bundesfinanzministerium zahlt der Staat rund 100 Milliarden Euro im Jahr für Familien. Das Institut für Weltwirtschaft in Kiel berechnet sogar eine Förderung von Familien im Wert von 240 Milliarden Euro – vom Waisengeld bis hin zu Familientickets der Bahn.

Doch dieses System ist uneffizient. Gut gemeint ist oftmals nicht gut gemacht. Denn zuerst wird den Familien das Geld vom verdienten Einkommen weggenommen, dann durch eine große Umverteilungsmaschine geschickt, um anschließend gönnerhaft wieder an sie ausgezahlt zu werden.

Ziel liberaler Familienpolitik ist es vielmehr, die Leistungen zu bündeln, bedarfsgerecht zu verteilen und Familien von vorne herein zu entlasten. Im internationalen Vergleich sind die deutschen Ausgaben für Familien hoch, das Ergebnis aber ist bestenfalls durchschnittlich. Auch hier wird deutlich: Wir haben in unserem Land keine Vision, wie wir Familie leben und fördern wollen.

Doch diese Vision brauchen wir. Deutschland muss zu einem familienfreundlichen Land werden, denn Familien stellen die Mitte unserer Gesellschaft dar. Sie tragen unsere Gesellschaft. Wir brauchen ein umfassend neues Verständnis und eine neue Wertschätzung von Familie.

3 Politische Handlungsempfehlungen

Um ein modernes Familienbild zu gestalten, das sich an den Bedürfnissen der einzelnen Familienmitglieder orientiert, ist die Betrachtung aus zwei verschiedenen Blickwinkeln notwendig. Wir müssen Familienpolitik aus Perspektive der Eltern *und* der Kinder denken. Während bei der Elternpolitik insbesondere die organisatorischen und finanziellen Fragen eine Rolle spielen, gilt es bei der Familienpolitik für die Kinder, auf die Qualität ihrer Betreuung und Bildung zu achten. Nur wenn wir es schaffen, die Bedürfnisse beider Perspektiven optimal miteinander zu vereinbaren, können wir eine umfassende Familienpolitik mit Zukunft gestalten.

3.1 Kindertagesbetreuung quantitativ und qualitativ weiter ausbauen

Eine Vereinbarkeit von Familie und Beruf setzt voraus, dass auch eine ausreichende Zahl an qualitativ hochwertigen Betreuungsplätzen existiert. In den vergangenen Jahren ist zwar die Betreuungsquote für Kinder unter drei Jahren gestiegen. Sie ist aber noch weit vom eigentlichen Bedarf der Eltern entfernt.

Der dringend notwendige Ausbau der Kindertagesbetreuung für Kinder unter drei Jahren kann nur dann erreicht werden, wenn auch private und privatgewerbliche Anbieter einbezogen werden. Sie sollten daher einen gleichberechtigten Zugang zu öffentlicher Förderung erhalten, zumal die unterschiedliche Behandlung von privaten und privat-gewerblichen Einrichtungen auf der einen, und kommunalen bzw. frei-gemeinnützigen Trägern auf der anderen Seite auch die Förderung betrieblicher Einrichtungen erschwert. Viele private und privatgewerbliche Initiativen und Einrichtungen leisten eine hervorragende Arbeit und kommen Eltern mit flexiblen Öffnungszeiten, einer Notfall- oder Ferienbetreuung und anderen Angeboten entgegen. Vorbehalten gegenüber diesen Anbietern kann insbesondere durch die Einführung von Qualitätsstandards begegnet werden.

Kindertagesstätten leisten einen wesentlichen Beitrag zur Entwicklung, Förderung und Unterstützung von Kindern. Frühkindliche Bildung ist der entscheidende Faktor für Chancengerechtigkeit von Beginn an. Nur wenn Kinder schon in ganz jungen Jahren in ihren individuellen Talenten gefördert werden, können wir endlich dem größten Problem des deutschen Bildungswesens entgegenarbeiten, nämlich dass die soziale Lage der Eltern großteils noch immer über den Bildungsweg der Kinder entscheidet. Die Wahrscheinlichkeit für den Durchschnitt der Kinder ein Gymnasium zu besuchen, erhöht sich deutlich, wenn sie frühkindliche Bildung erfahren haben. Dieser besonderen Verantwortung sollte vor allem die Qualität der frühkindlichen Bildungs- und Betreuungsangebote Rechnung tragen.

Das pädagogische Personal in der Kinderbetreuung muss daher so aus- und weitergebildet werden, dass es den gewachsenen Ansprüchen an die vorschulische Bildung und Betreuung gerecht werden kann. Wichtig ist, dass auch die eigenständigen Interessen der Jungen bei den Diskussionen um pädagogische

Erziehungsmodelle bereits von klein auf berücksichtigt werden. Dazu ist es notwendig, dass beispielsweise mehr männliches pädagogisches Personal schon ab der Kinderkrippe oder dem Kindergarten tätig ist. Dieses Anliegen einer ausgewogenen Identitätsbildung setzt sich fort bis in den Schul- und Berufsalltag. Die Kinderbetreuung muss in Deutschland schnellstmöglich quantitativ wie qualitativ ausgebaut werden. Nur so können modernes, eigenverantwortliches Familienleben und gleichberechtigte Bildungsperspektiven gleichermaßen realisiert werden.

3.2 Gleichstellung von Mann und Frau sicherstellen

Die Gleichstellung von Mann und Frau wird bereits seit Jahrzehnten thematisiert – allerdings immer nur in eine Ausrichtung: die Emanzipation der Frau. Doch die Gleichstellungsdiskussion ist wesentlich vielschichtiger. Mit dem Wandel eines Gesellschaftsbildes geht auch ein Wandel der tradierten Rollen einher. Diese neuen, offenen Rollen gilt es erst einmal zu definieren. Dabei haben Frauen und Männer unterschiedliche Schwerpunkte, die in Zukunft optimal und sich gegenseitig ergänzend genutzt werden müssen.

Im Berufsleben haben Frauen immer noch Nachholbedarf in Fragen der Gleichstellung. Dabei ist interessant: Es existiert trotz zahlreicher Fortschritte ein eklatanter Widerspruch zwischen „gefühlter Gleichberechtigung", also dem, was junge Frauen heute erreichen wollen, und den strukturellen Rahmenbedingungen. Das betrifft vor allem die Positionen und die Gehälter.

Trotz besserer Schulabschlüsse verdienen Frauen in Deutschland immer noch etwa ein Fünftel weniger als ihre männlichen Kollegen. Familienbedingte Erwerbspausen verhindern oft einen schnellen Aufstieg. Beides frustriert. Neben fehlendem Selbstbewusstsein und Bestätigung, droht vielen Müttern zusätzlich die Altersarmut. Bereits heute sind vor allem ältere Frauen in Deutschland verarmt. Gerade vor dem jüngst verabschiedeten neuen Unterhaltsrecht gewinnt diese Diskussion an Brisanz. Doch auch aus volkswirtschaftlicher Sicht ist es wichtig, dass Frauen arbeiten. Wir können uns auf Dauer nicht erlauben, dass ein so großes Potential an Wissen und Können ungenutzt bleibt.

Die Rolle der Männer befindet sich in vielen Teilen der Gesellschaft ebenfalls im Wandel. Neue Studien zeigen, dass sich gerade Männer bei einer neuen Identitätsfindung schwer tun. Von der Rolle des „Vater als Ernährer" gibt es eine verstärkte Tendenz hin zum „Vater als Erzieher". Dieser Prozess muss unterstützt werden. Männer wollen heute am Aufwachsen und an der Erziehung ihrer Kinder beteiligt sein. Hier gilt es in den Köpfen althergebrachte Vorstellungen aufzubrechen und bessere Rahmenbedingungen für Familien zu schaffen.

In dieser Diskussion um ein modernes Familienbild ist nicht primär der Staat in der Pflicht. Auch die Wirtschaft ist gefordert, flexibel auf die sich ändernden Bedingungen zu reagieren und familienfreundliche Arbeitszeitmodelle und Strukturen anzubieten.

3.3 Die Familienfreundlichkeit von Unternehmen erhöhen

Betriebliche Maßnahmen spielen eine wichtige Rolle, wenn es um den zeitlichen Aspekt des Ausgleichs zwischen Beruf und Familie, der so genannten *Work-Life-Balance* geht. Familienfreundliche Arbeitszeiten werden von den Arbeitnehmern am häufigsten genannt, wenn nach dem größten Handlungsbedarf in ihrem Unternehmen gefragt wird. Arbeitszeiten müssen sich besser an den Lebens- und Familienphasen von Frauen und Männern orientieren. Lebensarbeitszeitmodelle, Optionen wie *Sabbaticals* – Auszeiten vom Berufsalltag – oder die Möglichkeit des Ansparens von Arbeitszeiten für Familienphasen sind ausbaufähige Modelle.

Familienfreundlichkeit kommt aber nicht nur den Eltern, sondern auch den Betrieben zugute. Das belegen mittlerweile mehrere Studien. So beispielsweise in betriebswirtschaftlicher Hinsicht. Familienfreundliche Maßnahmen steigerten in kleinen und mittleren Unternehmen die Rendite um bis zu einem Viertel. Familienbewusste Unternehmenspolitik führte zudem dazu, dass sich Krankenstände und Fluktuation reduzierten. Die Rekrutierung von qualifiziertem Personal wurde einfacher und das Image des Unternehmens verbesserte sich.

Diese Ergebnisse erzielten die Unternehmen beispielsweise mit Beratungsangeboten für Eltern, Kontakthalte- und Wiedereinstiegsprogrammen nach der Elternzeit, Arbeitszeitflexibilisierung und betrieblich unterstützter Kinderbetreuung. Auch finanzielle Unterstützung, wie Geburtenbeihilfen, Zuschüsse zum Familienurlaub, Darlehen, Stipendien für Mitarbeiterkinder oder eine Kooperation mit externen Vermittlungsservices bei Kinderbetreuung, Haushalt, Freizeit oder Gesundheit. Diese Maßnahmen führen dazu, dass der Nutzen – auch kurzfristig betrachtet – die Investitionen übersteigt.

3.4 Steuerliche Entlastungen ermöglichen

Familien tragen nicht nur die Werte einer Gesellschaft in sich und geben sie weiter – sie tragen auch einen Großteil unserer gesellschaftlichen Kosten. Die Kosten, die durch Kinder entstehen, werden individualisiert, der Nutzen aber generalisiert. Deshalb müssen vor allem die finanziellen Belastungen der Familien in Zukunft deutlich sinken – zum Beispiel durch eine familienfreundliche Steuerreform, mit einem Grundfreibetrag für alle Familienmitglieder. So hätten Familien schon von vornherein mehr Geld zur Verfügung und erhielten so mehr Freiheit für die Gestaltung ihres individuellen Familienlebens.

Für diejenigen, die nicht über ein ausreichendes Einkommen verfügen, sind diese Steuersenkungen allerdings nicht Ziel führend. In diesen Fällen würde ein Universaltransfer in Form eines leistungsgerechten und existenzsichernden Bürgergeldes gegen Armut in den Familien helfen.

3.5 Finanzielle Transfers sinnvoll einsetzen

Das Kindergeld stellt mit seinem Gesamtvolumen in Höhe von etwa 35 Milliarden Euro einen wichtigen Baustein im Rahmen der Leistungen für Kinder und Familien dar. Für nahezu 1,7 Millionen Kinder entfaltet es eine die Armut reduzierende Wirkung. Das Kindergeld hat sich damit zwar bewährt. Vor der Einführung oder Ausweitung neuer Leistungen wäre es aber sinnvoll, eine Wirkungsanalyse dieser Leistungen anzustellen und eine Bündelung bzw. eine Vereinfachung im Sinne von Bürokratieabbau anzustreben.

Die Einführung eines Betreuungsgeldes oder einer anderen finanziellen Leistung zugunsten derjenigen Eltern, die ihr Kind zu Hause betreuen, lehnen wir Liberale ab. Denn mit einer weiteren Geldleistung ist nicht gesichert, dass diese auch bei den Kindern ankommt und zu ihrem Wohl verwendet wird. Ein Betreuungsgeld schränkt ferner – neben der Lohnsteuerklasse V – die Wahlfreiheit von Frauen ein, die Familie und Erwerbsarbeit miteinander in Einklang bringen möchten. Finanziell schwache Familien ziehen oftmals die Prämie der Kinderbetreuung vor, wie Erfahrungen aus Norwegen zeigen. Das könnte die (soziale) Integration dieser Kinder gefährden. Notwendig ist vielmehr, dass eine gute Bildung, Erziehung und Betreuung im Sinne einer Chancengleichheit von Beginn an allen Kindern zu Gute kommt.

Zudem ist es wichtig, die Subjektförderung weiter zu stärken. Für uns Liberale steht nicht die Förderung der Institution im Vordergrund, sondern die Förderung jedes einzelnen Kindes. Dies wäre beispielsweise möglich in Form von Bildungs- und Betreuungsgutscheinen, die Eltern erhalten und zum Wohle ihrer Kinder einlösen können. Somit könnten die Eltern selbst aussuchen, wohin sie ihre Kinder zur Betreuung oder musikalischen Früherziehung geben. Der Wettbewerb unter den verschiedenen Institutionen würde die Qualität der Einrichtungen weiter erhöhen.

3.6 Generationenübergreifende Verantwortung füreinander wahrnehmen

Wir leben in einer alternden Gesellschaft. Der demografische Wandel bietet aber auch Chancen. Dafür bedarf es allerdings eines neuen Generationenvertrages, der die Verantwortungen der Kinder, Eltern und Großeltern neu definiert. Ältere Menschen sollten nicht als isolierte Gruppe innerhalb der Gesellschaft gesehen und behandelt werden. Das Beispiel der Mehrgenerationenhäuser zeigt, wie wichtig und hilfreich das gegenseitige Miteinander und das örtliche Beieinander sind.

Elementarer Bestandteil unserer Familienpolitik ist die Wertschätzung der Qualitäten jedes Einzelnen innerhalb der Gemeinschaft. Sowohl Kinder als auch die ältere Generation können sich in die Familienarbeit einbringen, können füreinander einstehen und müssen deshalb als Chance für die Familie begriffen werden. Lebenserfahrung, Kompetenzen und Menschenkenntnis sind wertvolle Güter, die von keinem anderen so authentisch und direkt weitergegeben werden können, wie von erfahrenen Menschen.

Das, was in einer Familie den Kindern während ihres Heranwachsens an Geborgenheit und Sicherheit mitgegeben werden muss, brauchen die älteren Mitglieder im Krankheitsfall an Zuwendung und Pflege. Auch diese Aufgaben gehören zum Verantwortungsbereich von Familien und müssen in einer nachhaltigen Familienpolitik berücksichtigt werden.

Liberale Familienpolitik fordert deshalb auch in der Pflege die größtmögliche Wahlfreiheit des Einzelnen. Zwei Drittel aller pflegebedürftigen Menschen werden derzeit zu Hause gepflegt und ihre Zahl steigt stetig. Das ist gut so. Bis zuletzt sollte den Menschen ein Leben in Würde und im Kreise ihrer Liebsten ermöglicht werden.

Für diese Entwicklung bedarf es neuer Strukturen innerhalb des Pflegesystems, die wir Liberalen bereits seit längerem einfordern. Pflegebedürftige sollen demnach grundsätzlich ihre eigenen Bedürfnisse definieren und vertreten. Dies beinhaltet die Auswahl und Zusammenstellung von Pflegeleistungen gemäß den individuellen Bedürfnissen. Wer dies nur eingeschränkt oder gar nicht mehr kann, soll hierbei Hilfe erhalten. Ebenso sollen staatliche und vor allem private Anbieter die Möglichkeiten haben, möglichst individuell auf die einzelnen Bedürfnisse der Familien einzugehen.

4 Ein liberales Familienbild für Morgen

Der Wunsch in unserer Gesellschaft nach Bindung und Gemeinschaft, nach Verbindlichkeit und einem Miteinander ist trotz aller Probleme präsent. Doch es hilft nichts, gewünschte Werte per Gesetz zu verordnen. Familie muss in Deutschland wieder zu einem Lebensgefühl werden. Eine positive, neue Einstellung von Bevölkerung, Wirtschaft und Staat zur Familie ist dafür notwendig.

Wir brauchen in Deutschland wieder mehr Mut zur Familie! Während Kinder noch vor ein paar Jahrzehnten eine Selbstverständlichkeit waren, sind sie heute zu einer Option geworden. Damit sie jedoch nicht mehr eine Abwägung sind, ein finanzielles Risiko oder einfach nur eine an den Nerven zehrende Belastung, bedarf es tragfähiger Rahmenbedingungen für Eltern. Dafür bedarf es einer modernen Familienpolitik. Den wichtigsten Beitrag müssen die Eltern jedoch selbst leisten. In ihrer Verantwortung liegt die Erziehung der Kinder. Sie geben den jungen Menschen die wichtigsten Werte mit auf den Weg und sind die entscheidenden Förderer ihrer Entwicklung. Es gibt keine größere Aufgabe als die des Eltern-Seins. Dessen sollte sich jeder Mensch bewusst sein.

Eine moderne Familie mit liberalen Werten ist dort, wo sich Menschen füreinander einsetzen, Verantwortung tragen, gemeinsame Werte leben und diese an ihre Kinder weitergeben. Aus diesen einzelnen Familien entsteht eine Gesellschaft. Nur wenn wir diesen Menschen echte Freiheit in der Wahl ihres Familienmodells gewähren und ihnen gleiche Rahmenbedingungen bieten, können wir erwarten, dass die Institution Familie kein Auslaufmodell wird, sondern ein stabiles Konstrukt, das die Gesellschaft von Morgen zusammenhält.

Volker Wissing

Finanzpolitik als Schlüssel zu mehr sozialer Gerechtigkeit

1 Einleitung

Finanzpolitik ist mehr als die Beschäftigung mit den Einnahmen und Ausgaben des Staates, um ihn mit den notwendigen Mitteln auszustatten. Aufgabe der Finanzpolitik ist es, einen gerechten Ausgleich innerhalb der Gesellschaft herbeizuführen. Das Steuersystem ist ein Schlüsselinstrument der sozialen Marktwirtschaft. Es hat die Aufgabe, ein angemessenes Wohlstandsniveau und soziale Sicherheit für alle Einkommensgruppen zu gewährleisten. Dieses Ziel wird von der Politik zunehmend verfehlt.

Gründe dafür sind die unsolide Haushaltspolitik der letzten Jahrzehnte und die aktuell hohe steuerliche Belastung der breiten Bevölkerungsmehrheit. Beides belastet die Menschen in mehrfacher Hinsicht. Sie müssen bei einem kontinuierlichen Anstieg der realen Steuerlast eine immer höhere Staatsverschuldung tragen. Die Finanzen sind nicht nur der Nerv eines jeden Landes, sie treffen auch denselben eines jeden Bürgers; spätestens beim Ausfüllen der Steuererklärung. Unser unerträglich kompliziertes Steuerrecht sorgt dafür, dass nicht erst das Steuern Zahlen, sondern bereits das Ausfüllen der Steuererklärungsformulare zur ernsten Belastung wird. Die Gleichung lautet: Je schlechter das Steuerrecht, desto höher die Zahl der Einsprüche. Vor diesem Hintergrund ist die ständig wachsende Zahl an Rechtsbehelfen ein deutliches Signal. Was wir brauchen ist eine Steuer- und Finanzpolitik, die einfacher, gerechter und vor allen Dingen sozialer ist als das, was wir haben.

2 Solide Staatsfinanzen sind eine Frage sozialer Gerechtigkeit

Aktuell belasten rund 1.500 Milliarden Euro Schulden die öffentlichen Haushalte von Bund, Ländern und Gemeinden – die Auswirkungen der Finanzmarktkrise sind darin noch nicht berücksichtigt. Jeder Bundesbürger ist folglich mit über

18.000 Euro verschuldet.[1] Trotz konjunktureller Steuermehreinnahmen von fast 50 Milliarden Euro seit Amtsantritt der Bundesregierung weist der Bundeshaushalt 2008 weiter ein erhebliches strukturelles Defizit in Höhe von 22,6 Milliarden Euro auf. Dabei hat die FDP wiederholt darauf hingewiesen, dass bereits 2008 ein ausgeglichener Haushalt möglich wäre und mit ihrem „Liberalen Sparbuch" konkrete Vorschläge dahingehend unterbreitet.

Die Bundesregierung hat auch versäumt, in den zurückliegenden guten Zeiten für schlechtere Zeiten vorzusorgen, so dass die aktuelle Krise an den Finanzmärkten ganz erhebliche Haushaltsrisiken für die Bundesrepublik Deutschland in sich birgt. Die Folgen dieses mangelnden Sparwillens tragen die deutschen Steuerzahler. Über 40 Milliarden Euro sind im Bundeshaushalt allein für den Schuldendienst vorgesehen. Die Summe entspricht in etwa dem gesamten Aufkommen aus den Energiesteuern.

Unsolide Haushaltspolitik hat längst konkrete soziale Folgen. Neben niedrigen Einkommensgruppen sehen sich zunehmend auch mittlere Einkommensbezieher mit ernsten finanziellen Problemen konfrontiert. Die Forderung nach einer steuerlichen Entlastung und nachhaltiger Haushaltskonsolidierung ist dennoch nicht *en vogue*. Die Mehrheit der Politiker sucht die Lösung in immer neuen Staatsleistungen, die wiederum neue Finanzbedarfe in Milliardenhöhe auslösen. Dabei soll nicht generell in Frage gestellt werden, dass der Staat den Bürgern bestimmte Vergünstigungen gewähren soll. Entscheidend ist aber, dass mit den Steuergeldern sinnvoller umgegangen werden muss als bisher. Ein typisches Beispiel für die Dominanz des Verständnisses vom Leistungsstaat ist der Vorschlag des Bundeswirtschaftsministers Michael Glos, jeden Bürger beim Neuerwerb eines Kühlschrankes mit 150 € zu unterstützen. Anstatt die Bürger mit geringeren Steuersätzen zu entlasten, denkt man sich neue staatliche Zuschüsse aus – hier unter dem Deckmantel des Klimaschutzes. Dieses System des Nehmens und Gebens bleibt nicht ohne Folgen. Es gaukelt den Bürgerinnen und Bürgern vor, ihnen werde etwas „geschenkt". Tatsächlich hat aber jede staatliche Leistung die Geldbeutel der Menschen vorher durch hohe Steuern geschmälert. Jede neue Ausgabe zwingt unweigerlich zu einer Erhöhung der Steuern, wenn nicht an anderer Stelle eingespart wird, doch dazu fehlt gegenwärtig der Mut.

---

[1] Rechnet man die impliziten Schulden aus den Sozialversicherungssystemen hinzu, liegt die öffentliche Verschuldung noch um ein Vielfaches höher.

Erschwerend kommt hinzu, dass alle staatlichen Vergünstigungen mit einem beachtlichen Bürokratieaufwand verbunden sind, was zu Effizienzverlusten in Milliardenhöhe führt. So müsste etwa im Falle des vorgeschlagenen Kühlschrankzuschusses geprüft werden, ob die gesetzlich normierten Auszahlungsbedingungen vorliegen. Und diese Leistung muss mit zusätzlichen Steuermitteln finanziert werden, obwohl sie erkennbar keinen Mehrwert für die Gesellschaft mit sich bringt.

Die Kombination höherer Steuerlasten und vermehrter staatlicher Leistungen führt zu einer schleichenden Schwächung der Gesellschaft. Wenn die Bürgerinnen und Bürger über immer geringere Teile ihres Vermögens selbst entscheiden können, steigt ihre Abhängigkeit von staatlichen Zuwendungen und sozialer Absicherung durch öffentliche Kassen. Die so anwachsende Kostenlawine des Staates gibt scheinbar Anlass, noch mehr Steuern und Abgaben zu erheben. Sie setzt einen Teufelskreis in Gang, der immer mehr Verlierer produziert. Das Gleichgewicht zwischen maßvoller Besteuerung und sinnvoller Vergabe von staatlichen Leistungen ist in eine Schieflage mit schweren sozialen Folgen geraten, die unsere Gesellschaft spaltet. Verschärft wird die Situation durch Menschen, die sich im Steuer- und Vergünstigungsdschungel besonders gut auskennen und auf beiden Seiten Vorteile genießen, die andere durch noch höhere Zahlungen ausgleichen müssen.

Um das nötige Gleichgewicht wieder herzustellen, muss die Politik den Teufelskreis durchbrechen. Dazu brauchen wir eine Neuausrichtung der Haushaltspolitik. Die gängige Praxis, aufgenommene Kredite nicht zu tilgen, ist ein eklatanter Verstoß gegen das Prinzip der Generationengerechtigkeit. Das Bundesfinanzministerium weist zwar immer wieder darauf hin, dass die Kreditfinanzierung von Investitionen durchaus gerecht sei. Weil künftige Generationen auch von dem durch die Investitionen geschaffenen Mehrwert profitierten, sei es angemessen, sie auch an der Finanzierung zu beteiligen. Gern wird in diesem Zusammenhang auf die Fremdfinanzierung in der Wirtschaft verwiesen. Verschwiegen wird aus staatlicher Sicht jedoch, dass diese Kredite in der Privatwirtschaft regelmäßig zurückgeführt werden, so dass die Verschuldung langfristig wieder sinkt, während beim Staat Zinseszinseffekte eintreten. Außerdem kann der Staat Zwangsabgaben erheben, um die notwendigen Ausgaben zu tätigen. Und schließlich haben nicht alle kreditfinanzierten Investitionen einen Mehrwert für künftige Generationen. Ein anschauliches Beispiel dafür sind fremdfinanzierte Computer für die öffentliche Verwaltung.

In der Praxis hat der öffentliche Schuldenabbau nie funktioniert, so dass heutige und künftige Generationen eine immense Schuldenlast zu tragen haben. Unser Wirtschaftwachstum wird dadurch jährlich um durchschnittlich 0,5 Prozentpunkte gesenkt, was neben zusätzlichen Kosten auch geringere Chancen für junge Menschen zur Folge hat. Ausgangspunkt dieser Schuldenspirale war die Finanzreform von 1969.[2] Nach der „Goldenen Regel" des Artikels 115 I 2 des Grundgesetzes können ohne jede Rechtfertigung jährlich neue Kredite in Höhe der Bruttoinvestitionen aufgenommen werden. Wird mehr Geld benötigt, kann die Störung des gesamtwirtschaftlichen Gleichgewichts ausgerufen und daraufhin eine noch höhere Kreditaufnahme aktiviert werden. In einer Sachverständigenanhörung im Rahmen der Föderalismusreform II, die sich die Modernisierung der Bund-Länder-Finanzbeziehungen zur Aufgabe gesetzt hat, haben die Experten nahezu ausnahmslos ein Scheitern der derzeitigen Regel diagnostiziert. Selbst das Bundesverfassungsgericht hat in seiner Entscheidung zum Haushalt 2004 seine sonst übliche Zurückhaltung abgelegt und erklärt, an der Revisionsbedürftigkeit der geltenden verfassungsrechtlichen Regelungen [zur Finanzverfassung] sei gegenwärtig kaum noch zu zweifeln.

Was wir brauchen, ist eine Reform der Finanzverfassung, die das Prinzip der Generationengerechtigkeit betont und zu einem Mentalitätswechsel in der Finanzpolitik führt. Solange der Staat mehr ausgibt als er einnimmt, muss er entweder immer höhere Abgaben einfordern oder Kredite zu Lasten künftiger Generationen aufnehmen. Geeignet für diesen nachhaltigen Mentalitätswechsel ist allein ein prinzipielles Neuverschuldungsverbot, das nur für Notsituationen die Möglichkeit einer Kreditaufnahme offen hält, verbunden mit der Verpflichtung des Parlaments, gleichzeitig einen bindenden Tilgungsplan zu verabschieden. Die Alternativkonzepte von Union, SPD und GRÜNEN leiden nahezu alle daran, dass die für die Schuldenaufnahme keine besondere Rechtfertigung verlangen. Sie nähern sich damit einer grammatikalischen Umformulierung des Status Quo. Vermeintlich gute Gründe für neue Schulden lassen sich aber allzu leicht finden, etwa höhere Renten, höheres Kindergeld oder eine umfassende Bildungsfinanzierung. In der zu Recht in den Vordergrund gerückten Bildungsdiskussion wird häufig dafür geworben, zur Anhebung des allgemeinen Bildungsniveaus neue Lehrerstellen durch Neuverschuldung zu finanzieren. So hat

---

[2] Die Reform hat sich von dem Prinzip des objektbezogenen Deckungsgrundsatzes der Kreditaufnahme verabschiedet und mit der situationsbezogenen Betrachtungsweise die Kreditaufnahme zum Regelfinanzierungsinstrument erhoben.

jede Epoche ihren kreditfinanzierungswürdigen Favoriten. Und jede Generation vergisst leichtfertig den Blick in die Zukunft. Werden nämlich die Lehrer unserer Kinder „auf Pump" finanziert, stehen für unsere Kindeskinder mangels finanzieller Möglichkeiten noch weniger Lehrkräfte zur Verfügung; es sei denn, die finanzielle Beteiligung der Eltern für den Erwerb von Schulbüchern usw. wird stärker ausgeweitet. Dies ginge allerdings zu Lasten niedriger Einkommen und damit der Chancengerechtigkeit im Bildungssystem, was keiner ernsthaft verantworten kann.

Unsere Gesellschaft braucht eine nachhaltige Finanzpolitik, die schon heute an morgen denkt und etwa im Fall der Bildung die notwendigen finanziellen Mittel durch Haushaltsumstellungen bereitstellt. Das erfordert natürlich den Mut, an anderer Stelle einzusparen. Ohne Subventionskürzungen geht es nicht, wenn man auf neue Schulden verzichten möchte.

Das Neuverschuldungsverbot ist klar und unmissverständlich. Im Regelfall dürfen danach keine Kredite aufgenommen werden. Der so bewirkte Paradigmenwechsel beseitigt den wesentlichen Fehlanreiz im bestehenden System der staatlichen Verschuldung. Bisher ist für Politiker die Aufnahme eines Kredites in Höhe von einer Million Euro meist attraktiver als die Einsparung von nur 100.000 Euro. Dieser fatale Fehlanreiz hat den riesigen Schuldenberg von über 1,5 Billionen Euro maßgeblich mit verursacht. Echte Einsparungsbemühungen auf Seiten des Staates sind kein gebräuchliches Instrument der Finanzpolitik. Bezeichnenderweise fällt der Bundesregierung zum Begriff des Sparens auf Anfrage auch *par tout* keine passende Definition ein.

Ein Neuverschuldungsverbot würde in der Praxis dazu zwingen, bei der Aufstellung von Haushalten vorsichtiger zu kalkulieren. Internationale Erfahrungen zeigen, dass zurückhaltende Prognosen regelmäßig mit besseren Wirtschafts- und günstigeren Haushaltsdaten „überraschen". Haushalte, die bisher oft auf „Kante genäht" wurden, bedurften regelmäßig eines Nachtragshaushaltes. Eine realitätsnahe Finanzpolitik sollte dagegen prüfen, ob nicht – etwa in Anlehnung an den Haushalt der Europäischen Union – generell ein so genannter Risikopuffer im Haushalt festzuschreiben ist. Wird dieser Puffer nach Ablauf eines Haushaltsjahres nicht benötigt, gewinnt der Staat sukzessive an haushalterischem Gestaltungsspielraum zurück.

Das prinzipielle Neuverschuldungsverbot kennt auch Ausnahmen, um adäquat auf außergewöhnliche Situationen zu reagieren. Damit ist es krisenfest, etwa im Falle der gegenwärtigen Finanzmarktprobleme. Um aber den Ausnahmecharakter zu betonen, sollte die Aktivierung dieser echten Notlösung an eine parlamentarische Zweidrittelmehrheit gekoppelt werden. Ein verbindlicher Tilgungsplan ist erforderlich, um bei Aufnahme neuer Schulden die Verantwortung für deren Rückführung nicht einseitig künftigen Generationen aufzubürden.

In der politischen Diskussion wird die Finanzmarktkrise oft als Argument herangezogen, um zu belegen, dass der Staat grundsätzlich befugt sein müsse, jederzeit und ohne konkreten Anlass Schulden aufzunehmen. Angeblich sei dies für seine Handlungsfähigkeit unverzichtbar. Am Modell der SPD kann die Unehrlichkeit derartiger Begründungen veranschaulicht werden. Nach der so genannten strukturellen Komponente dieses sozialdemokratischen Modells, die dem Staat eine jährliche Kreditaufnahme in Höhe von 0,75 Prozent des Bruttoinlandsproduktes zubilligt, können rund 18 Milliarden Euro an neuen Krediten aufgenommen werden. Das sind gerade einmal vier Prozent des staatlichen Paketes zur Rettung der deutschen Banken, welches der Deutsche Bundestag am 17. Oktober 2008 verabschiedet hat. Die Finanzmarktkrise taugt nicht als Argument für eine staatliche Kreditaufnahme als Regelfinanzierungsinstrument. Sie verdeutlicht vielmehr, wie wichtig eine Regelung zur Rückführung von Staatsschulden ist. Mögen die Konzepte der politischen Mitbewerber noch so kompliziert formuliert sein; am Ende gibt es einen einfachen Lackmustest, an dem sich jede Schuldenregel messen lässt: Sinkt die Staatsverschuldung, war die Regelung erfolgreich, steigen die Schulden hingegen, hat sie versagt.

3 Kalte Progression und überholter Spitzensteuersatz

Nicht nur die Staatsfinanzen sind klamm, auch die Bürgerinnen und Bürger stehen finanziell zunehmend schlechter da. Und das gilt paradoxerweise selbst bei steigenden Bruttolöhnen. Mehr Gehalt kann in Deutschland zu einem niedrigeren Einkommen führen, obwohl immer wieder auf die Bedeutung von Leistungsanreizen hingewiesen wird. Wie das passieren kann? Schuld daran ist neben steigenden Preisen nicht zuletzt der progressive Steuertarif. Durch die Einkommensteuerprogression wird für jeden über dem Grundfreibetrag verdienten Euro ein höherer Steuersatz fällig. Berechnungen haben ergeben, dass der Staat im Zeitraum zwischen 2006 und 2012 allein durch die „kalte Progression" oder „schleichende Steuererhöhung" rund 63 Milliarden Euro zusätzlich an Steuergeldern einnimmt. Der Bundesfinanzminister geht sogar von einem jährlichen Effekt von 15 Milliarden Euro aus.

Die kalte Progression ist eine sozialpolitische Herausforderung. Sie trifft Menschen mit geringem und mittlerem Einkommen besonders hart. Steigt etwa das Einkommen eines Angestellten um 2,2 Prozent auf 3.577 Euro, erhöht sich seine monatliche Einkommensteuer inklusive Solidaritätszuschlag um rund vier Prozent auf 782 Euro. Berücksichtigt man die Inflationsrate des Jahres 2007 von 2,3 Prozent, wird deutlich, dass das Reallohneinkommen in diesem Beispielfall trotz gestiegenem Bruttolohn merklich gesunken ist. Hätte die Gehaltserhöhung die Inflation noch beinahe ausgeglichen, sorgt die höhere Steuerlast dafür, dass der Bürger sich nunmehr weniger leisten kann als zuvor. Die kalte Progression führt im Ergebnis dazu, dass immer mehr Bürger reale Einkommensverluste erleiden.

Das Bundesfinanzministerium ignoriert diese Problematik nicht nur beharrlich, es rechtfertigt seine Untätigkeit auch damit, dass dem Staat „andernfalls Handlungsspielräume genommen" würden. Außerdem verursache die automatische Anpassung der Einkommensteuertarife an die Kaufkraftentwicklung „steuertechnische Probleme". Auffällig ist zunächst, dass der Bundesregierung keine Definition für das „Sparen des Staates" einfallen will, sie aber die kalte Progression ausführlich erläutern kann. Der Staat macht sich eben zuerst Gedanken darüber, wie er an das Geld der Bürgerinnen und Bürger gelangen kann, bevor er sich selbst in Sparsamkeit übt. Noch deutlicher wird diese Gegensätzlichkeit, wenn man sich angesichts der immensen Steuermehreinnahmen durch die kalte Progression und zahlreiche Steuererhöhungen vor Augen führt, welch unsolide Staatsfinanzen den Steuerzahlern geboten werden. Und auch der Verweis auf angebliche steuertechnische Probleme bei der Beseitigung der kalten Progression ist mehr als vorgeschoben. Wie sonst könnte man sich erklären, dass das Finanzministerium vor keiner noch so komplizierten Regelung im Steuerrecht zurückschreckt, wenn am Ende nur höhere Steuereinnahmen dabei herausspringen?

Die kalte Progression ist für die Politik eben ein echter Glücksfall. Sie wirkt als heimliche Steuererhöhung ohne gesondertes Gesetzgebungsverfahren und damit ohne lästige öffentliche Debatten. Und wenn der Staat erst einmal satte Progressionsgewinne eingefahren hat, geben sich Finanzminister gerne großzügig und stocken vor Wahlen Steuerfreibeträge ein wenig auf oder versprechen andere Vergünstigungen. Tatsächlich kompensieren die suggerierten Einkommenszuwächse allenfalls ein Teil der zuvor erlittenen realen Einkommensverluste. Die Komplexität unseres Steuersystems sorgt zusätzlich dafür, dass kaum einer das Ganze rechnerisch nachvollziehen und durchschauen kann.

Dabei bleiben bei diesem Spiel besonders niedrige und mittlere Einkommen auf der Strecke. Berechnungen des Institutes für Angewandte Wirtschaftsforschung (IAW) haben ergeben, dass die Steuerlast in der Einkommensgruppe zwischen 10.000 und 15.000 Euro Jahresverdienst um 8,4 Prozent steigt, wenn der Bruttolohn um circa 2 Prozent angehoben wird. In der Einkommensgruppe zwischen 75.000 und 100.000 Euro (ledig) ist bei gleicher Lohnerhöhung „lediglich" ein Anstieg der Steuerschuld um 2,6 Prozent zu verzeichnen. Diese ungleiche Belastung findet ihren Grund paradoxer Weise im progressiven Einkommensteuertarif, der angeblich zu sozialeren Ergebnissen führen soll. Der Grenzsteuersatz steigt im Bereich zwischen dem steuerfreien Grundfreibetrag in Höhe von 7.664 Euro und einem Jahreseinkommen von 52.152 Euro von 15 Prozent bis auf 42 Prozent an. Dabei ist im Eingangsbereich eine schnellere Steigerung des Grenzsteuersatzes zu verzeichnen, so dass sich mit jedem zusätzlichen Euro die Steuerlast auch schneller erhöht. Folge ist, dass bei Geringverdienern die kalte Progression bis zu 80 Prozent der individuellen Steuermehrbelastung auslösen kann, während oberhalb eines Jahreseinkommen von rund 52.000 Euro Jahreseinkommen der Grenzsteuersatz konstant bei 42 Prozent verweilt, so dass sich die Steuerlast in wesentlich geringerem Maße ändert.

Die kalte Progression führt auch dazu, dass immer mehr Menschen durch die schleichende Steuererhöhung in die Nähe des Spitzensteuersatzes gedrängt werden, obwohl ihr Einkommen nie das jeweilige Durchschnittseinkommen übersteigt. Die heutige Einkommensgrenze des Spitzensteuersatzes beträgt bei einem Alleinverdiener 52.152 Euro. Das ist gerade einmal das 1,3-Fache des bundesdeutschen Durchschnittseinkommens. Im Jahr 1958, als der Progressionstarif eingeführt wurde, lag die Einkommensgrenze für den Spitzensteuersatz beim 20-Fachen des Durchschnittseinkommens. Die heimliche Steuererhöhung wird künftig bewirken, dass Durchschnittsverdiener zu Spitzensteuersatzzahlern werden. Kein Wunder also, dass die Bundeskanzlerin kräftig daneben lag, als sie aufgrund geringfügig gestiegener Löhne ausrief, der Aufschwung komme bei den Menschen an.

Die kalte Progression steht exemplarisch für eine Steuerpolitik gegen die breite Mittelschicht. Dabei ist es fatal, privaten Haushalten immer mehr Kaufkraft zu entziehen. In einer Zeit, in der sich Deutschland angesichts florierender

Weltmärkte als Exportweltmeister feiert, mag dies noch zu verkraften sein. Doch spätestens wenn die Binnennachfrage wieder stärker in den Mittelpunkt rückt, wird sich die beständige Minderung der Kaufkraft fatal auswirken. Die Folgen der Finanzmarktkrise treffen Länder mit schwacher Binnenkonjunktur zwangsläufig härter, was wiederum den geplagten Steuerzahlern aufgebürdet wird.

Der Aufschwung der letzten Jahre kam vor allem bei Spitzenverdienern an. Neben ihnen hat nur der Staat in nennenswertem Maße profitiert, indem er sich an den progressionsbedingten Steuermehreinnahmen der Mittelschicht erfreut. Das Aufkommen aus der veranlagten Einkommensteuer ist in den letzten fünf Jahren um 447,86 Prozent von 4.568,10 Millionen Euro auf 25.026,70 Euro in 2007 gestiegen. Das ist ein bizarrer Teufelskreis.

Anders als vom Bundesfinanzministerium verlautbart, wäre eine Entschärfung der kalten Progression ohne großen technischen Aufwand möglich. Möglich wäre eine automatische Anpassung des Einkommensteuertarifs an die jährliche Teuerungsrate. Wer im Vorjahr 30.000 Euro brutto verdient, könnte bei einer Jahresinflation von 3 Prozent im Folgejahr dann 30.900 Euro verdienen, ohne dass sich sein persönlicher Grenzsteuersatz verändern würde. Länder wie Kanada, Frankreich oder die Schweiz kennen eine solche automatische Anpassung. In der Schweiz besteht etwa diese Anpassungspflicht bereits qua Verfassung. Eine andere diskutierte Variante ist die Kombination aus der Anhebung des steuerfreien Grundbetrages und der Einführung eines strikt linearen Steuertarifs. Damit würde der überproportionale Anstieg des Grenzsteuersatzes in der unteren Einkommenszone beseitigt. Profitieren würden bei dieser Umstellung allerdings „nur" die Geringverdiener, nicht dagegen die mittleren Einkommensschichten; sie würden aufgrund der kalten Progression weiter in höhere Grenzsteuersätze hineinwachsen. In Ländern mit einer so genannten *Flat Tax* löst sich das Problem der schleichenden Steuererhöhung von allein. In Lettland etwa werden einheitlich 25 Prozent an Steuern fällig, unabhängig davon, ob der Bruttolohn in einem Jahr 30.000 Euro und im nächsten Jahr 30.900 Euro beträgt. Die Grenzbelastung bleibt demnach gleich.

Die FDP tritt für eine umfassende Vereinfachung der Einkommensteuer und einen Stufentarif ein. Das FDP-Steuerkonzept sieht niedrige Steuersätze vor, die dann aber auch kaum Ausnahmen kennen. Für Erwachsene und Kinder gilt demnach ein steuerfreier Grundbetrag von 8.000 Euro. Auf Einkommen bis 20.000 Euro würde ein Steuersatz von 10 Prozent, auf Einkommensteile zwischen 20.000 Euro und 50.000 Euro ein Steuersatz von 25 Prozent und auf Einkommensteile ab 50.000 Euro ein Steuersatz von 35 Prozent erhoben. Die kalte Progression wirkt sich nach diesem Modell kaum negativ aus. Erstens kommt sie überhaupt nur zum Tragen, wenn die Bruttolohnerhöhung genau in den Bereich fällt, der für die höheren Einkommensteile einen höheren Steuersatz auslöst. Zweitens wird die negative Wirkkraft der kalten Progression deutlich abgeschwächt, da nur die höheren Einkommensteile dem höheren Steuersatz unterliegen. Erhöht sich das Bruttolohneinkommen beispielsweise von 20.000 Euro um 3 Prozent auf 20.600 Euro Jahreseinkommen, würde auf die Einkommensteile bis 20.000 Euro (abzüglich des steuerfreien Grundbetrages in Höhe von 8.000 Euro) ein Steuersatz von 10 Prozent erhoben. Nur die „überschießenden" 600 Euro würden mit 25 Prozent besteuert. Folglich führt die kalte Progression nicht zu den Härten, die wir im aktuellen Steuersystem kennen. Drittens wollen wir den Gesetzgeber verpflichten, die Höhe des steuerfreien Grundbetrages und des Steuertarifs alle drei Jahre zu überprüfen und gegebenenfalls anzupassen.

4   Den Faktor „Arbeit" entlasten

Mehr soziale Gerechtigkeit lässt sich auch durch die Entlastung des Faktors „Arbeit" erreichen. In Deutschland besteht eine zu hohe Differenz zwischen Brutto- und Nettolöhnen. Den Bürgerinnen und Bürgern bleibt von ihrem Brutto schlicht zu wenig zum Leben übrig. Wenn man sich vergegenwärtig, dass das deutsche Wirtschaftswachstum maßgeblich vom Außenhandel getragen wird und Deutschland auch 2008 seinen inoffiziellen Titel als Exportweltmeister verteidigen konnte, müssen die aktuellen Warnungen vor einer merklichen Abkühlung der Weltkonjunktur nachdenklich stimmen. Vor dem Hintergrund der Finanzmarktkrise und des sinkenden Eurokurses bedarf es dringend einer Steigerung der Binnennachfrage. Dieses Ziel lässt sich aber mit fehlgeleiteten Konjunkturprogrammen erreichen. Erforderlich ist eine Senkung von Steuern und Sozialabgaben, damit den Arbeitnehmerinnen und Arbeitnehmern ein höheres Nettoeinkommen zur Verfügung steht. Nur so erreichen wir eine nachhaltige Belebung der Binnenkonjunktur, die auch langfristige Leistungsanreize setzt. Mit dem Drei-Stufen-Steuertarif-Konzept der FDP ließe sich der nötige Anreiz für mehr Beschäftigung setzen. Jedem, ganz gleich ob Geringverdiener oder Menschen mit mittlerem Einkommen, stünden nach Abzug von Steuern und Sozialabgaben genügend Mittel zur Verfügung, um von der eigenen Hände Arbeit leben zu können. Die größte sozialpolitische Herausforderung besteht letztlich nicht darin, immer höhere Steuereinnahmen gerecht umzuverteilen. Im Mittelpunkt muss Beschäftigungspolitik stehen, damit Menschen eine faire Chance am Arbeitsmarkt haben. Auf Nachfrage musste die Bundesregierung unumwunden eingestehen, dass soziale Gerechtigkeit maßgeblich mit wirtschaftlichem Wachstum und damit einhergehenden Beschäftigungsmöglichkeiten verbunden ist. Das geplante Vorhaben der Bundesregierung, gegen eine geringe Senkung der Arbeitslosenversicherungsbeiträge die Krankenversicherungsbeiträge massiv anzuheben, ist vor diesem Hintergrund weit mehr als ein fragwürdiges Nullsummenspiel. Letztlich werden die Lohnnebenkosten dadurch erneut ansteigen. Einzelne Krankenkassen haben schon die Unterfinanzierung durch den Gesundheitsfonds bemängelt. Am Ende wird eine weitere Verteuerung des Faktors „Arbeit" stehen, die den Menschen Teilhabechancen verbaut und unserem Land damit ein Stück soziale Gerechtigkeit nimmt.

Es sind nicht ausschweifende Sozialprogramme, die Wohlstand für alle dauerhaft sichern helfen. Die Grundthese der sozialen Marktwirtschaft, wonach eine gute Beschäftigungspolitik die beste Garantie für Aufstieg und soziale Gerechtigkeit ist, hat auch heute uneingeschränkt Geltung.

Wenn die FDP der Finanzpolitik eine Schlüsselrolle beimisst, relativiert sie damit keinesfalls ihre sozialpolitische Kompetenz. Im Gegenteil: Sozialpolitischer Verantwortung wird man nur gerecht, indem man Wege geht, die nachhaltig Chancengerechtigkeit und Teilhabe für alle in unserer Gesellschaft sichern. Das mag auf den ersten Blick technisch oder kühl erscheinen und bringt auch die eine oder andere Unbequemlichkeit mit sich. Am Ende aber entsteht dadurch ein Mehrwert, mit dem Politik mehr soziale Gerechtigkeit sichern kann.

Philipp Rösler

Welchen Wert hat heute noch die Soziale Marktwirtschaft?

Keine gesellschaftliche ohne ökonomische Freiheit – und umgekehrt. Dieser Grundsatz gilt in Deutschland seit 60 Jahren, also seit die Soziale Marktwirtschaft die Grundlage für unseren ökonomischen Wohlstand bildet und Garant unserer freien Gesellschaft ist.

Gerade in der Sozialen Marktwirtschaft gibt es keinen Gegensatz von Staat und Markt. Beide haben klare gesellschaftliche Aufgaben zu erfüllen. Der Staat ordnet mit seinen Instrumenten den Markt. Dieser ist dann in der Lage, durch seine Mechanismen eine gerechte Verteilung knapper Güter und Ressourcen zu ermöglichen. Ein freier Markt ist nicht frei von Regeln, sondern ein freier Markt sichert durch die Regeln die notwendige Entscheidungsfreiheit der handelnden Marktteilnehmer. Der Staat schafft und sichert durch Gesetze und klare Regeln überhaupt erst einen funktionierenden Markt. Dahingegen garantiert der Markt durch einen freien und fairen Wettbewerb Gerechtigkeit im Sinne von Leistungsgerechtigkeit. Nicht derjenige, der die besten Beziehungen zum Staat hat, sondern derjenige, der für eine Leistung eine angemessene Gegenleistung erbringt, wird zunächst berücksichtigt.

Allzu häufig wird in der aktuellen Diskussion um unser ökonomisches System vergessen, dass es ohne einen Rechtsstaat mit einem verbindlichen und für alle verlässlichen Gesetzes- und Regelwerk keinen geordneten und somit fairen Markt geben kann. Und ohne einen freien Markt, der Leistungsgerechtigkeit sichert, kann eine Gesellschaft ihren Wohlstand auf Dauer nicht sichern.

Die eindeutige Rollenverteilung zwischen Markt und Staat sowie deren richtige Balance sind die großen Stärken der Sozialen Marktwirtschaft. Dennoch ist die Akzeptanz der Sozialen Marktwirtschaft in der breiten Bevölkerung dramatisch gesunken. Unzählige Umfragen und Studien bestätigen den deutlichen Ansehensverlust unseres Systems der Sozialen Marktwirtschaft.

Immer weniger Menschen sind von der richtigen Balance zwischen Staat und Markt überzeugt. Das Ansehen des Marktes und das Vertrauen darauf, dass nur ein freier Markt mit einem fairen und funktionierenden Wettbewerb gerecht sein kann und Wohlstand sichert, sind weitgehend verloren gegangen.

Anders als noch in den fünfziger Jahren haben die Menschen nicht mehr das Vertrauen, dass ihr persönlicher Aufstieg, Wohlstand und das Glück ihrer Familien von ihrer eigenen Hände Arbeit abhängig ist. Viel zu häufig haben Menschen erfahren müssen, dass ihr Wohlstand von Zufälligkeiten, ja manchmal sogar Willkür abhängig ist.

Das gilt für den Arbeiter, der jeden Tag geschuftet hat und dennoch seinen Arbeitsplatz verliert, ebenso wie für den Arbeitnehmer, der trotz einer Gehaltserhöhung aufgrund der kalten Steuerprogression netto weniger von seinem Lohn übrig behält, oder für den mittelständischen Unternehmer, der vergeblich versucht hat, eine kleine Bürgschaft für sein Unternehmen zu erhalten und jetzt anschauen muss, dass, wenn man nur groß genug ist und die Forderungen nur hoch genug sind, Bürgschaften in Milliardenhöhe möglich sind. Der Vertrauensverlust in den Markt erstreckt sich über die gesamte Bandbreite unserer gesellschaftlichen Mitte.

Das Gefühl, dass der Markt nicht mehr gerecht ist, weil er Leistung nicht mehr hinreichend würdigt und anerkennt, führt dazu, dass nur noch wenige von den positiven Kräften des Marktes überzeugt sind. In den Augen vieler Menschen bis in die Mitte unserer Gesellschaft erfüllt der Markt nicht mehr die Anforderungen, die an ihn gestellt werden. Deutlicher formuliert: Viele Menschen denken inzwischen, der Markt habe generell versagt.

Diese vermeintliche Erkenntnis erklärt auch das aktuelle Überangebot an staatlichen Problemlösungen: Weil der Markt scheinbar versagt hat, ist man leichtfertig bereit, die bisherige Balance zwischen Staat und Markt aufzugeben und ein deutliches Übergewicht des Staates zu akzeptieren, ja geradezu zu fordern. Dies ist im Übrigen längst nicht mehr nur eine quantitative Frage, sondern auch eine qualitative. Über einen Zeitraum von mehreren Jahrzehnten hat der Staat seine ausschließlich ordnende Rolle deutlich in Richtung eines alles lenkenden Staates erweitert. Eines Staates also, der nicht nur die Grundlagen des Marktes erschafft und den Wettbewerb sichert, sondern unter Schwächung oder gar Ausschaltung des Wettbewerbs aktiv am Markt teilnimmt. Der Staat lenkt und verteilt – sicherlich im Einzelfall gutmeinend – immer weiter um, so dass weniger die eigene Leistung als vielmehr die Zugehörigkeit zu einer speziellen Gruppe oder Branche ausschlaggebend für das Nettoeinkommen oder Zuwendungen ist. Die Leistungsgerechtigkeit wird zur Zugehörigkeitsgerechtigkeit.

Diese Pervertierung der ursprünglichen Idee der Sozialen Marktwirtschaft führt im Ergebnis dazu, dass für das fehlerhafte Agieren des Staates alleine der Markt verantwortlich gemacht wird.

Die Folgen einer solchen Fehlentwicklung beschleunigen den Vertrauensverlust in die Soziale Marktwirtschaft. Eine – im Zweifel gut gemeinte – ausufernde Aufgabenwahrnehmung des Staates führt im Ergebnis zwangsläufig zu mehr Bürokratie, großen Staatsapparaten, steigenden Steuern und Abgaben für die Bürger und Unternehmen. Im Ergebnis bleibt den Bürgern weniger ökonomische und gesellschaftliche Freiheit.

Und dabei sind die Ergebnisse dieser staatlichen Aufgabenwahrnehmung für die Menschen fast immer deutlich schlechter als Marktergebnisse. Denn keine staatliche Planung kann umfassend alle Eventualitäten und Probleme voraussehen. Kein staatlicher Plan kann so kreativ und flexibel sein wie die einzelnen Teilnehmer des Marktes.

Die staatliche Aufgabenwahrnehmung über den Kernbereich hinaus und die mit ihr verbundenen negativen Folgen sind die eigentliche Ursache für das Gefühl der Menschen, dass sie ihr Glück nicht mehr in der eigenen Hand haben. Aber anstatt nun zu fordern, das Gleichgewicht zwischen Staat und Markt wiederherzustellen, wird das Gegenteil gewünscht: ein noch stärkeres Engagement des Staates. Der Fehler im System wird nicht behoben, sondern durch falsche Lösungsansätze verstärkt. Der Teufelskreis beginnt.

War dieser Prozess in den letzten Jahren schleichend und deshalb eher unbeachtet, so ist mit der Finanzkrise 2008 diese Entwicklung zu Lasten der Sozialen Marktwirtschaft dramatisch beschleunigt worden. Und das, obwohl auch hier eine wesentliche Ursache eher Staatsversagen als generelles Marktversagen war.

Es war die amerikanische Politik und damit der Staat, der entgegen der ökonomischen Vernunft das – auf den ersten Blick – sozialpolitische Ziel hatte, jedem Bürger eine eigene Immobilie zu ermöglichen, unabhängig von der jeweiligen Bonität. Es war wiederum die Politik, die entsprechend diesem Ziel die Geldmenge aufgebläht hat, mit Hilfe der quasi halbstaatlichen Hypothekenbanken *Fannie Mae* und *Freddie Mac* zinsgünstige Kredite produziert und die Risiken weltweit in Umlauf gebracht hat. Die Folge ist nun, dass viele Menschen dadurch nicht mehr nur ihre Immobilie verloren haben, sondern oftmals gleichzeitig arbeitslos und überschuldet sind. Wie sozial war dieser wohlwollende Staat also im Ergebnis wirklich? Sicher hat ebenfalls die Gier einzelner Marktteilnehmer, sprich: vor allem einzelner Banker mit zu der Krise beigetragen.

Aber Gier ist älter als das „System Marktwirtschaft". Dass es kaum effiziente und effektive gesetzliche und institutionelle Kontrollmechanismen gab, um eine solche negative Entwicklung zu erkennen oder gar zu verhindern, ist wiederum ein Stück Staatsversagen. Unbestritten ist, dass sich dieser Markt spekulativer Kapitalmarktprodukte ohne ausreichende Transparenz und mit weltweiter Vernetzung aufgrund der technischen Möglichkeiten dem Wettbewerbsrahmen einer Sozialen Marktwirtschaft entzogen hat. Ein Fehler im System und nicht des Systems.

Unabhängig davon ist durch die Tatsache, dass vor allem Staatsbanken – zum Beispiel die Landesbanken – in die Krise verwickelt sind, offenkundig, dass der Staat sicher nicht der bessere Unternehmer bzw. Banker ist. Besser wäre es gewesen, der Staat hätte sich auf die ihm in der Sozialen Marktwirtschaft zugewiesene Aufgabe der Kontrolle und die ordnende Funktion konzentriert, anstatt selber mit seinen Staatsbanken und Staatsbankern in einem Spiel mitzuspielen, in dem er besser Schiedsrichter sein sollte.

Obwohl die Ursache der Finanzkrise also eher in einer mangelhaften Aufgabenwahrnehmung des Staates bzw. in einer Verschiebung der Rollenwahrnehmung in Form der aktiven Einmischung des Staates in den Markt zu finden sind, wird als Problemlösung das Gegenteil des tatsächlich Notwendigen gefordert: Anstatt bessere Regeln, Kontrollen und effizientere Aufsichtsgremien möglichst weltweit zu etablieren, wird ein noch stärkeres Eingreifen des Staates in den Markt gefordert.

Insofern hat uns die Finanzkrise eindrucksvoll wie im Zeitraffer vor Augen geführt, was sich vorher in Jahrzehnten schleichend entwickelt hat: die Verwässerung der Idee der Sozialen Marktwirtschaft.

Das wiederum bedeutet, sich wieder auf den Grundwert der Sozialen Marktwirtschaft zu besinnen. Und der Grundwert der Sozialen Marktwirtschaft ist und bleibt die Schaffung und Sicherung eines freien und fairen Wettbewerbes.

Was aber ist das Soziale an der Sozialen Marktwirtschaft? Die Soziale Marktwirtschaft kennzeichnet, dass das Erwirtschaften als Bedingung zur Unterstützung der wirklich Bedürftigen anerkannt wird. Die Schrittfolge ist entscheidend. Im ersten und notwendigen Schritt kommt in einem freien Markt das Prinzip der Leistungsgerechtigkeit wieder zum Tragen. So kehrt wieder die Gewissheit ein, dass man sein eigenes Leben in seine eigenen Hände nehmen kann, um es selbst und frei zu gestalten und damit der eigene Wohlstand wieder von der eigenen Hände Arbeit abhängig ist. Aber natürlich kann nicht jeder ohne die

Hilfe anderer auskommen. Deswegen werden aus dem, was gemeinsam erwirtschaftet wird, all diejenigen unterstützt, die auf die Hilfe der Gemeinschaft angewiesen sind.

Tagespolitisch bedeutet dies, den Staat wieder von der aktiven Teilnahme am Markt zurückzudrängen, die Staatsquote zu reduzieren und die sozialen Sicherungssysteme zu reformieren. Denn diese werden immer umfangreicher und erdrückender, können als große, starre Systeme aber nie die Effizienz und Flexibilität erreichen, die jeweils individuelle Problemlösungen und Vorsorge bieten.

Das Konzept der Reformen in den Sozialversicherungssystemen, weg von der allgemeinen Umlage hin zu mehr Eigenvorsorge – bei gleichzeitiger Unterstützung derjenigen, die sich sonst helfen können – sowie hin zur Senkung der Lohnzusatzkosten ist deshalb heute so aktuell wie vor der Finanzkrise. Gleiches gilt für die Notwendigkeit einer großen Steuerreform. Die große Steuerreform ist gleich in zweifacher Hinsicht sozial: Ein kompliziertes Steuersystem ist ungerecht, weil nur die wenigsten alle – sicherlich ursprünglich gut gemeinten – Steuerregelungen durchschauen und so ihre Steuerlast minimieren können. Einfacher ist mittlerweile gerechter und komplizierter ungerechter. Des weiteren müssen die Steuersätze gesenkt und die Menschen finanziell entlastet werden. Dies wäre zum einen ein Beitrag, wieder ein Bewusstsein dafür herzustellen, dass sich Leistung lohnt. Gleichzeitig ist ein Mehr an Netto aber auch die notwendige Voraussetzung, um in reformierten Sozialversicherungssystemen überhaupt ausreichende Eigenvorsorge leisten zu können.

All diese Beispiele und Vorschläge sind nicht neu. Gerade deshalb fragt man sich, warum es nicht schon längst gelungen ist, die Balance von Staat und Markt wiederherzustellen, um den Grundwert der Sozialen Marktwirtschaft, den freien und fairen Wettbewerb wiederherzustellen und zu stärken.

Die Antwort ist so einfach wie erschreckend: Der Vertrauensverlust war in den vergangenen Jahrzehnten eher schleichend, in den letzten Monaten galoppierend und ist zwischenzeitlich so groß geworden, dass die Menschen das Wissen um und das Vertrauen in das System der Sozialen Marktwirtschaft verloren haben.

Alleine mit guten Sachargumenten oder gar Reformvorschlägen wird man das verlorene Vertrauen und das verloren gegangene Wissen nicht wiederherstellen können. Der innere Kompass, der einem den richtigen Weg aus der Vertrauenskrise der Sozialen Marktwirtschaft zeigen könnte, ist in sehr großen Teilen in der Politik und in der heutigen Gesellschaft nicht ausreichend vorhanden.

Die Vertrauenskrise der Sozialen Marktwirtschaft ist also eine grundsätzliche Akzeptanzfrage. Zwar könnte man durch die Lösung der Sachfragen die Akzeptanz wiederherstellen. Ohne Akzeptanz besteht aber gar nicht erst die Chance, die sachlichen Probleme zu lösen.

Spätestens jetzt muss die Erkenntnis reifen, dass für die Bewahrung der Sozialen Marktwirtschaft nicht nur ordnungspolitische Lösungsvorschläge notwendig sind. Vorab bedarf es – ganz im Sinne der Aufklärung – zunächst einmal bildungspolitischer Lösungsansätze.

Damit sind zunächst klassische schulpolitische Fragen gemeint. Angefangen bei der Lehrerausbildung oder der Forderung, Wirtschaft auch an Gymnasien als Schulfach einzuführen, bis hin zu dem Ziel, die Ausbildungsfähigkeit junger Menschen durch Stärkung der Grundfertigkeiten wie Lesen, Schreiben und Rechnen zu verbessern, bedarf es sicherlich in allen Bereichen des Bildungs- und Ausbildungsweges einer deutlichen Erhöhung des ökonomischen Wissens- und Praxisanteils. Ziel muss es sein, die Menschen durch eine gute Bildung und Ausbildung überhaupt erst in die Lage zu versetzen, ihr eigenes Leben in die eigenen Hände zu nehmen, um es selbst und frei zu gestalten. Erst wenn diese Fähigkeit zur Eigenverantwortung bei jedem einzelnen wieder vorhanden ist, werden die Menschen offen für ordnungspolitische Überlegungen und Reformvorschläge sein.

Darüber hinaus brauchen wir aber eine grundsätzliche Diskussion, die über das Erörtern der notwendigen Reformen hinausgeht. Gemeint ist damit eine Wertediskussion. Durch eine solche Diskussion kann dem weit verbreiteten Vorbehalt entgegengetreten werden, es gebe in der Wirtschaft nur einen Wert und ein Ziel: Gewinnorientierung.

Unzählige kleine und mittelständische Unternehmen, aber auch viele große Konzerne, stehen für Werte, die nicht nur unser Wirtschaftssystem ausmachen, sondern ebenso Kennzeichen unseres gesellschaftlichen Fundaments sind. Die wenigsten Unternehmen und Unternehmer sind ausschließlich auf kurzfristigen Gewinn fixiert. Ein häufig ebenso wichtiger Antrieb für das unternehmerische Handeln ist die Zuwendung zum eigenen Produkt, zu den eigenen Dienstleistungen und zur bestmöglichen Lösung für die Wünsche des Kunden. Darüber hinaus engagieren sich viele Unternehmen für ihre Heimat, ihre Region und die Menschen, die dort leben. Viele Unternehmen zeigen Engagement in der Kultur, im Umwelt- und Naturschutz, im Sport oder in der Bildung und im sozialen Bereich. Durch das Wahrnehmen und Leben von Verantwortung der Unternehmen für unsere Gesellschaft wird deutlich, dass es kein Nebeneinander von Wirtschaft und Gesellschaft geben kann und darf – jedenfalls nicht in der Sozialen Marktwirtschaft.

Sicherlich muss darauf geachtet werden, dass gesellschaftliches Engagement durch Unternehmen nicht zu einem modernen Ablasshandel verkommt. Aber Engagement, gleich welcher Art, das in einem Unternehmen nicht gelebt wird, sondern ohne innere Überzeugung nur auf eine Unternehmensstrategie aufgepfropft ist, wird sich sehr schnell selbst entlarven. Dass in der Frage der Authentizität von gesellschaftlichem Engagement der deutsche Mittelstand im Vorteil ist, ist sicher kein Zufall. Dies ist eine der Stärken der Sozialen Marktwirtschaft.

Dass dabei die eigenen Gewinnabsichten nicht verschwiegen werden, ist kein Fehler. Im Gegenteil. Es wäre unglaubwürdig zu behaupten Unternehmen, gleich welcher Größe, hätten ausschließlich gutmenschliche gesellschaftliche Gründe und Ziele für ihr Engagement.

Vor allem aber ist solch eine Begründung überhaupt nicht notwendig. Denn das Wesen des Marktes ist, dass durch das individuelle Streben nach Glück für die Gesamtheit ein Mehrwert entsteht – jedenfalls solange sich das Streben nach Glück auf die eigene Leistung und Leistungsbereitschaft bezieht. Denn dass die Soziale Marktwirtschaft immer weniger akzeptiert wird, findet seine tiefere Ursache in der sich langsam verändernden Definition des Strebens nach Glück: Wurde gerade in der Nachkriegsgeneration darunter ausschließlich die eigene Leistungsbereitschaft verstanden, wird heute besonders aufgrund der umfangreichen Sozialsysteme eher das individuelle Optimieren des eigenen Ergebnisses verstanden. Das muss nicht zwangsläufig etwas mit eigener Leistung zu tun haben. Dazu zählen sicherlich Mitnahmen in immer undurchschaubareren Sozialsystemen, aber auch die zunehmende „Geiz-ist-geil-Mentalität". Die Ursache hierfür liegt nicht darin, dass die Menschen fauler geworden wären oder der Charakter der Menschen immer schlechter geworden wäre. Die Ursache liegt in dem eingangs beschriebenen Problem, dass die Menschen eben nicht mehr das Gefühl haben, dass sich Leistung für sie lohnt. Und wenn sich Leistung nicht mehr lohnt, degeneriert der freie und faire Wettbewerb zu einer bürokratischen und unmoralischen Konkurrenz um knappe Ressourcen. Der faire Wettbewerb mit seiner Leistungsgerechtigkeit wird so zu einer Konkurrenz mit dem Ziel einer nie zu erreichender Verteilungsungerechtigkeit. Ein Beispiel hierfür ist das aktuelle Gesundheitssystem.

Akzeptanz oder gar Begeisterung lässt sich in solch einem Umfeld der unfairen Konkurrenz für einen freien und fairen Wettbewerb sicher kaum erzeugen. Insofern ist die Wertediskussion von entscheidender Bedeutung für den Erfolg oder Misserfolg der Sozialen Marktwirtschaft. Neben der Erkenntnis, dass gute Bildung unerlässlich für ökonomisches Wachstum und Wohlstand ist, weil sie Chancengerechtigkeit als Vorstufe zur Leistungsgerechtigkeit schafft, muss deutlich werden, dass die Soziale Marktwirtschaft nicht nur eine ökonomische Dimension besitzt, sondern weit darüber hinaus eine gesellschaftliche. Beides in Kombination ist der eigentliche Wert der Sozialen Marktwirtschaft.

Nur die Soziale Marktwirtschaft ist in der Lage, Wohlstand und Gerechtigkeit und damit sozialen Frieden zu sichern. In ihrer originären Ausgestaltung richtet sie sich an die Starken und Schwachen gleichermaßen. An die Starken, weil sie individuelle Leistungsbereitschaft fördert und fordert. An die Schwachen, weil sie nicht auf bürokratische und ineffiziente Hilfe durch überforderte Sozialsysteme setzt, sondern weil sie mithilfe von schlanken und effizienten sozialen Sicherungssystemen die Menschen vor unverschuldeten Risiken schützt. Damit schafft die Soziale Marktwirtschaft Freiraum für die wirksamste Hilfe, die es geben kann: Die Hilfe starker Menschen für die wirklich Schwachen im Sinne echter Solidarität; Hilfe aber auch abseits der Transferleistungen, nämlich durch Qualifizierung durch Bildung und Ausbildung.

Die Väter der Sozialen Marktwirtschaft, die den Weg zwischen Marktanarchisten auf der einen Seite und den Anhängern der Planwirtschaft auf der anderen Seite gesucht haben, rannten offene Türen ein, wenn es darum ging, an die Starken zu appellieren. Die Geisteshaltung der Leistungsbereitschaft war Kennzeichen der Nachkriegsgeneration. Für diese war die Soziale Marktwirtschaft wie geschaffen. Mut brauchten Ludwig Erhard, Walter Eucken, Alfred Müller-Armack oder Wilhelm Röpke also nicht, als sie mit den neoliberalen Vorstellungen ihrer Ordoliberalen Schule an die Leistungsbereitschaft der Menschen der damaligen Zeit appellierten. Sehr wohl aber brauchte es einen enormen Mut, das damals lediglich theoretische Modell der Sozialen Marktwirtschaft zu entwickeln und zu seinem praktischen Erfolg zu führen.

Heute hingegen sind die historischen Erfolge bekannt und bewiesen. Die Herausforderung im Hier und Jetzt besteht darin, diese Kultur der Leistungsbereitschaft wieder neu zu etablieren. Diese Kultur ist über die letzten 60 Jahre aufgrund der zunehmenden staatlichen Bevormundung und Behütung verloren gegangen. Der freie und faire Wettbewerb wird aber nur dann als Wert an sich verstanden und angenommen, wenn die dafür notwendige Leistungsbereitschaft bei den Menschen wieder vorhanden ist. Dies ist Herausforderung und Chance gleichermaßen.

Herausforderung, weil die Vorteile eines fairen Wettbewerbes durch die aktuell vorhandenen praktischen Nachteile in den staatlich verzerrten Märkten verdeckt werden. Und in solch einem Klima für den Wettbewerb zu werben, ist denkbar schwierig.

Chance, weil sich Botschaften der Etatisten ausschließlich an die Verzagten in einer Gesellschaft richten. Die Soziale Marktwirtschaft mit ihrer richtigen Balance zwischen Staat und Markt ist aber eine Botschaft, die Verunsicherten Mut macht, weil sie Perspektiven aufzeigt. Und sich ebenso an Mutige, Kreative und Leistungsbereite in einer Gesellschaft richtet, weil sie Chancen neu eröffnet. In der Sozialen Marktwirtschaft und in dem durch sie geschaffenen Wettbewerb können die Menschen ihren eigenen Aufschwung, Aufstieg, Wohlstand und ihr Glück wieder selbst bestimmen und somit bekommen sie das, was sie gerade in der heutigen Zeit fordern: Gerechtigkeit, im Sinne von Leistungsgerechtigkeit. Ziel ist also eine Gesellschaft, in der die Menschen wieder die Gewissheit haben können, dass der eigenen Hände Arbeit wieder etwas wert ist.

Gerechtigkeit ist die Grundlage für eine jede Gesellschaft und somit ist die Soziale Marktwirtschaft mit ihrem freien Markt und der damit verbundenen Leistungsgerechtigkeit immer auch Grundlage für unsere freie Gesellschaft. Sie ist ein wesentlicher Wert – gerade in der heutigen Zeit.

Daniel Bahr

Eine Reform mit Langzeitwirkung
Plädoyer für das Prinzip Eigenverantwortung im
Gesundheitswesen

Liberale treten dafür ein, die Freiräume des Einzelnen zu erweitern und ihm ein Höchstmaß an Entscheidungsmöglichkeiten zu eröffnen. Im Mittelpunkt steht die eigenständige Persönlichkeit. Allen Menschen ist die Teilnahme am gesellschaftlichen Leben zu ermöglichen. Jemand der die materiellen Grundvoraussetzungen nicht hat, wird seine Freiheitschancen nicht nutzen können. Solidarität ist auch eine liberale Kategorie. Der Einzelne kann sich nur in der Gesellschaft entfalten, möglicherweise gegen sie aber nicht ohne sie. Die Individualisierung der Lebensweise entbindet den Einzelnen nicht von seiner Verantwortung für die Gesellschaft und die Gesellschaft nicht von der Verantwortung für jedes einzelne Mitglied.

Soziale Hilfen müssen den Willen zur persönlichen und finanziellen Eigenständigkeit fördern und zur Leistung ermutigen. Wir wollen nicht den Bürger in Abhängigkeit und Betreuung drängen. Fremdhilfe vermindern heißt häufig auch Fremdbestimmung verringern und Entmündigung vermeiden.

Von der Sozialpolitik geht zum Teil die Tendenz zu einem Übermaß an Betreuung aus. Institutionen und staatliche Transferleistungen sind daher immer wieder auf ihren Sinn und Zweck zu überprüfen. Sozialpolitik muss sozialen Problemen ursächlich nachgehen, auch wenn diese Ursachen in anderen Politikbereichen liegen.

Niemand weiß so gut wie der Einzelne selbst, welchen Versicherungsschutz er benötigt. Wer an den mündigen Bürger glaubt, muss ihm den Spielraum lassen, so zu handeln, wie es seinen Präferenzen am besten entspricht. Der Staat hat nicht das Recht, die Höhe der Gesundheitsausgaben zu bestimmen. Er hat allerdings die Pflicht dafür Sorge zu tragen, dass seine Bürger die Möglichkeit haben, einen wirksamen und bezahlbaren Versicherungsschutz für die Folgen einer Erkrankung abzuschließen. Erforderlich ist eine Rückbesinnung auf das, was der Staat leisten muss, weil der Markt versagt. Privat geht vor Staat. Was Private genauso gut oder besser können als der Staat, sollen sie machen. Nur bei Marktversagen muss der Staat handeln. Staatlicher Zwang darf in dem Maße ausgeübt werden wie anderenfalls die Gemeinschaft unverhältnismäßig belastet würde. Das bedeutet, dass für ein Gut wie die Gesundheit, das erst dann wirklich Wert geschätzt wird, wenn es nicht mehr vorhanden ist, ein Eingreifen des Staates für einen Mindestumfang einer Absicherung ableitbar ist, mehr aber auch nicht.

Intransparenz prägt das deutsche Gesundheitswesen

Im heutigen deutschen Gesundheitssystem ist dieser Grundsatz verletzt. Drei Viertel der Bevölkerung sind in der gesetzlichen Krankenversicherung mit einem recht umfangreichen Leistungspaket zwangsweise versichert. Sie können sich diesem System mit einem hohen Maß an Reglementierung nicht entziehen. Eine Intervention hat die nächste nach sich gezogen. Damit sind Selbststeuerungsmechanismen außer Kraft gesetzt worden. Als Konsequenz haben sich die Handlungsspielräume für die Beteiligten immer weiter verengt. Viele Vorschriften sind undurchschaubar geworden, nicht nur für die Patienten, sondern auch für Leistungsanbieter und Krankenkassen. Diese Komplexität führt kombiniert mit einem starken Grad an Intransparenz zu Unmut und volkswirtschaftlich gesehen kontraproduktiven Verhaltensweisen.

So ist zum Beispiel das Sachleistungsprinzip durch hohe Intransparenz geprägt. Der Leistungserbringer muss seine Leistung dem Patienten gegenüber weder begründen noch rechtfertigen. Der Versicherte macht sich keine Gedanken darüber, ob alle ärztlich empfohlenen Maßnahmen notwendig und sinnvoll sind und ob er das wirklich alles zu dem zu zahlenden Preis haben möchte. Das Kostenbewußtsein leidet darunter, wenn für die Konsequenzen des eigenen Handelns ein Kollektiv ohne direkt spürbare eigene Belastung bezahlt. Rationale Ausgabenentscheidungen setzen als Minimalanforderung voraus, dass die Versicherten zumindest wissen, was die Leistungen kosten, die sie in Anspruch nehmen. Dies ist im heutigen Gesundheitssystem jedoch nicht der Fall. Ärzte und Patienten müssen lernen, auch über die ökonomische Seite einer Behandlung zu reden. Wer den Behandlungsaufwand zumindest teilweise selbst bezahlen muss, wird eher ein Gefühl dafür entwickeln, dass ihn seine eigene Gesundheit auch finanziell etwas angeht. Wer die Eigenverantwortung stärken will, muss auch dafür sorgen, dass die Patienten für ihre Entscheidungen mit den entsprechenden Informationen versorgt werden. Der heutige Abrechnungsdschungel, der weder für den einzelnen Arzt noch für den Patienten durchschaubar ist, kann durch die Kostenerstattung gelichtet werden.

Eigenbeteiligung ist nötig

Aus gutem Grund wird in anderen Wirtschaftszweigen darauf Wert gelegt, dass dort, wo Unterstützung notwendig ist, eine Eigenbeteiligung erhalten bleibt. Nur dann ist ein ausreichendes Interesse vorhanden, die Kosten möglichst gering zu halten. In der GKV gilt das in weiten Teilen nicht. Und dort, wo Eigenbeteiligung stattfindet, ist sie zum Teil falsch ausgestaltet wie z. B. bei der Praxisgebühr, die im Jahr 2004 eingeführt wurde. Ein Beitrag zu kosten- und gesundheitsbewusstem Verhalten der Versicherten konnte nach anfänglichem Rückgang der Arztbesuche bereits nach einiger Zeit nicht mehr festgestellt werden. Eine steuernde Anreizwirkung fehlt der Praxisgebühr. Sie ist nichts anderes als eine Sonderabgabe ohne Zusammenhang zur Leistung.

Patienten brauchen mehr Informationen

Voraussetzung für mehr Transparenz ist aber auch die Bereitstellung von mehr Informationen. Patienten und Versicherte hinterfragen zunehmend kritisch die Leistungen in den verschiedenen Bereichen des Gesundheitswesens und ihre medizinische Notwendigkeit. Die Komplexität unseres Gesundheitswesens und die Fülle der Behandlungsangebote machen den Einzelnen entscheidungsunsicher. Mit dem Mehr an Wahlmöglichkeiten und Handlungsalternativen steigt zwangsläufig das individuelle Bedürfnis nach Beratung. Ein aufgeklärter Patient kann die Einrichtungen des Gesundheitssystems besser nutzen. Vornehmlich durch das Internet hat sich der Zugang zur Information deutlich ausgeweitet. Diese Möglichkeit sollte genutzt werden. Ein Beispiel ist die Bereitstellung von Informationen der Krankenhäuser über die Häufigkeit ihrer wichtigsten Operationen und eventuell die Ergebnisse standardisierter Eingriffe (Sterbe- und Komplikationsraten usw.) im Internet, damit der Patient eine Entscheidungsgrundlage hat, um gemeinsam mit seinem Arzt die geeignete Behandlungsmethode bzw. die besten Behandler auswählen zu können.

Eigenverantwortung ist nötig

Der Einzelne verhält sich im heutigen System individuell rational, wenn er möglichst viel aus dem System herausholt, weil sich die daraus resultierenden Kosten mangels Masse nicht erkennbar in seinem Beitrag widerspiegeln. Kollektiv gesehen führt das zu einer problematischen Fehlentwicklung: Steigende Beitragssätze und damit wegen der Koppelung an die Lohnzusatzkosten auch eine steigende Belastung des Produktionsfaktors Arbeit, die sich auf die Wettbewerbsfähigkeit der deutschen Wirtschaft auswirkt. Diesen Kreislauf gilt es zu durchbrechen. Eigeninitiative und Eigenverantwortung müssen Vorrang haben vor einer alles erdrückenden, alles regeln wollenden Staatsfürsorge. Die Menschen werden mehr und mehr dazu erzogen, sich auf den Staat zu verlassen, statt auf sich selbst. Jeder Wechselfall des Lebens wird mit einer staatlichen Versicherung versehen. Das kann auf Dauer nicht gut gehen, weil es den Staat, zu dem auch die gesetzlichen Sozialversicherungssysteme gehören, überfordert. Ohne ein Gegensteuern riskiert man den Zusammenbruch der Systeme. Ein solcher Zusammenbruch aber trifft ganz besonders diejenigen, die auf die sozialen Hilfen des Staates angewiesen sind. Gerade sie sind damit die Leidtragenden einer ausufernden Staatsfürsorge, die nicht die wirklich Bedürftigen unterstützt, sondern die Findigen, die sich in einem Dickicht an Regelungen und Behörden zurecht finden. Grundlegende Reformen dürfen nicht weiter auf die lange Bank geschoben werden.

Herausforderungen für das deutsche Gesundheitssystem

Deutschland ist nicht hinreichend auf die Herausforderungen der nächsten Jahre und Jahrzehnte vorbereitet. Wettbewerbsfähigkeit, Reformkraft und Innovationsvermögen gehen durch gesetzliche Regulierung mehr und mehr verloren und damit die wirtschaftliche Leistungsfähigkeit Deutschlands. Das gefährdet über kurz oder lang auch das soziale Netz.

Doch woran krankt das deutsche Gesundheitswesen im Einzelnen?

1. *Die bisherige Gestaltung des Gesundheitswesens löst die Kostenprobleme nicht*

Die Gesundheitsausgaben sind in den letzten 35 Jahren um 34 Prozent gestiegen. Solch hohe Ausgabenzuwächse sind solange unproblematisch, wie sie Ausdruck der Wünsche und des Verhaltens der Menschen sind. Wenn der Einzelne seine Gesundheit so hoch bewertet, dass er persönlich bereit ist, mehr dafür auszugeben, spricht nichts dagegen. Unakzeptabel wird es aber dann, wenn solche Leistungen aus Zwangsbeiträgen finanziert werden und zusätzlich die Lohnkosten und damit den Produktionsfaktor Arbeit belasten.

Das Gesundheitswesen entzieht sich auf zwei Ebenen dem üblichen Steuerungsprozess von Angebot und Nachfrage. Zum einen ist die Inanspruchnahme von Gesundheitsleistungen im Normalfall nicht mehr unmittelbar mit Ausgaben verbunden, wenn der Krankenversicherungsbeitrag erst einmal bezahlt ist. Sie ist vom Empfinden der Patienten her quasi ein freies Gut. Für die medizinische Versorgung wie für andere Güter auch gilt bekanntlich das Erste Gossensche Gesetz, dass zusätzliche Leistungen nur noch einen abnehmenden Grenznutzen stiften. Beim heutigen Versicherungssystem hat der Versicherte jedoch mit Ausnahme der Leistungen, für die anteilige Zuzahlungen zu leisten sind, keinen Anreiz, dieser Tatsache durch Einschränkung der Nachfrage Rechnung zu tragen. Während ein Konsument normalerweise nur dann Güter oder Dienstleistungen erwirbt, wenn der Nutzen für ihn größer ist als es die Kosten sind, wird diese Abwägung im Gesundheitswesen größtenteils außer Kraft gesetzt. Solange ein Preissignal für den Patienten fehlt, erwartet er auch dann Gesundheitsleistungen wenn die Kosten den Nutzen bei Weitem übersteigen.

Zum zweiten liegen Angebot und Nachfrage nach ärztlichen Leistungen mit Ausnahme des Erstkontaktes in der Regel in der Hand des Arztes. Der Patient kann häufig nicht beurteilen, welche Leistungen notwendig und sinnvoll sind. Als versicherter Patient hat er vielfach auch kein großes Interesse, sich Informationen über eine kostengünstige Behandlung zu beschaffen, weil sich der Aufwand für ihn nicht lohnt. So überlässt er in der Regel dem Arzt die Entscheidung über Art und Umfang der Behandlung. Wird die Behandlung entsprechend vergütet, gibt es weder für den Patienten noch für den Arzt einen Anreiz, sparsam mit den Ressourcen umzugehen.

2. Die gesetzliche Krankenversicherung belastet kommende Generationen überproportional

Alle umlagefinanzierten Sozialsysteme stehen vor finanziellen Herausforderungen, die ihre Zukunftsfähigkeit und damit ihre langfristige Sicherheit in Frage stellen. Fakt ist, dass der Anteil älterer Menschen an der Gesamtbevölkerung zunimmt. Die Zahl der Geburten sinkt seit den 60er Jahren, gleichzeitig steigt die Lebenserwartung. Die Menschen werden immer älter. Im Jahr 2000 waren 21,0 Prozent der Bevölkerung in Deutschland über 60 Jahre alt. Im Jahr 2030 werden das schon knapp 30 Prozent sein. Für mehr als die Hälfte der heute in Deutschland Neugeborenen stehen die Chancen nicht schlecht, ihren 100. Geburtstag zu erleben. Ein Ende dieser Entwicklung ist nicht in Sicht. Das hat zwangsläufig gravierende Auswirkungen auf unser gesamtes Gesellschaftssystem. Für die Krankenversicherung kommt neben dem demografischen Wandel der medizinisch-technische Fortschritt hinzu. Beides zusammen wird ohne Reform zu massiv steigenden Beitragssätzen und einer Verschärfung der heute schon schwierigen Finanzsituation der GKV führen. Je nach Annahmen wird bis zum Jahr 2040 mit einem Beitragssatzanstieg auf bis zu 28 Prozent gerechnet.

Erschwerend kommt die starke Lohn- und Gehaltsbezogenheit der Beitragsbasis hinzu, die zu einer starken Konjunkturabhängigkeit und angesichts eines sinkenden Anteils der Einkommen aus abhängiger Beschäftigung zu sinkenden Einnahmen führt.

Es ist zu befürchten, dass kommende Generationen eine solche Belastung nicht akzeptieren werden oder gar nicht schultern können und es zu Ausweichreaktionen kommt. Bei zu starker Belastung steigt der Anreiz für qualifizierte Arbeitskräfte ins Ausland abzuwandern. Geringqualifizierte weichen in die Schwarzarbeit aus, wenn sich angesichts steigender Lohnzusatzkosten gerade im niedrigen Einkommensbereich die Arbeitsaufnahme nicht lohnt. Auch Verteilungskonflikte zwischen den Generationen werden ohne ein Gegensteuern zunehmen. Bei hohem Beitragsdruck steigt die Gefahr, dass Leistungen der Krankenversicherung massiv rationiert werden. Gerade die Schwachen in der Gesellschaft sind damit die Leidtragenden eines Umlagesystems, das die Lasten auf kommende Generationen verschiebt statt durch Vorsorge die Belastungen auf alle Generationen fair zu verteilen.

3. *Es fehlt an Wettbewerb um bessere Leistungen*

Alle reden vom Wettbewerb im Gesundheitswesen. Sogar Vertreter einer weiteren Vereinheitlichung der gesetzlichen Krankenversicherung begründen ihre Vorschläge zunehmend mit dem Ziel, mehr Wettbewerb in das Gesundheitswesen bringen zu wollen. Wettbewerb scheint damit zu einem allgemein akzeptierten Ordnungsprinzip des Gesundheitsmarktes geworden zu sein. Dieser Schein trügt jedoch. Viele reden von Wettbewerb und meinen Einheitlichkeit. Wettbewerb aber setzt Vielfalt, Unterschiede und Suchprozesse voraus. Sonst funktioniert Wettbewerb nicht.

Der gegenwärtige Wettbewerb innerhalb der GKV ist unterentwickelt:

- Schon bisher war der Wettbewerb um den Preis – die Beitragssätze – durch einen recht umfangreichen Risikostrukturausgleich deutlich abgeschwächt. Künftig verlieren die Krankenkassen ihre Beitragsautonomie vollständig. Dann beschließt die Bundesregierung jährlich einen bundesweit einheitlichen Beitragssatz. Die Krankenkassen erhalten ihre Budgets aus einem Gesundheitsfonds nach gesetzlich fixierten Kriterien zugeteilt.
- Da 97 % aller Leistungen der GKV kasseneinheitlich standardisiert sind, findet ein Leistungswettbewerb nicht statt.
- Ein einheitlich für die gesamte GKV agierender Spitzenverband Bund wird mit einer großen Aufgabenfülle insbesondere im Vertragsbereich versehen. Das widerspricht dem Wettbewerb, der eine Reduzierung des einheitlichen und gemeinsamen Handelns auf ein Minimum voraussetzt.
- Neugründungen von gesetzlichen Krankenkassen finden – sehr eingeschränkt – nur bei den Betriebs- und Innungskrankenkassen statt. Gewollt sind stattdessen Fusionen bereits vorhandener Krankenkassen, die nunmehr auch kassenartenübergreifend möglich sind.

Funktionsfähiger Wettbewerb sieht anders aus. Wer mehr Wettbewerb will, muss Krankenkassen als Versicherungsunternehmen verstehen. Sie brauchen mehr Gestaltungsmöglichkeiten im Leistungs- und im Vertragsbereich. Der Weg zu mehr Einheit und Gemeinsamkeit, sei es durch einen Spitzenverband oder durch einen einheitlichen Beitragssatz, erstickt geradezu den nötigen Wettbewerb um unterschiedliche Leistungen und Versorgungsangebote.

4. *Das heutige System widerspricht dem Wunsch vieler Menschen, ihre Belange möglichst umfassend in eigener Verantwortung zu regeln*

Der Zwang für abhängig Beschäftigte, sich bis zu einer Versicherungspflichtgrenze in der GKV versichern zu müssen, begründet sich aus der Annahme ihrer Schutzbedürftigkeit. Wer gesund ist, denkt nicht immer in ausreichendem Maße daran, sich für den Krankheitsfall abzusichern. Ökonomen nennen dieses Phänomen Minderschätzung des Zukunftskonsums. Diese Gefahr ist insbesondere dann groß, wenn das Geld in einer Familie knapp ist. Für diesen Kreis der Schutzbedürftigen ist die GKV eigentlich gedacht. Die heutige Zwangsmitgliedschaft geht darüber jedoch bei weitem hinaus. 90 Prozent der Bevölkerung sind heute in der GKV versichert, 75 Prozent davon im Rahmen der Zwangsversicherung. Niemand wird behaupten wollen, all diese Menschen seien schutzbedürftig. Dennoch haben sie keine Chance, sich diesem System mit seinen weitgehend starren Vorgaben zu entziehen.

Diese Schwachpunkte sind nur durch eine grundsätzliche Neuausrichtung in der Gesundheitspolitik behebbar und nicht durch die seit Jahren praktizierte überwiegend auf reine Kostendämpfung beschränkte Politik. Diese hat vielmehr zu einer Vielzahl an nicht mehr überschaubaren bürokratischen Regelungen bei gleichzeitig mehr und mehr offen zu Tage tretender Rationierung geführt. Immerhin sehen alle Fraktionen im Deutschen Bundestag Handlungsbedarf als gegeben an und streiten über Konzepte, die Zukunftsfähigkeit der Gesundheitsversorgung sicherzustellen. Die von SPD, Grünen und der Linken favorisierte sogenannte Bürgerversicherung hält am derzeitigen System fest und will es als Zwangssystem auf alle Bürgerinnen und Bürger und auf alle Einkunftsarten ausweiten. Das würde angesichts steigender Gesundheitsausgaben bedeuten, dass der Staat neben den Steuern einen weiteren großen Anteil des Haushaltseinkommens aus der Dispositionsfreiheit des Einzelnen herauslösen würde. Auf mittlere Sicht führt das zu einer Einheitskasse, die weder die Problematik des demografischen Wandels löst, noch die Konjunktur- und Lohnabhängigkeit der Krankenversicherung beseitigt. Aber auch die Gesundheitsprämie, die die Union präferiert, bleibt auf halbem Wege stehen. Zwar wird die Lohnanbindung aufgehoben, aber die notwendige Bildung von Kapitalrückstellungen wird nicht konsequent angegangen. Beide Systeme, Bürgerversicherung und Gesundheitsprämie, haben darüber hinaus einen weiteren gravierenden Nachteil. Sie funktionieren nur mit einem Einheitskatalog an Leistungen. Wettbewerb und Wahlfreiheit sind lediglich leere Schlagworte.

In Zeiten knapper werdender Ressourcen kommt es aber mehr denn je darauf an, dass der Einzelne diese knappen Ressourcen so weit wie irgend möglich gemäß seiner eigenen Bedürfnisse in eigener Verantwortung einsetzen kann. Der Markt ist das beste Instrument, unbürokratisch und ohne die bei zentralen Vorgaben unerlässlichen aufwändigen Abstimmungsverfahren eine effiziente Produktion von Gütern und Dienstleistungen und eine Verteilung gemäß den Präferenzen der Bürger zu gewährleisten.

Bei ihrem Vorschlag für die Weiterentwicklung des Gesundheitswesens lässt sich die FDP deshalb von folgenden Grundsätzen leiten:

- Die Pflicht zur Versicherung einer Grundversorgung sorgt für eine Absicherung derjenigen Risiken, die den Einzelnen im Krankheitsfall überfordern würden und eröffnet die Möglichkeit, den Versicherungsschutz nach eigenen Bedürfnissen zu gestalten.

- Die Anbindung der Gesundheitskosten an die Lohnzusatzkosten muss aufgehoben werden, damit sich die Wachstumskräfte des Gesundheitswesens entfalten können und das Wirtschaftswachstum nicht durch steigende Lohnzusatzkosten gelähmt wird.

- Wahlfreiheit ist ein zentrales Gestaltungselement eines zukunftsfähigen Gesundheitswesens. In einem liberalen Gesundheitssystem hat Wahlfreiheit drei Dimensionen:
  - Der Versicherte kann seinen Versicherer frei wählen.
  - Er kann den Umfang seines Versicherungsschutzes über das gesetzliche Mindestmaß hinaus frei wählen.
  - Der Versicherte kann seine Tarife und seine Leistungserbringer frei wählen.

- Wettbewerb ist ein Gestaltungselement auf allen Ebenen des Gesundheitswesens, das vor allen Dingen der Effizienz und Versorgungsqualität dient. Er muss weitaus stärker als heute auf der Ebene der Krankenversicherer und der Leistungserbringer zum Vorteil der Versicherten und Patienten zum Tragen kommen.

- Die Finanzierung muss zukunftsfähig sein und dem demografischen Wandel Rechnung tragen. Ohne Kapitaldeckung ist das nicht machbar.

- Innovation und Fortschritt müssen sich im Sinne der Bürger entfalten können

- Das Kostenbewußtsein aller Beteiligten wird – wo immer das sozialverträglich möglich ist – durch die Schaffung transparenter, nachvollziehbarer, mit unmittelbaren finanziellen Auswirkungen verbundene Strukturen bei der Abrechnung medizinischer Leistungen gestärkt.

Folgende Schritte sind aus liberaler Sicht im Einzelnen erforderlich, um ein freiheitliches auf Eigenverantwortung basierendes Gesundheitssystem zu schaffen:

1. Steuerreform als Grundvoraussetzung:
Wahlentscheidungen setzen finanzielle Spielräume voraus. Diese werden durch ein reformiertes Steuersystem mit Steuertarifen von 15, 25 bzw. 35 Prozent geschaffen, wie das die FDP in ihrem Gesetzentwurf vorsieht.

2. Eine Pflicht zur Versicherung für medizinisch notwendige Leistungen:
Der Staat gibt lediglich die Pflicht für alle Bürger vor, einen gesetzlich fixierten Katalog von Regelleistungen abzusichern, der die medizinisch unbedingt notwendigen Leistungen umfasst.

Jedes Versicherungsunternehmen bietet unterschiedliche Tarife an, die zumindest die Regelleistungen umfassen. Ein Kündigungsrecht seitens des Versicherers ist ausgeschlossen. In welcher Form sich die Bürger im Einzelnen absichern, ob eine über die Regelleistungen hinausgehende Absicherung getroffen oder ein Selbstbehalt vereinbart wird, liegt in der Entscheidung des Einzelnen. Die Tarife werden mit Altersrückstellungen kalkuliert. Als Voraussetzung müssen die Bedingungen dafür geschaffen werden, dass ein Wechsel des Versicherungsunternehmens möglich ist, ohne dass dem Versicherten hieraus Nachteile wegen der Altersrückstellungen entstehen.

3. Umverteilung über das Steuersystem:
Die Prämien für Kinder werden durch die Gesellschaft aus Steuermitteln finanziert. Gleiches gilt für Bürger, die finanziell nicht in der Lage sind, die Regelleistungen abzusichern. Diesen Bürgern muss der Staat Zuschüsse gewähren bis hin zur vollen Übernahme der Prämien für die Regelleistungen.

4. Krankenkassen als private Versicherungsunternehmen:
Alle Versicherungsanbieter sind private Versicherungsunternehmen. Für die heutigen gesetzlichen Krankenkassen werden die notwendigen gesetzlichen

Rahmenbedingungen geschaffen, damit sie sich in private Versicherungsunternehmen umwandeln können. Eine Versicherungspflichtgrenze gibt es nicht mehr.

5. Auszahlung des Arbeitgeberbeitrages:
Die Auszahlung der Arbeitgeberzuschüsse zur Krankenversicherung als Lohnbestandteil ist Voraussetzung für die Verbesserung der Wahlfreiheit der Versicherten. Das schafft zudem Planungssicherheit für die Unternehmen und setzt wirtschaftliche Wachstumsimpulse.

Damit werden die Voraussetzungen für einen Wettbewerb geschaffen, der sich nicht nur um Service und Beitrag, sondern auch um Leistungsangebote dreht, aus denen alle Versicherten auswählen können. Eine Unterscheidung in Bürger, die diese Wahl nach Überschreiten einer definierten Einkommensgrenze haben und solche, denen das verweigert wird, soll es nicht mehr geben. Entscheidend ist, dass der Wettbewerb zum einen mehr Effizienz bewirkt. Zum anderen sollen hierdurch die Präferenzen der Einzelnen eine bessere Berücksichtigung finden. Wer z. B. für sich selbst die Entscheidung trifft, grundsätzlich immer erst zu einem Hausarzt gehen zu wollen, bevor eventuell ein Facharzt in Anspruch genommen wird, kann einen solchen Tarif abschließen. Wer dies jedoch nicht möchte, kann einen anderen Tarif wählen.

Mit dem Übergang zu einem stark wettbewerblich orientierten System einhergehen muss die Schaffung von mehr Transparenz. Selbstverantwortung, Selbstbeteiligung und Kostenerstattung gehören in einem freiheitlichen Wettbewerbssystem zusammen. Kostenbewusstsein ist die Grundvoraussetzung für einen verantwortungsbewussten Umgang mit knappen Ressourcen.

Der Übergang zu einem solchen System wird nicht von heute auf morgen möglich sein. Zum einen müssen die heutigen gesetzlichen Krankenkassen die Möglichkeit erhalten, sich in private Versicherungsunternehmen umzuwandeln. Zum anderen wäre es mit einer hohen Belastung verbunden, die Bildung von Kapitalrückstellungen, die über Jahrzehnte hinweg nicht erfolgt ist, mit einem Schlage nachholen zu wollen.

Die FDP zielt mit ihrem Vorschlag auf die Ursachen der Probleme statt auf ihre Symptome. Dies macht einen grundlegenden Wechsel hin zu einem neuen System und nicht nur eine bessere Einstellung vorhandener Stellschrauben notwendig. Der Umstieg von einem umlagefinanzierten System, das von der Hand in den Mund lebt, hin zu einem kapitalgedeckten System, das Vorsorge für den höheren Bedarf an Gesundheitsleistungen im Alter trifft und die notwendigen Spielräume für die Nutzung des medizinischen Fortschritts eröffnet, ist mit gravierenden Umstellungsmaßnahmen verbunden und nicht ohne zusätzliche Belastungen der heute lebenden Bürgerinnen und Bürger möglich. Wir müssen uns klar werden: Jeder wird einen größeren Anteil seines Einkommens für die Absicherung von Alter, Pflege und Gesundheit ausgeben müssen. Es kommt darauf an, diese Belastungen durch Effizienzgewinne und die nachhaltige Belebung der gesamtwirtschaftlichen Entwicklung möglichst gering zu halten und zwischen den wie innerhalb der Generationen gerecht zu verteilen. Das entwickelt auch neue Wachstumschancen. Das Gesundheitswesen birgt Wertschöpfung und ist beschäftigungsintensiv. Hier können wohnortnah Arbeitsplätze für Hoch- und Geringqualifizierte entstehen und Wachstumschancen generiert werden.

Das Gesundheitswesen muss wieder mehr am Subsidiaritätsprinzip ausgerichtet werden. Die Kreativität der Beteiligten muss genutzt werden, um auch in Zukunft eine gute Gesundheitsversorgung für alle Bürger zu bezahlbaren Preisen sicherzustellen. Die Stärkung der Eigenverantwortung spielt dabei eine unerlässliche Rolle.

Marina Schuster

Globalisierung

1 Einleitung

Mit verblüffender Geschwindigkeit hat sich die Welt in den letzten fünfzehn Jahren verändert. Prozesse der Globalisierung scheinen Demokratie und Wohlstand ebenso zu beschleunigen wie internationalen Terrorismus und Umweltbelastung. Zwischen Aufbruchstimmung und Angstzuständen steht die Welt heute einem beispiellosen Prozess globalen Strukturwandels gegenüber, welcher neben wirtschaftlichen und sozialen auch politische und kulturelle Aspekte umfasst. Aller Komplexität und Zwiespältigkeit zum Trotz bekennt sich liberale Politik zu der grundlegenden Überzeugung, dass die rasant zunehmende globale Vernetzung in erster Linie ein enormes Spektrum an wirtschaftlichen *und* sozialen Chancen eröffnet. Doch in einer Welt, wo der Kampf um die Verteilung von Wohlstand und politischem Einfluss immer härter wird, gilt es Veränderungen vorausschauend zu erkennen und kreativ zu gestalten. Anstatt mit diffusen Ängsten zu spielen, müssen wir die vorhandenen Gestaltungschancen ausschöpfen, um Prozesse der Globalisierung im Sinne von Freiheit und Solidarität für mehr Wohlstand, Gerechtigkeit und Demokratie zu nutzen.

2 Globalisierung als Chance begreifen

Wer den Wind der Veränderung nutzen will, muss zuerst ein realistisches und ausgeglichenes Bild entwickeln, welche Potentiale und Gefahren die Globalisierung birgt. Der seit Ende des Zweiten Weltkrieges exponentiell gestiegene grenzüberschreitende Austausch von Waren, Kapital und Informationen beruht dabei auf einer Vielzahl von Triebkräften – neben einer auf technischem Fortschritt basierenden Revolution der Transport- und Kommunikationsmittel insbesondere auf dem politisch motivierten Abbau von Handelsbeschränkungen und Investitionsbarrieren. In ihrer Intensität und Ausdehnung verbindet die Globalisierung auf bisher unbekannte Weise Individuen, Gesellschaften, Institutionen und Staaten. Diese Prozesse gilt es zuvorderst als Chance zu begreifen, als Herausforderung für die Initiative und Schaffenskraft einer liberalen Gesellschaft, die den Menschen in das Zentrum ihres Handelns stellt.

Freier und fairer Handel ist die Basis für wirtschaftlichen Wohlstand

Die grenzüberschreitende Mobilität von Sach- und Finanzkapital hat zur Integration ehemals national oder regional gebundener Volkswirtschaften in die internationale Wirtschaft geführt. Immense Potentiale weltwirtschaftlicher Arbeitsteilung können durch die andauernde Liberalisierung des Handels von Gütern und Dienstleistungen ausgeschöpft werden und Schaffen die Basis für steigende Produktivität und wachsenden gesellschaftlichen Wohlstand. Vor allem hoch industrialisierte Länder hängen für den Absatz ihrer spezialisierten und hochwertigen Erzeugnisse von den Möglichkeiten eines freien Welthandels ab. So profitiert Deutschland als amtierender Exportweltmeister wie kaum eine andere Volkswirtschaft von den sich weltweit öffnenden Märkten. Fast jeder zweite erwirtschaftete Euro wird hierzulande durch Exportaktivitäten verdient. Dabei sind es gerade die von der FDP immer wieder geförderten mittelständischen Unternehmen, deren Geschäfte durch Auslandsengagements profitieren. Globalisierung schafft in der Summe mehr Arbeitsplätze als ins Ausland verlagert oder durch Automatisierung ersetzt werden. Die Politik ist nun herausgefordert, sowohl bei den Gewinnern als auch den Verlierern jener Prozesse das Vertrauen in die Kraft und Reformfähigkeit der Sozialen Marktwirtschaft zu erneuern.

Neben dem Abbau von Handels- und Wettbewerbsbeschränkungen beruht effizienteres Wirtschaften auch auf der Liberalisierung des weltweiten Kapitalverkehrs. Entgegen einer diesbezüglich äußerst polarisierten öffentlichen Meinung hilft uns eine Verteufelung des Finanzsektors ebenso wenig weiter wie das grundsätzliche Infragestellen staatlicher Regulierung. International funktionierende Finanzmärkte sind für das reibungslose Funktionieren der Weltwirtschaft zentral. Dazu braucht es aber – und dies wurde von liberaler Seite nie in Frage gestellt – verantwortungsvolles Handeln, funktionierende Aufsichtsbehörden und konsistente Bewertungs- und Offenlegungspflichten.

Die Politik steht nun in der Pflicht zu mutigem und vorausschauendem Handeln. Denn wirtschaftlicher Wettbewerb ist politisch gestaltbar. Globalisierung ist kein unkontrollierbares Schicksal und wird maßgeblich durch staatliche Entscheidungen bedingt, welche den ordnungspolitischen Rahmen für ein verantwortungsvolles Miteinander der internationalen Staatengemeinschaft bilden können. So haben es multilaterale Organisationen wie die WTO in jahrzehntelangem Bemühen ermöglicht, dass nationale und regionale Schutzwälle abgetragen werden, mit dem Ziel der Schaffung einer fairen Welthandelsordnung. Bereits heute unterliegen über 90% des weltweiten Handels internationalem Regelwerk. Wenn auch die WTO nicht frei von Fehlentscheidungen ist, so stellt sie doch die einzige international anerkannte Vertragsorganisation dar, die faire und verbindliche Regeln für den Welthandel festlegen kann. Insofern gilt es aus liberaler Perspektive strukturelle Verbesserungen herbeizuführen, anstatt die Existenz der WTO grundsätzlich in Frage zu stellen.

Auch Entwicklungs- und Schwellenländer profitieren von der Globalisierung

Entgegen der öffentlichen Wahrnehmung profitieren auch Entwicklungs- und Schwellenländer von der globalisierten Weltwirtschaft, da deren relativ niedriges Lohnniveau gerade für arbeitsintensive Güter einen entscheidenden Wettbewerbsvorteil darstellt. Durch Handel erwirtschaftete Devisen ermöglichen Investitionen und steigende Produktivität. Allein das Schwellenland China hat nach Angaben des Internationalen Währungsfonds zwischen 1980 und 2006 seine reale Wirtschaftsleistung um nahezu das 11,5-fache erhöht. In Indien ist diese Tendenz sehr ähnlich. Südostasien hat bereits aufgeschlossen, Lateinamerika folgt. Wie der indisch-amerikanische Ökonom Jagdish Bhagwati in seinem Buch zur „Verteidigung der Globalisierung" kürzlich mit theoretischen und empirischen Studien belegte, hat die Armut in Entwicklungs- und Schwellenländern durch die Teilnahme an der Weltwirtschaft nicht zu- sondern abgenommen (Bhagwati 2008). Der Rückgang des Hungers ist vor allem dort zu verzeichnen, wo die Prinzipien der Marktwirtschaft und Freihandel umgesetzt werden. Wirtschaftlicher Wohlstand basiert dabei insbesondere auf neu entstehenden Mittelschichten, welche mit unglaublicher Energie für ihren materiellen Aufstieg arbeiten – und so auch für westliche Industriegesellschaften zu vielversprechenden neuen Absatzmärkte werden.

Neben freiem Handel setzt gesellschaftlicher Fortschritt jedoch auch ein Mindestmaß von politischer Stabilität, Rechtssicherheit und Infrastruktur voraus. Andernfalls können in der Regel selbst bei niedrigsten Löhnen kaum Auslandsinvestitionen angezogen werden. Politische Fehlentscheidungen und Krisen werden heute wesentlich schneller durch den Abfluss von Kapital offengelegt, als dies noch vor zehn Jahren der Fall war. Unter diesem Joch werden nach wie vor ganze Großregionen marginalisiert, insbesondere im Afrika südlich der Sahara. Diese Regionen gilt es in ihren Demokratisierungsprozessen, insbesondere aber auch in ihren wirtschaftlichen Reformen zu unterstützen. Ohne die fatalen Auswirkungen der oft zweifelhaften Instrumente der EU-Agrarpolitik herunterzuspielen, müssen viele afrikanische Länder ihre wirtschaftliche und gesellschaftliche Stagnation in erster Linie auf ihre eigene verfehlte Wirtschaftspolitik zurückführen.

Die Wirtschaftsgeschichte hat jedoch gezeigt, dass eine Politik der Autarkie und Importsubstitution in einer globalisierten Welt keine Zukunft mehr hat. Aus liberaler Sicht kann nur die in rechtstaatlichen Strukturen eingebettete und der individuellen Verantwortung verpflichtete, schrittweise Öffnung der Märkte den Weg zur Stärkung von Wachstum, Entwicklung und Armutsverringerung bereiten.

Globalisierung fördert Demokratisierung und Innovation

Die weltweite Ausbreitung von Demokratie und Menschenrechten ist eng mit den Globalisierungsprozessen verknüpft. Wer Marktwirtschaft zulässt, öffnet die Tore für die Kraft der Freiheit – auch wenn uns das chinesische Modell heute aufzeigt, dass beide Prozesse nicht zwangsläufig eine Einheit bilden müssen. Nicht verkannt werden darf jedoch, dass neue Kommunikationsmittel die Ausbreitung von Medien- und Informationsfreiheit begünstigen und ein Mehr an Transparenz ermöglichen, da unabhängige Information ohne Zeitverzögerung in die entlegensten Winkel der Welt transportiert werden kann. Trotz verbleibender Möglichkeiten der Zensur wird die Informationsmanipulation für autoritäre Regime immer schwieriger, was die Herausbildung von politischem und demokratischem Bewusstsein befördert. Vor diesem Hintergrund müssen wir Europäer uns weiterhin für Meinungs- und Pressefreiheit stark machen.

Schließlich hat die jüngere Geschichte gezeigt, dass sich auch wirtschaftliche und politische Modernisierung gegenseitig bedingen, da die durch die Globalisierung eingeleiteten gesellschaftlichen Modernisierungsprozesse früher oder später auch politischen Reformdruck ausüben. Schließlich führt die zunehmende Mobilität des Human- und Wissenskapitals zu einer immer gleichmäßigeren

Ausbreitung von technologischem und unternehmerischem Wissen, welches auch den Entwicklungsländern zu sinkenden Kosten zur Verfügung steht.

Globalisierungskritik ernst nehmen

Den Chancen und Potentiale der Globalisierung stehen jedoch ernstzunehmende Risiken gegenüber, sei es die Monopolmacht weltweit agierender Großunternehmen, die sinkende staatliche Steuerungsfähigkeit oder negative soziale Auswirkungen. Diese Entwicklungen gilt es durch politisches Handeln zu minimieren. Dennoch kann auf neue Bedingungen nicht nur mit moralischer Anklage und einem lauten Ruf nach dem Staat reagiert werden. Insofern gilt es im Umgang mit Globalisierungskritikern klar zu differenzieren. Hinter vielen kritischen Äußerungen verstecken sich grundlegende Antipathien, welche ideologisch motiviert sind. All jenen, die mit dem vermeintlichen Schreckenswort der Globalisierung Anti-Amerikanismus oder Antikapitalismus verbinden, kann hier nicht geholfen werden. Ernst zu nehmen sind jedoch Bedenken, welche bessere Resultate von der Globalisierung fordern. Prozesse weltweiter Vernetzung müssen Grenzen haben – sowohl regional, ökonomisch und sozial – und sollten von einer ausreichend starken politischen Gegenkraft begleitet sein. So darf die wirtschaftliche Liberalisierung kein Selbstzweck werden, sondern muss innerhalb eines verbindlichen rechtlichen Ordnungsrahmens zur Entfaltung selbstverantwortlicher Freiheit beitragen.

Mit Lord Dahrendorf hat auch ein Vertreter des politischen Liberalismus darauf hingewiesen, dass sich Globalisierung vielfach in Räumen vollzieht, für die keine ausreichenden Strukturen der Kontrolle existieren (Dahrendorf 2003). Doch wer sich ohnmächtig wähnt, kann schnell ins Irrationale abdriften. Vielmehr müssen weltweit Ordnungsmuster, Institutionen und Organisationen angepasst werden, um Globalisierung sinnvoll zu gestalten.

3 Globalisierung aktiv gestalten

Multilateralismus stärken

Die aktive politische Gestaltung der Globalisierung erfordert die Stärkung der multilateralen Zusammenarbeit. Globale Herausforderungen bedürfen globaler

Antworten, wie der Klimawandel oder die Bekämpfung des Internationalen Terrorismus. Die politische Gestaltungskraft vieler Nationalstaaten oder regionaler Verbünde reicht zur Lösung vieler Probleme nicht mehr aus. Eine sinnvolle Beschränkung individueller Handlungsweisen durch autonom anerkannte Regelwerke negiert daher nicht die persönliche Freiheit, sondern macht diese vielfach erst aus (Dierksmeier 2007).

Die Durchsetzung eines effektiven politischen Multilateralismus verlangt jedoch eine weitreichende Reform des Gefüges von internationalen Organisationen, welche die Globalisierung heute im Wesentlichen gestalten. Dies betrifft neben der Welthandelsorganisation (WTO) und dem Internationalen Währungsfonds (IWF) auch die Weltbank und G8, welche zunehmend selbst zur bevorzugten Zielscheibe der Antiglobalisierungsbewegungen werden. Vor der Wirtschafts- und Nachfragekraft der BRIC-Staaten Brasilien, Russland, Indien und China erscheinen die G8-Gipfel als Reminiszenz einer nicht mehr den heutigen Kräfteverhältnissen entsprechenden Epoche. Angesichts jährlicher Zuwachsraten der Wirtschaftsleistung zwischen fünf und zehn Prozent verlangen diese Länder zu Recht, als gleichberechtigte Partner in derartige Mechanismen einer *Global Governance* aufgenommen zu werden. Formen der themenbezogenen Einbindung – wie im Rahmen des von der G8 im Juni 2007 initiierten „Heiligendammprozesses" – sind auszubauen, um Glaubwürdigkeit und Handlungsfähigkeit zu bewahren.

Auch die WTO ist weiterhin dazu aufgerufen, ein faires Welthandelssystem zu schaffen, welches einerseits möglichst frei von Handelsbeschränkungen ist, andererseits aber auch an spezielle Bedingungen angepasste, schrittweise Marktöffnung erlaubt. Nur freier Handel ist fairer Handel und dient der nachhaltigen Bekämpfung von Armut. Doch um diesen zu erreichen, muss etwa die laufende Doha-Entwicklungsrunde schnellstmöglich zum Abschluss gebracht werden. Insbesondere aus Sicht eines Hochtechnologiestandorts wie der EU müssen diese Schritte auch einhergehen mit einem effektiveren Schutz geistigen Eigentums.

Bildung und Innovation fördern

Durch den Austausch von Studenten, Lehrkräften und Wissenschaftlern ermöglicht die Globalisierung einen umfassenden Bildungs- und Wissenschaftswettbewerb, der für alle Beteiligten Fortschritt bedeuten kann. Wir Europäer dürfen nicht vergessen, dass unser Innovationspotenzial, als die Fähigkeit der permanenten Wissenserzeugung, die Hauptquelle unseres Wohlstands ist. Dennoch wird in Deutschland immer noch viel zu wenig in Bildung und Forschung investiert, um in zukunftsträchtigen Branchen konkurrieren zu können. Mit dem Wirtschaftsboom ist auch in China oder Indien eine selbstsichere, zielstrebige und kreative Generation herangewachsen, die mit ihren Innovationen den Westen zunehmend herausfordert. Allein in Indien werden pro Jahr 400.000 Ingenieure ausgebildet während 2006 in Deutschland 48.000 Stellen für Ingenieure nicht besetzt werden konnten. Milliarden Menschen haben sich auf den Weg gemacht, denselben Lebensstandard zu erreichen, über den wir bereits seit langem verfügen. Angesichts dieser Entwicklungen müssen wir in dem Maße bessere Leistungen zeigen als unsere Produktionsfaktoren teuer sind. Nur so werden wir den Anschluss nicht verlieren.

Die Priorisierung von Bildung und Forschung erschöpft sich jedoch nicht in einer Generierung von Wissen als globalem Wettbewerbsvorteil, sondern ist auch eine zentrale Grundlage für unser auf Toleranz und Eigenverantwortung beruhendes Gesellschaftssystem. Liberale Bildungspolitik folgt dabei dem übergeordneten Ziel der Chancengerechtigkeit. Optimale Förderung muss alle Lebensabschnitte umfassen sowie die individuelle Leistungsfähigkeit berücksichtigen. Sozial Benachteiligte müssen ebenso gefördert werden wie Spitzenkräfte.

Solidarität üben

Freiheit in Verantwortung: Dieser urliberale Gedanke sollte auch den Blick auf Prozesse der Globalisierung stärker bestimmen. Freiheit ist nicht mit Unsicherheit gleich zu setzen, sondern stellt das Wesensmerkmal einer gerechten Bürgergesellschaft dar. Für Liberale ist Freiheit nicht ihrer sozialen Bezüge entkleidet, sondern in ihrer gesellschaftlichen, politischen und wirtschaftlichen Dimension unteilbar. Dem wiederentdeckten qualitativen Freiheitsbegriff folgend, tritt die staatliche Einschränkung der Freiheit nicht erst sekundär hinzu (quantitativer Freiheitsbegriff), die Respektierung des Anderen ist vielmehr deren ureigener Bestandteil. Auch der Liberalismus basiert auf der Verpflichtung zu gesellschaftlicher Solidarität, als der gemeinsamen sozialen und ökologischen Verantwortung gegenüber allen Bürgern und Generationen (Dierksmeier 2007).

Die Globalisierung der Märkte muss in diesem Freiheitsverständnis mit der Globalisierung von Demokratie und Menschenrechten einhergehen. Die internationale Staatengemeinschaft ist gefragt, die ihr zur Verfügung stehenden Instrumente besser zu nutzen, um Druck auf jene Regime ausüben, die durch Unterdrückung, Korruption und Protektionismus die Entwicklungschancen ihrer eigenen Länder ruinieren. Denn Freiheit als Leitidee allen Fortschritts darf kein Privileg werden. So bleibt die Verwirklichung universeller Menschenrechte unabänderliches Ziel liberaler Politik, darunter das Verbot von Folter, politischer, religiöser oder rassischer Verfolgung. Auch die Durchsetzung der so genannten Kernarbeitsnormen der Internationalen Arbeitsorganisation (ILO) muss möglichst schnell und umfassend umgesetzt werden. Dazu gehören etwa die Vereinigungsfreiheit, die Beseitigung der Zwangsarbeit und die Abschaffung der Kinderarbeit.

Das liberale Verständnis von Solidarität relativiert so die dem Neoliberalismus häufig vorgeworfene einseitige Fokussierung auf die positiven Auswirkungen des Welthandels. Die FDP fordert seit Jahren, dass die in Schwellen- und Entwicklungsländern auf Marktzugang drängenden Industriestaaten im Gegenzug auch faire Marktzutrittschancen für landwirtschaftliche Produkte auf EU-Märkten garantieren. Eine vollständige Beseitigung von derartigen Handelshemmnissen, wie auch eine stärkere Integration in die Weltwirtschaft kann Teile der oftmals ineffizienten Entwicklungshilfe ersetzen. Aus liberaler Perspektive ist staatliche Mittelvergabe keine nachhaltige Ursache für Wohlstand. Denn keiner Seite ist geholfen, wenn über Jahrzehnte hinweg Geber-Nehmer-Strukturen zementiert werden, anstatt etwa mittelständische Unternehmen zu befähigen, aus eigener Kraft neue Arbeitsplätze zu schaffen. Insbesondere im Bereich der erneuerbaren Energien eröffnet sich eine Fülle von nachhaltigeren Kooperationsmöglichkeiten. Deutsche und europäische Entwicklungshilfe muss somit stärker als bisher dem Prinzip der „Hilfe zur Selbsthilfe" folgen und jenen Regierungen zu Gute kommen, die Verantwortung für ihre Bürger und die Entwicklung ihres Landes übernehmen.

4   Fazit

Die Globalisierung gleicht einem stetigen Entdeckungsverfahren mit positiven und negativen Überraschungen. Doch entgegen landläufiger Schwarzmalerei ist die globale Vernetzung kein unkontrollierbares Schicksal, solange wir sie als Chance und Herausforderung begreifen. Und schließlich gilt für Globalisierung dasselbe wie für den Markt: Beide stehen einer freien und gerechten Gesellschaft nicht im Weg, sondern sind deren notwendige Bedingung. Wer Gesellschaft gestalten will, muss sich auf das Abenteuer der Globalisierung einlassen, Risiken politisch minimieren und eigene Stärken sinnvoll weiterentwickeln. Unser Wohlstand basiert auf den Potenzialen individueller Leistungsbereitschaft, eingebettet in einer innovativen und zugleich fairen gesellschaftlichen Ordnung. Dafür muss liberale Politik weiter einstehen.

Auf der Suche nach effektiven Formen von *Global Governance* kann Europa die Erfahrungen des Integrationsprozesses in die Gestaltungsdebatte mit einbringen. Der historische Erfolg der EU hat bewiesen, dass die Visionen einer auf Verantwortung und Gleichberechtigung beruhenden „Weltnachbarschaftsordnung" Wirklichkeit werden können (Genscher 2008). Die Globalisierung kommt langfristig nur den Staaten und Staatenverbindungen zu Gute, die in ihren Grundlagen freiheitlich und demokratisch verfasst sind. Diese Prozesse müssen in eine stabile und ausgewogene Friedensordnung und Sicherheitsarchitektur eingebunden sein.

Wer für Veränderung und Fortschritt eintritt, muss auch Bereitschaft für Risiko zeigen. Die einseitige Betonung der Gefahren, wie auch das zweifelhafte Bestreben jegliches Wagnis auszuschließen bringt uns um die der Globalisierung zu Grunde liegenden Chancen.

Bibliographie

Bhagwati, Jagdish: Verteidigung der Globalisierung, München 2008.
Dahrendorf, Ralf: Auf der Suche nach einer neuen Ordnung. Eine Politik der Freiheit für das 21. Jahrhundert, München 2003.
Dierksmeier, Claus: Quantitative oder qualitative Freiheit?; in: Becchi, Paolo / Orsi, Giuseppe / Seelmann, Kurt / Smid, Stefan / Steinvorth, Ulrich (Hrsg.): Nationen und Gerechtigkeit; Rechtsphilosophische Hefte; Beiträge zur Rechtswissenschaft, Philosophie und Politik; Band 12, 2007.
Genscher, Hans-Dietrich: Für eine Weltnachbarschaftsordnung; in: Frankfurter Allgemeine Zeitung vom 24.10.2008.

Patrick Döring

Freiheit und Heimat –
Heimat geben, bewahren, gestalten

„Es gibt ein Gefühl jenseits aller Politik, und aus diesem Gefühl heraus lieben wir dieses Land. Wir lieben es, weil die Luft so durch die Gassen fließt und nicht anders, der uns gewohnten Lichtwirkungen wegen – aus tausend Gründen, die man nicht aufzählen kann, die uns nicht einmal bewusst sind und die doch tief im Blut sitzen."

Selbst die Worte Tucholskys aus dem Jahr 1929 mit ihrem leichthin eingeworfenen Bezug auf das „tief im Blut" sitzende Gefühl wecken heute Assoziationen, die uns im ersten Augenblick aus gutem Grund vor dem Gebrauch des Wortes 'Heimat' und einer inhaltlichen Auseinandersetzung zurückschrecken lassen: Der Begriff scheint vergiftet als Schlagwort und Machtinstrument. Zwei totalitäre Diktaturen haben sich seiner bedient, um ihre Herrschaft ideologisch zu stabilisieren – die Deutsche Demokratische Republik, die unter der Erziehung 'zu aktiver Heimat- und Vaterlandsliebe' nichts weniger verstand als die Erziehung zu „sozialistischem Bewusstsein", und vor allen Dingen natürlich der Nationalsozialismus, der das Wort 'Heimat' zu einem Kampfbegriff umformte. In der *Blut und Boden*-Rhetorik der NS-Ideologie wurde Heimat gleichbedeutend mit der 'natürlichen Verbundenheit' eines Menschen mit Volk und Vaterland. Dies bedeutete im Umkehrschluss auch die Ausgrenzung alles Fremden – und wurde schließlich sogar dazu missbraucht, gewaltsame Expansion sowie die Vertreibung und schließlich Vernichtung anderer mit Heimatwerten zu verbrämen.

Diese negative Aufladung durch die jüngere Geschichte hat dazu geführt, dass es seit 1945 kaum eine intensivere Auseinandersetzung im politischen Raum mit der Bedeutung der Heimat gab. Allenfalls in konservativen Kreisen hat man den Begriff für sich reklamiert. Wobei der revisionistische Unterton, der insbesondere im Zusammenhang mit der Vertriebenenpolitik oft mitschwang (und bis heute gelegentlich anklingt), nicht dazu geeignet war, die nationalistischen Konnotationen des Begriffes vergessen zu machen – auch wenn modernere Konservative versuchten, diese Sehnsucht nach der verlorenen Heimat durch eine Hinwendung nach Europa zu sublimieren. Niemand kann (und will) den

Vertriebenen ihre 'gefühlte' Heimat nehmen. Doch über sechzig Jahre nach dem Ende des Krieges und bald zwanzig Jahre nach der Überwindung der deutschen und europäischen Teilung wirkt der Wunsch der Vertriebenenverbände, die verlorene, heute mehr 'erinnerte' denn reale Heimat zurück zu gewinnen, tatsächlich wie aus einem anderen Jahrhundert – zumal die herausragende Integrationsleistung in den 50er und 60er Jahren, die viele Heimatvertriebene in der Bundesrepublik hat heimisch werden lassen, dadurch zu sehr in den Hintergrund gerückt wird.

Im gesellschaftlichen Bereich wurde der Heimatbegriff zugleich immer stärker auf einen 'Kulisseneffekt' zurückgenommen. „Als Heimat galt das alte Fachwerkhaus, nicht aber die Mietskaserne am Stadtrand, und eigentlich auch nicht die Villa im Grünen", schreibt der Kulturwissenschaftler Hermann Bausinger. Zahllose Heimatfilme mit Titeln wie „Grün ist die Heide" (1951) und „Die Christel von der Post" (1956) haben Heimat mit traditionellen Werten und Landschaften gleichgesetzt und als Gegensatz zu Fortschritt und städtischem Leben definiert. Auch hier wurde der Begriff der Heimat mit kulturell-konservativen Ideen aufgeladen, die mit einer weltoffenen Geisteshaltung oft unvereinbar, ja gar antithetisch zu einer solchen wirkten – in einem Maße, dass selbst ökologische Bewegungen, obwohl tendenziell auch dem Landschaftskonservatismus dieses Heimatbegriffs zugeneigt, sich das Konzept kaum zueigen machten.

Dass ein Wert und ein Gefühl, welches wohl allen Menschen gemein ist, so zu einem Klischee und Schlagwort des Konservatismus verkam, ist nicht frei von trauriger Ironie. Anstatt die Menschen zu verbinden – die doch alle eine Heimat lieben wollen oder sich nach ihr sehnen – werden Gegensätze geschaffen und zementiert. Als ob die Liebe zur Heimat andere davon ausschlösse, in ihr heimisch zu werden. Als ob es unmöglich wäre, sich in einer modernen Welt daheim zu fühlen. Viel zu lange wurde der Begriff der Heimat für solche antimodernen und bisweilen latent xenophoben Einstellungen instrumentalisiert.

Heimat und Freiheit

Es ist eine Mär, dass der aufgeklärte, polyglotte Mensch im Zeitalter der Globalisierung keine „Heimat" mehr braucht. Das Gegenteil ist der Fall. „Erst die Fremde lehrt uns, was wir an der Heimat besitzen." Der erste Satz aus Fontanes *Wanderungen in der Mark Brandenburg* ist heute so wahr wie damals. Wie in vielen Dingen, die einem natürlich und selbstverständlich erscheinen, bemerken wir freilich erst im Verlust die Bedeutung dessen, was wir besaßen.

Das Gefühl der Heimatlosigkeit war eine der radikalen Grunderfahrungen des Exils vieler Deutscher während der Zeit des Nationalsozialismus und zahlloser Menschen, die durch den von Deutschland ausgehenden Krieg ihre Heimat verloren – darunter am Ende auch Millionen Deutsche. Jean Améry, als Hans Mayer 1912 in Wien geboren, hat diese persönliche Erfahrung eindringlich beschrieben und analysiert. „Mein, unser Heimweh war Selbstentfremdung. Die Vergangenheit war urplötzlich verschüttet, und man wusste nicht mehr, wer man war. [...] Ich war ein Mensch", so Améry, „der nicht mehr 'wir' sagen konnte und darum nur noch gewohnheitsmäßig, aber nicht im Gefühl vollen Selbstbesitzes 'ich' sagen konnte." Die Erfahrung des Fremden braucht offenbar einen Gegenpol der Sicherheit und des Vertrauten – in den Worten Erika Manns: „Das Fremde ist herrlich, solange es eine Heimat gibt, die wartet."

Diese Erfahrung bestätigt sich auch und gerade in Zeiten der Globalisierung: Umso stärker die Menschen im Dorf oder in der Stadt Anteil an der Welt nehmen können und umgekehrt die Welt in immer größerem Maße auf ihr Leben einwirkt, desto wichtiger wird der Besitz von Heimat. Es ist kein Zufall, dass im Zuge der Globalisierung das Bewusstsein nationaler und landsmannschaftlicher Zugehörigkeiten wächst und sich das Bewusstsein regionaler und lokaler Identität intensiviert. Denn während in den letzten Jahrzehnten der Mensch zusehends die Möglichkeit verlor, die Chancen und Risiken, die ihm durch äußere Entwicklungen entstanden, auch nur zu überblicken, bleibt die Heimat für jeden Menschen der Ort, den man sich 'aktiv angeeignet' hat, dem man sich als zugehörig empfindet und an dem das eigene Leben sich erfüllen kann und erfüllen soll.

Dieser Akt der Aneignung ist die zentrale Freiheitserfahrung jedes Menschen. Denn erst wenn wir gemeinsam mit anderen an der Gestaltung unserer Lebenswelt wirken können, erhält Freiheit eine weltliche Realität, werden individuelle Freiheit und ihre Grenzen spürbar. „Handelnd und sprechend", so schreibt Hannah Arendt, „offenbaren die Menschen jeweils, wer sie sind, zeigen aktiv die personale Einzigartigkeit ihres Wesens, treten gleichsam auf die Bühne der Welt". Erst im Handeln erlebt der Mensch Freiheit und ist der Mensch frei: „Solange man handelt, ist man frei, nicht vorher und nicht nachher, weil Handeln und Freisein ein und dasselbe sind." In der Heimat des Menschen, an diesem angeeigneten Ort, manifestiert Freiheit sich unmittelbar, sie wird Wirklichkeit in Worten, Taten und Ereignissen. Wo diese Freiheit fehlt, wo der Mensch in seinem Handeln nicht frei und selbstbestimmt ist und sich den Ort und die Menschen nicht aneignen kann, dort kann auch keine Heimat sein. Freiheit und Heimat sind so untrennbar verbunden.

Zugleich ist Heimat auch Ort individueller und gesellschaftlicher Identitätsbildung. Denn in der Dreiecksbeziehung zwischen Mensch, Mitmensch und dem uns umgebenden Raum, durch das wechselseitige sich erkennen, erkannt und anerkannt werden, lernen wir uns selbst kennen, definieren wir unsere Selbst- und Identitätsentwürfe. Zugleich erwächst aus dieser Erfahrung auch ein Gefühl der Sicherheit und des Vertrauens, das selbst wiederum untrennbar mit dem Gefühl von Heimat verbunden ist, dem Ort, wo wir, wie Améry schreibt, „uns zu sprechen und zu handeln [getrauen], weil wir in unsere Kenntnis-Erkenntnis begründetes Vertrauen haben dürfen." Denn in der fortgesetzten Beziehung zu seiner unmittelbaren Umwelt kann (und muss) der Mensch auch zu vertrauen lernen. Erst indem wir das Risiko eingehen, den Zusagen anderer zu vertrauen und uns selbst ihnen anzuvertrauen, oder, wie Hannah Arendt schreibt, „als ein Jemand im Miteinander in Erscheinung treten" und so zeigen, dass wir bereit sind „in diesem Miteinander auch künftig zu existieren", kann eine Gesellschaft und kann Politik entstehen.

Diese Lebenswelt – an der wir selbst wachsen, uns vertrauen und verstehen lernen – ist in gewisser Weise auch Teil von uns selbst. Das ist keineswegs gleichbedeutend mit einer Verschmelzung von Heimat und Individuum oder einer kritiklosen Annahme der gegebenen Umwelt. Im Gegenteil, die Aneignung der Heimat durch den Menschen ist nicht frei von Konflikten. Die Feststellung solcher Dissonanzen bedeutet jedoch keineswegs eine Ablehnung oder Entfremdung des Menschen von seiner Heimat – oftmals sind es vielmehr diese empfundene Unvollkommenheit und der Wille zur Verbesserung dieser Verhältnisse, die Teilhabe und Engagement motivieren. Und tatsächlich hat die Heimatliebe bisweilen einen Zug ins Utopische, steht neben der in manchen Zeitläufen fast unerklärlichen und unerschütterlichen Zuneigung für die Heimat auch die Hoffnung auf deren Verbesserung.

In der Heimat finden die Menschen also zu sich selbst – und zugleich erwächst im Zuge dieser Selbstfindung eine dauerhafte Bindung an die Heimat. Andersherum: In einer Welt, die keine Heimat kennt, würden wir in einer Gesellschaft gänzlich reduzierter Menschen leben, ohne Identität, ohne Vertrauen und ohne Verantwortungsbewusstsein sich selbst und anderen gegenüber – das vollkommene Gegenbild zu den selbst- und verantwortungsbewussten Bürgern, die das Herzblut der Demokratie und des Liberalismus sind. In einer solchen Welt wäre Freiheit undenkbar. Für Liberale ist es daher auch im Zeitalter der Globalisierung eine Aufgabe, den Menschen Heimat zu geben, zu bewahren und zu gestalten.

Heimat geben, Heimat bewahren, Heimat gestalten

Der Besitz und die Bewahrung von Heimat ist für Liberale ein Wert an sich. Doch ist uns zugleich bewusst, dass das Wesen von Heimat selbst sich nicht abschließend definieren lässt. Heimat ist für jeden Menschen etwas anderes – es ist und bleibt letztlich eine Empfindung, die sich einem äußeren Zugriff entzieht und sich gänzlich individuell aus der jeweiligen Aneignungsgeschichte eines Menschen mit seinen Mitmenschen und seiner Umwelt ergibt. Heimat finden kann der Mensch nahezu überall und unabhängig von seiner Staatsangehörigkeit. Heimat ist überall dort, wo wir in der Aneignung das Gefühl gewinnen, bei uns selbst zu sein. Manch einer hat seine Heimat am Ort seiner Geburt, ein anderer findet sie erst im Laufe seines Lebens. So habe ich lange Zeit allein meine Geburtsstadt Stade als Heimat empfunden – auch nachdem ich schon seit Jahren an anderen Orten gelebt und studiert hatte. Erst später habe ich langsam, mit dem unternehmerischen und kommunalpolitischen Engagement, der Entwicklung eines großen Freundeskreises und der Gründung einer eigenen Familie, in Hannover eine neue (oder: weitere) Heimat gefunden.

Heimat – das kann auf dem Land ebenso sein wie in der Stadt, an der Küste oder am Meer, eine Sprache oder eine Nation. Und so mancher Mensch mag sich im Reich der Ideen eher daheim fühlen als an einem realen Ort, ein anderer findet seine Heimat in menschlichen Beziehungen – wie Theodor Heuss, der schon nach der ersten Begegnung mit seiner zukünftigen Frau Elly Knapp seiner jungen Bekannten brieflich eröffnete, dass er 'Heimweh' nach ihr habe.

Kurz: Es gibt sicherlich so viele Begriffe von Heimat, wie es Menschen gibt. Es wäre daher eine Anmaßung, einen bestimmten Begriff von Heimat höher zu werten als andere.

Politik kann keine Heimat schaffen – sie kann jedoch den Erfahrungs- und Gestaltungsraum geben und bewahren, in dem jeder selbst seine Heimat finden und gestalten kann. Politik muss darum

1. die Bedingungen dafür schaffen, dass möglichst viele Menschen in eine aktive Beziehung mit ihren Mitmenschen und ihrer Umwelt treten können und
2. im wörtlichen wie im übertragenen Sinne die Räume schaffen und erhalten, in denen die Bürgerinnen und Bürger miteinander frei handeln und sich dadurch ihre Heimat aneignen können.

Heimat hat mithin für liberale Politik vor allem zwei Seiten: eine soziale und eine räumlich-örtliche. In beiden Fällen zielt unsere Politik dabei vor allem darauf, in unserer Gesellschaft die Freiheit und Selbstentfaltung der Menschen heute und in Zukunft zu ermöglichen und zu sichern.

In der gesellschaftlichen Perspektive bedeutet dies, insbesondere die soziale Integration des Einzelnen, seine Teilhabe an der Gesellschaft zu gewährleisten. Denn Heimat gewinnt ein Mensch erst im Zusammenleben und Zusammenwirken mit seinen Mitmenschen. Gerade in einer globalisierten und mobilen Gesellschaft, in der die Menschen – freiwillig oder unfreiwillig – immer öfter eine neue Heimat suchen, ist die Fähigkeit einer Gesellschaft, 'Fremden' eine Heimat zu geben, von großer sozialer und politischer aber auch ökonomischer Bedeutung. So gab es im Jahr 2004 allein in Deutschland über eine Million Umzüge zwischen und mehr als 2,6 Millionen Umzüge innerhalb einzelner Bundesländer. Beinahe 1,5 Millionen Menschen zogen aus dem Ausland nach Deutschland oder verließen das Land. Ingesamt lebten in diesem Jahr 6,7 Millionen Zuwanderer in Deutschland – von denen viele auch ohne deutsche Staatsbürgerschaft hier längst eine Heimat gefunden haben.

Diese Entwicklung bedeutet für Deutschland nach wie vor eine große Herausforderung. Denn leider ist es auch heute keineswegs selbstverständlich, dass Menschen 'Fremde' so einfach in ihrer Heimat akzeptieren – geschweige denn erlauben, dass diese selbst dort heimisch werden. Der Begriff Heimat kann eben auch dazu dienen, andere Menschen auszugrenzen, die vermeintlich 'fremd' und 'anders' sind und daher nicht in das hergebrachte Bild von Heimat passen. Das ist ein Heimatbild, das für Liberale untragbar ist. Denn nichts widerspricht dem liberalen Ansatz mehr, als die Freiheit anderer allein auf Grund ihrer Herkunft, Abstammung oder Lebensweise zu beschränken, sie daran zu hindern, sich selbst zu entfalten und sich eine Heimat anzueignen. Unser Ziel ist eine tolerante Gesellschaft, die möglichste vielen Menschen Heimat gibt – und nicht Heimatlose durch Aus- und Abgrenzung schafft.

Allerdings wissen wir Liberale auch, dass sich Toleranz nicht verordnen lässt, sondern verinnerlicht werden muss. Die Gesetze können zwar vorschreiben, dass ein jeder gleich zu behandeln ist. Doch um sich tatsächlich gleich behandelt zu fühlen, braucht es im sozialen Miteinander eine selbstverständliche Akzeptanz des Anderen. Ein Stück weit kann diese Toleranz durch eine entsprechende Bildungspolitik gefördert werden. Vor allem braucht es dazu jedoch Vorbilder und konkrete persönliche Erfahrungen, die das 'Fremde' ein Stück weit vertraut und damit auch zum Teil der eigenen Heimat machen. Wo sich 'Einheimische' und 'Fremde' sprachlos gegenüber stehen, dort gibt es auch keine Basis für Interaktion und gemeinsame lebensweltliche Erfahrungen – und mithin nicht die Chance, einander kennen und vertrauen zu lernen. Eine gemeinsame Sprache ist damit als Voraussetzung zur Integration und Heimatfindung ebenso unverzichtbar wie die Bereitschaft und Möglichkeit zur Kommunikation.

Es ist kein Zufall, dass die Angst vor 'dem Fremden' vor allem dort verbreitet ist, wo es wenig Erfahrung im Umgang mit Fremden gibt. Eine liberale Integrationspolitik zielt deshalb darauf, gewachsene Mauern zwischen verschiedenen Bevölkerungsgruppen vorsichtig wieder einzureißen und die Entstehung neuer Gräben zu verhindern. Nicht in der Abgrenzung, sondern in der Begegnung liegt die Chance für eine tolerante Gesellschaft. Daraus ergeben sich konkrete Herausforderungen für die Politik, etwa wenn es um städtebauliche Leitbilder oder die Kultur- und Bildungspolitik geht. Hier müssen Tendenzen zu einer gesellschaftlichen Segregation frühzeitig bekämpft werden, indem – im realen wie im übertragenen Sinne – Räume der Begegnung offen gehalten und geschaffen werden, in denen Menschen aufeinandertreffen und einander kennenlernen können. Von nicht zu unterschätzender Bedeutung ist in diesem Zusammenhang zum Beispiel die Entwicklung unserer Städte, in deren Zentren sich Menschen unterschiedlichster Herkunft begegnen und einander als Teil ihrer Heimat anzunehmen lernen können. Die hässlichen Bilder der Straßenkämpfe in den französischen Vorstadt-Ghettos sind eine abschreckende Warnung und unter anderem Motivation für eine aktive Stadtentwicklungspolitik.

Toleranz und Integration sind dabei naturgemäß keine Einbahnstraße. Die tolerante Gesellschaft gewährt jedem die Freiheit zu seiner Selbstverwirklichung – und erwartet diese Toleranz für die Mitglieder ihrer Gesellschaft auch von jedem, der in ihr heimisch werden will. Die physische oder psychische Unterdrückung der Freiheit anderer ist in einer freien Gesellschaft nicht zu tolerieren. Wer anderen ihr Recht auf Freiheit und kulturellen Individualismus verweigert – sei es durch Wort oder Tat – schließt sich selbst aus der Gesellschaft aus. Denn Heimat kann nur dort sein, wo alle Menschen frei nach ihren eigenen Wünschen und Vorstellungen handeln können. Wer dieses Recht für sich in Anspruch nimmt, muss es auch seinen Mitmenschen einräumen. Auch hier gilt: Die Freiheit des Einen endet dort, wo die Freiheit des Anderen beginnt.

Neben der wachsenden Mobilität der Menschen erwachsen auch durch die Veränderung der Sozial- und Bildungsstruktur Herausforderungen an die Integrationskraft der Gesellschaft, der durch das Schwinden der sie tragenden und verbindenden Mittelschicht die Gefahr der Selbstentfremdung droht: 2006 zählten nur noch 54 Prozent der Bevölkerung zur Mittelschicht – sechs Jahre zuvor waren es noch 62 Prozent. Die Zahl der Menschen mit unterdurchschnittlichen Einkünften ist im gleichen Zeitraum um über sechs Prozentpunkte auf 25,4 Prozent gestiegen, während 20,5 Prozent der Deutschen deutlich überdurchschnittlich verdienten – rund zwei Prozentpunkte mehr als im Jahr 2000.

Dieses Problem kann aus liberaler Sicht nicht dadurch geheilt werden, dass der Staat durch eine noch stärkere Umverteilung der Einkommen vermeintliche Gerechtigkeit herstellt – zumal bereits heute die Sozialleistungsquote in Deutschland bei über 29 Prozent des Bruttoinlandsproduktes liegt. Der soziale Ausgleich findet zudem längst statt, wenn 56,4 Prozent der Einkommensteuer von den knapp 16 Prozent der Bürgerinnen und Bürgern gezahlt werden, die im Jahr mehr als 40.000 Euro verdienen, während niedrigere Einkommen deutlich weniger belastet werden: Etwa 26 Prozent der Steuerzahler verdienen zwischen 8.000 und 25.000 Euro, ihr Anteil am gesamten Einkommensteueraufkommen liegt bei 3,7 Prozent.

Keine Frage, es ist und bleibt richtig, dass in einer Gesellschaft, die allen ihren Bürgerinnen und Bürgern eine Heimat sein will, auch und gerade jene Unterstützung durch den Staat als Agenten ihrer Mitmenschen erhalten, die durch ein widriges Schicksal nicht in der Lage sind, ihren Lebensunterhalt zu bestreiten. Das ist zweifellos auch eine Voraussetzung für die soziale Integration und die Teilhabe eines Menschen an der Gestaltung seiner Umwelt und umgekehrt auch Teil der Verantwortung einer Gesellschaft für ihre Umwelt und ihre Mitmenschen. Umverteilung ist jedoch kein Selbstzweck: Liberale Politik schwächt nicht die Starken, sondern stärkt die Schwachen. Wir wollen den Gestaltungsraum der Menschen durch Bildungschancen vergrößern – und damit den Handlungs- und Aneignungsspielraum erweitern, in dem Menschen ihre Welt (mit)gestalten und sich eine Heimat schaffen können. Die Einschränkung der individuellen Handlungsmöglichkeiten durch den Staat, die Begrenzung der Freiheit des Menschen und seiner Möglichkeit, selbstbestimmt an der Gestaltung seiner Umwelt mitzuwirken, ist das Gegenteil unserer Vorstellung. Liberale Politik will mehr Chancen – und nicht mehr Zwang. Es geht um die Ermächtigung der Menschen zu größerer Autonomie und Selbstbestimmung, damit alle Bürgerinnen und Bürger sich selbst ihre Heimat schaffen können.

Es wäre indes natürlich naiv anzunehmen, dass die Menschen in der Gestaltung ihrer Heimat stets konfliktfrei zusammenwirken würden. Das Gegenteil ist der Fall! So verschieden wie das Verständnis und die Ansprüche an die Heimat, so unterschiedlich sind auch die 'Aneignungspläne' der Menschen, die ihre Umwelt durch ihr Handeln ihren Vorstellungen annähern möchten. Hier kommt es zwangsläufig zu Konkurrenzen um die Gestaltung des Raumes und die Nutzung der vorhandenen Ressourcen. Der Versuch, sich seine Heimat nach seinem Willen zu verändern und zu gestalten, führt in den wohl meisten Fällen zu Konflikten mit anderen Menschen, für die eine solche Veränderung einen Verlust bedeuten würde: Ob es um den Bau einer Moschee, die Wiedererrichtung eines Schlosses, den Erhalt eines wertvollen Biotops, den Ausbau einer Straße oder die Anlegung eines Gewerbe- oder Industriegeländes geht – immer geht es auch um die Frage: Wie soll unsere Heimat in Zukunft aussehen? Aus liberaler Sicht ist keine Maßnahme für sich genommen mehr oder weniger wert als eine andere. Jede entspricht dem Bedürfnis von Menschen, ihre Umwelt zu gestalten, sich diese zur Heimat zu machen, indem Raum für religiöse oder kulturelle Identifikation geschaffen oder die Möglichkeiten zur ökonomischen Entwicklung und Schaffung von Arbeitsplätzen in einer Region gegeben werden. Und ebenso legitim ist die Opposition gegen solche Eingriffe, die als Widerspruch gegen andere Heimatvorstellungen empfunden werden. Diese Auseinandersetzungen und nötigen Entscheidungen sind im kommunalpolitischen Alltag unvermeidbar, wenn man Heimat als einen Ort versteht, den Menschen sich selbst aktiv aneignen.

Darum sind die vielen ehrenamtlichen Kommunalpolitiker zu allererst auch Heimatpolitiker und die Basis der politischen Kultur in Land und Bund. Eine politische Partei ohne starke kommunalpolitische Basis droht sich zu weit von den Bürgern und ihren Unterstützern zu entfernen. Starke Basis allein reicht allerdings nicht aus. Kommunal-, Landes-, Bundes- und Europapolitiker müssen miteinander in engem Kontakt sein und einander gegenseitig ernst nehmen. Die Entwicklung so genannter unabhängiger oder freier Wähler auf kommunaler

Ebene ist auch begründet durch das Auseinanderfallen kommunalen und landespolitischen Handelns der Parteien. Es wird sich erweisen, ob sich die Entwicklung von einer kommunalen Gruppierung zu einer landesweiten politischen Kraft, wie bei der bayerischen Landtagswahl 2008 stabilisiert – ein Alarmsignal für alle Parteien ist sie allemal.

„Heimatpolitik" ist das Ergebnis dieser konstruktiven Auseinandersetzung der Menschen mit- und untereinander – und jenseits tagespolitischer Diskussionen zielt liberale Heimatpolitik auf allen Ebenen in erster Linie darauf, Regeln und Strukturen zu entwickeln, zu festigen und zu erhalten, die es erlauben, die verschiedenen Interessen nach gesellschaftlich akzeptierten Standards gegeneinander abzuwägen und auszugleichen. Das bedeutet natürlich nicht, dass Liberale in den konkreten Situationen nicht auch eine eigene Meinung haben würden. Ich persönlich halte etwa den Moscheenbau in Deutschland für eine richtige und wichtige Sache. Und ich hege den Verdacht, dass viele Maßnahmen, die wir ergreifen, um die Natur als wichtigen Bestandteil unserer Heimat zu schützen, zu rigide und zu starr sind – und wir am Ende bisweilen die Bedürfnisse der Menschen vergessen. So sollten Natur- und Landschaftsschutzgebiete doch für die Bewohner und Gäste einer Region erlebbar und nicht abgesperrt sein. Und wenn etwa bei Autobahnneubauten die Trasse bis auf 300 Meter an eine Siedlung herangelegt wird, um den Abstand zu einem Vogelschutzgebiet zu vergrößern wie im Fall der A26 bei Hamburg-Stade, laufen wir meiner Meinung nach Gefahr, die Grundlagen zu gefährden, die es Menschen erst erlauben, eine Region zu ihrer Heimat zu machen. Liberalen ist jedoch eben durchaus bewusst, dass sie keineswegs die einzig wahre Position vertreten. Jeder (auch die Politik und die Gesellschaft) kann irren, da unser Wissen sowohl über unsere gegenwärtige Wirklichkeit und noch mehr um die Zukunft unsicher und unvollständig ist. Jenseits der tagespolitischen Debatten über das Pro und Contra bestimmter Maßnahmen ist es der freie Austausch gleichberechtigter Individuen, den Liberale entwickeln und garantieren wollen, um möglichst vielen Menschen eine Heimat zu geben und zu bewahren – indem sie die Möglichkeit erhalten, ihre Vorstellungen und Interessen einzubringen und so gemeinsam mit anderen an der Gestaltung ihrer Heimat Anteil zu haben.

Von der Verwirklichung dieses liberalen Ideals des eigenverantwortlichen, in einer freien und selbstbestimmten Gemeinschaft lebenden Bürgers sind wir in Deutschland derzeit weit entfernt. Zwar ist die Gleichstellung der Bürger im Willensbildungs- und Entscheidungsprozess durch die Gesetze und die Rechtsprechung weithin gesichert. Doch die Subsidiarität als Leitbild staatlichen Handelns und Nicht-Handelns ist noch lange nicht verwirklicht. Im Gegenteil. Die Politik mischt sich in immer mehr Lebensentscheidungen der Menschen ein, während auf der anderen Seite die Bürger an staatlichen Entscheidungsprozessen kaum beteiligt werden. Als Beispiele seien hier kommunale Gebietsreformen ohne Bürgerbeteiligung (zum Beispiel derzeit in Schleswig-Holstein oder in den 70er Jahren in Niedersachsen), das Konterkarieren kommunaler Entscheidungen durch nationale, europäische oder internationale Gremien wie beim Streit um den Bau der Dresdner Waldschlösschenbrücke, europäische Vorschriften zu städtischem Verkehr und Konsumverbote von legalen Rauschmitteln genannt. Wir Liberale wollen uns dem widersetzen.

Dabei geht es nicht so sehr um das Für und Wider der einzelnen politischen Entscheidung, sondern vor allem um die Verteidigung des Selbstbestimmungsrechtes der Bürgerinnen und Bürger vor Ort. Denn in unserem politischen System hat zwar das Prinzip der Subsidiarität seinen Niederschlag in der föderalen Struktur gefunden. Die Basis unseres Gemeinwesens ist darin die Kommune, jener Ort, an dem Gesellschaft sich konstituiert und Heimat erfahrbar wird. Die kommunale Selbstverwaltung ist in Artikel 28 des Grundgesetzes festgelegt, der bestimmt, dass die Kommunen „alle Angelegenheiten der örtlichen Gemeinschaft im Rahmen der Gesetze in eigener Verantwortung regeln." Doch dieses Prinzip der Selbstverwaltung der „örtlichen Gemeinschaften" ist in Deutschland längst zu einem Zerrbild geworden.

Dieses Problem zeigt sich auch an der Situation unserer Kommunen: Durch immer neue Gesetze, Erlasse und Verordnungen gibt der Bund den Städten und Gemeinden Entscheidungen vor – und schränkt zugleich durch die damit verbundenen finanziellen Belastungen deren Handlungsfreiräume empfindlich ein. So sind allein die Ausgaben der Kommunen für vom Bund vorgeschriebene soziale Leistungen, etwa für die Pflege und die Grundsicherung im Alter, von 2002 bis 2007 von 28,2 Milliarden auf 37,6 Milliarden Euro gestiegen. Weitere Ausgaben kommen durch den Rechtsanspruch auf einen Kinderplatz auf die Kommunen zu. Und auch die weiteren bildungspolitischen Vorhaben des Bundes werden vor allem in unseren Städten und Kommunen umgesetzt werden müssen. Dafür fehlen die Hilfen des Bundes und der Länder dort, wo sie wirklich gebraucht werden: Für die Bewältigung des demographischen Wandels, einer nationalen Jahrhundertaufgabe, stellt der Bund zum Beispiel mit seinen Stadtumbauprogrammen gerade einmal etwas über 0,5 Milliarden im Jahr zur Verfügung, von denen außerdem auch noch über 60 Prozent für den Abriss leerstehender Gebäude verwendet werden – und nur knapp 40 Prozent für tatsächlich gestaltende Maßnahmen ... Es ist wie so oft in Deutschland: Der Staat ist schwach, wo er stark sein müsste – und dafür um so stärker dort, wo er nicht gebraucht wird.

Liberale Heimatpolitik erschöpft sich daher nicht in ein wenig Volkstümelei mit Blaskapelle und Schützenverein (auch wenn ich zu den großen Freunden solcher Feste zähle). Politik für die Heimat – das bedeutet vielmehr, politische Auseinandersetzung um den Wert der Heimat und die sich daraus ergebenden Herausforderungen zu führen. Wir brauchen klare Zuständigkeiten im Rahmen der Subsidiarität, mehr Bürgerbeteilung, transparente und offene Entscheidungsstrukturen – und die Kraft der jeweils zuständigen Politiker, die Entscheidungen auch durchzusetzen und zu vermitteln, ohne sich hinter vermeidlich übergeordneten Zwängen zu verstecken.

Liberales Engagement für eine freiheitliche, tolerante, Heimat gebende und Heimat bewahrende Gesellschaft – sei es in der Kommune oder in der *res publica* – ist geprägt von Heimatliebe. Es ist an der Zeit, dass wir dieses aussprechen – und die Heimat gegen ideelle Besitzansprüche der Konservativen als das behaupten, was sie ist: Unser aller Gemeinsamkeit.

Marco Buschmann

Innere Sicherheit

1 Spannungsfeld aus Freiheit und Sicherheit

Freiheit braucht Sicherheit. Darüber sind sich alle einig. Das gestehen selbst Gegner den Liberalen zu. Ferdinand Lassalles historisches Schmähwort vom „Nachtwächterstaat", den Liberale angeblich wollten, bringt nämlich genau das zum Ausdruck: Wenn sich Liberale sonst um nichts kümmern, so behauptete der berühmte Sozialdemokrat, dann doch wenigstens um die innere Sicherheit, damit die Bürger nachts ruhig schlafen können.

Ebenso sind sich alle einig, dass Freiheit und Sicherheit ein Spannungsfeld bilden. In diesem Spannungsfeld muss Politik Entscheidungen für die innere Sicherheit unseres Landes treffen. Die Schwierigkeiten in der Debatte um die beste Lösung für Probleme der inneren Sicherheit rühren unter anderem daher, dass ganz unterschiedliche Begriffe von Sicherheit existieren. Je nachdem, was man darunter versteht, fällt die Abwägung mit der Freiheit der Bürger anders aus. Jedoch tut die deutsche Politik gut daran, einen liberalen Sicherheitsbegriff zu Grunde zu legen.

2 Liberaler Sicherheitsbegriff

Wer über Sicherheit im Zusammenhang mit innerer Sicherheit spricht, denkt an Maßnahmen des Staates, die mitunter in die Freiheit der Bürger eingreifen. Sicherheit und Staat gehören zusammen. Wer einen wertegeleiteten Sicherheitsbegriff entwickeln möchte, muss sich also fragen, welche Rolle dem Staat zukommt.

John Locke, der Begründer des politischen Liberalismus der Aufklärung, definierte die Funktion des Staates so, dass sein höchster Zweck der Schutz dessen sei, was *Locke* „property" nannte. Politische Gegner übersetzen dies fälschlicherweise mit „Eigentum". Damit nähren sie das Vorurteil, der Liberalismus sei die Weltanschauung der Besitzbürger. Tatsächlich entspricht die werkgerechte

Übersetzung von „property" eher dem mittelalterlichen Begriff der „althergebrachten Rechte" oder der „wohlerworbenen Rechte". Das macht Locke auch selber ausdrücklich klar, indem er „property" definiert als „life, liberty and estate" – also Leben, Freiheit und Besitztümer. In der Sprache unserer Verfassungsgegenwart würde man statt „althergebrachte Rechte", die „Leben, Freiheit und Besitztümer" betreffen, einfach Grundrechte sagen. Der höchste Zweck des Staates ist für Liberale also der Schutz derjenigen Rechtsgüter, die durch die Grundrechte garantiert sind.

Sicherheit durch Schutz dieser Rechtsgüter heißt, Risiken für diese Rechtsgüter zu verringern. Dass es um Risiken gehen muss, versteht sich von selbst. Denn wenn sich ein Risiko für ein Rechtsgut erst einmal realisiert hat, es also kein Risiko sondern nunmehr Schaden ist, dann kommt jeder Schutz zu spät: Das konkrete Rechtsgut ist bereits beeinträchtigt oder gar verloren.

Risiken können wiederum ganz unterschiedlicher Art sein. Insbesondere ist die Unterscheidung von objektiver Risikolage und subjektiver Risikoempfindung bedeutsam. In Verbindung mit dem Risiko, Opfer einer Straftat zu werden, spricht man in der Kriminologie statt von subjektiver Risikoempfindung auch von Kriminalitätsfurcht. Die Kriminologie hat gezeigt, dass Kriminalitätsfurcht und objektive Risikolage nicht nur in keinem festen Zusammenhang stehen; sie widersprechen sich bisweilen sogar: Allseits bekannt ist die Tatsache, dass insbesondere ältere Menschen, die nachweislich seltener Opfer von Straftaten werden als junge Menschen, mehr Kriminalitätsfurcht empfinden als die meisten Menschen, die jüngeren Altersgruppen angehören (sog. Kriminalitätsfurchtparadox). Andere Untersuchungen haben gezeigt, dass Menschen – obwohl sie in ihrem sozialen Nahfeld keinerlei Anzeichen erkennen, die eine höhere Kriminalitätsfurcht rechtfertigen könnten – annehmen, dass die Kriminalität im gesamten Bundesgebiet ansteige (sog. Verbrechen auf Distanz-Phänomen). Ein Grund hierfür dürfte in der Medienberichterstattung liegen, die der Gewaltkriminalität einen Schwerpunkt einräumt, der die Wahrnehmung der objektiven Risikolage bei den meisten Menschen deutlich verzerrt.

Wenn Liberale von Sicherheit sprechen, dann geht es um die objektive Risikolage. Es ist Aufgabe des Staates „Leben, Freiheit und Besitztümer" der Menschen, die in seiner Obhut leben, tatsächlich (und nicht nur scheinbar) zu schützen. Für Liberale geht es bei der inneren Sicherheit also darum, die objektiv bestehenden Risiken für die grundrechtlich garantierten Rechtsgüter objektiv zu mindern. Eine bloße Symbolpolitik des „harten Durchgreifens" nützt allenfalls dem Politiker, der damit Wahlkampf betreibt, und ist jedem Liberalen zuwider.

3   Liberaler Abwägungsprozess statt Hexenjagd

Maßnahmen der inneren Sicherheit greifen regelmäßig in grundrechtlich garantierte Rechtsgüter ein. Das widerspricht der Aufgabe des Staates, genau diese Rechtsgüter zu schützen. Solche Eingriffe lassen sich nur dadurch rechtfertigen, dass der daraus folgende Sicherheitsgewinn den Freiheitsverlust überwiegt.

Unscharfe Sicherheitsbegriffe, deren Verhältnis zur Freiheit nicht geklärt ist, stehen bei diesem Vergleich vor einem Problem, das sich nicht rational lösen lässt: Sie müssen Freiheit und Sicherheit vergleichbar machen, um behaupten zu können, der Gewinn an Sicherheit größer sei als der Freiheitsverlust. Ihnen fehlt jedoch das gemeinsame Maß für beides, ein *tertium comparationis*, oder einfacher gesagt: Äpfel kann man nicht mit Birnen vergleichen!

Der liberale Sicherheitsbegriff dagegen löst dieses Problem konsequent, indem er Sicherheit und Freiheit vergleichbar macht über den gemeinsamen Maßstab des Risikos für grundrechtlich geschützte Rechtsgüter: Sicherheit ist die objektive Verringerung von Risiken, die objektiv für grundrechtlich garantierten Rechtsgüter bestehen. Freiheit wiederum lässt sich (in vielen Bereichen) mit grundrechtlich garantierten Rechtsgütern gleichsetzen. Sicherheit und Freiheit besitzen für Liberale also einen gemeinsamen Nenner, der grundrechtlich garantierte Rechtsgüter heißt. Liberale wägen daher wie folgt ab: Zuerst stellt sich die Frage, welche objektiven Risiken für grundrechtlich geschützte Rechtsgüter objektiv beseitigt oder verringert werden. Die Antwort zeigt, wie viel Freiheit geschaffen wird. Die zweite Frage lautet, welche Risiken für grundrechtlich geschützte Rechtsgüter durch die Maßnahme der inneren Sicherheit entstehen. Die Antwort zeigt, wie viel Freiheit vernichtet wird. Wenn nicht mehr Freiheit geschaffen als vernichtet wird, dann ist die entsprechende Maßnahme zu verwerfen.

Diese streng rationale Vorgehensweise wird häufig in Zweifel gezogen. Gegner ziehen nicht selten eine aus dem Zusammenhang gerissene Sentenz des Bonner Strafrechtlers Günter Jakobs heran: Eine nicht aufgeklärte Gesellschaft und ein aufgeklärten Recht passten nicht zusammen. Hiermit wollen sie die Begründung für Maßnahmen liefern, die Freiheit einer Gruppe von Bürgern opfern soll, um der angeblich unaufgeklärten Mehrheit das gute Gefühl von Sicherheit zu vermitteln, ohne dabei jedoch objektiv Sicherheit zu schaffen. Diese Haltung ist nicht nur arrogant, weil sie die Mehrheit der Menschen für unaufgeklärt hält. Der dahinter stehende Gedanke folgt auch der Logik der Hexenjagd: Zwar erhöht die Maßnahme keine objektive Sicherheit, jedoch belastet sie nur wenige und vermittelt dafür vielen ein beruhigendes Gefühl. Solches Denken schafft keine Sicherheit, sondern kostet nur Freiheit. Zwar wissen Liberale, dass die Bürger auch subjektiv die Überzeugung besitzen müssen, dass sie sicher leben können. Doch ist das probate Mittel hierfür nicht ein Freiheitsopfer. Sollte der Befund einer unaufgeklärten Gesellschaft richtig sein, dann ist die angemessene Reaktion hierauf nicht, die Freiheit von Menschen zu opfern. Einer unaufgeklärten Gesellschaft muss die politische Führung mit Aufklärung begegnen.

Dieser Anspruch ist nicht bloß fromme Hoffnung. Liberale haben ihn immer wieder erfolgreich eingelöst. Generationen zum Vorbild dient etwa die Rede des ersten Justizministers der Bundesrepublik Deutschland, Thomas Dehler, im Deutschen Bundestag vom 2. Oktober 1952 gegen die Wiedereinführung der Todesstrafe. Hans-Dietrich Genscher sagte später von dieser Rede, sie habe „Parlamentsgeschichte" geschrieben, sie sei eine „große Stunde in der Geschichte des Bundestages" und „eine große Stunde in der Geschichte des deutschen Liberalismus" gewesen: Gegen die in der Mehrheit der Bevölkerung verbreiteten Ressentiments und Ängste setzte Dehler Daten und Fakten, die die kriminalpolitische Nutzlosigkeit der Todesstrafe belegten. So gewann er die Mehrheit im Parlament und verhinderte die Wiedereinführung der Todesstrafe in Deutschland.

4   Bestandsaufnahme

Gegen die Grundsätze einer liberalen Politik der inneren Sicherheit wird in Deutschland permanent verstoßen. Diese Entwicklung hat sich insbesondere seit dem 11. September 2001 verstärkt. Zwischen den Parlamentsmehrheiten aus SPD und Bündnis 90/Die Grünen sowie CDU und SPD sind dabei keine qualitativen Unterschiede zu erkennen.

Zwar steht außer Zweifel, dass Politik auf eine gefährlicher gewordene Welt reagieren muss. Die Reaktion muss jedoch auch hier durch Maßnahmen erfolgen, die die objektiven Risiken für grundrechtlich geschützte Rechtsgüter beseitigen und dabei nicht mehr Risiken für grundrechtlich geschützte Rechtsgüter schaffen. Die politische Mehrheit handelte häufig ganz anders:

Die Parlamentsmehrheit aus SPD und Bündnis 90/Die Grünen beschloss 2004 das Luftsicherheitsgesetz. Enthalten war eine Vorschrift, nach der Flugzeuge, die von Terroristen als Waffe eingesetzt werden, auch dann von der Luftwaffe abgeschossen werden dürfen, wenn sich unschuldige Passagiere an Bord befinden. Das Bundesverfassungsgericht entschied später, dass der Staat kein Recht besitze, das Leben Unschuldiger für die mögliche Rettung Dritter zu opfern. Unabhängig von diesem Argument war jedoch auch von vornerein klar, dass die Regelung selbst in der Logik ihrer Befürworter kaum einen Sinn ergab: Der damalige Bundesinnenminister Otto Schily erklärte auf Nachfrage des Bundesverfassungsgerichts, dass aufgrund der dichten Bebauung in Deutschland beim Abschuss eines Flugzeugs quasi immer damit zu rechnen sei, dass nicht nur Unschuldige an Bord, sondern zusätzlich auch am Boden sterben würden. Die Regelung enthielt also sogar nach Ansicht seiner Befürworter eine Maßnahme, die typischer Weise mehr Freiheit kostete, nämlich das Leben von Passagieren und Menschen am Boden, als Sicherheit zu schaffen.

Erst jüngst wurde das neue BKA-Gesetz von der Parlamentsmehrheit aus CDU und SPD auf den Weg gebracht. Nachdem insbesondere die Landesregierungen mit FDP-Beteiligung zunächst ein Zustandekommen des Gesetzes verhindert haben, einigten sich CDU und SPD auf eine neue Fassung. Das Gesetz sieht unter anderem die sogenannte Online-Durchsuchung vor. Dabei wird heimlich ein Zugang zu denjenigen Daten geschaffen, die auf einem Computer gespeichert sind.

Freiheit hat diese Maßnahme bereits im Rahmen ihrer Beratung gekostet: Im Zuge der Debatte sind nicht wenige Strafverteidiger dazu übergegangen, mandanten- und prozessbezogene Informationen nur noch auf *off-line*-Rechnern zu speichern, die physikalisch vom Internet getrennt sind. Es ist ein Zeichen für den Verlust von konkreter Freiheit, wenn freie Organe der Rechtspflege, deren Aufgabe in der Verteidigung der Freiheit ihrer Mandanten vor staatlichen Eingriffen besteht, befürchten müssen, diese Aufgabe nicht mehr von Staat unbehelligt erfüllen zu können.

Welchen Nutzen die Maßnahme dagegen haben soll, konnte noch niemand schlüssig erklären. Denn die Kommunikation vermeintlicher Terroristen oder Schwerverbrecher in Internet kann bereits überwacht werden. Was sich dann auf den Rechnern befinden soll, was nicht bereits vorher via Internet kommuniziert worden ist, bleibt im Dunkeln. Die Argumente, die gleichwohl vorgetragen worden sind, haben jedoch Beispielcharakter für eine Vielzahl von Maßnahmen:

Recht mysteriös hieß es etwa auf Seiten der CDU, die Behördenleiter seien der Ansicht, sie bräuchten das Instrument. Das Argument ist jedoch schwach: Ein Behördenleiter unterliegt der Logik der Betriebswirtschaftslehre. Er muss seinen Auftrag mit begrenzten Ressourcen erfüllen. Deshalb ist ihm jede zusätzliche Option recht, die ihm durch den Gesetzgeber angeboten wird und die ggf. die Erfüllung des Auftrags erleichtern könnte. Freiheitsverluste sind bei einer solchen Betrachtung bloß externe Kosten, weil sie im betriebswirtschaftlichen Kalkül einer Behörde nicht auftauchen. Der Gesetzgeber muss sie in dieses Kalkül durch klare gesetzliche Vorgaben quasi von außer her internalisieren. Die innere Überzeugung der Behördenleiter von der eigenen guten Amtsführung blendet die Möglichkeit von Fehlern oder Missbräuchen zudem eher aus als ein.

Solche Erwägungen haben dazu geführt, dass das *Bundesverfassungsgericht* dem Gesetzgeber verboten hat, seine Verantwortung einfach an die Exekutive abzudelegieren (sog. Parlamentsvorbehalt). Begründet die Mehrheit eines Parlaments eine gesetzgeberische Maßnahme nur mit dem Argument, dass die Behördenleiter danach verlangen, ohne dies selber inhaltlich begründen zu können, verspottet sie das Konzept des Parlamentsvorbehaltes. Zwar entscheidet dann formal das Parlament, aber nur noch als verlängerter Arm der Exekutive.

Neben dem Verweis auf die Behördenleiter wird meist eine andere Taktik angewandt, um jede Maßnahme scheinbar akzeptabel zu machen: Der Richtervorbehalt. Ohne Zweifel ist es richtig, dass ein Grundrechtseingriff, dem erst ein Richter zustimmen muss, besser ist als ein Grundrechtseingriff, bei dem das nicht der Fall ist. Die deutsche Richterschaft ist hervorragend ausgebildet und durch zahlreiche institutionelle Absicherungen unabhängig. Jedoch schützt ein Richtervorbehalt nur tatsächlich, wenn dem Richter etwas vorliegt, was er sinnvoll prüfen kann. Die Praxis zeigt, dass die Ermittlungsbehörden unterschriftsreife Beschlussvorlagen bei Gericht einreichen, die Tatsachenschilderungen enthalten, die der Richter nur auf Schlüssigkeit und an Hand der Aktenlage prüfen kann. Hinzu kommt, dass der inflationäre Gebrauch des Richtervorbehaltes durch den Gesetzgeber, um immer mehr Grundrechtseingriffe politisch mehrheitsfähig zu machen, ein weiterer Beitrag für die Überlastung der Justiz ist. Eine sorgfältige Prüfung wird immer schwieriger.

Die Liste der Ärgernisse und Missstände, die zulasten der Freiheit gehen, ohne Sicherheit zu schaffen, ließe sich fortführen. Die durch die Herausgeber gesetzten Schranken für den Umfang verbieten jedoch weitere Beispiele. Die Beiträge von Gisela Piltz und Alexander Alvaro in diesem Band bieten jedoch weitere Belege und Anschauungsmaterial.

5 Appell

Der Staat muss objektive Sicherheit bieten. Hierauf muss er sich konzentrieren. Eine Maßnahme, die Sicherheit schafft, ist nur, was objektiv mehr Risiken für grundrechtlich garantierte Rechtsgüter beseitigt als hierfür geschaffen werden. Politische Hasardeure, die Ängste schüren, um dann scheinbare Patentrezepte zu bieten, die allenfalls Placebo-Effekte freisetzen statt objektive Sicherheit, haben auf dem wichtigen Politikfeld der inneren Sicherheit keinen Platz: Sie belasten nur unnötig die Justiz und setzen keine klaren politischen Vorgaben für die Exekutive durch. Es ist der Beruf unserer Zeit, solchen Hasardeuren die Argumentationshoheit zu entreißen, so wie es Thomas Dehler mit seiner historischen Rede gegen die Wiedereinführung der Todesstrafe tat. Dieser Aufgabe müssen wir uns als jüngere Generation stellen. Denn wir halten ein vor dem Hintergrund unserer deutschen Geschichte junges und wertvolles Erbe in Händen: Nämlich einen Staat, der in westlich-liberaler Tradition verfasst ist. Dieses Erbe ist durch die immer neuen Vorschläge ohne jedes Augenmaß, die keine objektive Sicherheit bewirken, sondern nur Freiheit kosten, in Gefahr. Wir müssen es verteidigen. Auch angesichts neuer Gefahren muss, wie der Bundesverfassungsrichter Udo Di Fabio schreibt, der Westen nämlich der Westen bleiben.

Nicola Beer

Innovation gestaltet Zukunft

In der heutigen Zeit ist der Ruf nach Innovation beinah politisches Allgemeingut. Bei genauerer Betrachtung zeigt sich jedoch, dass der Begriff Innovation allzu oft als nebulöses Schlagwort dort eingesetzt wird, wo Reform oder Strukturwandel negativ besetzt sind. Dies wird der Bedeutung von Innovation als unabdingbare Grundlage für ein freie, fortschrittliche, aufgeklärte und dadurch wohlhabende Gesellschaft in keiner Weise gerecht.

Bevor man sich damit auseinandersetzen kann, welche Art von Politik Innovation fördert und welche Konzepte sowie Strukturen hierzu notwendig sind, muss daher zunächst geklärt werden: Was ist Innovation? Welches Verständnis von Innovation ist für die liberale Wertediskussion maßgeblich?

Etymologisch wird der Begriff abgeleitet von dem lateinischen Wort „innovatio", was so viel wie „etwas neu Geschaffenes" bedeutet. Dies zeigt uns zweierlei. Zum einen muss es sich hierbei um etwas „Neuartiges" handeln und zum anderen muss dieses Neuartige „geschaffen" worden sein, womit ein aktiver Betätigungsprozess gemeint ist. Eine Innovation ist also im Gegensatz zur „Erneuerung" nichts, was aus sich selbst heraus entsteht, wie etwa das natürlich bedingte jährliche Aufblühen einer Blume, sondern es erfordert vielmehr eine eigene geistige oder körperliche Kraftanstrengung, aus der etwas hervor geht, was in dieser Form noch nie da gewesen ist. Über die Invention als neue Idee (was auch den Prototypbau bzw. die Konzeptentwicklung einschließt) geht die Innovation durch die notwendige konkrete Um- bzw. Durchsetzung und den sich daraus ergebenen Veränderungen hinaus.

Die Bedeutung von Innovation wird klassischerweise an Hand von Joseph A. Schumpeter und seiner berühmten Entwicklungstheorie („Theorie der wirtschaftlichen Entwicklung") verdeutlicht. Dabei wird Entwicklung als unternehmerische Innovation verstanden, die Umwälzungsprozesse und Konjunkturzyklen auslöst. Schumpeter prägte die Begriffe des „schöpferischen Unternehmers" und der „schöpferischen Zerstörung". Auch hier haben wir es mit aktiven Prozessen zu tun, die in diesem Fall ihren Ursprung im ökonomischen Bereich haben. Dieser Zusammenhang von Innovation, Produktionsprozessen, Konjunktur und Unternehmensgewinne spielt zweifelsohne eine wichtige Rolle in der globalisierten Welt. Das liberale Verständnis von Innovation weist allerdings weit darüber hinaus. Es geht darum, ein umfassendes Prinzip von Innovation jenseits der sozial-ökonomischen Theorie zu etablieren, um den Herausforderungen der komplexen Gegenwart des 21. Jahrhunderts adäquat begegnen zu können. Innovation ist eine Kombination von neuen Ideen, Gedanken, Entwicklungen, Erfindungen und auch neuen Formen des Miteinanders, die die Gesellschaft beeinflussen, Zukunft gestalten und zum friedlichen Miteinander der Menschheit beitragen. Hier wird schnell deutlich: Innovation ist nicht nur die elementare Komponente für ökonomische, sondern auch für soziale und kulturelle Entwicklung sowie Stabilität. Eine Gesellschaft ohne vielschichtige Neuerungen in den zahlreichen Dimensionen entwickelt sich nicht weiter, sondern wird labil und träge. Der Mensch und die menschliche Gesellschaft sind zugleich Sender und Adressat von Innovation. Nichts ist menschlicher als innovativ zu sein. Es lässt sich sogar feststellen, dass die gesamte menschliche Entwicklung eine Abfolge von Innovationen war und nach wie vor ist, die zwar keinesfalls linear und stetig ansteigend verlaufen ist, aber quasi schubweise an entscheidenden Punkten Weiterentwicklungen bedingt hat. Die Evolution der Menschheit zeigt uns zum Beispiel auf, wie wichtig es war, eine Speerspitze zu entwickeln und an einem Holzstab zu befestigen, wie bahnbrechend der Bau des ersten Rades, wie bedeutend die Erfindung von Schriftzeichen und wie prägend Glühlampe, Benzinmotor und Computer für unsere Gesellschaftsentwicklung waren und sind. Und jeder Innovation folgt irgendwann eine neue Idee, die sich durchsetzt, eine neue Struktur, die keineswegs immer größer und renommierter als die vorangegangenen Erfindungen und Ideen sein muss, um die Menschheit, unsere Gesellschaft trotzdem weiter voranzubringen. Thomas Hobbes bringt es auf den Punkt, wenn er 1651 im Leviathan formuliert, dass die Erfindung der Buchdruckerkunst dem menschlichen Verstand zwar Ehre macht, „doch verliert sie sehr, wenn man sie mit der Erfindung der Buchstaben vergleicht". Gleichwohl wird niemand bestreiten, dass gerade der Buchdruck die Voraussetzung dafür war, dass das Wissen sich immer schneller und im Zuge dessen auch in allen Kulturen und Schichten verbreiten konnte – eine wichtige Voraussetzung für die heutige Informations- und Wissensgesellschaft.

Innovation – warum?

Dies führt unmittelbar dazu, warum Innovation notwendig, ja letztlich für die Menschen lebensnotwendig ist. In der globalisierten Welt sieht sich die Menschheit mit einer Vielzahl von unterschiedlichsten und komplexen Problemen oder – positiver formuliert – Herausforderungen konfrontiert, die danach verlangen, etwas „neu zu schaffen", um in Zukunft bestehen zu können. Beispielhaft seien hierbei nur unsere endlichen Energie- und Rohstoffressourcen, der Klimawandel, die demografische Entwicklung, schwere, bis heute unheilbare Krankheiten, Wasserknappheit und grenzüberschreitende Migration genannt. Nun gilt es nicht nur, diesen Herausforderungen pro aktiv zu begegnen, sondern gleichzeitig unsere Entwicklungsmöglichkeiten zu erhalten und auszubauen, den gesellschaftlichen Mobilitätsansprüchen gerecht zu werden sowie den Wohlstand der Bevölkerung zu sichern. Der Lösung dieser Probleme und somit den Feldern Gesundheits-, Umwelt- und Energieforschung kommen dabei in unserer Entwicklung eine ähnliche Bedeutung zu, wie vor etwa 10.000 Jahren der Domestizierung von Wildtieren als Haus- und Nutztiere des Menschen. Die Zielrichtung der erforderlichen Innovationsprozesse darf nicht ausschließlich auf unsere Gegenwart gerichtet sein, sondern muss ihren Fixpunkt weit in der Zukunft haben. Innovation heute bedeutet Stabilität und Wohlstand für morgen. Das heißt, Innovation ist Generationengerechtigkeit und Zukunftssicherung in einem. Vor diesem Hintergrund wird erkennbar, wie umfangreich unser Verständnis von Innovation und unser Bewusstsein darüber sein müssen.

Der Anspruch an unsere eigene gesellschaftliche wie wirtschaftliche Innovationstätigkeit muss sein, dass wir keine Getriebenen und passiv Reagierenden der Globalisierung sein wollen, sondern aktiv Handelnde, die die Globalisierung genauso wie die Gestaltung unserer Gesellschaft mitprägen. Die Taktzahl hat sich erhöht. Innovationen werden heute an vielen Orten der Welt gleichzeitig und parallel angestoßen und umgesetzt. Der Wettbewerb der besten Ideen läuft. Um diese vor uns liegende gewaltige Aufgabe meistern zu können, müssen wir die entsprechenden ökonomischen Grundlagen hierfür schaffen, die wir dann zur Gestaltung der Gesellschaft einsetzen können. Hier schließt sich der Kreis zwischen ökonomischer und sozialer Komponente von Innovation: Nur wenn wir durch innovative Technik, wissenschaftlichen Fortschritt sowie neue Dienstleistungen und Produkte wirtschaftliche Ressourcen erschließen, sind wir dazu in der Lage, die Probleme der Gegenwart zu meistern und unserer Gesellschaft die Zukunft zu sichern.

Innovationspolitik muss dieser Realität mit einem umfassenden Verständnis von Innovation, einer positiven Grundeinstellung gegenüber Entwicklung und einem ständigen Werben für neue Ideen gerecht werden. Nur dadurch kann dauerhaft ein gesellschaftliches Klima etabliert werden, welches Neuerungen offen gegenübersteht und die damit verbundenen Chancen ergreift. Vor diesem Hintergrund wird deutlich: Innovationspolitik darf sich nicht nur auf wirtschafts- und wissenschaftsfördernde Maßnahmen reduzieren, sondern muss das „große Ganze", vor allem auch die Einbindung in unser Wertesystem, im Blick haben.

Die Dimensionen von Innovation

Ein umfassendes und vor allem wertebasiertes Verständnis von Innovation betrachtet die vielfältigen Dimensionen der notwendigen Neuerungen. In nahezu allen Bereichen und Themenfeldern ergeben sich Innovationsmöglichkeiten, -ansätze und -notwendigkeiten. Bei aller inhaltlichen Vielfalt lassen sich jedoch drei Wirkungsbereiche mit besonderer Bedeutung ausmachen, die zudem auf das engste miteinander verknüpft sind: Gesellschaft, Bildung und Wirtschaft.

Die gesellschaftliche Dimension beschreibt in diesem Zusammenhang die Vorstellungen und Werte, auf denen wir unsere Gesellschaft aufbauen wollen. Für einen Liberalen sind hierbei Innovation und Kreativität die Grundlage für eine freie, offene und aufgeklärte Gesellschaft, wobei gerade eine solche Gesellschaft ihrerseits wiederum Innovationen fördert. Zwischen Innovation und Gesellschaft besteht somit ein wechselseitiger Zusammenhang. Erfindergeist und freies Unternehmertum gedeihen dann am besten, wenn Ideen und Experimentierfreude möglichst keine Grenzen gesetzt, sondern sie gesellschaftlich respektiert werden. Eine innovative Gesellschaft ist daher eine Gesellschaft, die ihre Zukunft aktiv und offensiv gestaltet. Sie erkennt ihre Potentiale und schöpft sie zum Wohle möglichst vieler aus. Sie schafft ein Klima, das nicht nur Invention begünstigt, sondern auch Innovation als die Umsetzung dieser Neuerungen begrüßt und unterstützt. In diesem Sinne übernimmt sie Verantwortung für die menschliche Gemeinschaft, nicht nur im eigenen Land. So können etwa Fortschritte in Technik und Entwicklung bei uns helfen, die Probleme in anderen Ländern zu lösen. Es besteht also unter anderem ein Zusammenhang zwischen nationalen Innovationen und der Lösung von international auftretenden Problemen. Beispielhaft sei nur die Vorbeugung vor Hungerkatastrophen in Entwicklungsländern mittels verbesserter Nutzpflanzen und Anbaumethoden sowie neuartiger Wasserversorgungsmöglichkeiten genannt. Es ist oberste Pflicht und Gebot unserer Zeit, diesem Anspruch gerecht zu werden. Die Bezeichnung vom „globalen Dorf" gilt sinngemäß auch für die Notwendigkeiten und die Wirkungen von Innovationen. Gerade im Umweltbereich und vor dem Hintergrund einer ständig wachsenden Weltbevölkerung gewinnt zudem die Umsetzung von nachhaltigen Prozessen einen neuen Wert. Innovativ zu sein bedeutet somit auch, ethisch zu denken. Beides muss und soll kein Widerspruch sein. Ganz im Gegenteil: Innovation und Entwicklung sind an sich schon ein ethischer Wert. Der deutsche Schriftsteller Karl Julius Weber hat es 1832 in seinem Werk „Demokritos" so formuliert: „Erfinder sind die wahren Wohltäter der Menschheit und verdienen größere Ehre als die, welche beweinenswerte Schlachten lieferten und große Länder eroberten." Hierin liegt der besondere Wert der gesellschaftlichen Dimension. Um solche Potentiale ausreichend ausbilden und nutzen zu können, bedarf es einer aktiven, weltoffenen Zivilgesellschaft, die sich als Teil der internationalen Verantwortungsgesellschaft begreift, statt strukturkonservativ in alten Denkschemata und nationalen Grenzen zu verharren. Weiterhin können eine erfolgreiche und innovative Wirtschaft und Wissenschaft eine integrierende und identitätsbildende Wirkung entfalten. Zu Recht kann man auf Erfindungen, auf Pioniergeist und Erfolg stolz sein. Innovation fungiert somit als gesellschaftlicher Stabilisator. Und genau das muss die Zielrichtung der gesellschaftlichen Innovationsdimension sein: Schaffung eines Pro-Innovationsklimas und Stärkung des Zusammengehörigkeitsgefühls als Innovationsgemeinschaft.

Die Bildungsdimension von Innovation zeigt sich in einem recht offensichtlichen Kontext: Die wichtigste Grundlage für die Innovationsfähigkeit einer zudem immer älter werdenden Gesellschaft besteht in einer qualitativ hochwertigen Bildung. Je mehr gebildete Menschen eine Gesellschaft hervorbringt, desto höher sind ihre Potentiale, innovativ tätig werden zu können. Kreativität und Ideenreichtum müssen daher in allen Bildungsphasen – vom Kindergarten über die Schule bis zu Hochschule und Weiterbildung – gefördert werden. Unsere Ressourcen sind eben nicht im Boden unseres Landes zu finden, sondern in den Köpfen unserer Bürger. Um Innovationstätigkeiten zu befördern, müssen die verschiedenen Bereiche von Bildung und Forschung noch stärker mit unternehmerischem Denken und Wissen verknüpft werden, das notwendig ist, um aus

Erfindungen Innovationen zu machen. Vernetzung und Wissenstransfer sind hierbei die entscheidenden Stichwörter, die die Basis jeglicher Innovationspolitik sein müssen. Dazu gehört insbesondere auch, dass unseren Kindern schon frühzeitig eine positive Grundeinstellung zu Wissenschaft, Forschung und Technik vermittelt wird. Positiv hießt hierbei nicht unkritisch, aber aufgeschlossen und aufgeklärt. Es geht um Hinterfragen und Weiterdenken. Das bedeutet auch aktive Talentförderung. Denn die Schülerinnen und Schüler von heute sind die innovativen Denker von morgen. Und am guten, sprich innovativen Vorbild der Elterngeneration lässt sich dies am besten lernen. Es gilt, sowohl die Bedeutung von Innovationstätigkeit für die Menschheit als auch die Grenzen der menschlichen Fähigkeiten und Entwicklung aufzuzeigen. Dies bedeutet zum Beispiel konkret, die menschlich bedingte Umweltzerstörung ehrlich anzusprechen, dabei aber gleichzeitig unserer Chancen aufzuzeigen, hierfür innovative Lösungen zu entwickeln. Dies macht deutlich, dass Innovation eine große ethische Komponente hat. Grundlage hierfür muss das stetige Entfachen einer kräftigen Neugierde sein. Alexander von Humboldt formulierte es 1845 in seinem Werk „Kosmos" trefflich: „Überall geht ein frühes Ahnen dem späten Wissen voraus."

Die wirtschaftliche Dimension wird von dem Zusammenhang von Innovation und Wohlstand geprägt. Ohne Innovation keine Entwicklung und ohne Entwicklung kein Vorwärtskommen. Die geldwerte Transformation von Innovationen, das heißt die Umsetzung in konkrete Produkte, Gebrauchsgegenstände und Dienstleistungen, ermöglicht uns die Bildung von finanziellen Ressourcen zur Zukunftssicherung und zum internationalen Erfolg. Technologische Spitzenprodukte und hoch qualifizierte Arbeitskräfte sind das ökonomische Zugpferd in einem Hochlohnland wie Deutschland. Sie sind unser Treibstoff im Globalisierungsmotor. Branchen und Unternehmen müssen lokal mit Bildungseinrichtungen vernetzt werden und in Konkurrenz zu anderen Regionen treten. Auch hier bedeutet Innovationstätigkeit wiederum Identitätsbildung: Der Ausbau und die Anregung von starken regionalen Clustern und regionalen Kernkompetenzen vernetzt die Menschen vor Ort, zeigt Ihnen die ökonomischen Vorteile von Neuerungen auf und fördert ganz konkret das Entstehen einer innovationsfreundlichen Grundeinstellung. Alle mittel- und unmittelbar Beteiligten können so erfahren, dass es etwas Erstrebenswertes ist, an Innovationsprozessen teilhaben und mitwirken zu können. Daraus folgt, dass der aktiven Beförderung von Innovationspotentialen entlang der gesamten Wertschöpfungskette vom ersten Gedanken, zum Beispiel in einer Hochschule oder einem Unternehmen, über die technische Umsetzung und Realisierung bis hin zur Patentanmeldung und dem Vertrieb oberste Priorität eingeräumt werden muss. Dazu gehört auch, Genehmigungsverfahren für die Anwendung neuer Technologien, Produkte und Methoden so zu gestalten, dass trotz verantwortungsvoller Risikofolgenabschätzung eine zügige Umsetzung der Neuerungen und der damit verbundenen Investitionen erreicht wird.

Grundzüge einer liberalen Innovationspolitik

Auf der Basis der zuvor aufgezeigten Dimensionen sowie eines umfassenden Verständnisses von Innovation lassen sich Grundzüge einer liberalen Innovationspolitik skizzieren, wobei an dieser Stelle allerdings nur ein kleiner Ausschnitt von Praxis-Beispielen dargestellt werden kann. Das hier skizzierte Bild einer innovativen Gesellschaft beschreibt zudem einen Idealzustand, der aber nichtsdestotrotz angestrebt werden sollte. Das ist das Leitmotiv der Liberalen.

Leider haben wir es in der Bundesrepublik mit einem eher forschungsfeindlichen oder zumindest -skeptischen Klima zu tun. Es herrscht vielerorts in Gesellschaft und Politik ein verkrampftes, unaufgeklärtes Verhältnis zu Forschung und Entwicklung und damit zu Innovation. Statt Chancen werden mehrheitlich die Risiken wahrgenommen. Statt unsere Erfolge und Potentiale zum Beispiel in den wichtigen Feldern Gesundheit, Energie und Umwelt, Nano-, Informations- und Kommunikationstechnologie zu sehen, fokussiert sich die Debatte oftmals auf ideologische Stereotypen, geprägt von Schubladendenken. Die Gentechnologie ist das beste Beispiel hierfür. Ohne an dieser Stelle ins Detail gehen zu können, müssen wir anerkennen, dass dieser Forschungsbereich als Schlüsseltechnologie des 21. Jahrhunderts schlechthin gilt. Eine Politik der Verteufelung und Trippel-Schritte ist an dieser Stelle unverantwortlich sowohl der Gesellschaft als auch der Zukunftssicherung der Menschheit gegenüber. Qualifiziertes Personal, Finanzmittel, Arbeitsplätze und Technik sind mobil und nicht an nationale Grenzen gebunden. Dieses einfachen Axioms sollte sich jeder bewusst sein – liberaler Innovationspolitik liegt es zu Grunde.

Wir müssen mit einem klaren Bekenntnis zu Zukunftstechnologien, wie der Biotechnologie mit der grünen (Ernährung), der roten (Medizin), blauen (Pharmazie) und grauen (Umweltschutz) Gentechnik, neuen Verkehrstechnologien, modernen Umwelt- und Energietechnologien unter Einschluss von Kernfusion und Raumfahrttechnik, das Vertrauen der Wissenschaft und der Wirtschaft in die Zukunftsfähigkeit des Standorts Deutschland wieder herstellen. Liberale Innovationspolitik betont daher die Chancen ohne die Risiken zu vernachlässigen. Aber es gilt der Grundsatz: Ohne Forschungsfreiheit keine Entwicklung. Es geht darum, einen gesellschaftlichen Konsens über Innovation, Technik und Forschung und damit letztlich Entwicklung herzustellen sowie ideologische Barrieren abzubauen. Die liberale Leitlinie lautet: Forschung ist frei. Nicht die Wissenschaftler müssen sich rechtfertigen, wenn sie etwas erforschen wollen, sondern der Staat braucht gute Gründe, wenn er in die Forschungsfreiheit eingreifen will. Unsere Ziele sind dabei, dem Strukturkonservatismus mit einer innovationsfreundlichen Programmatik zu begegnen, konsequent Entideologisierung zu betreiben, die Wertschöpfungskette insgesamt zu betrachten sowie Synergieeffekte zu nutzen. Wir brauchen die konsequente Ausrichtung der Politik an einer Hightech-Strategie. Dazu müssen wir nicht nur Innovationen, sondern in allen geistes- wie naturwissenschaftlichen Gebieten vor allem auch Innovatoren fördern, die in der Gesellschaft als Vorbilder voranschreiten. Dies geschieht durch umfassende Bildung, die mehr als nur Ausbildung ist, da sie das Wissen und Handeln auf der Basis eines stabilen Wertesystems in ethische Verantwortung stellt. Gleichzeitig gilt es im Hinblick auf Wissenschaftler und Fachkräfte, die besten Köpfe in unser Land zu holen bzw. hier zu halten. Ferner müssen wir Unternehmer durch attraktive Rahmenbedingungen davon überzeugen, dass in innovative Prozesse und Produkte investiertes Geld bei uns gut angelegt ist. Wir müssen zudem weg von dem Gegensatz von institutioneller und projektorientierter Förderung, hin zu einer programmorientierten Förderung. Die Drittmitteleinwerbung bei unseren Forschungseinrichtungen sowie die Bildung von Exzellenzzentren und -clustern müssen angeregt und unterstützt werden. Auch ist es notwendig, auf allen politischen Ebenen eine Innovationskompetenz, das heißt einen Ansprechpartner für Forschung und Entwicklung in Form einer exekutiven Verantwortung zu schaffen und dabei gleichzeitig den Umstand zu würdigen, dass Innovation ein politisches Querschnittsthema ist.

Etwas Neues zu schaffen ist wichtig und erstrebenswert, denn Innovation dient sowohl dem Einzelnen als auch der gesamten Gesellschaft und ist die Grundlage von Zukunftsfähigkeit schlechthin. So wie es uns unsere Vorfahren schon unzählige Male vorgemacht haben, ist es mehr denn je an der Zeit, dass die Menschen sich innovativ fortentwickeln, um den an sie gestellten Herausforderungen unserer Zeit zu begegnen, die Zukunft zu gestalten und ihr Überleben zu sichern. Letztlich geht es schlicht und ergreifend um die „Neuerfindung" des Menschen in unserer modernen und oftmals fragilen Welt.

Angela Freimuth

Kultur und Kunst

> *Die wahre Kunst aber hat es nicht bloß auf ein vorübergehendes Spiel abgesehen, es ist ihr Ernst damit, den Menschen nicht bloß in einen augenblicklichen Traum von Freiheit zu versetzen, sondern ihn wirklich frei zu machen und dies dadurch, dass sie eine Kraft in ihm erweckt, übt und ausbildet, die sinnliche Welt, die sonst nur als ein roher Stoff auf uns lastet, als eine blinde Macht auf uns drückt, in eine objektive Ferne zu rücken, in ein freies Werk unseres Geistes zu verwandeln und das Materielle durch Ideen zu beherrschen."*
> *(Friedrich Schiller in der Vorrede zur „Braut von Messina")*

Kultur schafft Werte und Werte schaffen Kultur

Die UNESCO definiert die Kultur als die Gesamtheit der geistigen, materiellen, intellektuellen und emotionalen Aspekte, die eine Gesellschaft kennzeichnen. Kultur steht damit der nicht vom Menschen geschaffenen Natur gegenüber. Kultur umfasst u.a. Sprache, Institutionen, Recht, Wissenschaft, Technik, Wirtschaft, Ethos, Religion, aber natürlich auch Kunst. Dabei stehen die Elemente in Wechselbeziehungen. Zum Beispiel ist eine kulturell „neutrale, objektive, sachbezogene" Einführung einer neuen Technik, neuer Verfahren und Gerätschaften nicht denkbar.

Kultur ist weder Ausdruck einer universal gültigen Geisteshaltung noch bestimmter Werte. Kultur beschreibt die Art und Weise zu leben. Damit schafft eine Kultur im Kontext zu Historie und Geographie Vorstellungen über Eigenschaften, die Dingen, Ideen, Beziehungen etc. beigelegt werden und die dem Einzelnen wichtig und wünschenswert sind. Diese geschaffenen Werte definieren wiederum in besonderer Weise Sinn und Bedeutungen innerhalb eines Sozialsystems, sei es Familie oder Staat, und erlangen somit einen konstitutiven Charakter für Kultur. Kultur schafft Werte. Werte schaffen Kultur.

Kultur der Freiheit

Unsere westliche Kultur in besonderer Weise, aber auch andere Kulturregionen/ Kulturkreise, werden von einem Wert maßgeblich geprägt: Freiheit.

In Gesellschaften, die beispielsweise durch Intoleranz, Engstirnigkeit und ausschließlicher Traditionsverhaftung, religiösen oder ethnischen Fanatismus, durch Verweigerung von Erziehung und Bildung oder fehlender Teilhabe an gesellschafts-politischer Macht gekennzeichnet sind, ist der Niedergang des geistigen und kulturellen Lebens und in der Folge auch wirtschaftlicher Stillstand zu beobachten.

Allein für Deutschland können wir – noch im vergangenen Jahrhundert – zwei erschreckende Beispiele anführen: Die nationalsozialistische, menschenverachtende Diktatur 1933 bis 1945 und die gleichsam menschenverachtende SED-Diktatur der untergegangenen DDR 1949 bis 1989/1990.

Die besondere, prägende, existenzielle Bedeutung der Freiheit – gleich ob im Sinne der Kant'schen inneren oder äußeren Freiheit – wird im Bereich Wissenschaft und Kunst besonders anschaulich. Und deshalb ist es auch nicht verwunderlich, sondern vielmehr eine kluge Entscheidung des deutschen Verfassungsgebers, die Freiheit von Wissenschaft und Kunst in Art. 5 Abs. 3 GG ausdrücklich zu verankern.

Im heutigen Sprachgebrauch und vielleicht sogar im Bewusstsein vieler wird Kultur praktisch mit Kunst gleich gesetzt.

Das mag nicht verwundern, da unsere Kultur sich aufgrund der hohen Frequenz technologischer, medizinischer und anderer Entwicklungen aber auch des intensiven Austausches über Migration, der Internationalisierung des Handels, der Märkte, unserer Sprache und unseres Freizeitverhaltens und der zunehmenden supra-staatlichen Organisation, in einem fortdauernd erscheinenden Wandel mit zunehmender Komplexität befindet, in dem Kunst als freie schöpferische Gestaltung, die Eindrücke, Erfahrungen, Erlebnisse in dieser komplexen Kultur von der Künstlerin oder dem Künstler durch das Medium einer bestimmten Formensprache zur unmittelbaren Anschauung gebracht werden.

Kunst ist individueller Ausdruck einer eigenen geistigen Leistung die aus sich heraus individuelle, innere Freiheit verlangt. Kunst erwächst aus dem freien Diskurs. Die Kunstschaffenden haben dabei durch die technologischen Entwicklungen über die klassischen Ausdruckformen der bildenden und darstellenden Kunst, der Musik und Literatur hinaus durch Hörfunk, Fernsehen, neue Medien und durch Gesamtkunstwerke durch Kombination dieser Formen den Kunstrezipienten und sich selbst vor neue Herausforderungen und Möglichkeiten der Annäherung gestellt.

Kunst wird von vielen Menschen als das Dekor des täglichen Lebens empfunden – als das „Sahnehäubchen". Andere erwarten die Kunst als Detektor für gesellschaftliche Veränderungen oder verlangen, dass sie auch in einer offenen Gesellschaft zu erschließende Freiräume identifiziert.

Sind Kunst und Kultur deshalb elitär oder einem kleinen Kreis der „Wissenden" vorbehalten? Angesichts des Teilrückzugs von Kunst in Nischen mit einem begrenzten Rezipientenkreis, angesichts der Tatsache, das ein Bild als Kunst gehandelt wird nur weil es in einer Galerie oder einem Museum hängt oder von einem bekannten Maler gemalt wurde, mag dieser Verdacht zunächst aufkommen, muss aber angesichts der Vielzahl unterschiedlicher Kultur- und Kunstaktivität in unserer Gesellschaft als nicht begründet zurück gewiesen werden.

Gleichwohl bestimmen Kunst und Kultur die „Gemütsverfassung" einer Gesellschaft, ihre Kreativität, ihre Neugierde, ihr Suchen nach Qualität und Schönheit und eben diese Kreativität und Neugierde sind es – vorausgesetzt, sie können sich frei entfalten – die zur Herausbildung von Leistungseliten in jedem Bereich unserer Kultur, auch der Kunst, notwendig sind.

Die Freiheit der Kunst und des Kunstschaffenden

Wenn wir von der Freiheit der Kunst sprechen, meinen wir das – in Deutschland verfassungsverbriefte – Recht, unserem eigentlichen, individuellem Wesen zu entsprechen, unser Denken und Fühlen auszudrücken.

Wir grenzen uns damit ab zu autoritären Gesellschaftsordnungen, die Kunst zum Werkzeug des Staates machen und den Künstler doktrinär festlegen wollen. Kunstschaffende und Kunstrezipienten müssen auch in freiheitlichen Gesellschaften die Freiheit der Kunst stets verteidigen und um die Freiheit des schöpferischen Ausdrucks vor den Zwängen des Budgets und die Freiheit des Wortes vor dem Geist der Zeit ringen.

Eine Voraussetzung ist dabei das kulturelle und künstlerische Engagement der Zivilgesellschaft. Dabei argwöhnt die Kunst in jedweder Subvention an sich eine Beschränkung ihrer Freiheit. Dieses Misstrauen gilt aus unterschiedlichen

Gründen auch gegenüber einem an sich uneigennützigen Mäzenatentum, da es durch Förderung geeigneter Vorhaben von sozialer Bedeutung öffentliche Meinung beeinflussen will. Ein in diesem Sinne vielfältiges zivilgesellschaftliches Mäzenatentum schwächt die Gefahr der Beeinflussung und Beeinträchtigung der Freiheit der Kunst. Die Rettung der Kunstfreiheit hingegen im staatlichen Mäzenatentum zu sehen, ist eine gefährliche Illusion. All jenen Etatisten ist entgegen zu halten, dass das „kalte Monstrum Staat" niemals den unmittelbaren menschlichen Kontakt, den freien intellektuellen oder emotionalen Diskurs ersetzen kann, der für die Kunst wesensimmanent ist.

Die Arbeit des Kunstschaffenden ist eine individualistisch geprägte und impliziert die Abneigung gegen Beeinflussung und Bevormundung. Damit beschreibt sie den liberalen Nukleus, der sich auch in vielen modernen Kunstwerken feststellen lässt, ohne aber der politischen Orientierung der Künstler zu entsprechen. Liberale darf dieses Phänomen nicht unberührt lassen.

Kunstschaffende haben eine wichtige Rolle für die Fortentwicklung unserer Gesellschaft, denn es ist ihre gelebte Kreativität, die provoziert, hinterfragt oder Denkprozesse und Diskussion initiiert.

Doch sie arbeiten nicht in der abstrakten Metaebene, sondern in einer Realität oft schwieriger sozialer Verhältnissen – zumeist selbständig, in besonderer Weise konjunkturabhängig, und nicht mit marktgängigen „Produkten". Insoweit mag es nicht verwundern, dass Kunstschaffende Förderung nicht nur als ein abstraktes Instrumentarium wahrnehmen, sondern in erster Linie als ein materielles Instrument, auf ihre eigene ökonomische Existenz und Freiheit zielend.

Liberale Kulturförderung und Kulturpolitik

Kulturförderung muss Impulse geben, damit Kunst und Kultur sich in ihren jeweiligen Kontexten und Netzwerken entwickeln können. Dazu gehören u. a. die Schaffung des rechtlichen Rahmens zur Ausübung, zur Kommunikation und zum Vertrieb von Kunst und Kultur, die Garantie der Urheberrechte, die Weiterentwicklung des Gemeinnützigkeitsrechts.

Liberale bekennen sich aber auch zu einer staatsmäzenatischen Kulturförderung als subsidiäre Verpflichtung, wenn Kulturwirtschaft oder Zivilgesellschaft die Bedingungen für kulturelle Angebote und Leistungen nicht schaffen. Der Staat als Kulturförderer darf nun ein ermöglichender, nicht aber ein bevormun-

dender Staat sein. Staatsferne der Förderinstrumente und Transparenz bei Verga-
beentscheidungen sind von elementarer Bedeutung.

Gleichzeitig konfrontieren sie politisch Verantwortliche spätestens im
Haushaltsgesetzgebungsverfahren mit der Notwendigkeit zur Zielbeschreibung
der Kulturförderung, um sie gerade in Zeiten der Rekordverschuldung und des
Mangels in anderen Politikbereichen auch gegenüber dem Souverän und Steuerzahler darstellen zu können.

Der Haushaltsgesetzgeber steht vor der Aufgabe, die Anspruchshaltung von
Teilen des Kunst- und Kulturbetriebes, die sich ausschließlich auf die staatliche
Förderung verlassen, zu hinterfragen und dabei durchaus den Vergleich und die
Anlehnung an jene Bereiche herzustellen, die ohne Steuergelder auskommen. Er
steht vor der Notwendigkeit, Schwerpunkte zu setzen.

Kulturelle Bildung

Die Ästhetische Erziehung ist für die Persönlichkeitsentwicklung des Menschen
von großer Bedeutung. Die allgegenwärtige Präsenz der alten und neuen Medien
und die damit verbundene Flut an Wahrnehmung und Information stellen hohe
Anforderungen an unsere persönlichen Orientierungs- und Urteilsfähigkeiten, an
den selbstbestimmten Umgang mit der Vielfalt der Eindrücke. Kulturelle Bildung liefert wichtige Voraussetzungen für die innere Freiheit des Menschen,
weil sie dazu befähigt, ästhetisch wahrnehmen und ausdrücken zu können, und
ermutigt vor allem junge Menschen, ihre Talente zu entfalten. Hinzu kommt,
dass wer in seiner Kindheit keinen Zugang zu kulturellen Aktivitäten und Einrichtungen hatte, auch im Erwachsenenalter in der Regel keine entsprechenden
Vorlieben mehr entwickeln wird.

Kultureller Substanzerhalt

Die Pflege und Vermittlung des kulturellen Erbes (Kulturdenkmäler und Kultur-
bauten, ebenso wie Zeugnisse des kulturellen Gedächtnisses in den Archiven,
Depots und Kultureinrichtungen).

Durch den Erhalt und den Ausbau aber auch Vernetzung der kulturellen Infrastruktur (Museen, Theater, Bibliotheken etc.) können in Zusammenarbeit mit kommunalen und privaten Partnern neue Impulse gegeben werden, für die Breiten- und Spitzenkultur.

Liberale Kulturpolitik stützt sich aber nicht allein auf die Kunst- und Kulturförderung.

Liberale Kulturpolitik sucht darüber hinaus den Diskurs mit den Kulturschaffenden über die Bedeutung und Notwendigkeit der Freiheit und die Wertorientierung der Kultur. Liberale Kulturpolitik muss die Kulturschaffenden auf den liberalen Nukleus hinweisen und sie in den Gestaltungsprozess einer liberalen Bürger- und Verantwortungsgesellschaft einbinden. Dabei darf sie nicht blind sein für neue Erscheinungsformen, z.b. in der Jugendkultur, die aufgrund des natürlichen, jugendimmanenten Freiheitsdrangs ein natürlicher Verbündeter des Liberalismus sein können.

Kultur soll wieder Orientierung und Identität bieten können; Orientierung darüber, wie die Welt am besten und schönsten zu organisieren wäre, also eine Wertorientierung. Dies umso mehr als zum Beispiel die Religion diese Werteorientierung in einer Gesellschaft, in der Wissen meist mehr zu zähen scheint als Glaube, nur noch bedingt erfüllt und der Gewinn als Wert-Orientierung der Wirtschaft trotz Begriffen wie Unternehmenskultur sich nicht unkorrigiert bewährt.

Liberale Kulturpolitik überlässt die Aufgabe des Kulturschaffens nicht einigen Spezialisten, sondern zieht sie wieder in die Mitte der Gesellschaft, deren gesamtgesellschaftliche Aufgabe die Schaffung, Gestaltung und Fortentwicklung unserer Kultur ist.

Die eigentliche Funktion der Kultur, die materialistische Orientierung durch eine Werteorientierung zu ergänzen, wird damit nicht verloren gehen, sondern sicher gestellt.

Liberale Kulturpolitik will – ganz im Sinne Schillers – im Menschen, im Bürger, die Kraft der Freiheit erwecken, und das Materielle durch die Ideen beherrschen. Kultur verlangt ein Lebensgefühl der Freiheit. Die FDP steht dafür.

Patrick Kurth

Mentalitäten und Einstellungen der Jugend in den Neuen Bundesländern[1]

1 Vorbemerkung

Einen guten Ruf hatte „die Jugend" wohl zu keiner Zeit. Nicht vor 50 Jahren, nicht vor 20 und schon gar nicht heute. Die Liste der Vorbehalte war und ist mehr oder weniger lang, obgleich sich die Vorurteile selbst grundsätzlich gleichen: Die Jugend ist laut, unhöflich, schlecht ausgebildet usw. Das Schlimmste an der Jugend allerdings ist und bleibt, einem Spruch zufolge, dass man selber nicht mehr zu ihr gehört.

Jetzt wächst in den neuen Bundesländern eine Generation heran, von der (ebenfalls) wenig Gutes berichtet wird. Zuweilen überraschen Vorbehalte, wenn sich Vertreter politischer Parteien anschicken, Menschen in Ostdeutschland eine besondere (negative) Mentalität zu unterstellen. Mal wird „die erzwungene Proletarisierung der DDR" für Kindstötungen in den Neuen Bundesländern verantwortlich gemacht (Brandenburgs CDU-Innenminister Jörg Schönbohm, vgl. FAZ vom 4. August 2005) oder mit einer „leichtfertigen Einstellung zu werdendem Leben in den neuen Ländern" erklärt (Sachsen-Anhalts CDU-Ministerpräsident Wolfgang Böhmer, vgl. Rheinische Post vom 24. Februar 2008). An anderen Stellen wird eine besondere Mentalität wegen „Kollektivierungen" unterstellt oder der „Verlust für die Verantwortung über Eigentum" als Folge des DDR-Systems gemutmaßt (Schönbohm, vgl. Berliner Kurier vom 4. August 2005). Ernstzunehmende Studien indes – und dies gibt zu Denken – sprechen von einer eigenen Mentalität und bescheinigen Gymnasiasten in Brandenburg weniger Wissen über DDR-Verbrechen, als Hauptschülern in Bayern.

Es handelt sich um eine besondere Generation, die in den Neuen Bundesländern im Wahljahr 2009 Wahlrecht erhält. Ihre Geburt, ihr Aufwachsen, ihre pädagogische Erziehung – kurz um: Ihre gesellschaftliche Sozialisation ist be-

---

[1] Sehr herzlichen Dank für die hilfreiche Unterstützung bei der Erstellung des Beitrages an Christin Held und Ullrich Rebs.

191

sonders geprägt. Am eigenen Leib haben sie die DDR nicht zu spüren bekommen, ihr Umfeld – ihre Eltern, Verwandte, Lehrer – umso mehr. Und die Bundesländer in denen sie leben, tragen nach wie vor die schwere Last des DDR-Erbes. Es ist vor Ort eine bisweilen merkwürdige Kombination: Einerseits besteht hohe Arbeitslosigkeit, fehlende Perspektive, Kriminalität und daraus resultierende immense Abwanderung. Auf der anderen Seite stehen innovative Firmen, gute Infrastruktur und ein gewisses Zusammengehörigkeitsgefühl, das aus der gemeinsamen Vergangenheit des real existierenden Sozialismus und der erlebten Marktwirtschaft resultiert.

Wenn wir – ganz im Sinne dieses Buches – über liberale Zukunftsperspektiven sprechen, lohnt sich der Blick auf diese besondere Generation im Osten. Der vorliegende Artikel wird versuchen, sich den Mentalitäten, Prägungen und Einstellungen der Jugendlichen und jungen Erwachsenen in den Neuen Bundesländern anzunähern.

2   Jugendliche und Mentalität – Annäherung an das Problemfeld

Fragestellung

Wie steht es um die Jugend in Ostdeutschland? Welche Mentalität und welche Einstellungsmerkmale haben Jugendliche, die in einer Zeit tiefgreifender gesellschaftlicher Umbrüche aufgewachsen sind. Und mit Blick auf die Themenstellung dieses Buches stellt sich die Frage: Welche Sympathie hegen junge Ostdeutsche für Werte wie persönliche Freiheit, Selbstverantwortung, Leistungsgerechtigkeit– kurzum: Wie stark spielen liberale Werte bei jungen Menschen in der ehemaligen DDR eine Rolle?

Ziel dieses Beitrages ist darüber hinaus eine politische Bewertung vorzunehmen. Das Fazit ist – dies wird überraschen – überwiegend positiv: Die politische Kultur und die gesellschaftliche Mentalität junger Ostdeutscher entspricht weitgehend den Werten einer liberalen-freiheitlichen Gesellschaftsordnung. Das Ergebnis widerspricht den allgemeinen Vorbehalten. Und dennoch wird festgestellt, dass sich ein positives DDR-Bild festgesetzt hat, das auf die unmittelbare Umgebung zurückzuführen ist. Die Frage, inwieweit Potential für die FDP und liberale Organisationen im gesellschaftlichen Umfeld nutzbar ist, wird – auch dies sei bereits vorab mitgeteilt – offen bleiben.

192

Noch ein Hinweis zur Datengrundlage, die diesem Artikel zu Grunde liegt: Wer wissen will, wie Menschen in einem bestimmten Gebiet „ticken", kann dies über repräsentative Befragungen ermitteln. Um belastbare Trends zu erkennen, sind wesentliche Voraussetzungen zu erfüllen. Repräsentative Umfragen müssen (1.) in mehreren Regionen (oder bestens überall) durchgeführt werden (um Vergleichsdaten zu erfassen) und sollten (2.) über einen längeren Zeitraum erfolgen, um sich nicht nur von einer Momentaufnahme leiten (oder zuweilen) blenden zu lassen. Eine ebensolche Datengrundlage für die Neuen Bundesländer insgesamt fehlt. Zwar gibt es zahllose Erhebungen, die sich um bestimmte Einzelfragen oder um die jeweiligen Forschungsinteressen bemühen. Diese können allerdings nicht ohne weiteres verwendet oder miteinander verglichen werden (und werden hier entsprechend nicht berücksichtigt).

Es handelt sich offensichtlich um einen schwerwiegenden Mangel, keine Daten auswerten zu können, die miteinander vergleichbar wären oder einen längerfristigen und regionalen (z.B. ostdeutschen) Trend erkennen und auswerten lassen. Aus diesen Gründen kommt der Autor nicht umhin, zwar regionale aber dennoch zeitlich langfristig angelegte empirische Untersuchungen zu nutzen. Verwendet wird der Thüringen-Monitor. Die seit Beginn des Jahrtausends in diesem Freistaat regelmäßig erscheinende Studie hält den harten Maßstäben der wissenschaftlichen Belastbarkeit von Daten stand. Natürlich wird ausdrücklich der Versuch unterlassen, die Thüringer Daten auf alle neuen Bundesländer zu übertragen. Thüringen gilt hier gewissermaßen als Beispiel dafür, wie sich die Mentalität in einem neuen Bundesland darstellt. Der Leser mag selbst entscheiden, in wieweit sich diese regionale Mentalität auf andere Teile Deutschlands ausweiten ließe. Der Verfasser geht davon aus, dass die z. T. erstaunlichen Ergebnisse auch auf Regionen westlich des ehemaligen Eisernen Vorhanges übertragen ließen. Der Thüringen Monitor ist im Internet unter www.landtag.,thueringen.de abrufbar.

Jugend in Ostdeutschland

Die Forschungsergebnisse des Thüringen-Monitors werden in in diesem Beitrag strukturiert und kategorisiert dargestellt. Dies dient der Lesbarkeit. Die Unterpunkte bzw. die einzelnen Kategorien beziehen sich auf Fragen des Thüringen-Monitors.

Geht man von Medienveröffentlichen aber auch den unübersehbaren subjektiven Einstellungen aus, besteht „ostdeutsche Mentalität" wesentlich darin, sich selbst als „Ostdeutscher" zu sehen und sich damit von den „Westdeutschen" abzugrenzen. Ist diese „Identität als Ostdeutscher" auch bei der jüngeren Generation (noch) vorhanden? Welches Regionalgefühl weisen Jugendliche in den neuen Bundesländern auf, sehen sie sich selbst als Ostdeutsche, Thüringer (Sachse usw.) oder Deutsche? Die Antwort lässt auf die Mentalität erhebliche Rückschlüsse zu.

Eine starke Selbstidentifikation als „Ostdeutscher" gibt es nicht. Die SED hatte bereits recht frühzeitig die Länder in der DDR abgeschafft und durch Bezirke – die den Namen nach, ihrer Funktion und ihrer Verwaltung keinen Bezug zu den vorhergehenden Ländern aufwiesen – ersetzt. Im öffentlichen Umgang waren landsmannschaftliche Identitäten entfernt worden, seit den 50er Jahren gab es Thüringer, Sachsen oder Mecklenburger offiziell nicht mehr. Der Schluss liegt Nahe, dass nach 40 Jahren offiziell fehlender landsmannschaftlicher Identität dieses ein Merkmal ostdeutscher Mentalität sein könnte. Den Befragungsergebnissen nach hat das Unterfangen der SED nicht diesen Effekt gehabt. In Thüringen ist die Verbundenheit mit der Landsmannschaft der Thüringer außerordentlich groß – und zwar über alle Generationen hinweg. Dies gilt insbesondere für die jüngeren Altersgruppen.

Auch die Frage danach, ob man sich in erster Linie als Thüringer, Ostdeutscher, Deutscher, Europäer fühlt, führt zu interessanten Antworten. Auch hier ist ein deutliches Landesbewusstsein verzeichnet. 2001 fühlten sich die meisten Befragten als Thüringer. In der letzten Befragung 2008 allerdings dominierte das Gefühl als Deutsche. Darüber hinaus existiert im Osten ein klares Landesbewusstsein. Speziell „Ostdeutsch" fühlen sich die jüngeren Menschen nicht. Die Einigkeit Deutschlands ist mental angekommen.

Ein weiteres Ergebnis: Die 16-29-Jährigen sind heimatverbunden, zugleich aber auch mobil. Sie schätzen Thüringen, würden aber auch in andere Bundesländer ziehen, um bessere berufliche Perspektiven zu haben. Dieses – in der DDR oftmals fehlende – Freizügigkeitsgefühl wird also genutzt.

Gefragt wurde ebenfalls regelmäßig, ob man glaube, in einer gerechten Gesellschaft zu leben bzw. „einen gerechten Anteil zu erhalten". Anders als zuweilen medial vermittelt und von politisch interessierter Seite suggeriert, glauben 56 Prozent der Jugendlichen, von Gesellschaft und Politik gerecht behandelt zu werden. Dennoch gibt es eine Empfindung, dass es eher ungerecht in unserer Gesellschaft zugeht.

Immer wieder hohe politische und mediale Relevanz hat der direkte Vergleich der DDR mit der Gegenwart. Interessant wird es, wenn eine Generation um Einschätzung gebeten wird, die aus eigenem Erleben kaum urteilsfähig ist. Diese Generation muss sich dann auf das verlassen, was Elternhaus, Schule aber auch Medien und Politik zu vermitteln wussten. Diese Antworten sind ein wichtiges Indiz dafür, wie die Mentalität junger Ostdeutscher aussehen könnte.

Ob die Deutsche Einheit – und die damit implizierte Wende – mehr Vorteile oder mehr Nachteile gebracht habe, diese Bewertung ist allein deshalb schwer, weil die Vergangenheit im persönlichen Erinnern oftmals als so schön wahrgenommen wird, wie sie in der Realität niemals gewesen sein konnte. Die Aussage, die DDR hatte mehr gute Seiten als schlechte, unterstützten 2008 immerhin 36 Prozent. Im Jahr 2003 waren es sogar 41 Prozent. 2005 ging die Zahl schließlich auf 22 Prozent zurück. Diese Zahlen sind in der Tat bedenklich. Trotz empirischer Schwankungen ist in der Regel ein Viertel bis fast die Hälfte der Jugendlichen bereit, der DDR mehr gute als schlechte Seiten zuzuschreiben. Noch drastischer kommt die allgemeine Einstellung zur DDR in einer Positiv-Negativ-Skala zum Ausdruck. Das Ergebnis ist beunruhigend: Jugendliche, die die DDR nicht mehr bewusst erlebten, haben eine ähnliche – und zwar überwiegend positive Bewertung – wie alle anderen (älteren) Altersgruppen. Bei Einzelsegmenten wie Gesundheitsversorgung, Bildung oder Entwicklungschancen für Kinder werden ähnliche positive Urteile deutlich. Bedeutend höhere Zustimmung geben Jugendliche in ihrer positiven Bewertung gegenüber der DDR-Wirtschaft ab.

Wie lassen sich diese Ergebnisse erklären? Weder Lehrpläne, noch Politik oder Medien zeichnen ein derart verklärendes DDR-Bild. Damit ist diese Unwissenheit bei Jugendlichen nicht zu begründen . Aber: Jugendliche haben – im Gegensatz zu älteren Generationen – bei vielen Einzelbewertungen, wie auch bei der Bewertung der DDR insgesamt, weitgehend gleiche Urteile abgegeben (zwischen 25 und 50 Prozent positive Beurteilungen). Im Gegensatz dazu unterscheiden sich die Urteile älterer Generationen innerhalb der Einzelbewertungen z.T. beträchtlich. So wird die negative Bewertung der DDR-Wirtschaft durch alle befragten Generationen über 30 Jahre nur von den Jugendlichen nicht (so eindeutig) geteilt. Jugendliche bewerten die DDR-Wirtschaft prozentual in etwa genau so positiv, wie sie das Bildungssystem oder die Entwicklungschancen positiv beurteilen. Wie ist dieser Unterschied zu erklären. Der Schluss liegt Nahe, dass das direkte Umfeld der Jugendlichen großen Einfluss auf ihre Meinungsbildung hat. Positive, subjektive Bewertungen im Elternhaus oder der Schule zu Einzelbereichen der DDR (wie Schulwesen) und ausbleibende negative Urteile (z.b. Wirtschaftssystem) werden von Jugendlichen auf alle Bereiche übertragen. Dies wird durch weitere Zahlen des Thüringen-Monitors untermauert. Jugendliche haben stärker als alle anderen Altersgruppen festgestellt, dass ihr Bild von der DDR große Ähnlichkeit mit demjenigen ihrer Eltern und Freunde aufweist. und mit Freunden hätten. Dies bestärkt die Ansicht, dass insbesondere die direkte Umgebung von Jugendlichen einen direkten Einfluss auf ihre DDR-Vorstellungen haben.

Allerdings lässt sich aus dem DDR-Bild der Jugendlichen nicht ableiten, ob die DDR von ihnen auch heute noch bevorzugt würde bzw. „sozialistische Werte" wie Gleichheit und Sicherheit auch heute bei Jugendlichen eine Rolle spielen. Diese Frage wurde durch den Thüringen Monitor gestellt. Die Antwort ist erfreulich und wird im kommenden Abschnitt wiedergegeben.

Ideologische und gesellschaftliche Grundeinstellungen

Mehr Freiheit oder mehr Gleichheit? Die Gleichmacherei der DDR ist bekannt. Nicht nur in der politischen Theorie, sondern eben auch in der sozialistischen Praxis geht (und ging) Gleichheit immer auf Kosten der Freiheit. Bis heute dominieren Floskeln von „mehr Gleichheit" die linkspopulistische Agitation und zielen damit auf ein unterschwelliges Gefühl ab, das oftmals mit ostdeutscher Mentalität im Zusammenhang gebracht wird. Empirisch fällt diese Art von Wählerfang auf keinen fruchtbaren Boden, zumindest mit Blick auf die Jugend: Mehr als die Hälfte der Thüringer Jugendlichen bevorzugen Freiheit vor Gleichheit, sie sind überdurchschnittlich freiheitsorientiert (69 Prozent).

Mehr Freiheit oder mehr Sicherheit? Eher aus dem konservativen Milieu stammt zwar die Forderung, Sicherheit geht vor Freiheit – aber auch der SED-Staat suggerierte, dass das Mindestmaß an Freiheit nur durch ein Maximum an Sicherheit gewährleistet werden könne. Wird dies über Jahrzehnte eingetrichtert, könnte dieses Ansinnen „konserviert" werden. In der Tat geht die Tendenz der Jugendlichen in Richtung Sicherheit: Für 59 Prozent der Ostdeutschen ist die Sicherheit 2005 deutlich wichtiger als die Freiheit (36 Prozent). Fraglich allerdings ist, ob es sich bei dieser Einstellung tatsächlich um eine Nachgeburt des DDR-

Totalitarismus handelt. Schließlich gibt es bis heute einen fast alle Parteien betreffenden Konsens, Sicherheit über Freiheit zu stellen. Nicht zuletzt der globale Antiterrorkampf – und die damit verbundenen sicherheitspolitischen Forderungen – leistet einen Beitrag, um das subjektive Sicherheitsbedürfnis über das Freiheitsgefühl zu stellen. Entsprechend kann das Sicherheitsgefühl eher ein Resultat der Schily-Schäuble-Ära sein, als ein SED-Nachspiel.

Sind Gehorsamkeit und Disziplin wichtig? Laut der Umfrage von 2005 stimmen 43 Prozent dafür, dass Gehorsam und Disziplin sehr wichtig sind. 27 Prozent lehnen dies ab. Im Vergleich zu 2001 ist die Zustimmung jedoch ansteigend. Hier wird auf ein autoritäres Einstellungsmuster ebenso abgestellt, wie bei der Frage: Brauchen wir eine starke Hand? Die Umfragen von 2005 und 2008 weisen dazu ein fast identisches Ergebnis auf: 43 Prozent der Ostdeutschen Jugendlichen stimmen der Aussage überwiegend zu, 32 Prozent stimmen sogar voll und ganz zu, nur 18 Prozent stehen ihr kritisch gegenüber. Erklärbar ist dies mit der autoritären Gesellschaftsform der DDR und ihren Auswirkungen auf nachfolgende Generationen. Dies gilt v.a. für die Frage nach Gehorsamkeit und Disziplin.

Jedoch – und dies wird vom Autor unterstellt – kann das Ergebnis auch ein anderes sein: Wer sich für die Freiheit begeistert und gleichzeitig eine „starke Hand" fordert, will politische Entscheidungen. Möglicherweise trägt der schwarz-rot-grüne Reformstau der letzten Jahre größeren Anteil an der „Starken-Hand-Antwort", als die autoritäre Erziehung der DDR.

Politische Beteiligung und Vertrauen in Politik. Wer in einer pluralistischen Demokratie lebt, kann (aber muss nicht) persönlich Einfluss auf politische Entscheidungen nehmen. Die Untertanenmentalität, die totalitäre Gesellschaften ihren Bürgern aufzuzwängen versuchen, zeichnet sich hingegen dadurch aus, politische Entscheidungen hinzunehmen oder die jeweilige Politik – ohne auf sie Einfluss nehmen zu können – zu bejubeln. Der Gemütszustand junger Leute kann also daran abgelesen werden, inwieweit sie sich politisch betätigen oder ernst genommen bzw. eingebunden fühlen. Gleiches gilt für das Vertrauen in staatliche Institutionen.

Wie steht es um die empfundene politische Einflussmöglichkeit? Hier fallen die Ergebnisse überwiegend positiv aus: Fast die Hälfte der Jugendlichen meinen, dass sie politischen Einfluss haben könnten, nur etwa ein Viertel klagt über mangelnden Einfluss. Parteien wird indes wenig vertraut. „Parteien wollen nur Stimmen der Wähler" – Dieser Aussage stimmten sowohl 2005 (59 Prozent weitgehend) als auch 2008 (50 Prozent weitgehend und 22 Prozent völlig) mehr als die Hälfte der Thüringer Jugendlichen zu. Entsprechend ist das Engagement von Jugendlichen in Parteien sehr gering. 2008 würden 69 Prozent nicht in einer Partei mitarbeiten, nur 29 Prozent würden dies tun, die Tendenz ist jedoch steigend. Ob die (Un)Beliebtheit von Parteien ein speziell ostdeutsches Phänomen ist, darf aber bezweifelt werden.

Im Gegensatz zu den Parteien ist das Interesse an einer Bürgerinitiative deutlich höher. Über Zweidrittel würden sich in einer Bürgerinitiative engagieren. Bei ehrenamtlichen Tätigkeiten ist das Interesse eher gering, 36 Prozent würden sich nie und 26 Prozent selten ehrenamtlich engagieren. Freilich wird hier ein Widerspruch offensichtlich, bedeutet doch die Mitarbeit in einer Bürgerinitiative insbesondere ehrenamtliche Tätigkeit.

Das jugendliche Vertrauen in die Bundes- bzw. Landesregierung ist in etwa gleich: Mehr als ein Drittel vertrauen den Regierungen teilweise und ein weiteres Drittel weitestgehend. Der Landesregierung vertrauten 36 Prozent teilweise, 34 Prozent weitestgehend und 19 Prozent nicht.

Von Politikverdrossenheit kann also bei den Jugendlichen, zumindest den Befragungen nach, nicht die Rede sein. Dies bestätigt auch die Frage nach dem politischen Interesse: Fast die Hälfte der Befragten bekunden ein mittleres Interesse an der Politik, bei 20 Prozent herrscht gar ein starkes Interesse vor. Ähnlich erfreulich stellt sich die politische Eigenkompetenz dar. Der Aussage „Ich kann politische Fragen gut verstehen und einschätzen." stimmten im Jahre 2005 51 Prozent und 2008 mehr als die Hälfte der Jugendlichen (56 Prozent) zu. Circa ein Drittel lehnte diese Aussage allerdings ab.

Demokratieverständnis und Verfassungsordnung. Die erfreulichen Daten im vorangegangenen Abschnitt widerlegen den Vorwurf des Politikfrustes bei Jugendlichen. Dennoch ist mit dem Bekunden des Politikinteresses noch nichts über Inhalt und Qualität ausgesagt. Wie etwa stehen Jugendliche zur Demokratie und zur Verfassungsordnung?

Auch in diesem Bereich malen die empirischen Zahlen nicht mit derart schwarzer Farbe, wie zuweilen Medien und Schlagzeilen glauben machen. Zur sozialistischen Ordnung zurückkehren will die überwiegende Mehrheit der Jugendlichen nicht. Die Daten sind eindeutig und konstant über die letzten Jahre hinweg. 2008 lehnen dies 34 Prozent völlig und 47 Prozent überwiegend ab. Auch die von ganz Links oft unterstellte These, dass der Sozialismus als Staatsidee grundsätzlich gut sei, stößt weitestgehend auf Ablehnung. Bei gut einem Drittel der Befragten findet diese Idee allerdings Zustimmung. Auch weitere linkspopulistische/-radikale Forderungen, wie z.B. die Verstaatlichung wichtiger Unternehmen werden von den meisten Jugendlichen abgelehnt, 35 Prozent sind überwiegend und 38 Prozent sogar völlig dagegen. Mehrheitliche Zustimmung gibt es nur bei 22 Prozent der Jugendlichen.

Deshalb steht fest, dass sozialistische Tagträume linker Machtpolitiker zumindest bei der Jugend überwiegend auf Ablehnung stoßen. Damit ist freilich nichts darüber ausgesagt, wie groß die Zufriedenheit mit der Demokratie ist. Die Ergebnisse dieser Frage sind seit 2003 konstant, 47 Prozent der Thüringer Jugendlichen sind ziemlich unzufrieden mit der Demokratie. Zufrieden hingegen sind im Jahr 2008 42 Prozent der Jugendlichen, dieser Trend ist leicht steigend (2005 waren es 38 Prozent).

Beliebter als die Demokratie scheint die Verfassung zu sein. Überwiegende Zustimmung findet die Verfassungsordnung 2008 bei 54 Prozent und völlige bei 17 Prozent, ein Viertel (24 Prozent) der Befragten sind unzufrieden. Ähnliche Ergebnisse waren auch 2005 zu verzeichnen (48 Prozent überwiegend, 29 Prozent völlig und 20 Prozent nicht zufrieden). Und: Auch wenn die Demokratie gar nicht so beliebt scheint, 53 Prozent der Jugendlichen in Ostdeutschland sind mehrheitlich und 27 Prozent völlig der Meinung, dass die Demokratie besser als andere Staatsformen ist. Dieser Trend ist leicht rückläufig, da 2005 50 Prozent überwiegend und 28 Prozent völlig zustimmten und im Jahr 2003 57 Prozent überwiegend und 32 Prozent völlig zustimmten. Bestätigt wird dieser Wert durch die umgekehrte Formulierung: Die Aussage „Die Diktatur ist die beste Staatsform" stößt 2008 bei 64 Prozent der Befragten Jugendlichen auf Ablehnung. Im Vergleich zu 2005 ist dieser Wert gestiegen, denn 2005 lehnten dies lediglich 59 Prozent ab.

Übrigens: Demokratische Mehrheits- und Minderheitenrechte werden von ostdeutschen Jugendlichen respektiert. „In einer Demokratie muss sich die Minderheit der Mehrheitsentscheidung beugen, solange ihre grundlegenden Rechte geschützt sind." Dieser Aussage stimmten 2003 42 Prozent überwiegend und 40 Prozent völlig zu.

3 Fazit

Empirisches Fazit

„Die Thüringer Jugend strahlt Zukunftsgewissheit und Selbstvertrauen aus, sie ist lebensfroh und stellt sich gleichwohl der Verantwortung, wenn es darauf ankommt; sie ist politisch durchaus überdurchschnittlich interessiert, verfügt über das Selbstbewusstsein, politisch etwas bewegen zu können, und sie hegt dem Berufsleben gegenüber die Erwartung inhaltlicher Herausforderung ebenso wie diejenige nach sozialer Sicherheit." Dieses Fazit des Thüringen Monitors aus dem Jahr 2001 setzte sich auch in den folgenden Jahren grundsätzlich fort. Und auch wenn es sich um eine Thüringen-spezifische Aussage handelt, es gibt keinen ausreichenden Anlass, diese Grundaussage auch für die anderen Neuen Bundesländer in Frage zu stellen.

Damit sind die jungen Ostdeutschen entgegen weitläufiger Meinungen in der Bundesrepublik angekommen. Sie haben eine Verbundenheit mit ihrem Land und ihrer Region, zeigen aber dennoch eine für freiheitliche Gesellschaft kennzeichnende Mobilität und Weltoffenheit. Dennoch: Ein beträchtlicher Teil glaubt, dass die DDR mehr gute Seiten hatte als schlechte. Ebenso wird sie insgesamt und in zahlreichen Einzelaspekten wie Bildung, Wirtschaft oder Gesundheitsversorgung überdurchschnittlich positiv bewertet. Aus eigener Erfahrung können sich diese Ansichten nicht speisen. Also scheinen Vermutungen berechtigt, dass für solche Einstellungen offenbar die direkte Umgebung, die Familie und Bekannte, verantwortlich sind. Beruhigender indes ist, dass die Jugend mehrheitlich das (oftmals verklärte) DDR-Modell heute nicht mehr befürwortet. Denn die überwiegende Mehrheit lehnt die sozialistische Ordnung und den Sozialismus als Staatsidee ab. Fast die Hälfte der Jugendlichen ist mit der Demokratie zufrieden. Die Thüringer Jugendlichen sind überdurchschnittlich freiheitsorientiert und hegen politisches Selbstbewusstsein. Etwa die Hälfte der Jugendlichen glauben schließlich, dass sie politisch durchaus Einfluss nehmen könnten. Aber: Ihr Vertrauen in Parteien ist gering, ihr politisches Engagement entsprechend. Allerdings ist wohl kaum ein ostdeutsches Spezifikum.

Politisch müssen aus diesen kurzen Anmerkungen folgende Schlüsse gezogen werden. (Dem politischen Fazit für die Liberalen wird sich im darauffolgenden Abschnitt zugewandt):

(1.) Offensichtlich hat die Verklärung der Vergangenheit Auswirkungen auf die Ansichten der direkt nachfolgenden Generationen. Dabei handelt es sich weniger um eine politisch und medial falsch aufgezogene Vergangenheits(nicht)bewältigung. Vielmehr spielen offensichtlich die Meinungen der unmittelbaren Umgebung eine große Rolle. Möglicherweise fehlt es dem Osten an einem gesellschaftlichen Unrechtsbewusstsein. Dies liegt allerdings nicht daran, dass zu viele „Ossis" in die Machtinstrumentarien der SED-Herrschaft verstrickt gewesen wären oder seither unter einem wirtschaftlichen Abstieg leiden würden. Vielmehr liegt der Schluss nahe, dass die eigene Lebensleistung aus der DDR-Zeit im gesellschaftlichen Empfinden der Gegenwart und insbesondere durch die „Wessis" keine Anerkennung findet. Auch in der DDR gab es – insbesondere im Sport, der Wissenschaft und Forschung, aber auch am Arbeitsplatz – Leistungsdruck und Leistungsempfinden. Die unzureichende Produktivität war ein Verschulden der staatsgelenkten Planwirtschaft und nicht der Arbeitsbereitschaft der Bevölkerung. Diese Systemschuld wird im Empfinden der Ostdeutschen zu oft an ihnen selbst festgemacht. Dafür sorgte aber auch der erste mentale Eindruck vom „Westen" während der Wende, der tief im Gedächtnis der Ostdeutschen verankert bleibt: Negativerfahrungen mit westdeutschen Glücksjägern und Goldgräbern, die die „gesetzlose Zeit" mit „Manieren im Wilden Osten" während des Unterganges der DDR auszunutzen wussten. Dieses Verhalten spottete übrigens auch den arbeitsrechtlichen, tarifrechtlichen, vertragsrechtlichen sowie weiteren Schutzrechten der Bundesrepublik. Dadurch ist das eigentlich von Ideologie entstandene Zerrbild des ‚Kapitalismus', das die SED über Jahrzehnte regelrecht einhämmerte, für viele Ostdeutsche plötzlich überraschende Realität geworden. Diese Manieren bestätigten einen „Recht-des-Stärkeren-Kapitalismus", den es in der Bundesrepublik nie gab. (Vgl. hierzu Glaessner, Gert-Joachim, Der schwierige Weg zur Demokratie : Vom Ende der DDR zur deutschen Einheit . Opladen 1991).

(2.) Diejenigen, die weltoffen und mobil sind, sind bereit, dies implizieren diese Begriffe, ihr Land zu verlassen, sollten sich anderswo bessere persönliche Perspektiven für ihren Arbeitsplatz oder interessante Herausforderungen ergeben. Dies bestätigen die Abwanderungszahlen aus den Neuen Bundesländern. Allein in Thüringen haben im Jahr 2006 täglich gut 36 Menschen das Land verlassen. Dieses Problem besteht seit Jahren. Entsprechend verlässt ein nicht unbeträchtlicher Teil der weltoffenen Jugendlichen die Region und bestätigt damit die empirischen Erhebungen.

Fazit für die Liberalen

Zwar ist die mentale Vergangenheitsbeschönigung, die offenbar direkten Einfluss auf junge Generationen hat, kaum mehr zu revidieren. Aber: Nicht der Staat „DDR" ist Bezugspunkt der Identitätsbildung, sondern der gemeinsame Erfahrungshintergrund seiner Bürger. Das oftmals deutlich werdende demonstrative Ausstellen ostdeutscher Identität, ist vielmehr als Reaktion auf die empfundene Pauschalabwertung des Ostens, d.h. auf die Ignoranz gegenüber der Geschichte und die Verweigerung, gelebtes Leben anzuerkennen,, zu werten. Andererseits ist die Jugend trotz ihres fälschlichen DDR-Bildes in der Masse nicht bereit, Sozialismus zu akzeptieren. Vielmehr steht sie für Weltoffenheit und freiheitliche Grundhaltung. Der Weitergabe des subjektiven (aber gesellschaftlichen) DDR-Empfindens an jüngere Generationen ist mit politischen Mitteln kaum zu begegnen. Auch veränderte Lehrpläne oder ähnliches werden wenig helfen. Beruhigend allerdings ist, dass diese Verklärung den Ergebnissen nach die Jugend kaum in ihrer freiheitlich-demokratischen Grundhaltung beeinträchtigt. Insofern muss – sehr unwissenschaftlich ausgedrückt – die Zeit diese Wunde heilen.

Zum zweiten ergeben sich relativ klare Forderungen in Sachen Abwanderung. Aus der Problematik erheben sich deutliche Appelle für die Landes- und Bundespolitik. Nicht nur wegen des wirtschaftlichen Aufholprozesses, sondern v.a. mit Blick auf das gesellschaftliche Klima in den Neuen Bundesländern. Die Rahmenbedingungen müssen anders gesetzt werden. Es muss gelingen, gerade den jungen Menschen ihre persönlichen Perspektiven zurückzugeben. Der Abwanderung zu begegnen braucht es grundlegender liberaler Reformen, die allerdings nicht an dieser Stelle, sondern in weiteren Beiträgen dieses Bandes dargestellt werden.

Grundsätzlich ist festzustellen, dass die – in Ost und West als politikver-drossen gebrandmarkte – Jugend politisch selbstbewusst ist. Sie trauen sich poli-tische Kompetenzen zu und haben zum großen Teil eine freiheitlich-demokratische Grundauffassung. Trotz dessen lassen sich junge Menschen für aktive Parteiarbeit schwer begeistern. Dies trifft auch die FDP. Ohne Zweifel geben die engen Grenzen des Parteiengesetzes und die daraus resultierenden Satzungen den Parteien wenig Raum, eine – für Jugendliche – gewinnbringende Alternative zu sonstigen Möglichkeiten der Freizeitgestaltung zu sein. Allein jeden Abend konkurrieren Kreisparteitage mit unzähligen Fernsehsendern, mit Kinos, Theateraufführungen aber auch mit Computerspielen, *Chatrooms* oder Jugendtreffs. Zumindest die FDP hat darauf reagiert und setzt seitens der Bun-despartei und den Landesverbänden stark auf die Verbindung von Parteiver-sammlungen und gesellschaftlichen Veranstaltungen wie Empfängen, Liberalen Salons oder Partys. Insbesondere müssen Parteiveranstaltungen einen Mehrwert für die Eigeninteressen der Anwesenden bieten, z.B. Netzwerke oder Wissens-vorteile über politische Entscheidungen. Drastisch ausgedrückt: Kaum jemand will sich auf einer Mitgliederversammlung die Zeit um die Ohren schlagen, „nur" um der Partei zu dienen.

Auch arbeitet – nach Kenntnisstand des Autors – die Bundespartei daran, Vorschläge dafür zu unterbreiten, wie die engen Regeln des Parteiengesetzes den neuen Anforderungen einer modernen Gesellschaft angepasst werden können. Sicherlich sind gerade Personalwahlen deshalb so stark reguliert, weil das De-mokratiegebot auch in kleinsten Parteiverbänden zu garantieren ist. Aber die zeitraubende (und sich oftmals wiederholende) Wahl wie Versammlungsleitung, Schriftführung oder Zählkommission in den Versammlungen sind häufig wenig attraktiv für zahlreiche (und nicht nur junge) Mitglieder.

Letztlich aber hat sich bei den Wahlen der letzten Jahre der Trend abge-zeichnet, dass besonders junge Menschen die FDP gewählt haben. Offenbar stimmt das politische Angebot der Liberalen ebenso, wie die Art und Weise ihrer Wähleransprache. Frischer und ideologiefreier Wahlkampf wird durch moderne Aktionen und Mittel stets mit ernsten Botschaften aber stets positiv vorgetragen. Optimismus und Weltoffenheit sprechen offenbar besonders junge Wähler an. Also: Bitte weiter so!

Otto Fricke

Öffentliche Haushalte

1 Der Wert öffentlicher Haushalte

Was ist eigentlich der Wert öffentlicher Haushalte? Haushalte verkörpern Zukunft und Vergangenheit und sie sind, anders als andere Bereiche der Politik, nur schwerlich in ihrem Wahrheitsgehalt beugbar, jedenfalls dann, wenn man sie lesen kann bzw. will. Sie geben die Vergangenheit wieder, ganz zentral bei den Zinsschulden (in der Theorie auch bei den Habenzinsen). Sie zeigen die Gegenwart auf, über den geltenden Haushaltsplan und seinen Vollzug und sie setzen – schließlich – deutliche Zeichen für die Zukunft unserer Gesellschaft über künftigen Haushalt und, wenn auch unpräzise, über den Finanzplan.

Haushalte sind politische Dokumente zur Nachhaltigkeit. Nirgendwo ist Fortschritt und Versagen in der Nachhaltigkeit wahrhaftiger abzulesen als in öffentlichen Haushalten. Den Wert solider Haushalte können nachfolgende Generationen anhand der klaren Bilanz politischen Handelns bewerten. Aber zugleich zeigt etwa der Bundeshaushalt beim Rentenzuschuss, welche Summe die ältere Generation vom Steuerzahler erhält. Nichts anderes gilt für die Langzeitarbeitslosigkeit von Geringqualifizierten: Sie zeigt, wo der Bildungsstaat in der Vergangenheit versagt hat und die Folgen auf die Zukunft (Gegenwart) abgewälzt werden.

Haushalte sind deshalb manifeste Generationenverträge – und zugleich Dokumente ihres Bruches.

Haushalte sind Bücher über Freiheit und Unfreiheit. Die Gleichungen sind nicht einfach und die Funktionen nicht linear. Aber ungefähr gilt doch: Je mehr das Volumen des Haushalts anwächst, umso höher ist auch die staatliche Intervention in das Leben der Bürger. Ein schmaler Haushalt ist das Buch eines schlanken Staates, ein dicker Haushalt das Buch eines voluminösen Staates. Doch auch in den einzelnen Posten, in den Schwerpunkten und Zielen der Staatsausgaben, liegt eine Selbstreflexion des Staates über seine Rolle. Nicht nur das Geld, das der Staat nimmt, sondern auch das Geld, das er gibt, kann den Menschen Freiheit nehmen.

2 Die Psychologie des Politikers und die Haushaltspolitik

Haushaltspolitik ist aber auch eine Erzählung über menschliche Schwäche, falsche Werte und ein Konzentrat politischer Psychologie. Es ist vor allem auch eine Geschichte über die Abhängigkeit der – es sei stereotyp formuliert und nimmt den Verfasser nicht aus – Politiker von der Zuwendung ihrer Wähler. Man mag es auch einen politischen Helferkomplex nennen.

Politik ist immer wieder vor die Herausforderung gestellt, helfen zu sollen. Erscheint ein Problem, erschallt sogleich der Ruf nach der Politik. Der Forderungen sind so viele, dass es für Politik unendlich viele Möglichkeiten gibt, scheinbar- meist kurzfristig – Gutes zu tun. Denn für die Hilfe gibt es keine Grenzen. Was Politik will, kann sie auch, weil die Ressourcen im Moment der Handlung nicht erschöpflich scheinen. Wenn es um eine gute Sache geht, zahlen alle – und notfalls und immer häufiger. Dann nämlich, wenn nicht genügend Mittel vorhanden sind, holt sich Politik den Kredit bei künftigen Generationen.

Das fatale Vertrauen in die Politik und die unvermeidliche Überspannung der Wünsche offenbart ein schiefes Staatsverständnis, das wohl in Deutschland besonders ausgeprägt ist. Sechs Jahrzehnte demokratisch-republikanischer Ordnung haben nichts daran zu ändern vermocht, dass der paternalistisch-preußische Obrigkeitsstaat im kollektiven Unterbewusstsein erhalten blieb und – mehr noch – im Wohlfahrtsstaat neue Gestalt gefunden hat. Der allzu rasche Ruf nach schnellem politischem Handeln zeugt von einem hintergründigen Kollektivismus, dem kein anspruchsvolles Autonomiekonzept zugrunde liegt, sondern der Heteronomie durch staatliche Intervention das Wort redet. Kurz: Staat (Steuerzahler) rette! Egal, ob es richtig ist oder falsch. Haushaltspolitik ist deshalb auch eine Geschichte von Staat und Individuum.

Die Verführung zu Ausgaben hat dabei nichts mit der politischen Richtung zu tun. Studien zeigen, dass sowohl konservativ-liberale als auch sozialdemokratisch bzw. sozialistische Regierungen der Verlockung neuer Schulden umso mehr erliegen, je näher eine Wahl rückt. International sind die Ergebnisse unterschiedlich. Während hier konservative Kräfte oft bereitwilliger Geld ausgeben, liegen in Deutschland die Sozialdemokraten beim Griff in den Geldbeutel des Steuerzahlers vorne."Dass die Unterschiede zwischen den Parteien (nicht aber zwischen den Ländern) freilich insgesamt so gering sind, findet nicht zuletzt seinen Grund darin, dass die Vermeidung von Staatsverschuldung auch für jene Kräfte, denen sie weltanschaulich inhaltlich etwas bedeutet, häufig von geringerer Priorität ist. Grund ist auch, dass eine Regierung, die gerne auf Verzicht setzen würde, ungern der Opposition einen Popularitätsvorsprung belässt, die ganz ungeniert versprechen und fordern kann. Nach dem Motto: Warum soll ich sparen, wenn doch dann die anderen an die Regierung kommen und das Geld mit vollen Händen ausgeben? Staatausgaben als Weg zum Wahlsieg – das ist eine Hoffnung und oft auch eine Erfahrung, die politische Kräfte über alle weltanschaulichen Grenzen verbindet. Es ist eine Form von Wahlkampf, der wirkt und den die, die ihn führen, nicht bezahlen müssen. Dies macht ihn besonders verführerisch.

Mein Vorschlag: Wie Privathaushalte eine Kultur des Verzichts brauchen, benötigt die Politik eine Kultur des „Versagens". Denn wahres politisches Talent und politischer Einfluss zeigen sich nicht in neuen Ausgaben, sondern im beharrlichen und unbeirrten *Nein*. Es ist keineswegs so, dass es dieses *Nein* nicht gäbe. Denn in den so vielen täglich herangetragenen Wünschen und Interessen ist die Ablehnung auch eine Strategie des politischen Überdauerns. Aber allzu oft erfolgt sie so undeutlich, dass in dem *Nein* doch wieder ein vermeintliches *Ja* gesehen werden kann, und die Abwehr eines Wunsches fällt umso schwerer, je gewichtiger das Anliegen und je größer der Posten ist. Auch steht immer der Neinsager unter Begründungszwang, nicht der Jasager.

3   Die Situation des Bundeshaushaltes

Der Bundeshaushalt ist geprägt von oft ungezügelter Ausgabementalität. Während die konsumtiven Ausgaben beharrlich angestiegen sind, sind Investitionen gesunken oder stagnieren bestenfalls. Aufgrund der Rekordsteuereinnahmen, die dem Bund in den vergangenen Jahren zugeflossen sind, konnte die Neuverschuldung wegen enormer Ausgabensteigerungen nur von 31,2 auf 11,9 (2005 bis 2008) zurückgeführt werden.

Im Jahr 2009 jedoch wird bei niedrigeren Steuereinnahmen infolge der konjunkturellen Eintrübung erwartungsgemäß wieder ein erheblicher Anstieg zu verzeichnen sein. Die Bundesregierung hat ihr Kernziel eines ausgeglichenen Haushaltes im Jahre 2011 aufgegeben und die Neuverschuldung von geplanten 10,5 im Sommer 2008 auf 18,5 Mrd. Euro erhöht. Der Schuldenberg, den alleine der Bund vor sich her schiebt, beläuft sich mittlerweile auf etwa 950 Mrd. Euro. Bei diesen Betrag müssen jährlich rund 42 Mrd. Euro alleine für Zinsen aufgebracht werden. Wäre dieses Geld frei, könnte damit, je nachdem wo man seine Schwerpunkte setzt, Steuern gesenkt, Forschung ausgeweitet, Sozialabgaben gesenkt oder Sozialleistungen erheblich ausgeweitet werden.

Der Bundeshaushalt ist geprägt von einem Ausgabenproblem. Dass es kein Einnahmenproblem gibt, zeigt die Entwicklung der Steuereinnahmen deutlich. Hatte der Bund 1992 noch 180,4 Milliarden an Steuern eingenommen, waren es 2007 bereits 230 Milliarden Euro. Das ist eine Steigerung um 28 % in nur 15 Jahren. Im gleichen Zeitraum stieg die Sozialquote von 34,6 % auf 51,7 %. Die Investitionsquote hingegen fiel in erschreckendem Maße ab. So betrug diese 1992 noch 15,4 %, um 2007 bei nur noch 9,7 % zu landen.

Diese Zahlen zeigen eine dramatische Entwicklung auf, die eine enorme Umverteilung vom Bürger zum Staat und von der Zukunft in die Gegenwart offenbart.

4 Versäumnisse der Vergangenheit

Die vergessene Staatsverschuldung

Staatsverschuldung ist seit Jahrtausenden eine Herausforderung an die Gesellschaften und Staaten. Mit der Geldwirtschaft und der Herausbildung einer öffentlichen Hand entstand geradezu unweigerlich Staatsverschuldung. Geld, Staat, Verschuldung – dies ist ein Dreiklang, der schon Cicero unauflöslich schien, als er im Jahre 55 vor Christus in seinem Grundlagenwerk *De re publica* die klassische Wendung fand: „Der Staatshaushalt muss ausgeglichen sein, der Staatsschatz sollte aufgefüllt werden. Die öffentlichen Schulden müssen verringert werden. Die Arroganz der Behörden muß gemäßigt und kontrolliert werden. Die Leute sollen wieder lernen zu arbeiten, anstatt auf öffentliche Rechnung zu leben!" Darin lag bereits ein höchst modernes Programm zur Mäßigung des Staates und Disziplinierung seiner Macht. Doch scheint es, als sei Cicero seit der Antike zwar viel gelesen, aber selten gehört worden.

Die Mahnung bleibt unerhört, weil man die Staatsverschuldung nicht sieht, weil sie nicht fühl- und spürbar ist und das eigene Leben scheinbar nicht betrifft. Die Staatsverschuldung ist invisibilisiert, und es gilt: Die im Dunkeln sieht man nicht. Dabei gibt es bereits Warnzeichen, die aufhorchen lassen müssten: Sanierungsbedürftige Schulen und Universitäten, geschlossene Theater, leerstehende

Hallenbäder zeigen, dass die Ansprüche der Vergangenheit mit den Mitteln der Gegenwart nicht mehr eingelöst werden können. Doch was als Symbol einer prekären Struktur gelten könnte, wird oft nur als Fehler der Politik wahrgenommen. Es ist wie im Privatleben auch, es lebt sich mit allen Ratenzahlungen für Haus, Auto, Küche und Fernseher so lange gut, bis man die erste Rate nicht mehr zahlen kann.

Staatsverschuldung macht sich bemerkbar – in der Zukunft und in der Gegenwart. Steigende Zinspflichten schränken den budgetären Handlungsspielraum ein – eine Folge, der sich nur entziehen kann, wer sich vollends in den Fatalismus einer reinen Schuldenlogik flüchtet. Eine Ausweitung der Staatsverschuldung bedroht – wie 240 Wirtschaftswissenschaftler im Jahre 2006 in einem „Hamburger Appell" festgehalten haben – schon *heute* die Binnenkonjunktur, weil sie strukturelle Ungleichgewichte verschärft und so Bürger und Unternehmen dazu zwingt, mit gesteigerter Vorsicht wirtschaften zu müssen. Und dass die Schulden von heute die Steuern von morgen sind, hindert nicht nur das zukünftige, sondern auch das heutige Investitionsklima – weil Investitionsentscheidungen antizipieren müssen. Unbestritten ist Staatsverschuldung vor allem eine Generationenfrage. Aber es ist zu kurz gedacht, dass sie nicht auf die Gegenwart wirkt.

Für Gegenwart und Zukunft erfordern die Beispiele Islands und Argentiniens aus jüngster und jüngerer Vergangenheit eines: Der Satz, dass ein großer, vielfach verflochtener Staat wie Deutschland kaum pleite gehen kann, mag stimmen. Der Satz aber, dass er gar nicht Pleite gehen kann, ist falsch.

Zur gegenwärtigen Bilanz

Die Haushalts- und Finanzpolitik der vergangenen Jahre war von Wünschen auf der Einnahmenseite und Freigebigkeit auf der Ausgabenseite (nicht erst seit 1998) geprägt. Der oft nur frömmelnde Wunsch, die Neuverschuldung zurück zu führen und alsbald einen ausgeglichenen Haushalt zu erreichen, war daher zum Scheitern verurteilt. Zu glauben, dass eine konjunkturelle Hochphase wie jene zwischen Mitte 2005 und Mitte 2008 ewig andauern wird und darauf eine Haushaltsplanung aufzubauen, ist bestenfalls naiv. Die Haushaltspolitik an stetem Konjunkturaufschwung auszurichten hingegen ist schlicht und ergreifend verantwortungslos. Im Zuge der Finanzkrise gibt es nun den generellen Trend, für kurzfristige Erfolge, die Interessen der nachfolgenden Generationen zu opfern, egal ob in der Klimaschutzpolitik oder bei der Verschuldung der öffentlichen Haushalte.

Der Tendenz der Politik, zur Verbesserung der Situation in der Gegenwart Geschenke in Form von Mehrausgaben und damit zu Lasten der Zukunft zu machen, konnte in der Vergangenheit wenig Nennenswertes entgegengesetzt werden.

Eine Grenze für die Neuverschuldung des Bundes im Grundgesetz findet sich in Art. 115 GG. Darin ist festgelegt, dass die Neuverschuldung nicht die Summe der Investitionen übersteigen darf. Damit soll die Belastung der zukünftigen Generationen mit Schulden seinen Ausgleich in Investitionen, die sich ja grundsätzlich in der Zukunft auszahlen sollen, finden.

Hierin liegt jedoch ein erstes Problem: Die Erfahrung der letzten Jahre hat gezeigt, dass Regierungen den Umfang der Investitionen künstlich ausgedehnt haben, damit der Spielraum für die Kreditaufnahme größer wird. Nicht immer zahlen sich Investitionen später auch aus. Hierdurch wird eine gefährliche Spirale in eine immer höhere Neuverschuldung in Gang gesetzt.

Aber selbst wenn eine Bundesregierung sich – wie in Jahren schlechten Wachstums – permanent nicht an die Investitionsgrenze hält, konnte sie sich immer noch auf die Ausnahmeregelung in Art. 115 GG berufen und argumentieren, dass die Neuverschuldung zu Abwendung einer „Störung des gesamtwirtschaftlichen Gleichgewichtes" (einer der „schönsten" politisch interpretierbaren Rechtsbegriffe) erforderlich sei.

Ein weiteres Problem liegt darin, dass ein Verstoß gegen Art. 115 GG faktisch straf- und folgenlos bleibt. Eine Verfassungsklage, wie sie von den Bundestagsfraktionen der FDP und der Union bereits gegen den Bundeshaushalt 2004 erhoben wurde, hätte bestenfalls eine Bindungswirkung für künftige Haushalte gehabt. Denn mit einem Urteil des Bundesverfassungsgerichtes ist in solchen Fällen frühestens ein Jahr nach Inkrafttreten des Gesetzes zu rechnen und der betreffende Haushalt dann längst abgeschlossen. Artikel 115 GG kann daher als „zahnloser Tiger" bezeichnet werden, was die Politik leider sehr genau weiß.

Zudem ergab das Urteil des Bundesverfassungsgerichtes nicht die erhofften verbindlichen Leitplanken in Form klarer Interpretationsregeln zur Schuldenbegrenzung. Dies sei, so die Richter, Aufgabe des Gesetzgebers. Dieser jedoch hat es in der Vergangenheit nicht vermocht, sich selber ein enges Korsett anzulegen. Selbst das von der Föderalismuskommission II in Aussicht gestellte Verschuldungsverbot wird es in entsprechend wirkungsvoller Form kaum noch geben.

Man muss aber erkennen, dass der Wille der Politik, sich über ein strenges Budgetrecht selbst zu begrenzen, sehr gering ist.

5   Liberaler Lösungsansatz

Der liberale Lösungsansatz für eine nachhaltige Haushaltspolitik beinhaltet im Wesentlichen zwei Aspekte. Der eine bezieht sich auf den Bereich der Haushaltstechnik, der andere greift die strukturellen Probleme im Haushalt auf.

Reformbedarf im Bereich der Haushaltstechnik

Als Liberale fordern wir aus den zuvor genannten Gründen ein generelles Verschuldungsverbot. Dass eine solche Radikallösung umgesetzt wird ist derzeit jedoch leider noch sehr unwahrscheinlich. Deshalb muss auch über Alternativen nachgedacht werden. Als FDP-Fraktion im Deutschen Bundestag haben wir seit 2004 alljährlich ein „Liberales Sparbuch" vorgelegt, in welchem unsere einzelnen Kürzungsanträge dokumentiert sind. Diese umfassen regelmäßig ein Einsparvolumen zwischen 8 und 12 Milliarden Euro.

In den meisten Parlamenten, so auch im Deutschen Bundestag, erfolgte die parlamentarische Auseinandersetzung beim Haushalt zwischen Opposition und Regierungskoalition fast immer nach dem üblichen Muster. Die Opposition kritisierte auf der einen Seite die Regierung und die sie tragende Koalition mit dem Argument, man würde in diesem oder jenem Bereich nicht genügend ausgeben. Vorschläge, an welcher Stelle die Finanzierung dieser Mehrausgaben durch die Koalitionen erfolgen solle, erfolgten entweder über allgemeine Aussagen, die entweder den Verzicht auf jegliche Bundeswehrbeschaffungen oder die Erhebung einer Reichensteuer vorsah. Letztlich waren diese Gegenfinanzierungsvorschläge im wahrsten Sinne des Wortes wertlos. Wenn man aber werthaltige Politik betreiben will, muss man, auch wegen der zuvor in Punkt 1 und 2 beschriebenen Prinzipien, als Opposition konkret darstellen, wo man Möglichkeiten der Gegenfinanzierung sieht, oder – noch besser – wie man Haushaltsdefizite abbaut. Der Jurist würde sagen, man muss gegenüber dem Wähler den Urkundsbeweis führen.

Beginnend mit dem Haushaltsentwurf 2004 hat die FDP-Arbeitsgruppe „Haushalt" alle Haushaltstitel, zu denen sie konkrete schriftliche Änderungsanträge vorgelegt hat, protokolliert. Die Zahl der Anträge geht regelmäßig über die 400 hinaus, das Volumen über 10 Milliarden Euro. Gesammelt und manifestiert werden sie in einem sogenannten liberalen Sparbuch, das im Internet für jeden Bürger einsehbar ist.

Diese Art des Vorgehens erzeugt im konkreten sehr viele Gegner, denn es gilt immer noch der Grundsatz: Sparen ja, aber nicht bei mir. So haben sich auch in der Vergangenheit hauptsächlich diejenigen gemeldet, die konkret betroffen waren und nur in Einzelfällen gab es Lob. Im Übrigen ergibt sich aus dieser Erfahrung für den Liberalen die Verpflichtung, wenn ihm gegenüber ein Bürger fordert, er müsse an bestimmten Stellen mehr Geld ausgeben, zu fragen, an welcher Stelle der fordernde Bürger bereit wäre, selbst mehr zu zahlen, oder auf staatliche Leistungen zu verzichten (und eben nicht immer nur die anderen).

Wenn man die Maßstäbe eines Generationenvertrages an dieses Vorgehen ansetzt, wird damit auch vermieden, dass spätere Generationen einmal mit einem elektronischen Suchprogramm im Internet (oder wie immer dann das Medium heißt) nachfragen, was hast Du eigentlich gegen die Verschuldung konkret getan?

Aber natürlich dürfen wir uns hierauf nicht beschränken. Antizyklisches Verhalten ist eine Möglichkeit, dem „süssen Gift der Staatsverschuldung" dauerhaft zu widerstehen. Zurückhaltung in guten Zeiten fällt der Politik (auch aufgrund der kurzen Legislaturperioden) aber schwer. Das Schlüsselwort zur Haushaltskonsolidierung kann daher auch „Automatismus" lauten. Gelänge es, eine automatische Budgetbegrenzung in konjunkturellen Wachstumsphasen einzubauen, wäre viel gewonnen. Die Politik könnte dann kaum noch der Versuchung erliegen, „Geschenke zu verteilen".

Weitere Maßnahmen wären für eine nachhaltige Konsolidierung zu prüfen. Dazu gehören:

a. eine Begrenzung des Budgetrahmens, oder
b. die Einrichtung eines «Top-Down-Verfahrens»; d. h. erst die Festlegung des Budgetrahmens durch das Parlament und danach die Aufteilung.
c. ein Subventionsbegrenzungsgesetz, nach welchem Subventionen nur noch zeitlich befristet und degressiv ausgebracht werden dürfen.

Ein wesentliches Problem ist die Budgetüberschreitung. So kam die Politik in Deutschland bisher in konjunkturell schlechteren Phasen nicht mit dem zuvor selbst gesteckten Finanzrahmen aus und musste Nachtragshaushalte mit einer entsprechend höheren Neuverschuldung verabschieden. Dies gelingt sehr leicht, da der Staat noch immer problemlos umfangreich Finanzmittel erlangt. Diesem könnte entgegen getreten werden, indem bei der Haushalts-Aufstellung ein Budgetrahmen frühzeitig und vorab festgelegt würde, der im Haushaltsvollzug nur in extremen Ausnahmefällen (Krieg, Naturkatastrophen) überschritten werden darf. Mehrausgaben anderer Art müssten jedoch durch Einsparungen an anderer Stelle generiert werden. Eine Alternative wäre auch, die Mehrausgaben mit einer automatischen Steuererhöhung zu verbinden, mit der Folge, dass eine übermäßige Steigerung der Entwicklungshilfe eine „*Wieczorek-Zeul*-Steuererhöhung" zur Folge hätte. Da Politik zwar gerne für konkrete Mehrausgaben zuständig sein will, aber nicht für konkrete Steuererhöhungen, könnte der Ausgabenrahmen auf diese Weise ebenfalls begrenzt werden.

Ein weiterer Faktor ist die Festlegung der konkreten Höhe dieses Budgetrahmens. Dieser sollte sich an einer unabhängigen und von vorsichtigen Berechnungen geprägten Steuerschätzung orientieren.

Ein weiterer Ansatz wäre, dass der Bundesregierung bei der jeweiligen Prognose der Einnahmen des Staates strenge Vorgaben gemacht werden. Zu denken wäre dabei u.a. an das durchschnittliche Steueraufkommen der letzten fünf Jahre. Hierdurch könnte man die zunehmend wachsende Schere zwischen den regelmäßig zu hoch kalkulierten Einnahmen und den jeweils zu niedrig erwarteten Ausgaben schließen.

Struktureller Reformbedarf

Der Bundeshaushalt wird zunehmend durch die sozialen Sicherungssysteme belastet. Alleine der Zuschuss in die Rentenversicherung, für den Arbeitsmarkt und Hartz IV machen mit rund 140 Milliarden Euro etwa die Hälfte des Gesamthaushaltes aus. Hinzu kommt der sukzessiv ansteigende Zuschuss in die Krankenversicherung, der im Jahre 2009 bereits 4 Milliarden Euro betragen wird und in den Folgejahren jeweils um 1,5 Milliarden Euro bis auf 14 Milliarden Euro im Jahre 2016 steigen soll. Die stetig steigenden Zuschüsse in das Renten- und Gesundheitssystem haben jedoch nicht zur Folge, dass die Beitragssätze sinken – im Gegenteil, es ist in diesen Bereichen auch mit weiterhin steigenden Beitragssätzen zu rechnen.

Deutlich macht diese Entwicklung vor allem eines: Sowohl im Bereich der Renten-, Sozial- und Gesundheitsversicherung sind wirkliche Reformen, die die Systeme an die Herausforderungen der demographischen Entwicklung anpassen und sich im selbst tragen lassen, überfällig.

Insgesamt werden in Deutschland viele Modelle zu diskutieren sein. Diese Reformmodelle werden nicht allen Wünschen genügen. Denn wenn der Staatshaushalt konsolidiert werden soll, dann müssen vor allem die Ausgaben reduziert werden. Die damit verbundenen Einschnitte in allen Bereichen der öffentlichen Ausgaben sind weitreichend und substanziell. Diese Mühen mögen nicht populär machen, aber sie sind notwendig und lohnen: Eines ist jedoch in jedem Fall offensichtlich: So wie bisher kann es schon aus Verantwortung gegenüber künftigen Generationen nicht weitergehen kann, alleine schon weil Kinder auf Schuldenbergen nicht spielen und erst recht nicht lernen können.

Alexander Alvaro

Sicherheit in der Informationsgesellschaft

1 Im Informationszeitalter angekommen

Deutschland ist im Informationszeitalter angekommen: Die Zahl der Breitband-anschlüsse hat sich in Deutschland zwischen 2003 und 2006 verdreifacht. Ende 2006 verfügten 37 Prozent der Haushalte über einen schnellen Internet-Zugang, Ende 2003 waren es noch 12 Prozent. Gleichzeitig hat sich in Deutschland die Zahl der Internetnutzer weiter erhöht. Ende 2006 waren 60 Prozent der Deutschen online. Fast 50 Prozent der Deutschen möchten auf das Medium nicht mehr verzichten.

Tagtäglich sind wir von Informationstechnologien umgeben; doch wie ist es – bei aller Euphorie – um die Sicherheit in der Informationsgesellschaft bestellt?

Es ist eine Tatsache, dass unsere Abhängigkeit von IT-Infrastrukturen wächst, dass Arbeits- und Geschäftsprozesse immer stärker auf IT-Lösungen basieren, dass das wirtschaftliche und gesellschaftliche Leben zunehmend digitalisiert ist. Hieraus folgt, dass die Stabilität dieser Systeme existenziell ist. Schließlich entscheidet die Sicherheit und Zuverlässigkeit der Informationstechnik darüber, ob zentrale gesellschaftliche Bereiche funktionieren.

Doch um deren Sicherheit ist es oft nicht gut bestellt: Viren, Würmer, *Denial-of-Service*, *Hacking* und viele andere Gefahren bedrohen Verbraucher sowie Unternehmen und werfen die grundsätzliche Frage auf wie ein Vertrauen sicherndes Schutzniveau im IT-Betrieb erreicht werden kann.

Das hier ein besonderer Aufklärungsbedarf besteht, legt die inzwischen 13. Ausgabe des Symantec Internetsicherheitsberichts nahe.[1]

Demnach rücken etablierte, häufig besuchte Internetportale sowie *Social Networking*-Seiten (Facebook, StudiVZ, etc.) verstärkt ins Visier der Cyberkriminellen. Zwar sei der Computer noch immer Angriffsziel Nummer eins, um an finanziell verwertbare Daten der Anwender zu gelangen – doch das Vertrauen in etablierte Webseiten und der unbedarfte Umgang mit persönlichen Informationen

---

[1] http://www.symantec.com/content/de/de/about/downloads/PressCenter/ISTR_XIII.pdf

ermöglichen immer gezieltere Attacken auf die Daten der Internetnutzer (in der Fachsprache *phishing* genannt). Dementsprechend ist die Zahl der Server, auf denen betrügerische Webseiten gehostet wurden, im zweiten Halbjahr 2007 weltweit um 167 Prozent auf 87.963 gestiegen.

Sofern dieser sprunghafte Anstieg cyberkrimineller Aktivitäten noch nicht als Handlungsanweisung an Politik, Unternehmen und Verbraucher verstanden wird, die Sicherheit in der Informationsgesellschaft zu erhöhen, sollte die Zunahme skandalöser Vorfälle zu einem Umdenken zwingen.

So berichtete DIE WELT am 7. Dezember 2008 davon, dass drei Viertel aller Haushalte befürchten müssen, dass ihre Bankverbindungen illegal auf dem riesigen Schwarzmarkt für persönliche Daten im Umlauf sind. Die Bankdaten von rund 21 Millionen Menschen wurden Journalisten offenbar für knapp zwölf Millionen Euro angeboten. Eine CD mit 1,2 Millionen Kundendaten habe man als Muster erhalten und an die Staatsanwaltschaft Düsseldorf übergeben, so die DIE WELT.

Der Bundesdatenschutzbeauftragte Peter Schaar, der in dem Beitrag der WELT zitiert wird, geht sogar davon aus, dass inzwischen „mit den Daten aller Deutschen irgendwo gehandelt wird. Jeder müsse befürchten, dass er betroffen sei. Es ist eine Art grauer Datenmarkt entstanden, dessen Konturen sich nicht mal ansatzweise abzeichnen". Und es liege nahe, dass noch weitere Datenträger kursieren. Denn daran lasse sich richtig viel verdienen. Schaar riet den Bundesbürgern, ihre Kontoauszüge möglichst zügig und sorgfältig zu prüfen.

Obwohl die Liste der Vorfälle, die Sicherheitsverletzungen im Umgang mit persönlichen Daten dokumentiert, inzwischen immer länger wird – seien es Verstöße im Einzelhandel, in der Telekommunikationsindustrie oder durch staatliche Behörden – scheint nach wie vor der Glaube vorzuherrschen, man lebe auf einer Insel IT-technischer Sorglosigkeit.

Gerade mit Blick auf Deutschland erweist sich eine derartige Einschätzung als fatal:

18 Prozent aller Aktivitäten im Zusammenhang mit Cyberkrminalität in der Region Europa, Mittlerer Osten und Afrika (EMEA) wurden von Rechnern in Deutschland aus durchgeführt – damit ist Deutschland Spitzenreiter in der Region. In Deutschland befinden sich darüber hinaus die meisten *Bot*-infizierten Rechner in der Region. Unter einem *Bot* (Abkürzung für *Robot*) versteht man ein heimlich installiertes Computerprogramm, welches Angreifern den Fernzugriff

auf das System über einen Kommunikationskanal ermöglicht. Dabei infiziert der Angreifer zahlreiche Rechner mit einem *Bot* und verbindet diese dann zu einem Netzwerk (*Botnet*). Dieses Netzwerk kann zentral von einem *Command-and-Control Server* aus gesteuert werden, um koordinierte Aktionen – wie beispielsweise den millionenfachen Versand von *Spam-Mails* – zu starten. In der Region Europa, Mittlerer Osten und Afrika sind allein in Deutschland 22 Prozent dieser *Command-and-Control Server* verortet. So ist es auch nicht weiter verwunderlich, dass 71 Prozent des E-Mail-Verkehrs in Deutschland aus *Spam* besteht – soviel wie in keinem anderen Land.

Dass derartige kriminelle Energie nicht nur unmittelbare Gefahren für den Schutz persönlicher Daten der Bürger mit sich bringt, sondern auch für staatliche Institutionen und sogar für Staaten, verdeutlicht das folgende Beispiel.

2 Angriff auf Estland

Am 28. April 2007 stellte das so genannte Zyklon *Security Team* eine Software auf seiner Webseite bereit, die ein *Tool* zur Durchführung so genannter *Distributed Denial of Service* (DDoS) *Attacks* enthielt. Der Link enthielt den Zusatz *Special for attacking fuc*ing Estonian sites*. Das Zyklon *Security Team* ist eine Gruppe russischer Hacker, deren Motivation eine derartige Software bereit zu stellen daraus erwachsen ist, dass estnische Behörden am Vortag ein Kriegsdenkmal aus der sowjetischen Besatzungszeit entfernen ließen, um es andernorts wieder aufzustellen.

Die darauf folgende Bereitstellung der Schadsoftware und der damit kaum verhohlene Aufruf, estnische Internetseiten anzugreifen, führte zu einer bis dahin unbekannten Welle konzertierter Cyberattacken gegen offizielle estnische Internetseiten.

Die dann folgenden Ereignisse führen die gravierenden Folgen eines koordinierten Angriffes auf informationstechnische Systeme eines Staates und seiner Einrichtungen, inklusive der daraus resultierenden gesellschaftlichen Nebeneffekte, beispielhaft vor Augen.

Ein *Denial of Service* Angriff (zu deutsch Dienstverweigerung) ist ein Angriff auf einen *Server* oder sonstigen Rechner in einem Datennetz mit dem Ziel, einen oder mehrere seiner Dienste arbeitsunfähig zu machen. In der Regel geschieht dies durch Überlastung. Erfolgt der Angriff – wie im Falle Estlands –

koordiniert von einer größeren Anzahl anderer Systeme aus, so spricht man von Verteilter Dienstblockade bzw. DDoS (*Distributed Denial of Service*). Normalerweise werden solche Angriffe nicht per Hand, sondern mit Programmen durchgeführt, die sich von alleine auf andere Rechnern im Netzwerk verbreiten. Hierdurch werden so genannte Botnetze aufgebaut, die dem Angreifer weitere Wirte zum Ausführen seiner Angriffe bereitstellen.

DoS-Angriffe funktionieren, indem sie die Dienste eines Servers, beispielsweise HTTP, mit einer größeren Anzahl Anfragen belasten, als dieser in der Lage ist zu bearbeiten, woraufhin er eingestellt wird oder reguläre Anfragen so langsam beantwortet, dass diese abgebrochen werden.

Im Unterschied zu anderen Angriffen will der Angreifer hier normalerweise nicht in den Computer eindringen und benötigt deshalb keine Passwörter oder Ähnliches. Jedoch kann ein DoS-Angriff Bestandteil eines Angriffs auf ein System sein, zum Beispiel bei folgenden Szenarien:

- Um vom eigentlichen Angriff auf ein System abzulenken, wird ein anderes System durch einen DoS lahmgelegt. Dies soll dafür sorgen, dass das mit der Administration betraute Personal vom eigentlichen Ort des Geschehens abgelenkt ist, bzw. die Angriffsversuche im durch den DoS erhöhten Datenaufkommen untergehen.
- Werden Antworten eines regulären Systems verzögert, können Anfragen an dieses durch eigene, gefälschte Antworten kompromittiert werden. Beispiel hierfür ist das *Hijacking* fremder Domainnamen durch Liefern gefälschter DNS-Antworten.
- Als Form des Protests sind DoS-Attacken in letzter Zeit populär geworden. Zum Eigenschutz der Protestierenden werden Angriffe dieser Art im Allgemeinen von Würmern durchgeführt, die sich selbstständig auf fremden Systemen verbreiten. Entsprechend handelt es sich bei Protestaktionen dieser Art um DDoS-Attacken.

Das letzte Szenario entspricht jenem, dem estnische Rechner an insgesamt sechs Tagen ausgesetzt waren. Die DDoS-Attacken, die über Estland hereinbrachen, dauerten teils nur wenige Minuten, teils aber auch zahlreiche Stunden an. Der längste Angriff zog sich über einen Zeitraum von 11 Stunden hin.

Chronologie der Ereignisse:

3. Mai 2007
21 verschiedene *Distributed Denial of Service*-Attacken richten sich gegen estnische *Server.*

4. Mai 2007
17 verschiedene *Distributed Denial of Service*-Attacken richten sich gegen estnische Server.

7. Mai 2007
Die russischen Behörden nehmen einen 19-jährigen russischen Studenten fest, der unter dem Alias „Dimitri" im Internet auftritt. Ihm wird vorgeworfen, einer der Köpfe hinter den DDoS-Attacken zu sein. Angeblich soll er in verschiedenen Internet-Foren dazu aufgerufen haben, DDoS-Attacken gegen Estland durchzuführen. Darüber hinaus soll er erklärt haben, wie diese Attacken durchzuführen seien.

8. Mai 2007
31 verschiedene *Distributed Denial of Service*-Attacken richten sich gegen estnische Server.

9. Mai 2007
58 verschiedene *Distributed Denial of Service*-Attacken richten sich gegen estnische Server.

11. Mai 2007
1 *Distributed Denial of Service*-Attacke richtet sich gegen estnische Server.

18. Mai 2007 bis heute
Zahlreiche Zeitungsberichte und Beiträge widmen sich dem Thema, ohne jedoch ernsthafte Neuigkeiten zu den Angriffen, z.B. zur wahren Urheberschaft, zu Tage zu fördern.

Sowohl die NATO als auch U.S. Militärs haben Experten als Unterstützung nach Estland entsandt, um diesen Angriffen zu begegnen, obwohl Estland wahrscheinlich das am weitesten fortgeschrittene Land Europas ist, wenn es um die Nutzung neuer Informationstechnologien in Staat und Gesellschaft geht. Wahrscheinlich resultiert aus dieser Fortschrittlichkeit im Bereich *eGovernment* eine höhere Verwundbarkeit als es bei anderen Staaten in der EU der Fall ist. Der volkswirtschaftliche Schaden ist bis heute nicht zu beziffern.

3   Schattenwirtschaft der Cyberkriminalität

Die Verwundbarkeit der Informationsgesellschaft ist selten so offen zutage getreten wie im oben dargestellten Fallbeispiel; gleichzeitig ist im Nachgang dieses Vorfalles versäumt worden, die längst überfällige Debatte zur Sicherheit in der Informationsgesellschaft anzustoßen. Es musste erst zu massiven Datenverlusten durch Unternehmen und den Staat in Deutschland kommen, bis Datenschutz und Sicherheit in der Informationsgesellschaft – zwar halbherzig – in der großen Koalition zum Thema wurde. Doch auch diese Debatte scheint nun eher einzuschlafen als dass sie mit der notwendigen Verve fortgeführt würde. Es fehlt anscheinend noch an Motivation im Bereich des Datenschutzes und der sicheren Informationstechnologie, um eine substantielle Diskussion zu führen, aus der Handlungen erwachsen.

Dabei sind alle Beteiligten, Hersteller, Anwender und Politik gefordert. Bislang wird IT-Sicherheit noch nicht ernst genug genommen. Das Ergebnis: Die Vertraulichkeit, Integrität und Verfügbarkeit von Daten sind bei mangelnder Sicherheit der IT-Systeme nicht gewährleistet. Folge ist nicht nur eine wachsende Unsicherheit im Umgang mit IT-Systemen, sondern das Risiko volkswirtschaftlicher Schäden zu Lasten aller. Allein durch *Spam-Mails* entstehen der Weltwirtschaft jährliche Kosten in Höhe von ca. 50 Mrd. Dollar. Hochgerechnet dürfte der jährliche Spam-Schaden in Deutschland also rund 4,4 Mrd. Dollar (ca. 3,4 Mrd. Euro) betragen.

Dass auf Seiten der Kriminellen ein handfestes wirtschaftliches Interesse steht, wird gerne übersehen, galten viele Hacker doch lange als „Robin Hood" der Computerszene und nicht als Bestandteil krimineller Organisationen. Heutzutage leisten sich aber mehr und mehr Zweige der organisierten Kriminalität qualifizierte Computerspezialisten, um ihre Machenschaften vorantreiben zu können – aus „Robin Hood" wurde „Darth Vader".

Die nachfolgende Tabelle soll einen Hinweis darauf geben, welches Preisgefüge sich im so entstandenen illegalen Markt für den Handel mit persönlichen Daten etabliert hat.

Angebotene Daten	Anteil am Gesamtvolumen	Preisspanne
Kontodaten	22%	$10 – $1.000
Kreditkartendaten	13%	$0.40 – $20
Vollständiger Datensatz einer Person	9%	$1 – $15
eBay-Konten	7%	$1-$8
falsche Webseiten	7%	$2,50/Woche – $50/Woche inkl. Pflege, $25 für Design
E-Mail Verteilerlisten	6%	$1 – $10
E-Mail Adressen	5%	$0,83/MB – $10/MB
E-Mail Passwörter	5%	$4 – $30
Proxies	5%	$1,50 – $30
sonstige/verschiedenes	21%	

Quelle: Symantec

Führt man sich nun den oben zitierten Artikel aus Der WELT vor Augen, so handelt es sich bei den für 21 Millionen Bankdaten verlangten 12 Millionen Euro beinahe schon um ein Schnäppchen. Schätzungsweise ist hier ein Mengenrabatt eingeräumt worden. Vielleicht ist der Markt aber auch nur einem stärkeren Wettbewerbsdruck ausgesetzt als in den Vorjahren. Schließlich waren allein im zweiten Halbjahr des Jahres 2007 insgesamt 53% der Daten, die in dieser Schattenwirtschaft zum Handel angeboten wurden, Daten mit finanzieller Relevanz und es ist zu beobachten, dass dieser Markt sich zunehmend den Gesetzen von Angebot und Nachfrage unterwirft.

Spätestens jetzt sollte nachvollziehbar sein, weswegen der vielfach verwendete Ausspruch „Wer nichts zu verbergen hat, hat auch nichts zu befürchten" als dümmliche Plattitüde entlarvt werden muss. Dies gilt sowohl mit Blick auf Datensammlungen der Wirtschaft wie auch auf diejenigen des Staates.

Zum einen muss die Grundrechtsausübung durch den Bürger von diesem grundsätzlich nicht gerechtfertigt werden. Die Privatsphäre ist sowohl juristisch hinreichend definiert und zudem verfassungsrechtlich geschützt. Derjenige also, der in unsere Privatsphäre eingreift hat sich zu rechtfertigen. So und nicht andersherum wird ein Schuh daraus.

Der Übergang in die Informationsgesellschaft zeigt nun, dass auch diejenigen, die sich weniger Gedanken um Grundrechtseinschränkungen machen oder Datenschutz als nebensächlich betrachtet haben, umdenken müssen.

Wer sich im Internet bewegt, hinterlässt Spuren. Seien es Adressen, Kontonummern, Kreditkartendaten, E-Mail Adressen, u.v.m. Indem die hinterlassenen Daten gesammelt und verarbeitet werden, entstehen Nutzerprofile, die nicht nur zu Marketingzwecken verwendet werden können. Sofern der Verbraucher zugestimmt hat, dass seine Daten verwendet werden dürfen, spricht dem vorerst auch nichts entgegen. In diesem Falle müssen sich Verbraucher aber auch darauf verlassen können, dass Ihre Daten wirksam gegen Missbrauch geschützt sind. Andernfalls sind Identitätsdiebstahl und der oftmals damit verbundene finanzielle Schaden Gefahren, denen der Verbraucher ausgesetzt ist. Auf den vorangegangen Seiten sind diese Gefahren in Grundzügen dargestellt worden. Hieraus ergibt sich, dass ein wirksamer Datenschutz der beste Verbraucherschutz ist.

Zum anderen zeigt sich, dass der Ausspruch „Wer nichts zu verbergen hat, hat auch nichts zu befürchten", vielfach genutzt von Innenministern als Rechtfertigung für staatliche Eingriffe – ganz gleich ob konservativer oder sozialdemokratischer Natur – auch mit Blick auf staatliches Handeln Unfug ist.

Mittels zahlreicher Gesetze sammelt der Staat inzwischen beständig die Daten seiner Bürger. Unzählige Datenbanken müssen das erfasste Volumen höchstpersönlicher Daten der Bevölkerung verwalten und gewähren den unterschiedlichsten Behörden Einblick in das Verhalten der Bürger.

Was für die Wirtschaft gilt muss aber auch für den Staat gelten und dies noch in einem viel höheren Maße: Die Sammlung persönlicher Daten muss weitestgehend vermieden werden und sofern sie doch erfasst werden, müssen diese bestmöglich geschützt werden. Wie gesagt, für den Staat gilt dies umso mehr, da der Einzelne sich gegen staatliche Erfassungsinstrumente nur bedingt oder überhaupt nicht zur Wehr setzen kann.

Die staatliche Sammlung höchstpersönlicher Daten verbirgt sich zumeist hinter unscheinbaren Gesetzesnamen, gelegentlich erscheinen diese sogar freundlich. Ein kleiner Auszug:

- Gesetz zur Neuregelung von Beschränkungen des Brief-, Post- und Fernmeldegeheimnisses, G-10 Gesetz (2001)
- Terrorismusbekämpfungsgesetz (2001)
- Finanzmarktförderungsgesetz (2002)
- Gesundheitsmodernisierungsgesetz (2003)
- Gesetz zur Förderung der Steuerehrlichkeit (2003)
- Gesetz zur Änderung des Bundesgrenzschutzgesetzes (2003)
- Steueränderungsgesetz (2003)
- Alterseinkünftegesetz (2004)
- Telekommunikationsgesetz (2004)
- Gesetz zur Neuregelung der präventiven Telekommunikations- und Postüberwachung durch das Zollkriminalamt (2004)

Mit dem Segen der großen Koalition entfaltet die europäische Gesetzgebung ebenfalls ihre Wirkung, sei es in Form biometrischer Merkmale in Ausweisdokumente, die Fluggastdatenübertragung, die Verknüpfung bestehender Datenbanken oder die Vorratsdatenspeicherung, die als Gipfel der Überwachung verstanden werden kann, indem die Kommunikationsdaten von 500 Millionen Menschen erfasst werden.

Eine Studie des wissenschaftlichen Dienstes des Europäischen Parlamentes kommt – zumindest mit Blick auf die EU-Gesetzgebung – zu folgender Schlussfolgerung:

Es entsteht der Eindruck, dass die Maßnahmen, die die EU im Bereich der Terrorismusbekämpfung und der polizeilichen Zusammenarbeit erlassen, im Wesentlichen auf die Sammlung und den Austausch persönlicher Daten von Individuen basiert. Dies geschieht unter anderem im Wege einer zunehmenden Beobachtung finanzieller Transaktionen, der Schaffung und des Ausbaus europäischer Datenbanken, der Bemühung, diese Datenbanken unabhängig ihres Inhaltes und Zweckes miteinander zu vernetzen sowie durch Versuche, einen möglichst raschen und von Fragestellungen befreiten Austausch von Daten zwischen nationalen Strafverfolgungsbehörden zu etablieren. Durch diese Sammlung zahlreicher persönlicher Daten können derartige Entwicklungen zu einer Maximierung der Überwachung führen, wodurch sowohl das Recht auf Privatheit wie auch der Datenschutz gefährdet werden. Insbesondere mit Blick auf die Fragmentierung der europäischen Gesetzgebung im Bereich des Datenschutzes erscheint diese Gefahr realistisch zu sein.

Im Lichte dieser Herausforderungen – die ebenfalls für Fragen der Transparenz und demokratischer Kontrolle von Bedeutung sind – muss die Achtung der Privatsphäre als verfassungsrechtlich geschütztes Gut eine verstärkte Transparenz erhalten sowie für eine intensivierte demokratische Auseinandersetzung mit Blick auf zukünftige Vorhaben im Bereich der Anti-Terrorismusgesetzgebung unbedingt in den Mittelpunkt der Diskussion gestellt werden.

Die Risiken, die sich im Zuge der Informationsgesellschaft realisiert haben und die ihre Gültigkeit im wirtschaftlichen Alltag haben, nämlich die Gefahr des Missbrauchs persönlicher Daten, gewinnen im staatlichen Umfeld an Bedeutung. Wie gesagt, der Bürger kann sich in den wenigsten Fällen erfolgreich gegen die Erfassung seiner Daten durch Behörden wehren. Umso wichtiger ist es also, dass der Staat die Regeln der Informationsgesellschaft ebenso achtet, wie er dies von Wirtschaftsvertretern verlangt, nämlich indem er für den höchstmöglichen Schutz dieser Daten sorgt.

Regelmäßige Meldungen etwa über die Einsehbarkeit von hunderttausenden Meldedaten deutscher Bürger im Internet oder des Verlustes von Regierungsrechnern mit sensiblen Daten erwecken nicht gerade den Eindruck, dass unser Staat die nötige Sorgfalt im Umgang mit den Daten seiner Bürger an den Tag legt.

Das wohl effizienteste Mittel, um den Schutz persönlicher Daten in der Informationsgesellschaft zu gewährleisten, findet sich im Datenschutz selbst: Das Prinzip der Datenvermeidung, d.h. so wenig Daten wie möglich zu erheben und zu erfassen. Der Staat muss in der Lage sein, den Verlockungen einer IT-basierten Gesellschaft zu widerstehen und sich kontinuierlich die Frage stellen, ob es in dem jeweiligen Falle gerechtfertigt ist persönliche Daten der Bürger zu erheben. Die klassische juristische Rechtfertigungsprüfung, die im Vorfeld eines Grundrechtseingriffes unabdingbar erfolgen muss, ist zum juristischen und politischen Lippenbekenntnis degradiert worden.

Für Liberale ist das unverzeihlich. Es ist unverzeihlich, dass die Bedeutung der Grundrechte in der Informationsgesellschaft durch den Staat unterminiert wird und es ist unverzeihlich, dass der Sicherheitsbegriff in den letzten Jahren derartig verengt worden ist, nämlich dass es nur noch auf staatliche Sicherheit anzukommen scheint.

5 Sicherheit schützt Werte

Die Informationsgesellschaft wird beschrieben als der Einzug von Informations- und Kommunikationstechnologien (IuK) in eine Gesellschaft und die damit verbundene allgemeine Nutzung. Als Säulen der Informationsgesellschaft gelten die klassischen Kommunikationsgrundrechte (Meinungsfreiheit, Informationsfreiheit u. a.), die Informationszugangsfreiheit, der Datenschutz, der Geheimschutz und die zivilrechtlichen Informationsausschließlichkeitsrechte (Recht am eigenen Bild, Urheberrechte usw.).

Sicherheit in der Informationsgesellschaft muss also mehr sein als das Sicherheitsinteresse des Staates. Vielmehr geht es vorrangig um den Schutz der Bürger.

Sicherheit in der Informationsgesellschaft muss im engeren Sinne als der Schutz vor ungerechtfertigter Einschränkung oder Aufhebung der Meinungsfreiheit, der Informationsfreiheit, der Informationszugangsfreiheit, des Datenschutzes, des Geheimschutzes, des Rechtes am eigenen Bild und des Urheberrechtsschutzes verstanden werden. Das im weiteren Sinne die Grundrechte unserer Verfassung und abgeleitete Gesetze auch in der Informationsgesellschaft ihre Wirkung entfalten, soll hier nicht in Frage gestellt werden.

Sicherheit besitzt eine Schutzfunktion, sie ist demnach ein der Freiheit und dem Recht dienendes Instrument, welches diese erhalten und schützen soll. Aber Sicherheit ist damit kein Wert an sich.

Sicherheit zu schaffen ist eine der wesentlichen Aufgaben des Staates und es ist Aufgabe von Regierung und Volksvertretung, diese Aufgabe umzusetzen. Wie die Parteien, aus denen sich Regierung und Volksvertretung zusammen setzen, dies aber konkret tun und welche Maßnahmen sie hierzu ergreifen, leitet sich aus den ihnen zugrunde liegenden Werten ab. Auch deswegen ist die Frage danach, wer welche Werte vertritt entscheidend und wichtig in der deutschen Politik.

Unter Werten verstehen wir Vorstellungen über Eigenschaften (Qualitäten), die Dingen, Ideen, Beziehungen u. a. m. von Einzelnen (sozialen Akteuren), sozialen Gruppen oder der Gesellschaft beigelegt werden, und die den Wertenden wichtig und wünschenswert sind.

Die Programmatik der FDP leitet sich aus den Wiesbadener Grundsätzen, beschlossen auf ihrem Bundesparteitag am 24. Mai 1997 in Wiesbaden, ab. Bis heute sind die darin gefassten Leitsätze gültiges Gerüst liberaler Politik. Zur Informationsgesellschaft findet sich schon damals ein eigener Absatz: „Bürger in der Informationsgesellschaft".

Einzelne Ausschnitte spiegeln wider, dass die Wiesbadener Grundsätze 1997 ihrer Zeit bereits weit voraus waren und zahlreiche Aspekte der Informationsgesellschaft, wie wir sie erleben und wie sie sich heute gestaltet, schon vor über 10 Jahren fest im Blick hatten. Gleichzeitig wird rückblickend aber auch erkennbar, was zu dem damaligen Zeitpunkt falsch eingeschätzt oder nicht berücksichtigt worden ist.

Zutreffend hat die FDP 1997 erkannt, dass die Informationsgesellschaft die Art und Weise, wie wir leben, lernen und arbeiten verändern wird:

„Die traditionelle Industriegesellschaft war gekennzeichnet durch Zentralität, Normierung und Hierarchien. Die Informationsgesellschaft aber fordert Kreativität, Dezentralität, Partizipation, kleine Einheiten und persönliche, eigenverantwortliche Leistung. [...] Die Informationsgesellschaft und die mit ihr verbundenen Technologien bieten neue Chancen, bergen aber auch neue Gefahren."

Auch die verbreitete Nutzung von IuK-Technologien in der Wirtschaft wurde zutreffend erkannt:

„Von Tag zu Tag werden mehr Menschen als neue Teilnehmer der Datennetze und Nutzer von Multimedia neue Bewohner des „globalen Dorfes". Trotzdem haben viele Menschen Angst vor den bevorstehenden Veränderungen. [...] Die Anwendung neuer Technologien durchzieht alle wirtschaftlichen Sektoren. Die Zukunft der Arbeit ist im industriellen Sektor genauso vom Einsatz neuer Technologien bestimmt wie die neuen Dienstleistungen."

Diese Entwicklungen schon 1997 in ihrer Programmatik zu berücksichtigen, ist eine beachtliche Leistung der FDP. *Google* war 1997 noch nicht einmal gegründet und Entwicklungen wie das Web 2.0 in Form von *Facebook*, *YouTube*, StudiVZ und weiteren sozialen Plattformen waren in der Blase des Web 1.0 bestenfalls in den Köpfen einiger Pioniere. Inwieweit die oben genannten Feststellungen tatsächlich unser Leben beeinflussen würden, war zu dem Zeitpunkt nicht absehbar. So kann der FDP nicht mangelnde Weitsicht vorgeworfen werden, wenn sie einzelne Fehleinschätzungen vorgenommen hat. Hinzu kommt, dass die damalige Euphorie über den Einzug der IuK-Technologien in den öffentlichen Raum auch die FDP zu etwas naiven Schlussfolgerungen verleitet haben wird. So kann die folgende Aussage heute nur noch bedingt vertreten werden:

„Nicht die Nutzung der modernen Kommunikationsmittel ist das Risiko, sondern die Beschränkungen des Zugangs mit einer ihr folgenden Gesellschaftsspaltung in Wissende und Unwissende."

Die digitale Spaltung und die bis heute geführte Diskussion um die Abdeckung des ländlichen Raumes mit Breitbandzugängen werden zwar schon in den Wiesbadener Grundsätzen reflektiert. Die naive Feststellung aber, dass nicht die Nutzung der modernen Kommunikationsmittel das Risiko sei, wäre heute angesichts von „phishing", Identitätsdiebstahl uvm. so nicht mehr vertretbar.

Dass die FDP dennoch Risiken in der Nutzung moderner Kommunikationsmittel erkannt hat, zeigt folgende Passage aus den Wiesbadener Grundsätzen:

„Die Verfügbarkeit von Informationen über alle räumlichen und zeitlichen Grenzen hinweg findet jedoch ihre Schranken im Schutz der persönlichen Daten. Der rechtliche Rahmen muss den Datenschutz gewährleisten, Urheberrechte, geistiges Eigentum und das Recht auf freien Informationszugang schützen. Galt es in der Vergangenheit in erster Linie, die Privatsphäre des Bürgers vor Eingriffen des Staates zu schützen, wird die Informationsgesellschaft eine neue Herausforderung bringen: Immer mehr persönliche Daten werden auch für nichtstaatliche Organisationen und Unternehmen sowie für Privatpersonen zugänglich. Liberale lehnen den gläsernen Bürger ab. Das gilt für den privaten wie staatlichen Zugriff auf persönliche Daten."

In diesem Ausschnitt spricht die FDP Sicherheitsaspekte in der Informationsgesellschaft an, nämlich schützenswerte Freiheiten, die den Möglichkeiten der Informationsgesellschaft Schranken setzen. Heutzutage müssten sicherlich Aussagen zur Meinungsfreiheit und zum Verbraucherschutz ergänzt werden.

Die Einschätzung, „galt es in der Vergangenheit in erster Linie, die Privatsphäre des Bürgers vor Eingriffen des Staates zu schützen, wird die Informationsgesellschaft eine neue Herausforderung bringen: Immer mehr persönliche Daten werden auch für nichtstaatliche Organisationen und Unternehmen sowie für

Privatpersonen zugänglich.", zeigt, dass die FDP das wachsende Interesse des Staates an den persönlichen Daten seiner Bürger in dem vergangenen Jahrzehnt unterschätzt hat. Dies ist heute anders. Gleichzeitig erweist sich die implizite Warnung vor dem allzu sorglosen Umgang mit persönlichen Daten angesichts jüngster Skandale als berechtigt.

An dieser Stelle muss man noch einmal in Erinnerung rufen, dass die oben aufgeführten Passagen vor nunmehr über zehn Jahren beschlossen worden sind. Gleichwohl haben sich Liberale nicht auf ihrem programmatischen Polster ausgeruht, sondern in Kommunalparlamenten, Landtagen, dem Bundestag, im Europäischen Parlament und selbstverständlich auf zahlreichen Parteitagen stetig an einer Fortentwicklung ihrer Programmatik gearbeitet.

Aus den seit dem Beschluss der Wiesbadener Grundsätze gemachten Erfahrungen lassen sich Lehren ziehen. So müssen Liberale weiter dafür streiten, dass Sicherheit und Vertraulichkeit der Datenverarbeitung eine höhere Priorität genießen, dass wirksame Verschlüsslungstechnologien verstärkt gefördert werden, dass datenschutzrechtliche Vorgaben gründlich modernisiert und effektiviert werden, dass besonders sensible Eingriffsbefugnisse systematisch auf ihre Effektivität und ihre Grundrechtskonformität hin untersucht und ggf. gänzlich zurückgenommen werden, dass das Recht der Bürger auf unüberwachte telekommunikative Selbstbestimmung wieder ein zentrales Anliegen wird und der Datenschutz im privaten Bereich rechtlich und organisatorisch weiter ausgebaut wird.

Liberale stellen den Bürger wieder in den Mittelpunkt ihres Handelns. Sicherheit in der Informationsgesellschaft muss daher gleichermaßen als Schutz vor Eingriffen durch den Staat, Missbrauch durch die Wirtschaft sowie Angriffe durch Cyberkriminelle verstanden werden.

Es wird Zeit, dass der dümmliche Satz „Wer nichts zu verbergen hat, hat auch nichts zu befürchten" in die Rumpelkammer politischer Rhetorik verschwindet.

Florian Rentsch

Der Sozialstaat

Der Deutsche Sozialstaat ist viel gerühmt, teils kopiert, teils neidisch beäugt. Seine Erfindung mit den Anfängen in den Sozialversicherungen reicht bis in die Zeit Bismarcks zurück. Sein ausgeklügeltes Leistungssystem, welches heute über hundert einzelne Leitungen umfasst, ist mittlerweile jedoch zu einem undurchschaubaren Verteilapparat geworden, der mehr ein Problem, als eine große Errungenschaft darstellt. Im Folgenden wird der Versuch eines Rückblickes unternommen, um die Grundlage für einen Ausblick zu erhalten.

1   Der Weg in die Krise

Im Wortsinne bedeutet sozial gemeinschaftlich/gesellschaftlich, also eben nicht staatlich. Die Erfindung des Sozialstaates führt Gesellschaft und Staat zusammen und institutionalisiert sie. Der Sozialstaat überträgt gesellschaftliche Tugenden der Nächstenliebe und der Fürsorge, die vor allem dem christlichen Menschenbild entsprechen, und die zuvor von Kirche und Wohlfahrt sowie den Menschen untereinander übernommen worden sind, auf den Staat. Konsequenz ist der Verlust des bürgerschaftlichen Gemeinsinns, sich untereinander zu helfen. An deren Stelle ist durch die Verstaatlichung dieser Tugenden eine umfassende Mentalität des Forderns und Abwartens getreten, die das Gegenteil einer aktiven Bürgergesellschaft darstellen.

Die Historie hat bewiesen, dass für die Entwicklung des Sozialstaates nur selten rein altruistische Gründe ausschlaggebend waren; anstatt den Menschen primär zu helfen, wollte Reichskanzler Otto von Bismarck in den 80er Jahren des 19. Jahrhunderts mit der Einführung der Renten-, Kranken- und Unfallversicherung die wachsende Bevölkerungsschicht der Industriearbeiter von revolutionären Bestrebungen abhalten. Neben der vermeintlichen Sicherheit für die Bürger entstand eine Mentalität des Anspruchsdenkens.

Schon lange vor Bismarck wurde über dieses Thema engagiert diskutiert. Bereits 1792 interessierte sich Wilhelm von Humboldt für die Frage, ob der

228

damalige Staat auch ein Wohlfahrtsstaat sein müsse. Er solle es nicht, so lautete seine Antwort. Denn ein Staat, der die Wohlfahrt seiner Bürger befördern wolle, müsse zwingend die Beschränkungen der Freiheit in Kauf nehmen. Nach Ansicht Humboldts sei das Hauptproblem, dass der Wohlfahrtsstaat die Menschen untereinander weniger solidarisch mache, da man bei jeglichem Handeln darauf vertrauen dürfe, dass der Staat die Probleme der Menschen schon lösen werde.

Ludwig Erhard mahnte seine Mitbürger gerne, dass jeder staatlichen Wohltat eine privat erwirtschaftete Leistung gegenüber stehen müsse. Wer den Zusammenhang bestreite, so Erhard, gerate in den Verdacht, „das deutsche Volk einschläfern zu wollen". Doch diese Mahnung ist bis zum heutigen Tag verblasst. Der Sozialstaat wurde ausgebaut, allen Problemlagen der Menschen eine teure staatliche Antwort gegenübergestellt. Auch Wilhelm Röpke, einer der Väter der Sozialen Marktwirtschaft, erkannte dies: „Die Gefahren des Wohlfahrtsstaates sind umso ernster zu nehmen, als in seiner Natur nichts liegt, was ihm selber eine Grenze setzen würde. Er hat vielmehr die entgegengesetzte und überaus kräftige Tendenz zur immer weiteren Ausdehnung", meinte er 1958.

Der große liberale Gesellschaftspolitiker Sir Ralf Dahrendorff formulierte dazu: „Die Neigung der Politik, jedes Problem mit staatlichen Programmen lösen zu wollen, korrespondiert mit der Neigung vieler Bürger, immer mehr Ansprüche an den Staat zu stellen. Die Trennung zwischen Freiheit und Verantwortung – möglichst viele Rechte und Freiheiten beim Bürger und möglichst viele Pflichten und Verantwortung beim Staat – führt nicht nur zur Unfinanzierbarkeit unseres Gemeinwesens, sondern zum Verlust von Freiheitlichkeit und Engagement in unserer Gesellschaft."

Aber diese Mahnungen verpufften und wurden allzu schnell Realität. Der Sozialstaat, konzipiert als Notanker für schwere Schicksalsschläge, hat sich bis heute zum großen Ernährer breiter Bevölkerungsgruppen entwickelt. Laut des Münchner Ifo-Institutes bezogen im deutschen Osten im Jahr 2004 ganze 47 Prozent und im Westen 38 Prozent aller Erwachsenen Transferleistungen. Hinzukommt, dass die Sozialversicherungen keine Versicherungen sind, bei denen Beiträge und Ausschüttungen in einem wirtschaftlichen Verhältnis zueinander stehen. Denn von dem knapp 700 Milliarden Euro Sozialbudget, das den Betroffenen in über 100 Leistungen zukommt, werden nur gut 60 Prozent aus Beiträgen bezahlt. Die anderen 40 Prozent sind Steuergelder. Das Fazit ist, dass die Sozialsysteme schon lange nicht mehr in der Lage sind, die Ansprüche der Mitglieder der Sozialversicherungen selbst decken zu können. Die Sozialkassen sind keine

Versicherungen, die in guten Zeiten Geld anlegen, um es den Versicherten im Schadens- oder Ereignisfall auszuzahlen. Die Sozialkassen sammeln Geld ein, schütten es direkt wieder aus und füllen es nebenbei mit Steuergeldern auf. Mit dem Versicherungsgedanken hat dies nichts zu tun!

Die wirklichen Versicherungselemente, die es gab, wurden spätestens in der Bundesrepublik durch Kanzler Adenauer aufgelöst. Das Bismarcksche Rentensystem mit Rücklagenbildung opferte Adenauer am 22. Januar 1957 dem „Rentenneuregelungsgesetz", der sogenannten Umlagefinanzierung. Unterstützung fand Adenauer in den Fraktionen von CDU, CSU und SPD. Um die Rentner am Wirtschaftswunder teilhaben zu lassen, löste er die Rücklagen auf, schüttete sie aus und füllte so die Portemonais der Rentner. Seine Idee war, dass die künftige Generation für die jetzt lebende bezahlt. Inspiriert war Adenauer durch den zu dem Zeitpunkt recht unbekannten Schweizer Nationalökonomen Wilfried Schreiber, der darin den Vertrag zwischen zwei Generationen beschrieb. Die Idee: Die arbeitende Generation erwirtschaftet das Geld für die inaktive Gruppe der Rentner. Solange Arbeit und Kinder vorhanden waren, erschien dieses Modell unproblematisch. Und es faszinierte ihn, weil die Rentnergeneration endlich am Aufschwung und Wirtschaftswunder teilhaben konnte. Daneben wurde mit der „dynamischen Rente" ein weiteres Element geschaffen, was uns heute vor große Herausforderungen stellt: steigen die Löhne, steigt die Rente. Garniert wurde diese Reform durch den Kanzler natürlich mit einem gesellschaftspolitischen Argument: Die eine Generation steht für die andere ein, Junge für Alte, also echte Solidarität!

Doch dieses Modell war trotz des bekannten Satzes Adenauers „Kinder werden immer geboren" schon bei seiner Einführung überholt. Alle Experten warnten vor den Gefahren, sogar Schreiber selbst. Ein Jahrhundert-Irrtum, ob vorausgesehen oder nicht, folgte. Die letzte Generation, die sich komplett selbst reproduzierte, wurde 1875 geboren. Diese grundlegende Veränderung der Systematik hat zur Folge, dass die Geburt eines Kindes nicht nur für das Elternpaar ein denkwürdiger Moment ist, sondern auch für die Leistungsempfänger. Somit geht es bei einer guten Familienpolitik nicht nur um den Fortbestand der Nation, der Vereinbarkeit von Familie und Beruf, sondern vor allem um die Zukunft unserer Rentner. 1970 zahlten noch 22 Millionen Erwerbstätige für gut 8 Millionen Rentner rund 11,4 Milliarden Euro; 2004 zahlten 27,5 Millionen Erwerbstätige für 20 Millionen Rentner rund 140 Milliarden Euro. Dies und die längere

Lebenserwartung müssen unweigerlichen zum Scheitern des Generationenvertrages führen, den Adenauer selbst noch als unzerstörbar bezeichnet hatte.

Adenauers „Reformbestreben" begrenzten sich aber nicht nur auf die Rentenpolitik. Die Erfindung neuer Sozialleistungen wurde gewieft als Stimmenkaufinstrument eingesetzt. Dem Wirtschaftswunder folgte das Sozialstaatswunder. Der Beginn lag zunächst nachvollziehbarerweise in der Hilfe für die Opfer des Krieges. Aus Steuergeldern wurden Finanzhilfen an Opfer des Krieges geleistet. Diese Gesetzesgrundlagen wurden sukzessive ausgebaut, bis hin zur Zahlung von Flüchtlingen und politischen Gefangenen, die aus diesem Topf bezahlt wurden. Bis Mitte der Siebziger Jahre wurden knapp 100 Milliarden Euro aus dieser Kasse, das 30fache Volumen des Marshallplanes, geleistet.

Eine Politik, die auch heute noch gerne Nachahmer findet. Fortgesetzt wurde diese Politik auch von seinen Nachfolgern. In Zeiten voller Kassen, wie sie sie die Sozialliberale Koalition, die von 1969 bis 1982 unter den Kanzlern Brandt und Schmidt regierte, zunächst vorfand, wurden weitere Leistungsgesetze geboren. Auch in der Ära Kohl kam es nicht zu einem konsequenten Gegensteuern.

Ein weiterer wesentlicher Baustein für die Ausweitung des Sozialstaates war die immer stärkere Einbeziehung neuer Personenkreise in die Sozialversicherung. Die Ausdehnung der Versicherungspflicht in der Renten- und Krankenversicherung führte dazu, dass mittlerweile nahezu alle Erwerbstätigen in der gesetzliche Rennten- und Krankenversicherung zwangsversichert sind.

Wie das Frankfurter Institut für Wirtschaftspolitik feststellte, ist die soziale Marktwirtschaft zur Sozialwirtschaft mutiert. Sozialstaat und Arbeitsmarkt sind im jetzigen System untrennbar miteinander verknüpft. Funktioniert der Arbeitsmarkt nicht, gerät auch der Sozialstaat unter Druck. Diese Verbindung ist verheerend, denn steigt die Arbeitslosigkeit, erhöhen sich auch die Kosten des Sozialstaates, und diese, da sie ausschließlich von Arbeitnehmern durch Beiträge finanziert werden, wie Beiträge zur Kranken-, Arbeitslosen und Rentenversicherung sowie zur Pflegeversicherung, treiben die Kosten der Arbeit zusätzlich in die Höhe. 1970 lag die Arbeitslosenquote noch bei 0,7 Prozent und umfasste 170.000 Arbeitslose, die Sozialabgaben machten 26,5 Prozent des Lohnes aus. Bis 1980 war die Arbeitslosenquote auf 3,8 Prozent gestiegen (900.000 Arbeitlose) und es mussten 32,4 Prozent für den Sozialstaat bezahlt werden. Der Höhepunkt war im Jahr 2004 in der Regierungszeit Schröder erreicht. Bei 4,5 Millionen arbeitslosen Menschen (11 Prozent) kostete der Sozialstaat unglaubliche 40 Prozent.

Jeder dritte Euro wird in der Bundesrepublik heute für soziale Zwecke ausgegeben. Der Sozialstaat steht in der Gefahr, zum Versorgungsstaat zu degenerieren, die Freiheit des Bürgers zu ersticken und sich selbst zu ruinieren. Seit jeher wird von liberalen Denkern die Gefahr des verstärkten staatlichen Einflusses betont. Friedrich August von Hayek warnt vor der Gefahr einer neuen Knechtschaft, die aus einem übermächtigen Sozialstaat zu erwachsen droht.

Verursacht wurden diese Auswüchse durch verschiedene Fehlentwicklungen. Die Expansion des Sozialleistungssystems in den siebziger Jahren deutet darauf hin, dass die Prinzipien der Subsidiarität sowie der Hilfe zur Selbsthilfe missachtet wurden. Selbstverantwortung und Leistungswille des Bürgers sind eine wesentliche Voraussetzung für das Funktionieren des Sozialstaats. Beim Aufbau der sozialstaatlichen Absicherung ist systematisch der Fehler begangen worden, in einseitiger Weise die Generationen der Erwerbstätigen und Rentner zu berücksichtigen, die Generationen der Kinder jedoch zu übergehen.

Ein weiteres Problem der staatlichen Sozialpolitik lag und liegt im vollständigen Ausschalten von Marktmechanismen. An die Stelle von Angebot und Nachfrage sind Politik, Administration, Verbände und Leistungserbringer im Sozialbereich getreten. Für vermeintliche Problemlagen werden Programme aufgelegt, die helfen sollen. Häufig steht am Ende allerdings das Ausschalten jeglicher Eigeninitiative. Die anfangs eng umgrenzten Systeme wurden stetig ausgebaut.

Strukturell gliedert sich das Sozialleistungssystem der Bundesrepublik nach Institutionen betrachtet heute in zwei Teile. Den mit Abstand größeren Teil umfassen die direkten Leistungen der allgemeinen Systeme wie die Sozialversicherung, Arbeitgeberleistungen, Entschädigungen und soziale Hilfen und Dienste. Die Sozialversicherung macht hierbei den bedeutendsten Teil aus, da durch die ständige Ausweitung des Kreises der Betroffenen in den 70er Jahren heute etwa 90% der gesamten Erwerbsbevölkerung von deren Wirkungskreis umfasst sind. Den kleineren Teil bilden die indirekten Leistungen vor allem in Form von Steuerermäßigungen, welche insbesondere der sogenannten Familienlastenausgleich, abzugsfähige Sonderausgaben und der Wohnungsbau sind. Nachdem in den 50er und 60er Jahren die großen Sicherungssysteme, Entschädigungsgesetze und Finanzverbünde zwischen einzelnen Leistungsträgern hergestellt worden sind, ist in den 70er Jahren damit begonnen worden, große Teile des Sozialrechts in ein umfassendes Sozialgesetzbuch zusammenzufassen. Betrachtet man die einzelnen Institutionen, so sagen diese nur etwas über die Gesamtstruktur der Sozialleistungssysteme aus, nicht aber darüber, wofür entsprechende Leistungen aufgewandt werden. Ein Vergleich der Jahre 1970 bis 1990 zeigt, dass bereits in dieser Zeit der Bereich „Alter und Hinterbliebene", also Rentenpolitik und Alter, das größte Gewicht der Sozialausgaben innehatte. Rang zwei stellte der Bereich Gesundheit dar, wohingegen der Bereich Familie bereits erheblich an Bedeutung verloren hatte.

2 Ausweg aus der Krise

Grundlage jeder Reformbestrebung muss die Frage sein, welches Gesellschaftsbild ihr zugrunde gelegt werden soll und ob man bereit ist, aus Fehlern der Vergangenheit zu lernen. Wir Liberale wollen die aktive Bürgergesellschaft. In den Wiesbadener Grundsätzen der FDP von 1997 ist festgelegt: „In der liberalen Bürgergesellschaft entscheidet der einzelne Bürger aus eigener Initiative. Die liberale Bürgergesellschaft ist eine Teilhabergesellschaft, weil sie nicht aus verordneten Gemeinschaften besteht, sondern weil sich die Bürger aus eigener Initiative in freiwilligen Zusammenschlüssen selbst organisieren. Der liberale Staat ist ein Bürgerstaat, weil die Bürger ihrem Staat bestimmte Aufgaben übertragen und ihn selbst demokratisch organisieren. Die liberale Wirtschaftsordnung ist eine Wirtschaft von Teilhabern. Marktwirtschaft vermittelt Chancen auf Teilhabe. Wer nicht teilhaben kann, ist nicht frei. Umgekehrt setzt Teilhabe die Freiheit des Einzelnen voraus. (…) Die Liberalen setzen zuerst auf freiwilliges Engagement aus Verantwortung für den anderen, auf freiwilligen Verzicht, auf Teilen statt Zuteilen. Nur wer über sein Leben selbst bestimmt, kann sich bewusst und frei für andere einsetzen. Der notwendige Abbau des staatlichen Engagements und staatlicher Regulierung muss verbunden sein mit der Solidarität für diejenigen, die des Schutzes und der Hilfe besonders bedürfen. Die Solidarität mit Schwächeren in der Gesellschaft ist eine Forderung des Liberalismus. Denn Freiheit bedeutet auch die Chance zur Wahrnehmung von Freiheit. Solche Chancen zu eröffnen, ist nicht nur Aufgabe des Staates – jeder Einzelne kann dazu beitragen. Diese Solidarität kann jeder im täglichen Leben zeigen. Wir müssen den Menschen die Möglichkeit zurückgeben, in diesem Sinne sozial zu handeln und in diesem Handeln auch einen Sinn ihres Lebens zu erfahren. (…) Ein freiheitliches Gemeinwesen lebt davon, dass die Bürger bereit sind, in freier Entscheidung Verantwortung für sich und für andere zu übernehmen. Freiwillige Übernahme von Verantwortung und Bürgersinn sind Zwang und dem bevormundenden Fürsorgestaat überlegen. Der Bürger kommt für Liberale vor der Institution."

Schon 1971 in den „Freiburger Thesen" war dies von den Liberalen erkannt worden. „Nur die Freiheit zur Selbstbestimmung schafft den notwendigen Raum in dem sich Würde und Glück jedes einzelnen Menschen erst entfalten können. Der faire Wettbewerb unter freiem Austausch von Ideen und Waren ist am besten geeignet zur Entwicklung der Talente und Fähigkeiten eines jeden Menschen."

In der Entstehungsphase des Bürgertums hätte es übrigens den Zusatz „aktiv" nicht gebraucht, doch muss heute leider klar herausgestellt werden, dass der Zustand des Bürgers Aktivität voraussetzt. Selbstbewusst, gemeinwohlorientiert und engagiert sollen diese Bürger sein, die ihr Leben in die eigenen Hände nehmen. Sie engagieren sich für ihre Umwelt und vor allem ihre Familie, die die wichtigste Verantwortungsgemeinschaft darstellt.

Weniger Staat und weniger Bürokratie durch Dezentralisierung, Privatisierung und Abbau von Reglementierungen sind die wichtigen und richtigen Instrumente der liberalen Bürgergesellschaft, um den Bürger wieder seine Handlungsfreiheit zurückzugeben. Der Staat ist nicht der Vormund der Bürger, sondern deren Instrument zur Sicherung der offenen Bürgergesellschaft.

Auch Dahrendorf spricht sich in seinen Schriften für die Reform des Sozialstaates alter Prägung aus. Danach müssten Menschen mehr wollen und zugleich bereit sein, auf unmittelbares Vergnügen zugunsten größerer Befriedigungen in einer möglicherweise fernen Zukunft zu verzichten. Auch die Bürgergesellschaft nach dem Bild von Dahrendorf ist nicht einfach eine Gesellschaft von Individuen, sondern eine Gesellschaft von mündigen Bürgern, also ein Ergebnis der Zivilisation. Auch Kant wusste schon genau, was die Verbindung von Recht und Freiheit verlangte, er nannte es die bürgerliche Gesellschaft. Deshalb: Wer Sozialpolitik für eine aktive Bürgergesellschaft möchte, unterstützt alle Elemente, die zur Aktivierung beitragen. Hilfe zur Selbsthilfe muss die Grundlage sein.

Ein weiterer Baustein für einen Weg aus der Krise ist neben dem liberalen Bürgergeld, was die über hundert Transferleistungen vereinheitlichen und transparenter machen würde, eine Bildungspolitik, die Chancengerechtigkeit eröffnet, Menschen in Notlagen wieder auf die eigenen Füße stellt und sie in den Arbeitsmarkt reintegriert. Die Hartz-Reformen der Schröder-Regierung sind ein richtiger Schritt gewesen. Das Prinzip des Förderns und Forderns darf indes nicht aufgeweicht werden, in dem die melancholischen Sozialpolitiker der Großen Koalition sich frühere Zeiten zurückwünschen und nur noch das Fördern in den Mittelpunkt stellen. Auch hier ist die aktive Bürgergesellschaft gefragt, in der der Einzelne in der Notlage auf die Solidarität der Gesellschaft vertrauen können muss, sie aber nicht zum Normalzustand werden lassen darf!

Die Belastung der Arbeitskosten durch die Sozialpolitik war und ist ein Fehler und muss dringend korrigiert werden. Nur eine Entkoppelung wird die weiter notwendige Dynamik am Arbeitsmarkt endlich entstehen lassen, die auch Voraussetzung für die Reintegration in Arbeit darstellt. Schon im Berliner Grundsatzprogramm der FDP von 1957 ist festgelegt, dass Gesellschaftspolitik auch nicht isoliert gesehen werden darf. „Die Gesellschaftspolitik muss gemeinsam mit der Wirtschaftspolitik die Voraussetzungen dafür schaffen, dass alle für die Wechselfälle des Lebens vorsorgen können."

Liberale Gesellschaftspolitik ist dem Grundsatz der Generationengerechtigkeit verpflichtet: Auch künftige Generationen müssen ihre Lebensrisiken wirksam absichern können. Derzeit nehmen die Sozialversicherungssysteme den Bürgern den Freiraum, eigenverantwortlich für ihre Zukunft vorzusorgen: Immer mehr Leistungsempfänger müssen durch immer weniger Beitragzahler mit immer höheren Beitragssätzen finanziert werden. Wir brauchen soziale Sicherungssysteme, die unabhängig davon, ob die Menschen Kinder bekommen wollen oder können, die großen Lebensrisiken absichern können. Die Absicherung des Lebensstandards kann man nur durch private Vorsorge und Kapitaldeckungssysteme erreichen.

Ein weiteres Ziel für eine aktive Bürgergesellschaft muss letztlich die bedarfsgerechte Hilfe zur Selbsthilfe sein. Es muss stets die Frage gestellt werden: Hilft die angebotene Leistung tatsächlich den Menschen, ihre Probleme zu bewältigen? Klare Evaluationsmechanismen, die die Wirksamkeit der Maßnahme nachweisen, sind zwingend notwendig. Der Glaube daran, man habe mit einem staatlichen Programm einer bestimmten Gruppe von Menschen geholfen, um häufig das Gewissen von Sozialpolitikern zu erleichtern, reicht nicht aus. Aus diesem Grund müssen sämtliche Sozialprogramme auf den Prüfstand. Sie müssen neu geordnet und mit Prioritäten versehen werden. Ein Bestandsschutz darf es im Interesse der Betroffenen nicht geben.

Die Zuweisung von kollektiver und individueller Verantwortung geht nicht mehr in die richtige Richtung. Sie orientiert sich nicht mehr am Grundsatz der Fairness und schon gar nicht mehr an der Generationengerechtigkeit. Unser Staat steckt in einer Krise zwischen Erwartungen und Problemlösungsfähigkeit. Was uns fehlt ist darüber hinaus ein Verständnis von einem Gemeinwesen, das von selbstbewussten Bürgern getragen wird, die sich nicht als Staatskunden empfinden und Demokratie nicht nur auf einen wirtschaftlichen und sozialen Zweckverband reduzieren. Bürger zu sein bedeutet mehr als eine reine Erwerbsbiografie mit Staatsangehörigkeit. Bürger, das war ein Ausdruck des Selbstbewusstseins und des Willens zur Unabhängigkeit, und das sollte Bürger-Sein auch wieder bedeuten. Diese Fehlentwicklung des Sozialstaates in der Bundesrepublik ist unstreitig. Es gilt, aus den Fehlern zu lernen und sie in den kommenden Jahren in die politischen Entscheidungsprozesse einfließen zu lassen. Ein Umsteuern ist möglich. Das sich der Mut auszahlt, ist in Ansätzen an den Ergebnissen der Hartz-Reformen abzulesen. Eine Möglichkeit zum Umsteuern ist da: Die vielen Leistungsgesetze wurden von Parlamentariern gemacht, diese können sie auch ändern. Sollte dies nicht gelingen, wird dieser Sozialstaat unsere Gesellschaft endgültig lähmen und finanziell erdrosseln. Die Entstehung von Arbeitsplätzen würde weiter verhindert, das bürgerschaftliche Engagement weiter gebremst. Dies würde niemandem helfen!

Jan Mücke

Technologie, Talent und Toleranz
Liberale Werte ziehen kreative Köpfe an

Deutschland blutet aus. Die OECD stellte fest, dass kein anderer Staat so viele Akademiker verliert wie Deutschland. Junge Ärzte gehen nach Skandinavien, weil dort ihre Arbeitsbedingungen besser und ihre Gehälter höher sind. Ingenieure und Techniker bieten ihr Wissen im Ausland an, wo sie gern aufgenommen und gut bezahlt werden. Die Volksabstimmung mit den Füßen, die die DDR mit der Mauer zu verhindern versuchte, findet bei den gut ausgebildeten jungen Leuten heute auch im wiedervereinigten Deutschland statt. Dabei sind große Wanderungsbewegungen kein spezifisch deutsches Problem und sie gehen weltweit in die gleiche Richtung: in große Städte und Metropolregionen. International ist eine einzigartige Konzentration der wirtschaftlichen Leistungsfähigkeit auf einzelne Kerne zu beobachten. Ballungszentren wie Tokio oder Shanghai werden immer größer und ihre Wirtschaftskraft wächst enorm. Der Küstenstreifen von Boston bis Washington vermittelt einen Eindruck vom Ausmaß dieses globalen Trends. Auf drei Prozent der Staatsfläche der Vereinigten Staaten leben hier 20 Prozent aller Amerikaner. Das Bruttoinlandsprodukt (BIP) dieses Raums liegt bei 2,3 Billionen Dollar und ist damit fast ebenso hoch wie das BIP ganz Deutschlands.

Dieser Entwicklung liegt ein gesellschaftlicher Wandel zugrunde. Das postindustrielle Zeitalter, in dem wir leben – nennen wir es Dienstleistungs- oder Informationszeitalter – ist neben einem hohen Grad der Automatisierung und Spezialisierung in allen Bereichen vor allem durch einen vereinfachten Austausch von Informationen und Waren gekennzeichnet. Dies führt zu einem immer härteren internationalen Wettbewerb, was dem Einzelnen die Fähigkeit abverlangt, sich den veränderten Bedingungen schnell anzupassen. In einer hoch spezialisierten Wirtschaft sind dabei die kreativsten Köpfe überall sehr gefragt. Sie werden immer unabhängiger und national wie auch international immer mobiler.

Dadurch stehen auch die verschiedenen Wirtschaftszentren im globalen Wettbewerb zueinander, im Wettbewerb um die so genannte „kreative Klasse".

Geprägt hat diesen Begriff der US-Amerikanische Politikprofessor Richard Florida 2002 mit seinem Buch *The Rise of the Creative Class*, das in den Vereinigten Staaten für großes Aufsehen sorgte. Nach seiner Definition schließt diese Klasse all diejenigen ein, die kreativ wirken, also nicht nur Künstler, Designer und Architekten, sondern alle wissensbasierten Berufe wie Forscher und Entwickler, Professoren, Ingenieure, Juristen und Experten der verschiedensten Fachbereiche, vom Gesundheitswesen bis hin zur Finanzdienstleistung.

Die kreative Klasse umfasst also diejenigen, die für den größten Teil der Wertschöpfung verantwortlich sind, die Arbeitsplätze schaffen und erhalten und für Wachstum und Wohlstand sorgen. Sie stellen rund 30% der arbeitenden Bevölkerung dar. Die Definition des Begriffs scheint zunächst zu weitreichend, um Aussagekraft zu besitzen, sie beschreibt in der Stadtökonomie jedoch sehr gut den Wandel, der zu den genannten Wanderungsbewegungen führt.

Bereits als das Industriezeitalter die Agrargesellschaft ablöste, kam es zu einer Verstädterung, damals aber aufgrund anderer Gesetzmäßigkeiten. Mit dem Durchbruch der Massenproduktion folgten die Arbeiter den Arbeitsplätzen, die die Industrie in den Städten bereitstellte. Die Jobs waren in der Regel schlecht bezahlt und setzten keine besondere Ausbildung voraus. Diese Arbeiter gehörten also nicht zur kreativen Klasse. Heute können die Kreativen ihren Arbeitsplatz und Wohnort dagegen frei wählen. Die jungen, gut ausgebildeten Leute gehen dahin, wo sie sich wohl fühlen und entfalten können. Das damals gültige Gesetz, dass die Leute dorthin ziehen, wo sie Arbeit finden (*people follow jobs*), ist zwar weiterhin richtig. Ohne Arbeit gibt es kaum Zuzug. Gleichzeitig zeigt sich jedoch immer mehr, dass dort, wo sich die kreative Klasse niederlässt, neue Arbeitsplätze entstehen (*jobs follow people*).

Hier kommen die grundlegenden liberalen Anschauungen und Werte ins Spiel. Richard Florida filtert in seiner ökonometrisch unterlegten Studie drei Faktoren heraus, die ausschlaggebend für die Ansiedlung der kreativen Klasse sind: Technologie, Talent und Toleranz. Dass Technologie und Talent für das Wachstum einer Metropole essentiell sind, wird kaum jemanden überraschen, auch wenn dieser Fakt insbesondere in der Stadtpolitik noch immer zu wenig Aufmerksamkeit erfährt.

Bildung als zentrales Zukunftsthema wird in diesem Band bereits an anderer Stelle ausführlich dargelegt. Für die gegenwärtige Ansiedlungspolitik ist die Bedeutung der Forschungsfreiheit fassbarer. In der Abwägung zwischen Bedenken und neuen Möglichkeiten bei der Erforschung moderner Technologien stehen die Liberalen im Zweifel für die gewonnenen Chancen, die sich durch den wissenschaftlichen Fortschritt ergeben. Wie in der Forschungspolitik plädiert die FDP auch in der Industriepolitik immer dafür, neuen Technologien die Möglichkeit zu geben sich zu beweisen, anstatt überkommene Industriezweige weiter zu fördern.

Erfolgreiche Metropolregionen verbinden beides: Idealerweise vernetzen sich Forschung und Industrie und bilden so genannte *Cluster*, in denen sich die beteiligten Akteure gegenseitig befördern. Die Freiheit von Lehre und Forschung ist dabei ein wichtiger liberaler Grundsatz. Die Befürwortung von gesellschaftlichem Wandel ist in diesem Zusammenhang zu sehen. Sie ist gleichzeitig Ausdruck der optimistischen und in die Zukunft gewandten Lebenseinstellung der Liberalen.

Die FDP wird daher zu Recht als Fortschrittspartei wahrgenommen. Zentrum des politischen Liberalismus ist jedoch die individuelle Freiheit des Einzelnen. Das Zusammenleben in überschaubaren Gemeinden ebenso wie in großen Städten kann nur auf diesem Prinzip beruhen. Das Gegenteil wäre der totalitäre Staat, der vorschreibt und überwacht, wie die Bürger zu leben haben. Da jedoch alle Menschen verschiedene Ansichten und Begabungen haben, lehnen die Liberalen Totalitarismus und Gleichmacherei ab. Soweit die Freiheit des Einen die des Anderen nicht bedroht oder diesem auf andere Weise schadet, gibt es keinen Grund, sie einzuschränken.

Toleranz, der dritte der genannten Faktoren, ist die Fähigkeit, diese individuelle Freiheit zu respektieren, d.h. das Anderssein, Andershandeln oder Andersdenken der Mitbürger zu dulden. Sie fußt also auf dem zentralen liberalen Gesellschaftsbild. Zur Zeit der Aufklärung stand hierbei das Problem der Diskriminierung verschiedener Religionen im Vordergrund; heute ergibt sich auf diesem Politikfeld gerade in der Stadtpolitik eine weite Bandbreite von Problemfeldern. Für eine weltoffene Stadt ist neben der Toleranz gegenüber anderen Religionen auch die Toleranz gegenüber Ausländern und fremden Kulturen, anderen Neigungen, Überzeugungen und Anschauungen wichtig.

Nach Floridas Analyse besteht zunächst keine statistische Auffälligkeit zwischen dem Anteil der Immigranten in einer Stadt (*melting pot index*) auf der einen und der Innovationskennzahl, die aus der Anzahl der Patentanmeldungen gebildet wird. Der allgemeine Zuzug folgt also anderen Gesetzen als die Zuwanderung der Kreativen, die die Innovationen vorantreiben und schließlich für neue Arbeitsplätze sorgen. Einen deutlich positiven Zusammenhang weist Florida dagegen zwischen der Innovationskennzahl und dem *gay index* nach. Diese Kennzahl misst die Konzentration von Homosexuellen in verschiedenen Regionen. Indem der Autor so die nach seiner Aussage bedeutsamsten verbliebenen Ziele von Diskriminierung darstellt, bildet er näherungsweise ab, wie tolerant die Gesellschaft einer Region ist. Erstaunlich ist dabei, dass der Indikator nicht nur mit der Konzentration von Innovationen und deren Zunahme korreliert, sondern dass sich diese Korrelation sogar über die Zeit verstärkt und zudem einen eindeutigen Indikator für die Ansiedlung der kreativen Klasse darstellt. Eine tolerante Grundhaltung wird für Metropolregionen also immer wichtiger.

Einen vermeintlichen Widerspruch gibt es dann, wenn Toleranz auch gegenüber der Intoleranz eingefordert wird. Hier würde man jedoch die Grenze zur Beliebigkeit überschreiten. Intoleranz darf nie toleriert werden. Das Klima in einer Stadt wird maßgeblich dadurch geprägt, ob die Bürger hin- oder wegsehen, wenn es zu Beleidigungen, Pöbeleien oder sogar Gewaltdelikten gegenüber Leuten kommt, die in irgendeiner Weise nicht die dort gängige Norm verkörpern. Dabei sind keineswegs nur die typischen Ausfälle und Übergriffe minderbemittelter Rechtsradikaler anzuprangern. Dass auch die extremen Linken „Gedankengeschwister des Neofaschismus" seien, verdeutlichte im Juni 2008 die Berliner Zeitung, als sie nach „Schwaben raus"-Schmierereien an Berliner Hauswänden von entsprechenden Plakaten und Flugblättern der so genannten Autonomen berichtete.

Die Innovationskennzahl korreliert in Floridas Studie ferner mit dem *bohemian index*. Er ist der Anteil der künstlerisch Arbeitenden in einer Region und bildet damit die Konzentration vorhandener kultureller Annehmlichkeiten ab. Nicht nur die vorurteilsfreie Integration verschiedener Kulturen muss also Kernaufgabe liberaler Stadtpolitik sein, sondern auch die Kulturförderung selbst. Das kulturelle Angebot einer Stadt wirkt sich direkt auf das Wachstum der Bevölkerung und im Übrigen auch auf das Wachstum von Beschäftigung aus. Daraus wird deutlich, wie wichtig Kultur also nicht nur für unser Seelenheil, sondern auch für harte wirtschaftliche Interessen einer Region ist. Wie bedeutsam die FDP beides einschätzt, ist zum Beispiel daraus ersichtlich, dass sie im Bundestag unter allen 22 ständigen Ausschüssen neben dem Vorsitz im Haushaltsausschuss auch den Vorsitz im Kulturausschuss erfolgreich für sich reklamierte.

Es ist also eine wichtige gesellschaftliche Aufgabe, die beschriebenen liberalen Werte in den Regionen zu verankern. Dies kann nicht per Dekret verordnet werden. Alle gesellschaftlichen Akteure sind gefordert, wenn es darum geht, ein liberaleres Klima in unseren Städten zu schaffen. Dieser Band soll einen Beitrag dazu leisten.

Der Staat hat dagegen für Strukturen zu sorgen, die den Einzelnen ihre individuellen Freiheiten garantieren. Diese grundlegende Aufgabe des Staates speist sich bereits aus unserer Verfassung. So stellte der Präsident des Bundesverfassungsgerichts Hans-Jürgen Papier am 8. September 2008 in seiner „Rede zur Freiheit" fest:

> „Zunächst und zuvörderst sind die Grundrechte Abwehrrechte des Einzelnen gegen den Staat und sichern so ganz konkret, dass der Staat dem grundgesetzlichen Befehl der Einräumung und Achtung eines Freiheitsraums nachkommt. Gleichzeitig sind die Grundrechte aber auch Quelle staatlicher Aufgaben, nämlich so genannter staatlicher Schutzpflichten zur Verhinderung von Beeinträchtigungen dieser grundrechtlichen Freiheitsposition durch Dritte."

Wie sieht also liberale Stadtpolitik, die den drei „T"s Technologie, Talent und Toleranz gerecht wird, konkret aus? Die genannten Schlagwörter betreffen insbesondere die politischen Handlungsfelder Wirtschaft, Bildung und Kultur – wobei der Begriff der Toleranz nicht nur auf eine Kultur abzielt, die Heterogenität akzeptiert, sondern wie oben erläutert als Ausdruck der Gewährung individueller Freiheitsrechte Grundlage jeder liberalen Politik ist.

Unser Steuersystem trägt entscheidend dazu bei, dass das Bildungsbürgertum Deutschland gegenwärtig den Rücken kehrt. Um den überbordenden Sozialstaat zu finanzieren, belastet die Regierung vor allem den Mittelstand. Die sehr hohe Steuerprogression in Deutschland, das Ansteigen des Grenzsteuersatzes mit höherem Einkommen, hat zur Folge, dass sich Einkommenssteigerungen durch mehr Leistung hier nicht mehr lohnen. Die kreative Klasse sieht sich in Deutschland um ihren Verdienst betrogen. Die FDP hat dies seit langem erkannt und fordert eine umfassende Steuerreform. Insbesondere die Einkommensteuer muss niedriger werden. Statt der hohen Steuerprogression fordern die Liberalen seit Jahren einen transparenten Stufentarif.

Zu einer erfolgreichen Wirtschaftspolitik gehört neben einer gerechteren Steuerpolitik auch eine zukunftsorientierte Industriepolitik. Wie relevant politische Entscheidungen in diesem Bereich sein können, zeigt das größte deutsche Ballungsgebiet, die Region Rhein-Ruhr. Die Region machte seit der Kohlekrise 1958 einen grundlegenden Strukturwandel durch. Die Steinkohleförderung und die Stahlindustrie brachen zu dieser Zeit bereits ein. Anstatt den Wandel jedoch politisch zu unterstützen und die Ansiedlung neuer Technologien und Dienstleistungsunternehmen zu fördern, wurde er mit gezielten Subventionen für die Ruhrkohle sogar noch verlangsamt. So lief die Metropole über fünf Jahrzehnte hinweg den gesellschaftlichen Veränderungen hinterher. Diese nur scheinbar soziale Stadtpolitik war nicht nur für den Steuerzahler teuer, sie hat bis heute eine überdurchschnittliche Arbeitslosigkeit in der Region zur Folge. Dass die FDP vehement gegen die hemmende Subventionspolitik eintrat, brachte ihr oft die Kritik der sozialen Kälte ein. Tatsächlich unsozial ist jedoch die Tatsache, dass 50 Jahre nach Beginn der Kohlekrise die Arbeitslosigkeit im Ruhrgebiet noch immer weit überdurchschnittlich ist.

Bedeutendes Kriterium für die Ansiedlung neuer Unternehmen – und somit auch Teil erfolgreicher Stadtpolitik – ist der Aufbau einer modernen Infrastruktur. Auf diese ureigenste Aufgabe des Staates wird bereits an anderer Stelle dieses Bandes ausführlich eingegangen. Der Bund steht genauso wie die Länder und Kommunen in der Verantwortung, die erforderlichen Mittel hierfür bereitzustellen.

Die Regierung darf dieser Tage auch nicht den Fehler machen, den USA zu folgen und die Einschränkung der Freiheitsrechte durch den Staat selbst voranzutreiben. Maßnahmen, die der inneren Sicherheit dienen sollen, müssen immer mit Augenmaß getroffen werden. Die FDP hat sich in dieser Hinsicht insbesondere gegen den so genannten „großen Lauschangriff", die Speicherung von Mobilfunkdaten und die vom Innenminister geplanten Online-Durchsuchungen stark gemacht. All diese Maßnahmen stören das liberale Klima in den Städten. Wer sich in einem Land beobachtet oder gar überwacht fühlt, kommt nicht freiwillig dorthin. In den USA litt das liberale Klima nach den Terroranschlägen des 11. September deutlich. Wenn es allgemein bekannt wäre, dass US-Grenzer bereits heute Laptops von Touristen und Geschäftsleuten monatelang einbehalten und durchsuchen dürfen, wäre die Bereitschaft, in die Vereinigten Staaten einzureisen, sicher geringer.

Die bereits angesprochene Forschungsfreiheit ist Grundlage neuer Technologien. Insbesondere in der Biotechnologie gibt es aktuelle Beispiele. Sowohl die Stammzellforschung als auch die grüne Gentechnik haben in jüngster Vergangenheit große Erfolge verzeichnen können. Die entstehenden Impulse für die Volkswirtschaft, die sich aus einer weitgehenden Forschungsfreiheit ergeben, stehen dabei weniger im Vordergrund als der gesellschaftliche Nutzen durch die neuen Möglichkeiten – insbesondere in der Medizin. Solange die Nutzung dieser

Technologien in Deutschland jedoch teilweise verboten ist, siedelt sich die entsprechende Branche im Ausland an und die wirtschaftlichen Impulse bleiben aus.

Die Länder sind in Deutschland für Bildung zuständig. Sie ist in unserem rohstoffarmen Land essentiell, wenn wir unseren Wohlstand halten und ausbauen wollen. Im Sinne der Subsidiarität sollte der Bund nicht versuchen, die Bildungspolitik an sich zu reißen. Der freie Wettbewerb der verschiedenen Bildungssysteme in Deutschland ist zu unterstützen. Die Ansiedlung von exzellenten Hochschulen ist für das Wachstum einer Stadt und den Aufbau von Arbeitsplätzen wesentliches Kriterium. Insbesondere die Schnittpunkte von Forschung und Industrie sind zu fördern, damit sich selbst tragende *Cluster* entwickeln, die weitere kreative Köpfe und Arbeitsplätze schaffende Unternehmen anziehen.

Für eine erfolgreiche Stadtpolitik sind allerdings natürlich vor allem die Städte und Gemeinden selbst gefordert. Erfolgreiche Regionen im Sinne der drei „T"s sind liberale, weltoffene Metropolen mit hoher Lebensqualität, deren Forschungslandschaft und Industrie entwickelt und eng verzahnt sind.

Grundlegende Voraussetzung für eine entsprechende Entwicklung ist die Handlungsfähigkeit der Kommunen. Sie müssen in die Lage versetzt werden, all das anzubieten, was die kreative Klasse anzieht: kulturelle Veranstaltungen, Kinderbetreuung und gute Bildungsmöglichkeiten, Hochschulen und Forschungszentren sowie technologisch hochstehende Unternehmen. Dazu bedarf es zweierlei: Zum Einen die Entscheidungsbefugnis und zum Anderen die dafür notwendigen finanziellen Mittel. Im Rahmen der Föderalismusreform fordert die FDP ein klares Bekenntnis zum Konnexitätsprinzip, d.h. Aufgabenwahrnehmung und Ausgabenverantwortung muss bei derselben staatlichen Ebene liegen. Die Kommune verwaltet die ihr übertragenen Aufgaben oft nur mit Hilfe der weitgehend leistungsunabhängigen Zuweisungen seitens der Länder. Das ist kein tragfähiges Modell. Viele Kommunen sind dadurch heute hoch verschuldet und haben oft kaum eine Chance, aus dieser Falle wieder herauszukommen. Wer kein Geld hat, kann auch keine Entwicklungen anstoßen.

Dabei haben sie die Aufgabe, für eine flächendeckende, moderne Bildungsinfrastruktur zu sorgen. Eine gute Versorgung mit Betreuungs- und Bildungseinrichtungen, also Kindergärten, Kindertagesstätten, Vorschulen und Schulen ist eine notwendige Zukunftsinvestition und in Deutschland leider nicht überall gegeben. Die Städte und Gemeinden brauchen dafür Mittel, die sie oft nicht aufbringen können. Auch der Betrieb von kulturellen Einrichtungen kostet Städte und Gemeinden Geld. Deutschland hat als Land der Dichter und Denker eine beeindruckende Vergangenheit als Kulturnation vorzuweisen. Das ist ein beachtlicher Vorteil, der uns nicht verlorengehen darf. Wenn der städtische Haushalt klamm ist, wird üblicherweise vor allem an kulturellen Einrichtungen gespart. Den Kommunen ist hierbei in der Regel nicht einmal ein Vorwurf zu machen, da ihnen die Alternativen fehlen. Der Schuldendienst ist oft gewaltig und die meisten anderen Haushaltstitel sind gebunden. Ein Ausweg kann darin bestehen, mit Verkäufen von Stadteigentum zumindest die finanzielle Handlungsfähigkeit wieder herzustellen.

Die geforderte Kultur der Toleranz muss sich dagegen in einem langfristigen Prozess entwickeln. Die politischen Einflussmöglichkeiten sind dabei begrenzt. Touristische Attraktionen, die Menschen aus aller Welt anziehen, helfen, so ein Klima zu schaffen. Oft ist gerade in Regionen, in denen wenige Ausländer leben, die Ausländerfeindlichkeit besonders hoch. Wenn der internationale Austausch auf der touristischen Ebene funktioniert, dann können Vorurteile abgebaut werden. Außerdem kann eine Region so auch überregional ihre Vorzüge präsentieren.

Wie wichtig eine liberale Stadtpolitik für die weitere Entwicklung deutscher Ballungsgebiete ist, zeigen die drei deutschen Metropolen Berlin, Dresden und München:

Die Hauptstadt Berlin hat den Vorteil, dass sie als Regierungssitz immer im Blickpunkt der Öffentlichkeit bleibt. Berlin pulsiert; gerade nach der Wende hat ein regelrechter Austausch der Bevölkerung stattgefunden. 1,7 Millionen Berliner haben die Stadt nach der Wiedervereinigung verlassen, 1,8 Millionen Menschen sind zugezogen. Stadtteile wie Prenzlauer Berg haben sich grundlegend geändert, Mieten sind gebietsweise deutlich gestiegen. Die Geschichte der Stadt sorgt bis heute dafür, dass der Strom der Touristen nicht abreißt. Eine tolerante Gesellschaft ist in weiten Teilen vorhanden, wenngleich Berlin als sozialer Brennpunkt auch dem politischen Extremismus eine Heimat gibt und die Integration vieler Immigranten in Randgebieten Probleme aufwirft. Schwule und Lesben fühlen sich hier wohl und siedeln sich an. Auch auf kulturelle Annehmlichkeiten muss niemand verzichten. Beste Voraussetzungen für die erfolgreiche Entwicklung einer Metropole, sollte man meinen.

Dennoch tritt Berlin wirtschaftlich auf der Stelle. Sogar im ostdeutschen Vergleich der Wachstumsraten fällt die Hauptstadt gegenüber den Flächenländern zurück. Der Grund: Leider erfüllt Berlin eines der drei geforderten „T"s nicht: Technologie. Talente ließen sich in der weltoffenen Stadt anlocken. Doch wo sollen sie arbeiten? Die Ansiedlungspolitik der Stadt schlug offensichtlich fehl – soweit sie überhaupt stattfand. Der Regierende Bürgermeister qualifizierte die Stadt als „arm aber sexy", was das heutige Berlin zwar treffend charakterisiert, gleichzeitig aber eine gewisse Zufriedenheit mit dem Ist-Zustand signalisiert. Unser Ziel muss es sein, das Potential der Stadt zu auszuschöpfen, indem man die Ansiedlung von Hightech-Unternehmen unterstützt, die gut bezahlte Arbeitsplätze anbieten können.

Ostdeutschland hat insgesamt das Problem, dass die kreative Klasse – insbesondere Frauen – die Region verlassen und sich auf die Suche nach besseren Beschäftigungsmöglichkeiten machen. Nach der Wiedervereinigung ist die Industrie flächendeckend zusammengebrochen und die Firmen, die sich dort angesiedelt haben, werden oft als „verlängerte Werkbänke" westdeutscher Unternehmen angesehen. Tatsächlich ist die Forschungs- und Entwicklungsleistung im Osten extrem gering. Es gibt jedoch einige Ausnahmen. Die Region Dresden hat es geschafft, mit der Ansiedlung von Unternehmen aus den Bereichen der Mikroelektronik und Elektrotechnik über den Maschinen- und Anlagenbau bis hin zur Biotechnologie und Pharmazie Zukunftstechnologien in der Metropole anzusiedeln. Auch für Touristen aus aller Welt ist Dresden als Stadt des Barock beliebtes Ziel. Die sächsische Landeshauptstadt hat es verstanden, ihr reiches kulturelles Erbe anzunehmen und weiter zu entwickeln. Zudem schaffte sie es, aus ihrer Schuldenfalle herauszukommen. Durch den Verkauf städtischen Wohneigentums konnte sie auf einen Schlag alle Schulden zurückzahlen. In ihre Satzung nahm sie sogar ein Neuverschuldungsverbot auf. Dieses Vorhaben haben die Liberalen maßgeblich vorangetrieben. Damit wurde die Stadt wieder handlungsfähig und ist in der Lage, innerhalb der nächsten Jahre alle Schulen zu sanieren. Außerdem wurden dort inzwischen bereits über 3.000 Kindergartenplätze und rund 1.500 Krippenplätze aufgebaut.

In München hat sich die Hochtechnologie bereits seit Jahren fest etabliert, die Arbeitslosenquote ist in im Jahresdurchschnitt 2007 mit 6,2% verglichen mit Berlin (15,5 %) und Dresden (12,7%) sehr niedrig, die Mietpreise in der Innenstadt erreichen neue Rekordstände. In der bayerischen Landeshauptstadt herrscht zwar bereits ein hohes Bildungsniveau, sie hat dennoch Probleme, weitere Hochqualifizierte zu binden. So hat die Jahrzehnte lange Alleinregierung der CSU in Bayern nicht gerade für eine liberale Politik gegenüber Minderheiten und Ausländern gesorgt. Der Wähler hat den Konservativen bei der Landtagswahl 2008 unter anderem dafür einen Denkzettel verpasst und die FDP mit in die

Landesregierung gebracht. Talent und Technologie sind in Bayern und insbesondere in der Region um München bereits vorhanden, Toleranz ist auf dem Vormarsch. Die Zukunftsaussichten der Metropole sind äußerst positiv.

Die Analyse Richard Floridas zeigt, wie fundamental die Umsetzung liberaler Werte in der Stadtpolitik für die positive Entwicklung von Metropolregionen ist. Die kreative Klasse fühlt sich in einer heterogenen Gesellschaft wohl und kann sich dort entfalten. Wenn die zentralen Freiheitsrechte gewahrt werden, profitiert auch direkt die Wirtschaftsentwicklung einer Region. Dabei zählen sowohl die individuellen Freiheitsrechte gegenüber dem Staat, als auch die Freiheitsrechte gegenüber Dritten. In einer technologiefreundlichen, toleranten Region siedeln sich Talente, also Leistungsträger an und weitere folgen. In liberalen Werten liegt die Wertschöpfung von morgen.

Bibliographie

Florida, Richard: The Rise of the Creative Class. And How It's Transforming Work, Leisure, Community and Everyday Life, New York 2002.

Frank Schäffler

Anmerkungen zur Steuergerechtigkeit in Deutschland

> *„Der Staat, das sind wir!"*
> Friedrich Naumann

1 Freiheit, Staat und Steuergerechtigkeit

Für echte Liberale ist Freiheit der höchste Wert. Der Königsberger Philosoph Immanuel Kant, der zu Recht an die Spitze des deutschen Liberalismus gesetzt worden ist, redet in seiner Rechtslehre in der „Metaphysik der Sitten" sogar vom angeborenen Recht des Menschen, das nur ein einziges ist, nämlich: „Freiheit (Unabhängigkeit von eines anderen nötigender Willkür), sofern sie mit jedes anderen Freiheit nach einem allgemeinen Gesetz zusammen bestehen kann, ist dieses einzige, ursprüngliche, jedem Menschen, kraft seiner Menschheit, zustehende Recht."

Die kantische Formulierung „nach einem allgemeinen Gesetz zusammen bestehen kann" bedeutet, dass die individuelle Freiheit für „alle" Bürger eines Gemeinwesens nur durch die Herrschaft des Gesetzes (*rule of law*) geschützt werden kann. Durch allgemeine und abstrakte, für alle Bürgerinnen und Bürger gleiche Gesetze soll sichergestellt werden, dass jeder Mensch – sei er Arbeiter oder Unternehmer, reich oder arm – unabhängig von der nötigenden Willkür durch andere Menschen leben kann. Der Staat ist nach Kant deshalb eine Vereinigung von Bürgerinnen und Bürgern unter Rechtsgesetzen, durch die die gleiche Freiheit für alle hergestellt und gesichert wird. Friedrich Naumann hat deshalb mit Recht formuliert: „Der Staat, das sind wir."

Weil das Recht mit der Befugnis zur Anwendung von Zwang verbunden ist, muss der mit dem Gewaltmonopol ausgestattete kollektive Akteur Staat strikt von allen anderen kollektiven Akteuren unterschieden werden. Nur der Staat hat das Recht zur Ausübung von Zwang. Und er hat es auch nur, um eine „Verfassung von der größten menschlichen Freiheit nach Gesetzen" zu errichten und zu sichern, „welche machen, daß jedes Freiheit mit der andern ihrer zusammen bestehen kann (nicht von der größesten Glückseligkeit, denn diese wird schon von selbst folgen)" (I. Kant). Dass staatliches Handeln nicht von der größten

Glückseligkeit oder der Wohlfahrt ausgehen oder diese verfolgen kann, hat nach Kant eine tiefere erkenntnistheoretische Ursache. Denn „Wohlfahrt [...] hat kein Prinzip, weder für den, der sie empfängt, noch der sie austeilt (der eine setzt sie hierin, der andere darin); weil es dabei auf das Materiale des Willens ankommt, welches empirisch, und so der Allgemeinheit einer Regel unfähig ist." Deshalb kann in Ansehung von Wohlfahrt oder Glück „gar kein allgemein gültiger Grundsatz für Gesetze gegeben werden." Wohlfahrt und Glück sind ausschließlich Kategorien individueller Lebensführungsprogramme. Deshalb hat kein Mensch, keine Gruppe und auch kein Staat das Recht, Menschen zu zwingen, auf eine bestimmte Art und Weise glücklich zu sein. Selbst der demokratische Rechtsstaat hat sich diesem Grundsatz der Gerechtigkeit zu beugen. Keine noch so demokratisch gewählte Mehrheit darf dem Bürger sein Recht nehmen, „seine Glückseligkeit auf jedem Wege, welcher ihm der beste dünkt, zu suchen, wenn er nur nicht jener allgemeinen gesetzmäßigen Freiheit, mithin dem Rechte anderer Mituntertanen, Abbruch tut" (I. Kant).

Dieser Grundsatz der Gerechtigkeit ist insbesondere bei der Steuererhebung, die zur Finanzierung der Staatstätigkeit notwendig ist, strikt zu beachten, weshalb man die Einhaltung dieses Grundsatzes bei der Steuererhebung auch als die Wahrung der Steuergerechtigkeit bezeichnen kann. Die Steuergerechtigkeit ist entsprechend der obigen Ausführungen erstens gewahrt, wenn durch die Steuererhebung nicht in die individuellen Lebensführungsprogramme der Bürger lenkend oder verzerrend eingegriffen wird, wenn also durch die Steuererhebung nicht bestimmte Vorstellungen von Wohlfahrt und Glück gefördert oder bestraft werden. Zweitens wird die Steuergerechtigkeit gewahrt, wenn der schon von Adam Smith im 5. Kapitel seines „Wohlstandes der Nationen" erläuterte Grundsatz der Gleichmäßigkeit der Besteuerung beachtet wird, der im kantischen Problemaufriss bereits aus der Allgemeinheit des Gesetzes folgt.

2 Spitzensteuer für Geringverdiener

Jeder Bürger eines modernen Wohlfahrtsstaates und insbesondere Deutschlands erkennt mit Blick auf das Steuersystem sofort, dass in unserer Gesellschaft die beiden Bedingungen der Steuergerechtigkeit massiv verletzt werden. In allen Parteien, leider auch in Teilen der FDP, wird das Steuerrecht missbraucht, um durch staatlichen Zwang – und Steuern sind Zwangsabgaben – die individuellen

Lebensführungsprogramme und die individuellen Glücks- und Wohlfahrtsvorstellungen staatlich zu lenken. Zudem wird der Grundsatz der Gleichmäßigkeit der Besteuerung, aus dem die Edinburgher Regel von 1833 folgt: „Leave them as you find them", durch Umverteilungsinstrumente wie zum Beispiel progressive Steuertarife massiv verletzt.

Das eigentliche Ziel einer Steuerpolitik, die notwendigen Aufgaben des Staates zu finanzieren, tritt hinter das ideologische Ziel der Umverteilung zurück. Mit verheerenden Folgen: So hat der vielbeachtete Tarifabschluss der Lokführergewerkschaft GDL in 2008 das Gehalt um 11 Prozent angepasst. Der eigentliche Gewinner dieses Tarifstreits waren jedoch nicht die Lokführer, sondern der deutsche Finanzminister. Seine Mehreinnahmen stiegen um satte 18 Prozent. Deutlicher kann die leistungsfeindliche Wirkung des progressiven Steuertarifs nicht sein. Auf die Allgemeinheit übertragen führt die kalte Progression in dieser Legislaturperiode zu Steuermehreinnahmen von über 10 Milliarden Euro.

Immer mehr „Normalverdiener" rutschen in den Bereich des Spitzensteuersatzes von 42 Prozent. Inzwischen entspricht die heutige Einkommensgrenze von 52.152 Euro, ab der der Spitzensteuersatz (ohne Reichensteuer) greift, bereits dem 1,3-fachen des Durchschnittseinkommens. Im Jahr 1958, in dem der Progressionstarif eingeführt wurde, lag die Einkommensgrenze für den Spitzensteuersatz beim zwanzigfachen Durchschnittseinkommen.

Aber auch Arbeitnehmer mit geringem Einkommen sind von diesem Wahnsinn betroffen. Angenommen, ein Lokführer verdient heute 20.000 Euro, ist ledig und kann künftig mit einer Gehaltserhöhung von 3 Prozent pro Jahr rechnen – dann verdient er nach 18 Jahren rund 34.000 Euro. Während er heute 3.007 Euro Einkommensteuer und Solidaritätszuschlag bezahlt, sind es in 18 Jahren bei gleichem Steuertarif 7.511 Euro. Während sein Gehalt in dieser Zeit um 70 Prozent steigt, erhöht sich seine Steuerlast um 150 Prozent! Der heutige Steuertarif trifft die Mitte der Gesellschaft in erschreckender Weise und entzieht ihr Freiräume, das Leben nach eigenen Werten und Glücksvorstellungen zu gestalten.

Das mag in seiner Wirkung schon schlimm sein. Doch es geht noch schlimmer. Angenommen, der Lokführer könnte von seiner Gehaltserhöhung nach Steuern und Abgaben 50 Euro zur Seite legen, um damit für sein Alter oder für die Kinderausbildung vorzusorgen. Angenommen, er würde diesen Betrag auf ein Sparbuch legen und 3 Prozent Zinsen pro Jahr erwirtschaften. Mit einer Abgeltungsteuer von 25 Prozent pro Jahr kann er nach 30 Jahren nur 25.600 Euro sein eigen nennen. Man kann das Ganze noch auf die Spitze treiben. Bei einer Inflation von drei Prozent entspricht dies einer heutigen Kaufkraft von 10.500 Euro. Ein Arbeitnehmer spart für seine persönlichen Ziele, er konsumiert nicht, und dennoch greift der Staat ihm jedes Jahr erneut in die Tasche. Am Ende kann er nicht einmal seine Kaufkraft sichern, geschweige denn, diesen Betrag „steuerfrei" an seine Erben weiterreichen.

Doch wie sieht eine gerechte Steuerwelt aus?

Nachdem der Lokführer bereits fast 30 Prozent des Betrages, den er eigentlich sparen könnte, versteuern musste, und die staatlichen Zwangsversicherungen von ihm ebenfalls fast 20 Prozent einbehalten haben, könnte er in einer steuer- und abgabenfreien Welt eigentlich 100 Euro im Monat sparen. Nach 30 Jahren könnte er bei einer dreiprozentigen Verzinsung 58.200 Euro sein eigen nennen. Würde er die Erträge nachgelagert mit 25 Prozent versteuern, blieben ihm dennoch 52.650 Euro, also über 105 Prozent mehr am Ende seines Berufslebens. Die Differenz zwischen 52.650 und 25.600 Euro ist das Extrem, um das sich eine Gerechtigkeitsdebatte drehen muss. Für einen Geringverdiener mit 20.000 Euro Jahreseinkommen ist eine Differenz von 27.050 Euro am Ende seines Berufslebens viel Geld.

Der Liberale John Stuart Mill hat bereits im 19. Jahrhundert das bis heute etablierte Steuersystem kritisiert. Er brachte es in seinen *Principles of Political Economy* wie folgt auf den Punkt:

> „Denn was gespart und fest angelegt wird, zahlt künftig Einkommensteuer von den Zinsen oder Gewinnen, die es bringt, trotzdem dass es bereits als Kapital besteuert worden ist. Wenn daher Ersparnisse von der Einkommensteuer nicht ausgenommen werden, werden die Steuerzahler von dem, was sie sparen, doppelt, und dagegen nur einmal von dem was sie ausgeben, besteuert. Der so zum Nachteile der Vorsorglichkeit und der Wirtschaftlichkeit geschaffene Unterschied ist nicht nur unpolitisch, sondern auch ungerecht."

3   Bürger und Unternehmen gleich besteuern

Die Ursache unseres komplizierten Steuerrechts liegt im Kern in zwei Bereichen: Im überwiegend progressiven Verlauf des Einkommensteuertarifs und im Jährlichkeitsprinzip.

Im Bereich des Tarifverlaufs ist das deutsche Steuerrecht auch deshalb so kompliziert, weil es Kapitalgesellschaften anders (niedriger und linear) besteuert, als Unternehmer und Bürger (höher und progressiv). Die Logik, weshalb Unternehmen (Kapitalgesellschaften) inklusive der Gewerbesteuer mit knapp 30 Prozent besteuert werden, Unternehmer und Bürger jedoch mit bis zu 45 Prozent, erschließt sich nicht. Gerade diese Komplexität führt zu Gestaltungen, Abgrenzungsproblemen und immer neuen Veränderungsrunden des Gesetzgebers.

Oft überlappen sich die Probleme des Tarifverlaufs und des Jährlichkeitsprinzips. Von der Schwarzarbeit bis zum „Steuersparmodell", egal ob es Schiffsbeteiligung oder Standesamt heißt, werden Horden von Beratern engagiert, um dem Fiskus ein Schnippchen zu schlagen. Warum heiraten Paare vor dem Standesamt im alten Jahr und die kirchliche Trauung findet im neuen Jahr statt? Einzig und allein aus steuerlichen Gründen. Warum hatten lange Zeit „Steuersparmodelle" gerade am Ende eines Jahres Hochkonjunktur? Einzig und allein aus steuerlichen Gründen. Ziel ist es, im jeweiligen Steuerjahr den durchschnittlichen Grenzsteuersatz zu reduzieren, um damit die Steuerbelastung insgesamt zu reduzieren.

Das derzeitige Steuersystem gewährleistet keine Finanzierungsneutralität. Wer heute seine Investitionen im Unternehmen mit Fremdkapital finanziert, kann die Zinsen als Betriebsausgaben geltend machen. Finanziert er hingegen seine Investitionen mit Eigenkapital, hat er keine Möglichkeit, dies steuerlich zu berücksichtigen. Nicht vorhandene Finanzierungsneutralität ist eine der Hauptursachen für die schlechte Eigenkapitalausstattung des deutschen Mittelstandes. Dies kann durch den Abzug einer marktüblichen Verzinsung des eingesetzten Eigenkapitals als Betriebsausgabe vermieden werden. Er führt zu einer lebenszeitlich einmaligen Steuerbelastung marktüblicher Investitionserträge. Belgien geht diesen Weg seit 2007 und hat sich damit an die Spitze der Unternehmensteuersysteme in Europa gesetzt.

Anstatt eine Eigenkapitalverzinsung steuerlich abzugsfähig zu machen, geht die Bundesregierung den fatalen umgekehrten Weg. Sie beschränkt mit der so genannten „Zinsschranke" den Abzug von Fremdkapitalzinsen und rechnet Fremdkapitalzinsen, Mieten und Pachten gewinnerhöhend der Gewerbesteuer zu. So will man Entscheidungsneutralität erzwingen, erreicht sie aber dennoch nicht! Die Folge ist eine Substanzbesteuerung, die insbesondere den Mittelstand hart trifft.

Lediglich die Höhe des nominalen Steuersatzes als Entscheidungskriterium für Investitionen von Unternehmen zu Grunde zu legen, greift daher zu kurz. Dies hat bereits die Unternehmensteuerreform der großen Koalition gezeigt.

Damit verbessert sich Deutschland in einem europäischen Vergleich der Forschungsstelle „Marktorientiertes Steuersystem" des Alfred Weber-Instituts der Universität Heidelberg von 18 Ländern zwar auf den 13. Platz (bisher 18. Platz). Wird jedoch die Grenzsteuerbelastung verglichen, ist Deutschland mit Platz 16 (bisher Platz 17) immer noch auf einem Abstiegsplatz. Entscheidend ist jedoch gerade die Grenzsteuerbelastung, da jeder Investor sich überlegt, was ihm eine zusätzliche Investition bringt.

4 *Flat-Tax*, aber richtig!

Deshalb greift auch eine reine Forderung nach einem linearen Steuertarif zu kurz. Wer eine *Flat-Tax* von 25 Prozent vorschlägt, wird zwar als fortschrittlicher Geist gelobt, gerecht ist sie jedoch nicht. Zwar könnten viele Verwerfungen zwischen Körperschaft- und Einkommensteuer durch einen einheitlichen Steuersatz beseitigt werden. Doch das Beispiel des Lokführers zeigt, dass bei langfristigen Sparprozessen eine *Flat-Tax* nach dem Jährlichkeitsprinzip ebenfalls zu keiner lebenszeitlich gerechten Besteuerung führt und deshalb Spar- bzw. Investitionsentscheidungen heute gegenüber morgen privilegiert.

Das Jährlichkeitsprinzip im deutschen Steuerrecht ist absurd. Der Steuerstaat schreibt vor: Das Leben des Steuerbürgers beginnt am 1.1. und endet am 31.12. des gleichen Jahres.

Wer heute 1000 Euro zur Seite legt, hat diesen Betrag bereits mit seiner Lohnsteuer versteuert. Angenommen, dieser Steuersatz betrug 25 Prozent und die jährlichen Zinsen auf den Sparbetrag betragen erneut drei Prozent. Wenn er die Erträge aus dem Sparbetrag jährlich mit einer Abgeltungsteuer von 25 Prozent versteuern muss, kommt er nach 40 Jahren zu einer Gesamtsteuerbelastung von 52,42 Prozent.

Die Abgeltungsteuer ist nichts anderes als eine *Flat-Tax* und begünstigt die, die heute einen Grenzsteuersatz von 42 Prozent zahlen. Dies ist jedoch nur die halbe Wahrheit, da es nur die jährliche Betrachtungsweise umfasst. Tatsächlich ist die Gesamtsteuerbelastung über 40 Jahre von 52,42 Prozent deutlich über dem derzeitigen Spitzensteuersatz. Sie liegt sogar über dem Grenzsteuersatz von 45 Prozent, der eigentlich, so die politische Linke im Lande, nur für die Reichen oberhalb von 250.000 Euro zu versteuerndem Einkommen gelten soll. Diese

Belastung ist weder für den Geringverdiener noch für den Großverdiener gerecht.

Friedrich August von Hayek hat den eigentlichen Sinn des Steuerrechts so beschrieben: „Die Theorie und Praxis der öffentlichen Finanzen ist beinahe vollkommen von dem Bestreben geformt worden, die auferlegte Last so weit wie möglich zu verschleiern und diejenigen, die sie letztlich zu tragen haben, so wenig wie möglich darauf aufmerksam zu machen. Es ist wahrscheinlich, dass die gesamte Komplexität der Steuerstruktur, die wir errichtet haben, weitgehend das Resultat der Bemühungen ist, die Bürger dazu zu überreden, der Regierung mehr zu geben, als wozu sie bei voller Faktenkenntnis bereit wären."

Im Kern müssen alle Personen, ob natürlich oder juristisch, ihr Einkommen immer genau mit dem gleichen tariflichen Steuersatz versteuern, egal wann sie ihre Konsum- oder Investitionsentscheidungen treffen. Sind Einkommensbestandteile bereits durch Einkommen- oder Körperschaftsteuer „vorbelastet", müssen diese entsprechend bereinigt werden. Dies kann durch den steuerlichen Abzug einer marktüblichen Verzinsung bei Spar- und Investitionskapital oder durch den Übergang zu einer nachgelagerten Besteuerung erreicht werden. Beide Methoden der Bereinigung führen zum gleichen Ergebnis.

Im aktuellen Einkommensteuerrecht wurde in einigen Bereichen bereits diese so genannte Sparbereinigung realisiert. Zu dieser Einsicht hat das Bundesverfassungsgericht mit seinem Urteil zur steuerlichen Behandlung der gesetzlichen Rente beigetragen. Aber auch bei der Einführung der Riester-Rente ist der Gesetzgeber der Einsicht gefolgt, dass Beitragszahlungen in der Gegenwart die Leistungsfähigkeit eines Steuerpflichtigen mindern und erst die Auszahlung der Rente die Leistungsfähigkeit erhöht. Die Beiträge zur gesetzlichen Altersvorsorge werden schrittweise und die Beiträge für die Riester-Rente werden vollständig aus unversteuertem Einkommen bezahlt. Erst die ausgezahlte Rente unterliegt der Einkommensteuer.

Diese Methode der Einmalbelastung von Einkommen in lebenszeitlicher Sicht muss in Form der Sparbereinigung generell bei Sparvorgängen eingeführt werden. Diese Methode ist auch als nachgelagerte Besteuerung bekannt. Das Sparkapital wird also unversteuert (brutto) angelegt. Erst wenn das Sparkapital und die damit erwirtschafteten Erträge entnommen werden, unterliegen sie der Einkommensbesteuerung.

Geschieht dies nicht, egal ob im linearen oder progressiven Steuertarif, findet bei langfristigen Spar- und Investitionsprozessen eine Mehrfachbesteuerung der Erträge statt. Dies diskriminiert das Sparen und Investieren und fördert den aktuellen Konsum. Für eine alternde Gesellschaft ist diese Steuerpolitik deshalb ein Sprengsatz für die Zukunft.

In einer neuen steuerlichen Welt läge der Unterschied und damit der steuerliche Anreiz bei einem Festhalten am progressiven Steuertarif dann nur im Zeitpunkt der Entnahme. Hier bestünde nach wie vor Gestaltungsspielraum, da der Bürger seine Steuerlast in die Zukunft verschieben könnte in der Hoffnung, dass sein Grenzsteuersatz im Alter niedriger ist, als in seiner Erwerbsphase. Deshalb wäre es sinnvoll, die Einführung eines lebenszeitlich orientierten Systems der direkten Steuern durch einen Übergang zu einer Proportionalsteuer zu ergänzen.

Diese neue Steuerwelt würde das herrschende Verhältnis von Staat und Bürgern neu ausrichten. Die Steuergerechtigkeit würde erstmals nicht verletzt und man könnte mit Friedrich Naumann zu Recht sagen: „Der Staat, das sind wir!"

Horst Meierhofer

Liberale Umweltpolitik – am Gemeinwohl orientiert, nicht an Partikularinteressen

Die FDP ist gemeinhin nicht die Partei, die in der Öffentlichkeit als Anwalt der Umwelt wahrgenommen wird. Unter der starken Betonung der wirtschaftlichen und finanzpolitischen Kompetenz der Partei haben andere Politikfelder gelitten. Das gilt im besonderen Maße für die Umweltpolitik. Dies hat zwei Gründe: Eine Partei, die in erster Linie auf eine freie Wirtschaft und auf die Selbstregulation der Märkte innerhalb eines staatlich definierten Rahmens setzt, den Staat aber ansonsten auf seine Kernkompetenzen beschränken möchte, gerät leicht in den Verdacht, umweltpolitische Anliegen zu vernachlässigen. Grenzwerte bei Emissionen, Umweltauflagen bei Industrieanlagen, Abgaben auf Umweltverschmutzung oder die Schaffung von Straftatbeständen bei Verstoßen gegen Umweltschutzbestimmungen stehen auf den ersten Blick dem freien Markt entgegen, sie schränken ihn ein.

Zweitens hat die FDP insbesondere seit dem Wechsel hin zu Schwarz-Gelb zu Beginn der 1980er Jahre selbst dazu beigetragen, dass ihre umweltpolitische Glaubwürdigkeit gelitten hat. Einzelne Initiativen oder Parteitage allein, wie der in Rostock 2006, der sich ganz der Umwelt verschrieben hat, können an diesem Gesamteindruck nichts ändern.

Dass dies nicht immer so war, zeigt ein Blick zurück. Sowohl personell als auch programmatisch war die FDP maßgeblich am Entstehen der Umweltpolitik beteiligt.

Der personelle Aspekt ist zunächst wenig offensichtlich. Wirft man einen Blick auf die Liste der Umweltminister, so fällt auf, dass die FDP in der noch jungen Geschichte des Hauses noch nie den Minister stellen konnte. Und dennoch: Die Entwicklung der deutschen Umweltpolitik ist eng mit dem Namen Hans-Dietrich Genscher verbunden, der ihr in den frühen 1970er Jahren als Innenminister inhaltlich und organisatorisch den Weg bereitete. Ende der 1960er waren die Kompetenzen im Bereich Umweltpolitik auf das Innenministerium, das Landwirtschaftsministerium und das Ministerium für Jugend, Familie und Gesundheit verteilt. Bis 1972 erlangte Genschers Ministerium allerdings eine zentrale Stellung und übernahm vom Landwirtschaftsministerium die Bereiche Wasserwirtschaft, Reinhaltung der Luft sowie Lärmbekämpfung, hinzukamen Befugnisse beim Strahlenschutz und der Reaktorsicherheit. Gleichzeitig konnte Genscher den Querschnittscharakter der Umweltpolitik durchsetzen, indem er in der Organisation der Bundesregierung mehrere interministerielle Arbeitsgruppen durchsetzte, deren Koordinierung beim BMI lag. Im eigenen Haus schaffte er mit dem Umweltbundesamt und dem Sachverständigenrat für Umweltfragen die nötige Voraussetzung für die Entwicklung von umweltpolitischer Sachkompetenz und sorgte mit dem Prinzip des gläsernen Umweltschutzes dafür, dass jedermann Gutachten und Stellungnahmen einsehen konnte.

Neben diesen organisatorischen Neuerungen ging es Genscher auch um die programmatische Umsetzung umweltpolitischer Ziele. Zuständig für die Erarbeitung des ersten Umweltprogramms von 1971 war der junge Beamte Peter Menke-Glückert. Mit diesem Sofortprogramm wurden konkrete Projekte angestoßen und die öffentliche Meinung sensibilisiert. Unter den rund 100 Initiativen befanden sich das Bundesimmissionsschutzgesetz, das DDT-Gesetz zum Verbot von Insektiziden, die Novellierung des Wasserhaushaltsgesetzes, das Fluglärm- sowie das Abfallbeseitigungsgesetz. Damit war die liberale Umweltpolitik der Entwicklung des öffentlichen Bewusstseins weit voraus.

Auch wenn diese institutionellen und inhaltlichen Neuerungen einem breiten parteienpolitischen Konsens folgten, so waren es doch die Liberalen, die mit einer programmatischen Neuausrichtung wichtige Vorarbeiten leisteten. Mit den „Freiburger Thesen", die die FDP zu Beginn der 1970er Jahre verabschiedete, bereitete sie nicht nur den Weg zur sozial-liberalen Koalition. Dieses nur aus vier thematischen Teilen bestehende Papier befasst sich neben der Eigentumsordnung, der Vermögensbildung und der Mitbestimmung im letzten Teil explizit mit den Anforderungen an eine (liberale) Umweltpolitik. Die freien Demokraten griffen damit als erste deutsche Partei überhaupt das Thema Umweltpolitik auf und füllten es mit Inhalt.

Gefordert wurde nichts anderes als die Äquidistanz zwischen Umweltpolitik, Bildungspolitik, Landesverteidigung und sozialer Sicherung. Umweltpolitik – so hieß es damals – müsse darüber hinaus zu einem Querschnittsthema werden, welches in anderen Politikbereichen berücksichtigt wird: „Notwendig ist eine ständige Berücksichtigung von Umweltfaktoren in allen Entscheidungen der Wirtschaft und der öffentlichen Hand." Gleichzeitig unterstrichen die Liberalen, dass es nicht allein der Staat sein dürfe, der Umweltprobleme zu lösen hat, vielmehr müssten die Bürger ein neues Umweltbewusstsein entwickeln.

Thesenartig hat die FDP die wichtigsten Eckpunkte einer liberalen Umweltpolitik festgeschrieben, die sich in der Retrospektive lesen, als hätten Grüne die Hand geführt. Neben allgemein anerkannten Positionen, wie der Betonung des Querschnittscharakters und der internationalen Dimension des Umweltschutzes, heißt es weiter: Umweltschutz habe Vorrang vor Gewinnstreben und persönlichem Nutzen, und Umweltschädigung sei deshalb ein kriminelles Unrecht. Die Kompetenz für Umweltplanung und -schutz müsse beim Bund und nicht bei den Ländern liegen, da unterschiedliche Standards zu Wettbewerbsnachteilen führen können. In den Ländern seien Landesbehörden zu schaffen, die Umweltschutz gegenüber örtlichen, oft kurzfristigen Sonderinteressen durchsetzen sollen. Genscher unterstrich: „Nur bei konsequenter Fortentwicklung der sozialen Marktwirtschaft in Richtung ökologischer Marktwirtschaft durch ökologische Struktur- und Steuerreformen sind die Umweltprobleme zu lösen." Legislativ wurde dieses Diktum mit dem Umweltsofortprogramm umgesetzt, das das Vorsorge-, Verursacher- und Kooperationsprinzip verankerte.

Das alles klingt nicht nach „Privat vor Staat" und enthemmter Marktwirtschaft, ist aber dennoch liberales Credo: Staatliche Instanzen sollen mit einheitlichen Standards und deren strikter Durchsetzung den Wettbewerb auf allen Ebenen umweltverträglich regulieren. Das galt 1970 und ist auch der Maßstab, an dem sich eine moderne liberale Partei in 21. Jahrhundert wieder messen lassen sollte.

Ein gutes Beispiel für die nach wie vor hohe Aktualität der Freiburger Thesen ist das Verursacherprinzip: Die Kosten der Umweltbelastung werden grundsätzlich nach dem Verursacherprinzip aufgebracht. Sind Umweltverschmutzungen nicht zu vermeiden, dann müssen diese über Abgaben kompensiert werden. Dieser Grundsatz ist als Spiegel zur staatlichen Verantwortung zu sehen. Der Staat gibt die Regeln vor, wer sie verletzt, der zahlt, oder anders: Wer verschmutzt, der putzt.

Das Verursacherprinzip folgt einem ur-liberalen Grundsatz: Jeder Einzelne muss für sein Tun Verantwortung übernehmen. Dies gilt nicht nur im zwischenmenschlichen oder beruflichen Bereich, sondern auch im Verhältnis zwischen Bürgern und abstrakten öffentlichen Gütern, wie die Umwelt ganz allgemein eines ist. Es wäre aber naiv zu glauben, jeder könne diesem Ideal nachkommen. Öffentliche Güter werden genutzt, gebraucht, verschmutzt und belastet, dies passiert unabsichtlich, fahrlässig, aber auch vorsätzlich. Manchmal ist es auch nicht zu vermeiden. Für all diese Tatbestände muss es aber Regeln der Wiedergutmachung geben: Bei Vorsatz und Fahrlässigkeit ist dies einfach: Hier haben wir das Straf- und Zivilprozessrecht.

Schwieriger wird es bei nicht zu vermeidenden Umweltbelastungen: Niemandem ist es beispielsweise zuzumuten, gänzlich auf individuelle Mobilität zu verzichten. In einer modernen Gesellschaft werden wir den Güterverkehr auf der Straße vielleicht reduzieren, nie aber gänzlich auf ihn verzichten können. Auch den Flug in den Urlaub oder zu einem geschäftlichen Termin wollen wir Liberale niemandem verbieten. Im industriellen Bereich können wir Immissionen durch moderne Technologie verringern, vollständig vermeiden werden wir sie nicht. Dies gilt gleichermaßen für alle Industriesparten, Energieerzeuger ausdrücklich miteinbezogen.

Dennoch können wir die nicht zu vermeidenden Umweltbelastungen nicht wortlos hinnehmen. Im Sinne des Verursacherprinzips muss jeder Bürger, jedes Unternehmen und auch der Staat zur Verantwortung gezogen werden. Jeder muss sich im Klaren darüber sein, wann und zu welchem Ausmaß er das Allgemeingut Umwelt beansprucht, verbraucht oder belastet. Herrscht hierüber Unkenntnis, dann wird die Pflicht, Verantwortung zu übernehmen, nicht verstanden. Bevor wir deshalb darüber sprechen, wer in welchem Fall wie zur Verantwortung gezogen werden soll, müssen alle Beteiligten in die Lage versetzt werden, sich ihrer Verantwortung für Umweltprobleme bewusst zu werden.

Das momentan gravierendste Problem im Bereich Umwelt- und Klimaschutz ist der Ausstoß von CO_2. Da es sich hier um ein globales Problem handelt, spielt es nur eine untergeordnete Rolle, dass Deutschland recht engagiert an seinen Reduktionszielen arbeitet. Andere Länder liegen weit hinter den Kyoto-Zielen zurück, und es scheint momentan eher fraglich, ob wir innerhalb der EU eine Reduktion der Treibhausgase um zwanzig oder gar dreißig Prozent bis 2020 schaffen. Im Gegenteil: Verschiedene Erhebungen weisen eher darauf hin, dass die Emissionen weiter ansteigen.

Um Verantwortung für den Klimawandel übernehmen zu können, benötigen wir Wissen um die Verantwortung. Wissen über den CO_2-Ausstoß und Wissen über die Verursacher. Der einzelne Bürger muss in die Lage versetzt werden, sich umfassend über seinen persönlichen CO_2-Verbrauch zu informieren. Er sollte z.B. wissen, wie viel CO_2 sein Wagen ausstößt, oder wie effizient seine Waschmaschine oder sein Trockner sind. Ferner soll jeder die Möglichkeit haben, sich über die CO2-Belastung bei der Erzeugung des Stroms, der zuhause aus der Steckdose kommt, zu informieren. Diese schon heute existierenden Angebote erleichtern eine mündige (Kauf)Entscheidung und sie können die Akzeptanz für die Übernahme von Verantwortung steigern.

Wenn wir von Verantwortung reden, dann muss aber auch klar sein, dass jeder nur soweit verantwortlich gemacht werden kann, wie er die Umwelt tatsächlich belastet. Dabei sind es nicht die privaten Haushalte, sondern Industrie, Energiewirtschaft und das verarbeitende Gewerbe, die mit einem Anteil von über sechzig Prozent den größten Teil der CO2-Belastung verursachen.

Wie aber soll die deutsche Wirtschaft Verantwortung übernehmen? Das fängt schon bei dem Begriff „deutsche Wirtschaft" an. Es gibt sie nicht. Genauso wenig wie es eine deutsche Wirtschaft gibt, gibt es eine europäische. Es existiert einzig eine globale Wirtschaft, womit Umweltschutz, wie in den Freiburger Thesen beschrieben, eben eine globale Aufgabe ist. Deshalb dürfen wir Unternehmen, die sich im internationalen Wettbewerb befinden, nicht im Alleingang zur Verantwortung für den Klimawandel ziehen. Wir unterliefen sonst ein anderes Prinzip der Freiburger Thesen, nämlich das der Äquidistanz zu anderen Politikfeldern. Von einer funktionierenden wettbewerbsfähigen Wirtschaft profitieren wir ebenso wie von einer intakten Umwelt.

Somit müssen wir Lösungen finden, die es den Unternehmen ermöglicht, frei zu wirtschaften *und* Verantwortung für die durch sie verursachten Umweltschäden zu übernehmen.

Aus liberaler Perspektive kann der Handel mit Emissionszertifikaten ein Weg sein, die Interessen der Wirtschaft mit denen des Klimaschutzes in Einklang zu bringen. Gleichzeitig ist er ein aktuelles Beispiel für die in den Freiburger Thesen herausgestrichene Betonung der internationalen Zusammenarbeit. Aufgrund der Transparenz eines solchen Handelssystems, ergeben sich auch Perspektiven, langfristig neben der Wirtschaft auch Privathaushalte in die Verantwortung für Klimabelastungen zu nehmen.

Die Basis des Emissionshandels ist das Prinzip der individuellen Verantwortung. Es wird ein Anreizsystem geschaffen, das private Unternehmen anregt, über ihren Energieverbrauch nachzudenken und gegebenenfalls Maßnahmen zur Reduktion von Emissionen zu ergreifen. Auch hier gilt: Wer verschmutzt, der putzt bzw. zahlt für das Putzen.

Global und europäisch haben sich zwei Systeme des Handels mit Emissionsrechten herausgebildet: Das Kyoto-Protokoll und der EU-Emissionshandel

(ETS). Das ETS gliedert sich in drei Phasen, die sich hauptsächlich durch die Menge der zu versteigernden Zertifikate unterscheiden. Vor 2008 konnten rund 95 Prozent der Zertifikate frei vergeben werden. Dies und eine viel zu hoch angesetzte Obergrenze für Emissionen in den einzelnen Ländern haben dazu geführt, dass sich der erhoffte steuernde Effekt des Handels nicht einstellte. Der Preis für die Zertifikate brach aufgrund des Überangebots ein.

Aus diesen Erfahrungen hat die EU ihre Schlüsse gezogen: Der Preis für ein Produkt bemisst sich an seiner Knappheit. Ist das Produkt knapp, dann steigt der Preis und damit auch der Anreiz für die Unternehmen, die Emissionen zu drosseln. Deshalb wurde in der momentan zweiten Phase (2008 – 2012) die Obergrenze für Emissionen gegenüber 2006 um rund sechs Prozent gesenkt, was zu einer Verknappung der Emissionsberechtigungen führte. Allerdings dürfen die Staaten immer noch 90 Prozent der Zertifikate frei zuteilen.

Echte Anreize sind deshalb erst ab 2013 zu erwarten, wenn 60 Prozent der Zertifikate frei gehandelt werden sollen. Die EU-Kommission hat hierzu einen entsprechenden Vorschlag gemacht, der von der FDP unterstützt wird. Dabei setzt die EU auch Beschlüsse des Europäischen Rats von 2007 um, nach denen die EU bis 2020 eine Reduktion der Treibhausgase um 20 bzw. um 30 Prozent erreichen will. Der Vorschlag sieht eine Abschaffung nationaler Obergrenzen vor. An ihre Stelle tritt eine EU-weite Obergrenze und ein einheitliches Reduktionsziel: Bis 2020 soll diese Obergrenze jährlich um 1,74 Prozent verringert werden. Gleichzeitig werden erstmals mehr Zertifikate ersteigert und gehandelt als frei zugeteilt.

Ab 2013 werden die lineare Herabsetzung der Obergrenze und der stärkere Handel mit Zertifikaten eine Möglichkeit bieten, die Interessen des Umweltschutzes mit denen einer international ausgerichteten Wirtschaft in Einklang zu bringen. Ich sage bewusst: eine Möglichkeit. Damit das System sowohl Umwelt als auch Wirtschaft zuträglich ist, müssen mehrere Bedingungen erfüllt sein, von denen die Internationalität des Handelssystems die zentrale ist.

Momentan handeln die EU-Staaten „auf eigene Rechnung". Wie erwähnt existieren aber weder nationale noch europäische Wirtschaften, sondern nur eine globale. Global verfügen wir mit dem Kyoto-Protokoll aber nicht über eine tragfähige und vor allem nicht über eine langfristige Perspektive im Emissionshandel. Die Verhandlungen über ein Nachfolgeregime zu Kyoto sind – das haben wir auf der Konferenz in Bali erleben können – schwierig und stehen insbesondere unter dem Eindruck des Desinteresses der Vereinigten Staaten. Wir Industrieländer haben eine besondere Verantwortung, denn wie können wir von den Schwellenländern erwarten, genauso viel für den Umweltschutz zu tun wie wir, die wie bereits seit der Industrialisierung zu Lasten der Umwelt wirtschaftliche Vorteile für uns erzielt haben? Dennoch: Wenn wir international nicht Handlungsfähigkeit beweisen, erreichen wir allein mittel- bis langfristig nichts, außer dass unsere Arbeitsplätze ins Ausland abwandern, bei weiterhin niedrigen Umweltstandards.

An dieser Stelle werden Kritiker anmerken, dass wir Liberalen unter dem (Schein)Argument, es gäbe kein globales Regime, bereit seien, den Klimaschutz den Industrieinteressen zu opfern. Deshalb sei nochmals in Erinnerung gerufen, was die erfolgreiche Umweltpolitik zu Zeiten Hans-Dietrich Genschers ausgemacht hat: Eine durch einen breiten gesellschaftlichen Konsens getragene Umweltpolitik, der über eine Gleichwertigkeit der Umweltpolitik gegenüber anderen Politiken hergestellt wurde. In Gesprächen mit Umweltverbänden 1973 sagte er treffend: „Ein wirtschaftliches Nullwachstum würde auch den Umweltschutz auf den Punkt Null zurückwerfen". Diese Herangehensweise ist nicht gleichzusetzen mit Ideologiefreiheit – im Gegenteil: Die Äquidistanz der Umweltpolitik zur Wirtschaftspolitik entspricht der liberalen Ideologie. Erst die Überhöhung oder das Ausspielen von jeweils berechtigten und nachvollziehbaren Interessen von Umwelt und Wirtschaft hat zu einer Polarisierung und Radikalisierung der Positionen geführt, die von den Grünen Anfang der 1980er Jahre erfolgreich aufgegriffen und forciert worden sind. Wir Liberalen sollten dem entgegentreten: Nicht ideologiefrei, sondern rational.

Wenn wir die Gleichwertigkeit von Umwelt- und Wirtschaftspolitik als Richtschnur nehmen, dann müssen wir im Rahmen des Emissionshandels, der noch nicht global ist, die Sorgen der Unternehmer vor Wettbewerbsverzerrungen ebenso ernst nehmen, wie die befürchteten Auswirkungen des Klimawandels. Es gilt einen differenzierten Ansatz zu entwickeln:

Zunächst müssen Unternehmen entlang ihrer Emissionen kategorisiert werden. Anlagen, die in einem noch festzulegenden Basisjahr für weniger als fünf Prozent der Emissionen verantwortlich sind, sollten von vornherein vom Handel ausgenommen werden. Hier stünden die Verwaltungskosten wahrscheinlich in keinem vernünftigen Verhältnis zu den anzunehmenden Gewinnen für die Umwelt. Unternehmen, die einen besonders hohen Energieanteil an Produktionskosten haben oder unter einem starken internationalen Wettbewerbsdruck stehen, sollen nach und nach in das Versteigerungssystem einbezogen werden. Klar ist aber auch: Für Branchen, die eine Weitergabe der CO2-Kosten ohne Wettbewerbseffekte organisieren können, muss gelten, was die Kommission vorgeschlagen hat: Eine vollständige Auktionierung der Zertifikate ab 2013. Die Erlöse, die aus den Versteigerungen zu erwarten sind, müssen überwiegend an die Privathaushalte und Unternehmen zurückgegeben werden, z.b. über eine Senkung oder Abschaffung der Stromsteuer.

Mit diesem Vorgehen, der sukzessiven Verknappung der Obergrenze des CO2-Ausstoßes in der EU und der langsamen Einbeziehung aller relevanten energieintensiven Industrien bis 2020 kann es uns gelingen, Emissionen nachhaltig zu senken.

Der Emissionshandel der EU ist aber auch ein guter Anknüpfungspunkt für Staaten, die sich unseren Reduktionszielen anschließen wollen und sollten. Klimaschutz ist – wie Umweltschutz generell – eine globale Aufgabe. Sollten die Verhandlungen für ein Kyoto-Nachfolgeabkommen scheitern, kann die EU den Staaten, die Verantwortung übernehmen wollen, mit dem EU-Handelssystem eine erprobte und durchdachte Alternative bieten. Darüber hinaus ist das System nicht nur für Staaten sondern auch für andere Sektoren offenzuhalten. Wir Liberalen möchten, dass mittelfristig neben dem Luftverkehr auch der Straßenverkehr in den Zertifikatehandel einbezogen wird. Dies wäre in zweierlei Hinsicht ein Anreiz: Einerseits würden verbrauchsarme Automobile attraktiver für den Bürger, andererseits wären deutsche Automobilhersteller gezwungen, vermehrt schadstoffarme Pkws anzubieten. In seinen Erinnerungen hat Hans-Dietrich Genscher treffend geschrieben: „Wer die modernsten Umwelttechnologien entwickelt, wird die Märkte der Zukunft gewinnen".

Wenn es uns Liberalen gelingt, die Ausgestaltung des Emissionshandels produktiv zu begleiten und zwar nicht nur jetzt, da die EU die entscheidende Richtlinie vorgeschlagen hat, wenn wir es verstehen, dieses Thema dauerhaft auf der Agenda zu halten, dann kann es uns gelingen, den Emissionshandel hinaus ein eigenständiges Profil in der Umweltpolitik zu entwickeln: Liberale Umweltpolitik muss auf das Verursacherprinzip setzen. Wer die Umwelt belastet, sei es absichtlich, fahrlässig oder bewusst, muss Verantwortung übernehmen und den Schaden wiedergutmachen. Diese Wiedergutmachung soll in der Regel keine Strafe sein, vielmehr sollen marktwirtschaftliche Instrumente einen Anreiz setzen, verstärkt auf Technologien zu setzen oder diese zu entwickeln, die umwelt- und klimaschonend sind. Eine solche Umweltpolitik mag rational und unaufgeregt daherkommen, aber sie entspricht dem Geist des Liberalismus und ist genau das, was wir brauchen, um nachfolgenden Generationen eine intakte Umwelt und ein funktionierendes Klimasystem zu hinterlassen.

Das wäre ein Beitrag zu einer liberalen Umweltpolitik, die dem Gemeinwohl verpflichtet wäre und nicht nur Partikularinteressen.

Jörg Bode

Demokratie sichert die Grundrechte

Auch die Demokratie hat ihren berechtigten Platz in einer Wertediskussion. Denn Werte sind Vorstellungen über Eigenschaften, Ideen oder Beziehungen von Einzelnen, die den Wertenden wichtig und wünschenswert erscheinen.

Der Grundsatz der Demokratie, nämlich dass die Entscheidungen über Regelwerke von der Mehrheit der Gesellschaft getroffen werden, gehört zu den wohl wichtigsten Werten in unserer Gesellschaft. Besonders weil es nicht nur die Frage der Mehrheit ist, sondern die Demokratie setzt dabei auch voraus, dass jede Stimme unabhängig von Geschlecht, Religion, Schulbildung oder Hautfarbe gleich ist. Mehrheitsentscheidungen müssen in Freiheit getroffen werden und frei von jedem äußeren Druck erfolgen. Genauso ist auch das aktive Wahlrecht für jeden Bürger eine Voraussetzung der Demokratie und die Tatsache, dass es einen freien Austausch aller Standpunkte und Positionen gibt, ohne dass jemand hierdurch Nachteile befürchten muss.

Durch die demokratischen Organisationsformen werden die Grundrechte fest in der Gesellschaft verankert und können auch nicht einfach durch eine Regierung zur Disposition gestellt werden.

Damit bedeutet die Demokratie, so wie sie von uns verstanden wird, mehr als einfache Wahlen. Demokratie drückt das Verständnis des Zusammenlebens in unserer Gesellschaft aus. Es ist ein Zeichen für die Wertschätzung des jeweils anderen und auch des politischen Gegners.

Der Versuch, auch einen Teil unserer demokratischen Grundregeln zu verändern, würde das gesamte Gefüge verändern und den Weg zu anderen Staatsformen bis hin zu einer Diktatur eröffnen. Jede vielleicht auch nur für den Moment wahrgenommene Stimmung nach einer Regelung, die es doch „nur gut mit den Menschen meint", nur halt noch nicht mehrheitsfähig ist, darf nicht verfolgt werden. Denn „Gutmenschen" unterdrücken auch immer diejenigen, die nicht ihrer Meinung sind. Unsere Demokratie setzt daher bewusst darauf, dass die Gesellschafft zuerst mehrheitlich von den besseren Argumenten überzeugt werden muss und nicht durch Einzelne, die es „besser wissen", gesteuert werden darf.

Diese wesentliche Grundüberzeugung unserer Gesellschaft ist die Ursache für längere Entscheidungsprozesse. Und zudem der Grund dafür, dass manchmal auch richtige und wichtige Regelungen erst spät getroffen werden und dies auch zu Nachteilen führen kann (z.b. die Anschnallpflicht im Straßenverkehr oder das Handyverbot am Steuer). Dafür verhindert diese demokratische Leitlinie, dass Einzelne aufgrund ihres besseren Wissens bzw. ihrer eigenen Überzeugung die Mehrheit der Gesellschaft bestimmen ohne sie zu überzeugen.

Dieser demokratische Zwang zur Überzeugung und zur inhaltlichen Auseinandersetzung über die richtigen Problemlösungen bedeutet auch, dass in einer Demokratie die Bildung der Bevölkerung die zwingende Voraussetzung ist. Es kann nur gelingen die Menschen zu überzeugen, wenn sie auch in der Lage sind, die teilweise komplizierten Sachverhalte zu verstehen. Damit ist eine demokratische Gesellschaft auch immer eine Wissensgesellschaft. Im Gegensatz hierzu setzen Staatsformen, die auf die Herrschaft Einzelner basieren, wie z.B. Diktaturen, Monarchien, aber auch Parteidiktaturen, immer darauf, dass das Volk möglichst wenig Bildung erfährt. Dies ist die Grundlage für eine lange Herrschaft der Regierenden.

Eine Besonderheit unserer Demokratie ist die auf Konsens ausgerichtete Organisation. In allen Verfahren wird auf eine umfassende Beteiligung aller Betroffenen Wert gelegt. Minderheiten genießen einen besonderen Schutz. Auch die föderalen Strukturen sorgen dafür, dass die auf der einen Staatsebene in der Minderheit betroffenen Gruppen mit ihren Anliegen bei den Entscheidungen berücksichtigt werden.

Wohin geht die Demokratie

Die vorliegenden Ergebnisse der Meinungsforscher sind erschreckend. Bereits vor der Finanzmarktkrise glaubte jeder dritte Deutsche nicht mehr daran, dass die Demokratie die Probleme des Landes lösen kann. In Ostdeutschland befinden sich die Demokratieverweigerer bereits in der Mehrheit.

Über die gesamten letzten Jahrzehnte konnte man eine schleichende Ablehnung der demokratischen Systeme durch Nichtteilnahme an Wahlen und der abnehmenden Bereitschaft, sich in Parteien für die Gestaltung des Landes zu engagieren, feststellen.

Hinzu kommt jetzt noch eine neue Seite der Ablehnung der Institutionen unserer demokratischen Grundordnung.

In Westdeutschland wurde ein neues Signal des Demokratieprotestes gesetzt: die Wahl der Partei „Die Linke". Die Partei tritt in Westdeutschland mit der klaren Ablehnung der parlamentarischen Gremien an. Vielmehr sollen diese dazu genutzt werden, um außerparlamentarischen Protest zu stärken bzw. auszulösen. So wird zum Beispiel die Arbeit im Niedersächsischen Landtag dazu genutzt, die Institution bewusst lächerlich zu machen und dies auch offen zu formulieren. Entsprechend ist für die Linken „das Außerparlamentarische das bestimmende Element in der der Fraktion". Entscheidend ist für die Linke nicht, „was im Parlament geschieht", sondern „auf den Straßen und Plätzen".

Daher halten die Linken auch die „Opposition, in der Zeit und Kraft sowohl der Parlamentarier als Mitarbeiter darauf verwendet wird, detaillierte Gesetzentwürfe auszuarbeiten", schlicht für „dummes Zeug und Zeitverschwendung". Gregor Gysi geht sogar soweit und erklärt in Hessen öffentlich: „ein bisschen Demokratie ist okay, aber wir wollen doch im Januar 5 Prozent plus X holen". Welchen Teil der Demokratie er für überflüssig hält, sagt er nicht, aber seine Aussage bezog sich auf die Wahlen der hessischen Linken für die Kandidatenliste zur Landtagswahl. Das Wahlrecht scheint also nicht zu den für die Linken wesentlichen Elementen einer Demokratie zu gehören.

Hier handelt es sich um einen neuen Angriff auf unsere freiheitlich demokratische Grundordnung: um einen „Terrorismus" mit intellektuellen Waffen.

An dieser Stelle soll gar nicht erst der Versuch unternommen werden, die Ursachen von Politikverdrossenheit, Wahlmüdigkeit, fehlendem gesellschaftlichen Engagement und den anderen Zeichen der Demokratieverdrossenheit auf den Grund zu gehen. Hierfür sind weitaus umfangreichere Studien und Analysen erforderlich.

Allerdings ist es erforderlich, dass die Politik auch sich und ihre Strukturen auf das Auslösen von Demokratieverdrossenheit überprüft. Der Bürger muss erkennen können, dass der von ihm durch eine Wahl legitimierte Volksvertreter auch die Entscheidungskompetenzen über neue Regelungen und Gesetze hat. Denn nur dieser ist ihm Rechenschaft schuldig und nur diesen kann er direkt ansprechen und somit seine Anliegen in die politischen Prozesse einfließen lassen. Sonst wächst die Demokratieverdrossenheit, weil der Bürger gegenüber den Entscheidungen hilflos ist und sie, obwohl er von seinen demokratischen Rechten Gebrauch gemacht hat, nicht beeinflussen kann.

Beispielhaft hierfür sind zwei besondere Gesetzesvorhaben der jüngeren Vergangenheit: das Gesetz zur Vorratsdatenspeicherung und der Glücksspiel-staatsvertrag an.

Wie ist Demokratie organisiert?

Ein Blick über die Landesgrenzen zeigt, dass es die unterschiedlichsten Ausgestaltungen gibt. Durch die historischen Entwicklungen sind diese teilweise grundverschieden, bilden aber immer einen Grundsatz ab: Der Bürger überträgt Dritten für eine befristete Zeit die Macht, die Gesellschaft zu gestalten. Dies ist das Erkennungsmerkmal der „repräsentativen Demokratie". Für gewöhnlich dauern die Perioden bis zur nächsten Wahl vier bis acht Jahre. In dieser Zeit wird das Volk durch die gewählten Vertreter repräsentiert.

Hierbei hat sich die parlamentarische Demokratie mit einer Gewaltenteilung zwischen den gewählten Volksvertretern, der Regierung und der Judikativen als besonders geeignet herausgestellt. Eine akzeptable Vertretung des Volkes benötigt wesentlich mehr Mitglieder, die ortsnah auch in der Wahlperiode für das Volk direkt ansprechbar sind, als es Mitglieder in einer Regierung geben kann. Sollte diese Nähe zwischen den Volksvertretern und den Bürgern nicht mehr spürbar sein, leidet auch die Akzeptanz für die Entscheidungen und die Akzeptanz für die Demokratie an sich. Diese Nähe kann auch nicht durch die Medien und das Internet ersetzt werden. Zwar können Argumente und Begründungen übermittelt werden. Das Internet bietet auch eine Möglichkeit zur Reaktion der Bürger. Aber beides kann nicht die persönliche Diskussion und das persönliche Gespräch von Angesicht zu Angesicht ersetzen.

Die ausschließliche Kompetenz für die Gesetzgebung liegt bei den im Parlament vertretenen Volksvertretern. Sie stellen die 1. Gewalt – die Legislative – dar. Die Regierung, die zwar als Verwaltung einen wesentlichen Einfluss hat, ist lediglich die 2. Gewalt und dem Parlament Rechenschaft schuldig sowie an die Beschlüsse des Parlamentes gebunden. Daher muss der Bürger eine Möglichkeit haben, „seinen Abgeordneten" zur direkten persönlichen Rechtfertigung für seine Entscheidung treffen zu können.

Die Regierungen haben zwar auch eine Legitimation vom Volk, meist aber nur eine indirekte über die Wahl durch das Parlament. Daher sind ihre gesetzsetzenden Rechte lediglich aus Rahmenvorgaben in den Gesetzen, die vom Parlament beschlossen werden, abgeleitet und können nie den Beschlüssen des Parlaments widersprechen.

Neben den Gemeinsamkeiten gibt es in der Ausgestaltung aber auch deutliche Unterschiede. Das präsidiale System der USA oder auch die so genannte Mehrheitsdemokratie in Großbritannien führen dazu, dass Minderheitenpositionen bereits bei der Zusammensetzung der Gremien herausfallen. Hier haben wir klare Ausgestaltungen einer Mehrheitsdemokratie. Auch große Minderheitenpositionen bleiben hier völlig unberücksichtigt.

In Deutschland dagegen haben wir eine gänzlich andere Ausgestaltung. Qualifizierte Minderheiten haben in den Gremien Sitz und Stimme. Politische Entscheidungen fallen in Verfahren, die Minderheiten bzw. Positionen von speziellen Interessengruppen besonders berücksichtigen und auf einen Ausgleich ausgerichtet sind. Wir haben eine stark ausgeprägte Konsensdemokratie.

Dies führt dazu, dass extreme Positionen abgemildert werden und sich immer ein an der Mitte ausgerichteter Entscheidungsprozess vollzieht. Über Jahrzehnte konnten so auch immer alle Beteiligten etwas von ihrer Meinung in der Entscheidung wiederfinden. Die Akzeptanz des Gesetzgebers war in der Gesellschaft daher immer sehr hoch.

Heute müssen wir aber feststellen, dass die Akzeptanz für diese Konsenspolitik gelitten hat.

Durch den auf Konsens ausgerichteten Prozess der Gesetzgebung dauern die Verfahren deutlich länger als einfache Mehrheitsentscheidungen. Verfahrensverzögerungen sind aber auch bewusst genutzt worden, um den Entscheidungsprozess der Mehrheit möglichst zu verzögern. Dies geschah teilweise, um durch den Zeitgewinn durch zwischenzeitlich stattfindende Wahlen andere Mehrheiten zu erzielen oder auch um weitere inhaltliche Änderungen zu erreichen. Hierfür wurden auch unterschiedliche Kompetenzen des deutschen Föderalismus herangezogen. Der Bundesrat wurde für viele Gesetzesvorhaben zu einer unüberwindlichen Hürde.

Aktuelles Beispiel hierfür ist das BKA-Gesetz.

So wurde von der Bundespolitik bei der Förderalismusreform die Verlagerung der Kompetenz für die Terrorismusbekämpfung von den Ländern an den Bund gefordert. Dieses Ziel wurde nur teilweise erreicht und so entstand eine Mischzuständigkeit. Die Bundesregierung versuchte nun dem BKA neben der Aufgabe auch die erforderlichen Kompetenzen zu übertragen. Hierbei wurden im Gesetzgebungsverfahren des Bundestages sämtliche verfassungsrechtlichen

Bedenken und auch die kritischen Stimmen der Praxis zur Einführung der so genannten Online-Durchsuchung ignoriert. Ebenfalls wurde der Hinweis der Länder, dass der Grenzbereich zwischen der Bundes- und der Landeszuständigkeit anders gestaltet werden müsse, nicht aufgegriffen. Der Bund versuchte keine Konsensgesetzgebung durchzuführen. Vermutlich weil eine große Koalition sich auf große Mehrheiten stützt und glaubt, derartige Abstimmungen nicht durchführen zu müssen.

Im Ergebnis ist das BKA Gesetz wegen dieser Abweichungen von den in Deutschland geltenden Regeln der Konsensdemokratie im Bundesrat gescheitert. Dies geschah nicht etwa knapp, sondern mit einer deutlichen Mehrheit, die auch im Vorfeld bereits abzusehen war. Trotz dieser Tatsache war die Bundesregierung bis zum Schluss nicht bereit, auf die Kritiker zuzugehen und einen Konsens herzustellen. Dieses Verhalten wurde bestraft.

Erstaunlich sind die darauf folgenden Reaktionen. So gibt es nicht etwa ein Einsehen und den Versuch der Korrektur. Vielmehr sind diejenigen, die der Vorlage nicht zu gestimmt haben, schuld und werden als verantwortungslose Verweigerer dargestellt.

Nicht diejenigen, die ihre Rechte im Konsensprozess wahrnehmen, handeln verantwortungslos, sondern diejenigen, die ohne Rücksicht auf renommierte Experten und große Bevölkerungsgruppen ihre Positionen unverändert durchdrücken wollen.

Die Konsensdemokratie hat Deutschland stark gemacht. So haben Veränderungen in den Gesetzgebungsverfahren, insbesondere durch den Bundesrat, die Gesetze besser gemacht. Ebenfalls sind im Vergleich zu anderen Ländern wie z.B. Frankreich die politischen Ränder nur sehr schwach vertreten. Zulauf haben sie in den letzten 60 Jahren nur in unwesentlicher Größenordnung bekommen. Dies ist ein Erfolg unserer Konsensdemokratie.

Es ist ein Fehler, wenn führende Politiker diese Errungenschaften der deutschen Demokratie in der Öffentlichkeit diffamieren, bloß weil sie ihre eigenen Vorhaben nicht oder nicht unverändert durchsetzen konnten. Demokratie bedeutet nicht nur Entscheidung der Mehrheit über die Minderheit, sondern auch Rücksichtnahme der Mehrheit auf die Minderheit. Dieser Grundsatz schafft Stabilität in unserer Gesellschaft. Die breite Akzeptanz von gesetzlichen Grundlagen führt auch dazu, dass diese bestmögliche Wirkung entfalten. Was nützen schon Regelungen, die von großen Teilen der Gesellschaft abgelehnt und ignoriert werden? Diese führen als Reaktion nur zu einem Überwachungs- und Kontrollstaat, der seine Bürger nicht überzeugt, sondern durch Zwangsinstrumente überregelt.

Gefahren für die Konsensdemokratie

Die Konsensdemokratie ist auch durch den Umgang der handelnden Politiker gefährdet. Oft werden die positiven Wirkungen von breiter Beteiligung aller gesellschaftlichen Gruppen an den aufgestellten Regeln ausgeblendet und die Tatsache, dass diese Verfahren langwierig sind, Arbeit machen und auch öffentliche Debatten stattfinden, in denen die Kraft der Argumente immer wieder überprüft wird, tritt in den Vordergrund.

Wie einfach ist es da doch, die vorhandenen, evtl. knappen Mehrheiten schlicht zu nutzen und seinen Willen ohne Rücksichtnahme durchzusetzen.

Dies ist auch deshalb ein immer öfter gewählter Weg, weil es eine immer stärkere Orientierung des eigentlichen Gesetzgebers an den Vorschlägen oder besser Vorgaben der eigentlich ausführenden Gewalt – nämlich den Regierungen – gibt. Hierbei muss man leider feststellen, dass es sich vielmehr um den so genannten Regierungsapparat – nämlich die Verwaltungen und nicht die politische Führung – handelt. Hierdurch schwächt sich das Parlament und jeder einzelne Abgeordnete selbst. Eine derartige Entwicklung ist in erster Linie immer der Fehler des Abgeordneten und der Fehler der Führung des Regierungsapparates.

Die frei gewählten und nur ihrem Gewissen verpflichteten Abgeordneten entscheiden über die Regeln unserer Gesellschaft. Daher müssen sie auch die Kraft aufbringen, eigene Abwägungen zu treffen und sich im Zweifel gegen anders lautende Vorlagen des Regierungsapparates durchzusetzen. Allerdings kommt hier auch der Presse eine wichtige Aufgabe zu. Denn hierbei handelt es sich nicht etwa um eine politische Schwäche – oder gar eine Revolte gegen eigene Minister. Es handelt sich vielmehr um die politische Abwägung einzelner Detailfragen, die vorher von nicht demokratisch legitimierten Verwaltungsbeamten vorgenommen worden ist. Dies muss einem Parlament möglich sein, ohne dass dieser demokratisch gewollte Vorgang als Regierungskrise bewertet wird.

Ähnliche Gefahren lauern auch in der tatsächlichen Ausgestaltung unseres föderalen Systems in Deutschland, aber auch in Europa. Die geschaffenen Spielregeln für aufeinander abgestimmte Regelungen gefährden die Konsensdemokratie genauso wie die parlamentarische Demokratie. Die Spielregeln für Staatsverträge und EU-Richtlinien müssen auf den Prüfstand.

Der Staatsvertrag

Der Staatsvertrag ist ein sinnvolles Instrument, damit sich im föderalen System die jeweiligen Länder auf gewisse Grundsätze bei den von ihnen in eigener Kompetenz erlassenen Regeln einigen. So können auch im Wettbewerbsföderalismus erforderliche Anpassungen der länderübergreifenden Strukturen geschaffen werden.

Allerdings bindet ein Staatsvertrag auch den jeweiligen Gesetzgeber und schränkt ihn in seiner Gesetzgebungskompetenz ein. Dies ist in der Theorie zunächst unproblematisch, da es sich ja um einen Beschluss des jeweiligen Parlamentes handelt, also um eine Selbstbeschränkung. Leider hat jedoch die Praxis mit dieser Theorie nichts zu tun.

Jüngstes Beispiel hierfür ist der „Glücksspielstaatsvertrag". Nachdem das Bundesverfassungsgericht den bestehenden Lotteriestaatsvertrag im Jahr 2006 für verfassungswidrig erklärt hat und eine Neuregelung bis zum Jahr 2008 festgesetzt wurde, begann eine bundesweite Debatte über die Regelung des Glücksspielrechts in Deutschland.

Die vom Bundesverfassungsgericht gesetzte Frist erscheint nur auf den ersten Blick als großzügig bemessen. Bedenkt man die Fristen für so genannte Notifizierungsverfahren bei der EU von sechs Monaten und die Dauer von Gesetzgebungsverfahren in den einzelnen Landesparlamenten von drei bis sechs Monaten, so war es eine sehr kurze Frist für die Erarbeitung einer Neuregelung.

In einem ersten Schritt wurden von den Landesregierungen Arbeitsgruppen eingesetzt, die ausschließlich aus Fachbeamten bestanden und den vom Bürger gewählten Gesetzgeber unberücksichtigt ließen. Von den Beratungen in diesen Gremien wird der Gesetzgeber auch erst nach ihrem Abschluss in Kenntnis gesetzt. Mitwirkungsmöglichkeiten gibt es für den eigentlichen Gesetzgeber nicht.

Die Ergebnisse dieser Abstimmungsrunden der Regierungsapparate werden dann als einer von vielen Tagesordnungspunkten einer Minister- oder Ministerpräsidentenkonferenz aufgerufen. Hier können weitere Grundsatzänderungen oder Debatten nur eingeschränkt stattfinden. Eine öffentliche persönliche Anhörung der Betroffenen findet durch die Minister oder Ministerpräsidenten auch nicht statt. Es wird also nur nach aufbereiteter Aktenlage entschieden und nicht im Rahmen eines Konsensprozesses.

Zumindest in der Theorie ist mit der Unterzeichnung eines Staatsvertrages ja auch noch keine tatsächliche Gesetzesberatung ausgehebelt. Schließlich folgen im formalen Akt noch die Zustimmungsgesetze in den Landtagen und auch die Anpassung der jeweiligen Landesgesetze an die neuen Grundlagen des Staatsvertrages. Hier sind dann die für die Gesetzesberatung vorgesehenen Beteiligungen vorzunehmen und auch die Entscheidungen bzw. Abwägungen der vom Volk gewählten Abgeordneten zu treffen.

Diese Kompetenz besteht aber nur theoretisch. Die Praxis sieht gänzlich anders aus. Staatsverträge können vom Parlament nicht geändert werden. Hier gibt es nur die Abstimmung „Ja" oder „Nein". Eine Zustimmung mit Vorbehalt von Änderungen einiger Detailfragen ist nicht zulässig. Daraus folgt, dass der Landesgesetzgeber auch bei den eigenen Landesgesetzen, auf die sich ein Staatsvertrag bezieht, keinen gesetzgeberischen Spielraum mehr hat. Auch Anhörungen von Interessengruppen oder Betroffenen können zu keinen gravierenden Änderungen mehr führen. Alle Punkte, die nicht am Anfang von den Beamten des Regierungsapparates berücksichtigt worden sind, können vom Parlament nicht mehr aufgegriffen werden.

Doch halt, natürlich kann das Parlament noch etwas tun. Das Parlament kann den gesamten Staatsvertrag verwerfen, bloß weil eine Detailregelung nicht mitgetragen werden soll. Eine Utopie!

Beim Glücksspielstaatsvertrag wurde genau diese Frage intensiv erörtert. Einzelne Länder wollten kein Verbot des Internetvertriebes, andere wollten längere Übergangsfristen und andere bei einigen Glücksspielen kein staatliches Monopol. Zuerst wurde seitens der Beamten des Regierungsapparates erfolgreich die Theorie vertreten, dass beim Glücksspiel abweichende Regelungen einzelner Länder aufgrund der europäischen Vorgaben und der Entscheidungen der Gerichte nicht zulässig seien. Es leuchtet schon ein, dass eine bundesweite Lotterie in den Ländern gleichen Regelungen unterliegen soll. Aber gilt das auch für Regelungen des Vertriebes oder Werbung? Warum ist es denn eine Länderkompetenz, wenn nicht auch unterschiedliche Regelungen möglich sein sollten?

In der Tat stellt sich die Situation heute sehr unterschiedlich dar. Zwar haben alle Länder einem einheitlichen Regelungswerk zugestimmt, allerdings sieht die Wirklichkeit sehr unterschiedlich aus. So haben die höchsten Ländergerichte wegen verfassungsrechtlicher Bedenken unterschiedliche Umsetzungen durchgesetzt. Vom Verbot des gleichzeitigen Gummibärchenverkaufs in Berlin bis hin zum völligen Aussetzen der Restriktionen in Rheinland-Pfalz. Im Ergebnis funktioniert das Lottospiel trotzdem. Die handelnden Landtagsabgeordneten hätten also vor dem Föderalismus keine Angst zu haben brauchen.

Da sie aber diese Angst hatten, wurden zwar Anhörungen gemacht und sämtliche dort vorgetragenen Bedenken und Anregungen gelinde gesagt ignoriert. Man durfte schließlich am Gesetzestext in den Details nichts mehr ändern. Dies löst natürlich weitere Demokratieverdrossenheit aus, denn die Konsensdemokratie funktioniert schlicht nicht mehr.

Dieses eine Gesetzesvorhaben ist nur ein Beispiel für viele Staatsverträge, die jedes Jahr ohne aktive Mitwirkung der gewählten Volksvertreter entstehen und dem eigentlichen Gesetzgeber keine Möglichkeit mehr gibt, am tatsächlichen Gesetz mitzuwirken. Natürlich stellen sich dann Verbände und Betroffene die Frage, wer denn wirklich die Gesetze macht, jemand, den sie wählen und austauschen können, oder ein Beamter auf Lebenszeit.

Deshalb stellt sich die Frage, ob die heutigen Entscheidungsprozesse im föderal organisierten Deutschland noch mit den Grundsätzen der Konsensdemokratie im Einklang stehen.

Die EU-Richtlinie

Ein ähnliches Bild ergibt sich, wenn wir uns die Verfahren in Europa anschauen. Der Staatsvertrag heißt hier EU-Richtlinie. Es ist ja durchaus ein sinnvolles Instrument zur Angleichung der Europäischen Rahmenbedingungen. So werden grundsätzliche Regelungen vorgegeben, den einzelnen Mitgliedstaaten bleiben aber Spielräume, wie sie diese Angleichungen an einen europäischen Rahmen tatsächlich vornehmen wollen. Auch wenn man hier durchaus immer wieder die Frage stellen muss, ob sich alle Regelungen wirklich auf für Gesamteuropa bedeutsame Themen beziehen. So erscheinen die Pläne zur Einrichtung einer EU weit einzusetzenden Feuerwehr, insbesondere zur Waldbrandbekämpfung, eher eine erfolgreiche Lobbyarbeit von Einzelstaaten ohne funktionierendes Feuerwehrwesen zu sein, als ein echtes Regelungsbedürfnis im Brandschutz.

Derartige Fehlentwicklungen lassen sich aber eher aushalten als massive Grundrechtseingriffe, denen aufgrund von EU-Richtlinien die demokratische Legitimation völlig fehlt. Diese führen in der Tat zu einem Zweifeln an den demokratischen Strukturen und der EU insgesamt. Dies erkennt man u.a. an der Volksabstimmung in Irland. Ein Land, das zu den besonderen Nutznießern der EU zählt, hat den Vertrag von Lissabon abgelehnt. Dies geschah auch aufgrund der dort weiterhin nicht ausreichend vorgesehenen demokratischen Strukturen. Es fällt schließlich nicht leicht, auf Vetorechte zu verzichten, wenn im Ergebnis nur schwer durchschaubare Strukturen stehen, die auf eine Angleichung der Rahmenbedingungen in den vielfältigsten Lebensbereichen drängen.

So werden EU-Richtlinien zwar mit Konsultationen und unter Mitarbeit des Europäischen Parlamentes erstellt, aber die wesentlichen Gremien sind sowohl die Kommission als auch der Ministerrat. Hier ergibt sich eine gefährliche Vermischung der exekutiven Organe auf Ebene der Nationalstaaten und der Legislative auf europäischer Ebene. Regierungen können demnach Gesetzesvorhaben, für die sie im eigenen Land keine parlamentarische Mehrheit haben, als EU-Richtlinie auf europäischer Ebene beschließen. Damit zwingen sie die nationalen Parlamente Gesetze zu beschließen, die eigentlich keine Mehrheit gefunden hätten.

Eine derartige Entwicklung konnte man bei dem Gesetz zur Vorratsdatenspeicherung erleben. Als Überlegungen der Bundesregierung hierzu bekannt wurden, gab es sowohl von Bürgerrechtlern als auch von der Wirtschaft Proteste, die im Bundestag aufgegriffen worden sind. Im Parlament wurde die Debatte dann aber nicht zu Ende geführt. Die Bundesregierung führte ihre eigenen Überlegungen nicht fort, sondern setzte auf die Diskussionen zu einer EU-Richtlinie. Im Bundestag wurde mit der Argumentation, dass man ja gar nicht wissen könne, wie es in Europa weitergehe, die Debatte verschoben.

Nach der Entscheidung der EU war es aber zu spät. Der Bundestag musste die Richtlinie umsetzen und löste damit die bisher größte Verfassungsklage in Deutschland aus. Genauso löste er auch Demokratieverdrossenheit aus, denn wozu wählt man Volksvertreter, wenn sie doch keinen Einfluss nehmen können.

Eintreten für die Konsensdemokratie

Wie aber können wir diese Entwicklung verändern? Es wird gerne nach Verfassungs- oder Föderalismusreformen gerufen. Die eigentliche Lösung liegt aber bei jedem verantwortlichen Abgeordneten selbst. Nicht etwa Verfassungsänderungen oder Reformen am Föderalismus haben diese Entwicklung ausgelöst. Es war die Legislative, es waren die Abgeordneten selbst. Der Regierung und dem Regierungsapparat wurden Freiräume gewährt, die dann von den Begünstigten genutzt und als Selbstverständlichkeit verfestigt worden sind.

Genauso muss es auch für die Öffentlichkeit und die Medien klar sein, dass der Gesetzgeber das Parlament ist. Gesetzentwürfe von Regierungen – auch wenn es Koalitionsbeschlüsse sind – können für ein Parlament nicht als Maßstab gelten. Für das Parlament muss immer die eigene Beratung, die eigene Meinungsbildung der Maßstab sein. Dies setzt voraus, dass Abgeordnete bereit sind, sich ein eigenes Bild über den Sachverhalt zu machen, sprich: Sich Anhörungen von Betroffenen und Sachverständigen stellen, diese Ergebnisse eigenständig abwägen und schließlich die hieraus resultierenden Entscheidungen treffen. In dieser Phase des demokratischen Entscheidungsprozesses sind die Mitglieder und Fachreferenten des Regierungsapparates lediglich Sachverständige wie jeder andere angehörte Experte auch. Es ist die Verantwortlichkeit jedes einzelnen Abgeordneten, sich eine eigene Meinung zu bilden und für diese offensiv einzutreten.

Genauso ist es bei Staatsverträgen. Hier muss der politisch handelnde Abgeordnete bereits zu Beginn der Debatte seine Einbindung einfordern. Schon bei der Aufstellung von Staatsverträgen sollten diese Themen in den parlamentarischen Gremien diskutiert und auf diese Weise den Landesregierungen Hinweise zur Haltung des Parlamentes mitgeteilt werden. Dies setzt voraus, dass auch die Regierungen bereit sind, die Parlamente rechtzeitig und umfassend in den Prozess einzubinden. Ebenso sollte es bei Staatsverträgen grundsätzlich zulässig sein, Zustimmungen der Parlamente an Bedingungen und Zusatzerklärungen zu knüpfen. Warum sollte der Gesetzgeber weniger Kompetenzen haben als die von ihm eingesetzte Regierung.

Am Ende bleibt aber nur eins: Die Frage, ob der Abgeordnete selbst stark genug ist, seine Rechte und seine demokratische Legitimation gegen viele andere und auch einen zahlenmäßig weit überlegenen Regierungsapparat durchzusetzen. Demokratie bedeutet Volksherrschaft. In der parlamentarischen Demokratie muss der Parlamentarier für die tatsächliche Herrschaft des Volkes eintreten und in unserer Konsensdemokratie dabei den Ausgleich mit Betroffenen und auch relevanten Minderheiten in den Mittelpunkt stellen.

Eine bessere Staatsform hat unser Land noch nie gehabt. Es lohnt sich, alles dafür zu tun, dass die Konsensdemokratie wieder den Stellenwert in der Bevölkerung erhält, der ihr zusteht.

Achim Doerfer

Die politische Ansprache von „Migranten" – Integration durch politische Teilhabe

Nach Jahrzehnten des Erkenntnisprozesses ist nun in allen Parteien das Wissen angekommen, dass Deutschland ein Einwanderungsland ist. Obwohl man eigentlich sagen sollte „ein Einwanderungsland war" – halten sich doch Zu- und Abwanderung inzwischen die Waage. Die Zahl der eingebürgerten Zugewanderten und Zuwandererkinder aber nähert sich der Millionengrenze. Wenig verwunderlich haben alle demokratischen Parteien in den Einwanderern und ihren Kindern und Kindeskindern ein schönes Wählerpotential in der Größe eines kleinen Bundeslandes entdeckt.

Dabei sind zuletzt *cum grano salis* drei Tendenzen in der politischen Ansprache dieser Gruppe, unter denen die türkischstämmigen Wähler die größte Untergruppe bilden, zu erkennen gewesen: Maßgeschneiderte Einzelwahlversprechen, runde Tische und andere Gesprächsrunden, Besetzung von Mandaten und Parteiposten mit Menschen mit familiärem Migrationshintergrund.

Nach meiner festen Überzeugung haben sich alle diese Mittel der politischen Vernetzung zwischen Mehrheitsgesellschaft und Minderheiten, zwischen Eingeborenen und Eingewanderten, faktisch und normativ überholt. Weder also sind sie der politischen und sozialen Realität angemessen, noch sind sie geeignet zu einer zukunftsorientierten politischen Gestaltung. Der Paradigmenwechsel, der mich zu dieser Überzeugung bringt, ergibt sich aus folgenden Entwicklungen: Die Nettozuwanderung ist, wie eingangs erwähnt, in praktisch allen ethnischen Gruppen auf null gesunken, und auch die Zuwanderung isoliert gesehen ist deutlich geringer geworden, insbesondere, wenn man die Zahl der Neuzuwanderer ins Verhältnis zu den bereits hier lebenden Menschen mit Migrationshintergrund setzt. Andererseits wächst sowohl objektiv, wie auch gemessen an der Selbstwahrnehmung, die Gruppe der Menschen mit bikultureller Identität. Wo ich noch eine Leipziger und eine Villinger Oma hatte, hat meine Tochter nun eine Deutsche und eine Türkische Oma. Das betrifft etwa 25 % der Neugeborenen mit weiter wachsender Tendenz. Zudem zeigen aktuelle Zahlen, dass in der Gruppe der Eingebürgerten, derer also, die das uneingeschränkte Wahlrecht haben, im Vergleich zur Mehrheitsgesellschaft ein überdurchschnittlicher Aus-bildungsstand vorhanden ist. Und: Die Entscheidung zur Einbürgerung ist nicht nur überhaupt von einiger Tragweite, sondern hat auch eine politische Dimensi-on, wobei der Erwerb des Wahlrechts und allgemein der vollen Bürgerrechte vielfach eine nicht untergeordnete Rolle für diese Entscheidung spielen wird. Durch all dies ist in der Gruppe, die sich uneingeschränkt an den demokratischen Prozessen beteiligen kann – Menschen mit Migrationshintergrund und uneinge-schränktem Wahlrecht – eine ganz andere Haltung gegenüber unserer Gesell-schaft und Politik entstanden, als man sie in großen Teilen der Mehrheitsgesell-schaft bei Menschen mit Migrationshintergrund noch vermutet.

War bislang die „Migrantenzuständigkeit" gerne beim jeweiligen Innenmi-nisterium angesiedelt – offenbar aufgrund der (fragwürdigen) Überzeugung, hier ginge es um soziale Fürsorge und Gefahrenabwehr –, so drängen die geschilder-ten Tendenzen insbesondere für die Ansprache potentieller Wähler zu einem Umdenken. Die wachsende Gruppe von Menschen mit allgemein bikultureller Identität einschließlich der Subgruppe überdurchschnittlich ausgebildeter Neu-bürger braucht nun bestimmt kein Mehr an Fürsorge und Kontrolle im Vergleich zur Mehrheitsgesellschaft. Wenn es also in dieser sozialen Gruppe, welche aktiv am politischen, wirtschaftlichen und gesellschaftlichen Leben teilnimmt, zu einen Paradigmenwechsel weg von einer ethnisch-soziologischen Zuordnung durch Migration oder auch Religion kommt, und hin zu einem bikulturellen, auf persönlicher Überzeugung aufgebauten Selbstverständnis, dann liegt die klassi-sche Konsequenz eines Paradigmenwechsels nahe: Dass nämlich die neuen Ver-hältnisse mit den alten Mitteln weder zu verstehen noch zu gestalten sind. Inter-essant ist dabei auch folgendes: Entfernt man sich für politische Analysezwecke von einer starren begrifflichen Beschreibung von Menschen mit Migrationshin-tergrund durch Familiengeschichte und Ethnie, und gebraucht demgegenüber eine Begrifflichkeit, die auf der persönlichen Identität aufbaut, dann gibt es flie-ßende Grenzen im Lebensgefühl und in den politischen Präferenzen zwischen dieser Gruppe und den Teilen der Mehrheitsgesellschaft mit persönlichen inter-kulturellen Erfahrungen, etwa durch Auslandsaufenthalte oder Partnerwahl.

Analysieren wir vor diesem Hintergrund die eingangs genannten Mittel po-litischer Ansprache.

Einzelwahlversprechen, etwa „Doppelpass" oder „muslimischer Religions-unterricht", oder „Befürwortung des EU-Beitritts der Türkei" werden sicher von Teilen der hier untersuchten Wählergruppe wohlwollend zur Kenntnis genommen, dürften aber für sich genommen Wahlpräferenzen nicht mehr maßgeblich beeinflussen. Dies hängt zunächst ganz trivial mit der Tatsache zusammen, dass die Erwartungen in solche Versprechen in den vergangenen Jahrzehnten, und da kann sich keine Partei ausnehmen, entweder schlicht enttäuscht wurden, oder, schlimmer, diese Themen von einzelnen Parteien als Steilvorlage für die Einleitung populistischer Aktionen zur Ansprache ganz anderer Wählergruppen genutzt wurden.

Dem gegenüber geht es um einen viel globaleren Ansatz, der dem Lebensgefühl von Wählergruppe mit bikulturellem Hintergrund oder Interesse entgegenkommt. Politik muß sich allgemein pointiert als weltoffen, neutral gegenüber unterschiedlichen Weltanschauungen und offen für unterschiedliche kulturelle Erfahrungshorizonte darstellen. Es gilt also weniger, kleine Themen für einzelne gesellschaftliche Gruppen auf die Agenda zu nehmen, sondern mehr, die großen Themen im Sinne einer breiteren Akzeptanz umzuformulieren. Also nicht: „Wie viele Wochenstunden muslimischen Religionsunterrichtes brauchen wir?" (auch wenn das in der Praxis keine ganz unwichtige Frage ist), sondern: „Wie kann unser Bildungssystem die Chancen unterschiedlicher Erfahrungshorizonte nutzen, statt auszugrenzen?" – und vielleicht etwas konkreter: „Was bedeutet das für die Ausbildung aller Lehrer – und eben nicht nur einiger Religionslehrer?" Ein anderes Beispiel: Statt zur Reaktion auf die Globalisierung der Wirtschaft über punktuelle Förder- und Subventionsprogramme nachzudenken, könnte man überlegen, wie wir die in Deutschland vorhandenen interkulturellen Kompetenzen und Kontakte derart fördern, dass sie sich positiv an den Schaltstellen von Wirtschaft, Politik und Bildungssystem auswirken.

Das Phänomen der auf einer breiteren kulturellen Basis ruhenden Identität wachsender Teile der Bevölkerung ist also kein punktuelles Thema, sondern ein Querschnittsthema; es betrifft nicht zuletzt Bildung und Ausbildung, das Verhältnis von Staat und Religion, wirtschaftliche Teilhabe, kulturelle Vielfalt und die Herstellung erleichterter internationaler Mobilität. Hiermit soll nicht einem ethischen Relativismus das Wort geredet werden, doch kann man über eine Neujustierung und eine breitere Legitimierung des gesellschaftlichen Wertekanons durchaus nachdenken. Gleichzeitig wird eine mentalitäre Öffnung der Parteipolitik zu einer höheren Attraktivität der Einbürgerung selbst beitragen. Integration bedeutet nach einer solchen Öffnung dann tatsächlich, alle Aspekte einer bikulturellen Identität auch als eingebürgerter Deutscher, auch im parteipolitischen Engagement, miteinander verbinden zu können.

Die runden Tische und Konferenzen sind der sich wandelnden Situation zunehmend nicht mehr angemessen. So wird zwar endlich nachgeholt, was vor Jahrzehnten hätte stattfinden müssen. Doch passt der dozierende Charakter solcher Veranstaltungen, bei denen unter der Schirmherrschaft eines hochrangigen Politikers von der Mehrheitsgesellschaft mit großem Aufwand Anliegen entgegengenommen und in minimale politische Neuerungen umgesetzt werden, zunehmend nicht mehr in die Zeit. Dort wird nämlich übersehen, dass die bikulturellen Teile der Gesellschaft der Mehrheitsgesellschaft durchaus ebensoviel an Innovationen und Ideen zu geben haben. Die Politik hinkt hier hoffnungslos hinter Kultur und Wirtschaft hinterher. Niemand käme auf die Idee, in einem Weltkonzern mit deutschen Stammsitz oder auch nur in einem international aufgestellten mittelständischen Unternehmen runde Tische und Konferenzen einzuführen, um den muslimischen oder mehrsprachigen Mitarbeitern nach langen Debatten großzügig ein Stückchen Respekt und Gleichberechtigung zu gewähren.

Die selbe Modernisierungsverzögerung lässt sich in der Parteipolitik beobachten, und damit kommen wir zum dritten oben genannten klassischen Mittel politischer Ansprache von Migranten, nämlich dem Aufstellen und Fördern besonderer Kandidaten für Positionen in Parteien, Legislative und Exekutive. Dort lassen sich zwei Normalisierungsverzögerungen beobachten: Migranten der ersten Generation sind fast gar nicht vertreten, und: Menschen mit Migrationshintergrund sind die vermeintlich geborenen Migrationspolitiker. Sie können oft nicht anders, selbst wenn sie wollen. Ein Arnold Schwarzenegger könnte in Deutschland nicht Ministerpräsident des wirtschaftsstärksten Bundeslandes werden, sondern allenfalls könnten sein Sohn oder seine Enkelin integrationspolitische Sprecherin der Landtagsfraktion werden.

Was bedeutet das nun für die strategische politische Ansprache von Migranten, oder – weniger utilitaristisch gewendet: für die Teilhabe aller Bevölkerungsgruppen an der Parteipolitik?

Wir brauchen primär einen globalen Ansatz und nur sekundär einzelne Baustellen. Die Globalisierung ist längst Realität auch in vielen Familien. Für große Teile der Bevölkerung besitzen die Worte „Das ist unser Standard, so haben wir das in Deutschland immer gemacht" ohne weitergehende Begründung keine Legitimationskraft mehr – ob uns das nun passt oder nicht. Und das ist nicht unbedingt so, weil man hinter den herrschenden Zivilisationsstand zurückfallen wollte, sondern oftmals auch, weil man längst weiter ist und einen breiteren

Erfahrungshorizont hat. Geben wir doch allen Bevölkerungsgruppen gleichberechtigte politische Teilhabe und halten für unsere Parteiprogramme nach neuen Erfahrungen und Ideen Ausschau, auch jenseits der Mehrheitsgesellschaft!

Es wächst eine ganz neue große gesellschaftliche Gruppe heran mit einem neuen Lebensgefühl und Horizont, geprägt von Bikulturalität, Mehrsprachigkeit, internationalen Erfahrungen und Interessen. Globalisierung ist dort individuelle Realität. Deren Wertesystem gilt es zu treffen bei parteipolitischer Ansprache, und deren Erfahrungen gilt es nutzbar zu machen für politische Modernisierungsprojekte. All das sollte nicht schwer sein, besitzt und fordert unsere Verfassung als Grundlage allen politischen Handelns und mit ihrer Freiheits- und Gleichheitsgewähr doch gerade die strukturelle Offenheit und den Raum für Toleranz, der hier gefragt ist.

Den Parteien kommt dabei in unserer Parteiendemokratie in doppelter Weise eine besondere Rolle zu. Sie sind aufgrund ihrer inneren demokratischen Verfassung und ihrer Flexibilität durch rasch zu fassende programmatische Beschlüsse dazu prädestiniert, gesellschaftliche Veränderungen in politische Wirkung zu übersetzen. Darüber hinaus haben die Parteien selbst oder auch ihre von Migranten bestimmten Vorfeldorganisationen neben ihren demokratischen Funktionen stets auch eine gesellige Seite. Auch hier kann man sich weiter öffnen, und hier kann es zum Beispiel gelingen, das politische Interesse von Migranten der ersten Generation in der Parteipolitik fruchtbar werden zu lassen Schließlich gibt es ungezählte Vereine von Migranten, die durch eine Vernetzung mit Parteipolitik letztere mit neuen Anregungen versehen und selbst noch weiter in die Mitte der Gesellschaft rücken können.

Nichts steht also einer mentalitären Neuerfindung unserer Gesellschaft durch Nutzung der oben geschilderten Potentiale im Wege. Aufgabe der Parteien ist es, gezielt diejenigen zu aktivieren, die dabei einen besonderen und wertvollen Beitrag leisten können.

3. Teil
Liberale ohne Parteibrille

Richard Herzinger

Die Erste Welt ist nicht genug: Für eine offensivere liberale Außenpolitik

Es wird heute immer schwieriger, Außen- und Innenpolitik deutlich voneinander zu trennen. An einem so gravierenden Problem wie der globalen Finanzkrise ist das zuletzt drastisch deutlich geworden. Die Einsicht, dass nationalstaatlich begrenzte Politik gegen die Gefahren zusammenbrechender Finanzmärkte nichts ausrichten kann, hatte sich angesichts des Ausmaßes der Krise weltweit schnell durchgesetzt (auch wenn sich die Bundesregierung im Kampf gegen die drohende Rezession mit ihren eher verhaltenen Rettungspaketen international dem Vorwurf aussetzte, auf einem nationalen Sonderweg zu wandeln). Zur unmittelbaren Stabilisierung der Geldmärkte war ein gemeinsames, abgestimmtes Vorgehen nicht nur der EU und der USA, nicht nur der G8-Staaten, sondern aller wichtigen Wirtschaftsmächte der Welt notwendig – China und Indien eingeschlossen.

Hinter dieser Tatsache verbirgt sich eine eindrucksvolle Bestätigung der liberalen Idee. Nicht der Kommunismus, nicht der revolutionäre Nationalismus, nicht jene Ideologien also, die den Ländern der einst so genannten „Dritten Welt" lange Zeit das Heil versprachen, haben Nationen wie China und Indien wirtschaftlich und politisch auf Augenhöhe der großen klassischen Industrienationen gehoben. Bewirkt haben das die Dynamik der Marktwirtschaft und die Öffnung der Waren- und Geldmärkte für diese einstmals als „unterentwickelt" geltenden Nationen – also jene Prinzipien, für die der moderne Liberalismus an vorderster Front eingestanden ist. Dass namentlich China noch immer weit von menschenrechtlichen und rechtsstaatlichen Minimalstandards entfernt ist, zeigt freilich auch, dass wirtschaftliche und politische Entwicklung keineswegs notwendigerweise Hand in Hand gehen.

Die Erfolgsgeschichte so genannter „Schwellenländer" sollte Liberale dennoch darin bestärken, jedem Versuch eines Zurückdrehens der Globalisierung beherzt entgegenzutreten. Ein effektiveres und besser überwachtes internationales Regelwerk für die Finanzmärkte zu schaffen ist gewiss unerlässlich. In Protektionismus und staatliche Überregulierung, schon gar in eine sozialistische

Staatswirtschaft zu flüchten, wäre aber eine fatal falsche Konsequenz aus dem Schock der jüngsten Finanzkrise. Liberale haben – der derzeit grassierenden Häme über das angebliche totale Scheitern eines zügellosen „Neoliberalismus" zum Trotz – allen Grund, solchen Tendenzen selbstbewusst entgegenzutreten.

Das globale Zusammenspiel bei der Bewältigung der Finanzkrise ist ein sinnfälliges Zeichen dafür, dass Außenpolitik unter den Bedingungen der Globalisierung zunehmend zur Weltinnenpolitik wird. Liberale sollten die Ersten sein, die diese Einsicht ernst nehmen, sie begrüßen und zur Grundlage ihrer politischen Gesamtorientierung machen. Denn ihrer Natur nach können und dürfen liberale Werte in ihrem Geltungsanspruch vor staatlichen Grenzen nicht Halt machen. Dass die Feinde der westlichen pluralistischen Moderne, seien sie nun faschistischer, sozialistischer oder islamistischer Provenienz, diese stets mit dem von ihnen tief verabscheuten Liberalismus identifizieren, obwohl sich explizit liberale Parteien in den meisten westlichen Ländern heute eher in einer Minderheitenposition befinden, zeugt von der Ursprungsidentität von demokratischem Universalismus und liberaler politischer Philosophie.

Umgekehrt beriefen sich die amerikanischen *Neocons*, als sie ihre Vorstellung von einer Durchsetzung demokratischer Verhältnisse etwa in der arabischen Welt begründeten, stets ausdrücklich auf die Werte der „liberalen Demokratie". Und das, obwohl die *Neocons*, wie ihr Name schon sagt, Konservative sind, für die das Adjektiv „liberal" in der innenpolitischen Diskussion der Vereinigten geradezu ein Schimpfwort ist. (In den USA wird „liberal" freilich generell eher als Synonym für gemäßigt links verstanden.) Doch die bedeutendsten Repräsentanten einer US-Außenpolitik, die das Ziel der Demokratieverbreitung über eine bloß machtpolitisch orientierte „Realpolitik" stellten, waren in der Tat nun einmal *Liberals* – jedenfalls waren es Köpfe der Demokratischen und nicht der Republikanischen Partei. Es waren vor allem Woodrow Wilson und Franklin D. Roosevelt, die von den *Neocons* zu ihren Vorbildern erkoren wurden.

Als die *Neocons* also, ganz entgegen der stets eher isolationistischen oder „realpolitischen" Tradition der US-Konservativen, erstmals eine konservative Doktrin der globalen Demokratie-Ausbreitung formulierten, mussten sie die entscheidenden Anleihen dafür bei der anderen, der liberalen Seite nehmen. Zugespitzter könnte man sagen, dass die *Neocons* das Konzept einer auf Demokratie-Verbreitung ausgelegten Außenpolitik von den Liberalen „gehijackt" haben. Es wäre aber ein großer Fehler, wenn die Liberalen, weil sie mit der Art und Weise der Umsetzung dieser Ideen in der Ära George W. Bushs unzufrieden

284

sind, sie nunmehr ganz den Konservativen überlassen würden. Im Gegenteil gilt es für den Liberalismus, dieses sein ureigenstes Konzept von den Konservativen zurückzuerobern, fortzuentwickeln und zu beweisen, dass seine Verwirklichung unter liberalen Vorzeichen Erfolg versprechender und für Menschen überall auf der Welt attraktiver ist. Dazu bedarf es liberaler Parteien und Bewegungen, deren Eintreten für eine liberalere Welt nicht an den Grenzen des eigenen National-staats und seiner Steuerpolitik Halt macht.

Umso ernüchternder ist es, dass gerade die FDP mit außenpolitischen Ideen, die über die Formulierung des bestehenden Grundkonsenses – polemisch könnte man sagen: des gängigen Mainstreams – der deutschen Außenpolitik hinausgeht, kaum in Erscheinung tritt. So stimmt die FDP, wenn es um weltpolitische Konf-likte geht, stets in den hierzulande fast gebetsmühlenartig wiederholten Ruf nach dem Eingreifen der Vereinten Nationen beziehungsweise nach einem deutschen und europäischen Vorgehen strikt unter dem Dach der UN ein. Vorschläge, wie die auf weiten Strecken handlungsunfähigen oder durch Korruption und Doppel-züngigkeit sogar oft kontraproduktiv wirkenden Vereinten Nationen reformiert und im Sinne der Sicherung von Menschen- und Freiheitsrechten erneuerten werden könnten, sucht man im liberalen Spektrum jedoch weitgehend vergebens. Der Skandal zum Beispiel, dass der Menschenrechtsrat der UN von diktatori-schen, antidemokratischen und antisemitischen Mächten dominiert wird und seine Zeit folgerichtig hauptsächlich mit der Geißelung und Verdammung Israels verbringt, müsste von Liberalen laut vernehmlich angeprangert werden. Aus der FDP-Spitze hörte man in den vergangenen Jahren aber vor allem heftige Distan-zierungen von der US-Regierung unter George W. Bush und ihrer „unilateralen" und „völkerrechtswidrigen" Politik. Ähnlich oft wiederholte deutliche Worte bei der Verurteilung etwa der russischen Invasion Georgiens im Sommer 2008 wie generell des massiven Drucks, unter den Putins Russland seit Jahren seine euro-päischen Nachbarn setzt, oder bei der Anprangerung des seit Jahren andauernden Massakers an der schwarzen Bevölkerung der sudanesischen Provinz Darfur, das von China gedeckt wird, waren von liberaler Seite aber leider nicht feststellbar.

Gewiss, der Irak-Krieg hatte einen völkerrechtlich problematischen Hinter-grund, und noch mehr haben ihn Einrichtungen wie das Gefangenenlager Guan-tanamo. Es sollte bei all dem – etwa auch bei der Frage des Verhaltens von BND-Agenten im Irak – jedoch auch nicht vergessen werden, dass es dabei um die Beseitigung einer der brutalsten mörderischen Diktaturen unserer Zeit ging. Zudem hatte auch schon der Kosovo-Krieg nach den Maßstäben des alten Völkerrechts auf rechtlich unsicherem Boden gestanden, da er nicht ausdrücklich durch eine UN-Resolution gedeckt war. Die grundlegenden Probleme, die es aufwirft, eine ausreichende Legitimation für internationale Interventionen zu schaffen, sind mit einer solchen formalen Kritik jedoch noch nicht beseitigt. Die Kriterien, ob und in welchem Umfang sich Deutschland zivil und militärisch an möglichen Einsätzen, etwa in Darfur oder im Kongo, beteiligen soll, sind ebenso ungeklärt wie die Frage, wie mit bei solchen Einsätzen gefangen genommenen irregulären Kombattanten rechtlich zu verfahren sei. Falsche Antworten der USA auf solche drängenden Fragen zu kritisieren, ist eine Sache – die Aufgabe, bessere Lösungen zu finden, ist damit aber nicht erfüllt.

Nun wird man nicht ausgerechnet von den deutschen Liberalen erwarten können, dass sie Patentrezepte für Probleme findet, über die sich hochrangige internationale Völkerrechtler seit Jahren ohne abschließendes Ergebnis die Köpfe zerbrechen. Man wünschte sich jedoch eine liberale Partei, die zur Klärung solcher Fragen drängt und zum Motor einer Debatte wird, was wir Deutschen und Europäer aktiv zu einer modernen Weiterentwicklung von Theorie und Praxis des Völkerrechts beitragen können. Dies gilt umso mehr, als mit dem Beginn der Ära Obama auch die Zeiten vorbei sind, da wir uns solchen Beiträgen mit der Begründung entziehen konnten, wir wollten uns nicht zu Komplizen der Politik George W. Bushs machen.

Eine solche Debatte müsste in Deutschland überhaupt erst einmal ein Bewusstsein dafür schaffen, dass diese Fragen für uns auf lange Sicht von lebenswichtiger Bedeutung sind. Für ein Land von dem Gewicht Deutschlands sind die Kenntnisse der breiteren Öffentlichkeit über weltpolitische Zusammenhänge und unsere Rolle nämlich leider noch zu wenig entwickelt. Außenpolitische Debatten bewegen sich immer noch zu sehr auf der Ebene nationaler Nabelschau – nach dem Motto: „Wer da draußen verlangt etwas von uns und wie können wir uns zu großen Anforderungen möglicherweise entziehen?" Verkannt wird dabei das Ausmaß, in dem Deutschland bereits in das Geflecht internationaler Verpflichtungen eingebunden ist, und in dem von ihm Führung, nicht bloß Reagieren verlangt wird.

Nur wenig dürfte zum Beispiel bekannt sein, dass sich die UN 2006 zu einer „Schutzverantwortung" der internationalen Staatengemeinschaft bekannt haben: Wenn Regierungen nicht willens und in der Lage seien, ihre Bevölkerung insgesamt oder bestimmte Minderheiten vor schweren Menschenrechtsverletzungen zu schützen, geht die Pflicht dazu an die internationale Gemeinschaft über. Internationale Strukturen zu schaffen, die diesen hehren Vorsatz auch tatsächlich in wirksame Taten umsetzen können, ist eines der großen weltpolitischen Projekte der kommenden Jahre. Dazu müssen nicht nur rechtliche Grundlagen geschaffen, sondern es muss auch eine internationale Arbeitsteilung entwickelt werden, die konkrete Kapazitäten und Interessen der einzelnen Staaten bei der Verteilung von Verantwortung berücksichtigt. Es sollte zu diesem Zweck etwa eine Idee neu erwogen werden, die in vergangenen Jahren durch den US-Wahlkampf geisterte, aber weitgehend undiskutiert verpuffte. Es ist der Plan einer „Allianz der Demokratien" (*League of Democracies*) des republikanischen Präsidentschaftskandidaten John McCain. Zuvor war dieses Konzept freilich schon im Spektrum der US-Demokraten aufgetaucht. So hat eine US-Expertengruppe unter der Völkerrechtlerin Anne Marie Slaughter vor Jahren den Vorschlag einer „Fraktion der Demokratien" unter dem Dach der UN entwickelt. Innerhalb eines solchen verstetigten Konsultationsgremiums von Staaten, die demokratische und humanitäre Grundwerte teilen, könnte besser koordiniert werden, welche Aufgaben einzelne Staaten oder Staatenverbunde wie die EU weltweit auf dem Gebiet des internationalen Konfliktmanagements übernehmen und auf welche Bereiche und Regionen sie sich längerfristig konzentrieren könnten. Ein solches Bündnis könnte zudem unaufschiebbaren politischen und militärischen Interventionen, die wegen des chronischen Widerstands bestimmter Mächte im Sicherheitsrat der UN nicht durchsetzbar sind, mehr internationale Legitimität verleihen.

Als Erbe der Aufklärung ist der Liberalismus dem humanistischen Universalismus verpflichtet – der Idee, dass alle Menschen, gleich welcher Herkunft, Hautfarbe, Kultur oder Religion, von Geburt an gemeinsame Grundanlagen teilen, die sie zum Streben nach Freiheit und Selbstbestimmung befähigen. Die liberale Vision war es seit dem 18. Jahrhundert, seit den Tagen von Adam Smith, aber auch anderer großer Aufklärer wie Voltaire und Kant, individuelle Freiheit und allgemeinen Wohlstand nicht nur für bestimmte, sondern für alle Nationen zu sichern, primär mittels Durchsetzung des freien Welthandels. Klassische Liberale – wie etwa die zu Unrecht häufig als amoralische Ausbeuter denunzierten „Manchester-Liberalen" des 19. Jahrhunderts – waren deshalb in aller Regel Gegner von Krieg, imperialer Macht- und kolonialistischer Eroberungspolitik.

Die Hoffnung auf das Wirken einer grundlegenden Rationalität im menschlichen Handeln und die daraus erwachsende Zuversicht, dass wirtschaftlicher, gesellschaftlicher und individueller Fortschritt für alle Menschen möglich und erstrebenswert sei, bleibt auch heute die ethische Richtschnur liberaler Politik.

Im freien Austausch von Waren und Ideen, wo sich Einzelegoismen begegnen und in einem fairen Interessensausgleich arrangieren können, verwirklicht sich nach liberaler Überzeugung diese Anlage des Menschen zur stetigen Verbesserung seiner Lebensumstände. Friedliche Lösungen von Konflikten durch das Verhandlungs- und Vertragsprinzip, durch Ausgleich und Abrüstung sind folgerichtig nach wie vor das Ziel des Bestrebens liberaler Außenpolitik.

Doch in der liberalen Überzeugung, dass die Ausweitung wirtschaftlicher Freiheit der beste Garant für die Humanisierung der gesellschaftlichen Lebensverhältnisse überall auf der Erde sei, liegt zugleich auch die Hauptgefahr einer ökonomistischen Verengung liberaler Außenpolitik. Das 20. Jahrhundert hat den ungebrochenen Fortschrittsoptimismus des frühen Liberalismus tief erschüttert. Der Absturz in die totalitäre Barbarei nationalsozialistischer und kommunistischer Spielart hat gezeigt, dass es keine „unsichtbare Hand" in der Geschichte gibt, die einen gesicherten, linearen Fortschritt zu immer mehr Wohlstand und Freiheit garantiert. Die massenmörderischen Systeme und Ideologien des 20. Jahrhunderts haben die bürgerlich-humanistische Rationalität aggressiv negiert und für immer auszulöschen versucht. Sie entzogen sich somit dem liberalen Kalkül, durch die *soft power* des freien Handels und Wandels könnten Tyranneien auf Dauer aufgeweicht und unterminiert werden. Diese totalitären Monstren mussten unter enormen Opfern militärisch zerschlagen, beziehungsweise mit ungeheurem Aufwand an Rüstung in Schach gehalten werden.

Nun sind die furchtbaren Erfahrungen mit diesen totalitären Mächten nicht ohne weiteres auf den Umgang mit heutigen autoritären Systemen übertragbar. Die Islamische Republik Iran etwa teilt mit dem nationalsozialistischen Deutschland zwar den eliminatorischen Judenhass, verfügt aber nicht im Entferntesten über dessen wirtschaftliche und militärische Kraft, um ihre Wahnideen ähnlich effektiv zu realisieren. Dennoch, was auch heute Gültigkeit behält, ist die Erkenntnis, dass Reden und Verhandeln bei gleichzeitigem emsigem Ausbau von Wirtschaftsbeziehungen kein Königsweg zu einer friedlicheren und freieren Welt ist. Um diesem Ziel treu zu bleiben, bedarf es auch der Bereitschaft zu politischer Standfestigkeit, etwa im Umgang mit starken autokratischen Mächten wie China und Russland. Und es bedarf, auf anderer Ebene, auch des Bekenntnisses zu militärischer Stärke sowie der Bereitschaft, auch harte Konflikte durchzustehen – sei es in Afghanistan, sei es im Kampf gegen den islamistischen Terrorismus.

Nicht immer aber haben gerade die Liberalen diese bitteren Lehren der Geschichte des 20. Jahrhunderts ausreichend verinnerlicht. Die wirtschaftsliberale Vorstellung, durch Wirtschafts- und Handelsbeziehungen könnten Diktaturen auf Dauer zivilisiert werden, und ökonomische Entwicklung zöge mit einer gewissen Zwangsläufigkeit über kurz oder lang gesellschaftliche Liberalisierung, wenn nicht Demokratisierung nach sich, wird auch heute noch zu oft als pseudomoralisches Alibi westlicher Regierungen benutzt, die es sich mit autokratischen Regimes nicht verderben wollen – schon gar, wenn deren Wohlwollen über den Zugang zu riesigen, lukrativen Märkten entscheidet.

Leider hat gerade die FDP in Bezug auf diese wirtschaftsliberale Politik des guten Gewissens keine durchgängig ruhmvolle Geschichte. Erinnert werden muss etwa an den so genannten „kritischen Dialog" mit dem islamistischen Regime im Iran – ein Begriff, der vor allem mit der Politik von Außenminister Klaus Kinkel in den 1990er Jahren verbunden ist. Der „kritische Dialog" geriet zunehmend in den Geruch, nichts anderes als ein Euphemismus für eine Art Stillhalteabkommen mit dem terroristischen Regime in Teheran zu sein: Im Austausch dafür, dass Teheran die Bundesrepublik mit Terror verschonte, konnten iranische Agenten und Gefolgsleute Deutschland offenbar weitgehend unbehelligt als eine Art Ruhe- und Rückzugsraum nutzen. Durch den Prozess um die von dem iranischen Regime veranlasste Ermordung iranisch-kurdischer Oppositioneller in dem Berliner Restaurant „Mykonos", der 1997 zu Ende ging, wurde dieser unselige Zusammenhang ins Tageslicht gerückt.

Auch wenn der Begriff des „kritischen Dialogs" danach offiziell in der Schublade verschwand, gingen die intensiven Handelsbeziehungen der deutschen Wirtschaft mit dem Iran dennoch ungestört weiter – und sie florieren mit gewissen Einschränkungen bis heute, allen nicht zuletzt auch von Deutschland mit durchgesetzten UN-Sanktionen zum Trotz. Beharrlich setzte man, bis zur Wahl des jetzigen Präsidenten Mahmut Ahmadinedschad im Sommer 2005, alle Hoffnungen auf „gemäßigte" Reformkräfte innerhalb des Apparats der Mullah-Herrschaft, namentlich auf den vermeintlichen „Reformpräsidenten" Chatami. Das vollständige Scheitern dieser Orientierung – die vermeintlich reformerischen Kräfte sind innenpolitisch pulverisiert, und statt sich zu mäßigen, steht Iran kurz vor dem Bau einer Atombombe und droht Israel offener als je zuvor mit Vernichtung – haben weder die deutsche Politik insgesamt noch auch die FDP im Besonderen ausreichend aufgearbeitet.

Dabei sind die Liberalen freilich seit nunmehr zehn Jahren nicht mehr an der Regierungspolitik beteiligt. Doch die bis heute gültigen Leitlinien der deutschen Außenpolitik wurden von ihnen maßgeblich mitgeprägt. So hat aber auch die Tendenz zur Beschwichtigungspolitik gegenüber terroristischen und Kräften und diktatorischen Mächten im Nahen Osten eine lange Vorgeschichte, die mindestens bis in die frühen 1970er Jahre, in die Zeit der sozialliberalen Koalition zurückreicht. Seit der Geiselnahme und Ermordung von israelischen Sportlern durch die palästinensische Terrorzelle „Schwarzer September" – übrigens keine isolierte Randgruppe, sondern ein Ableger der „Fatah" Jassir Arafats – bei den Olympischen Spielen in München 1972 hatte es als eine Art Staatsräson gegolten, eine Wiederholung derartiger Vorfälle auf deutschem Boden unter allen Umständen zu verhindern. Schon während der Entführung wurde Israel die Entsendung eines Antiterrorkommandos untersagt, obwohl die Bundesrepublik damals noch über keine vergleichbar gut ausgebildete derartige Truppe verfügte. Man wollte sich mit einer solch eindeutigen Bekundung der Solidarität mit Israel offenkundig nicht zur Zielscheibe palästinensischen Terrors machen. Das dilettantische Versagen der überforderten deutschen Polizei führte dann bekanntlich zum Tod aller Geiseln auf dem Flughafen Fürstenfeldbruck. Die merkwürdigen Umstände, die im Oktober 1972 zur Freilassung der überlebenden Attentäter von München aus deutscher Haft führten – die Bundesregierung gab eilends der Erpressung von Flugzeugentführern nach, die eine Lufthansamaschine gekapert hatten, in der seltsamerweise nur zwölf Passagiere saßen –, weisen in dieselbe Richtung und sind ein Indiz dafür, wie sehr die deutsche Politik darauf bedacht war, sich durch Zugeständnisse den Terror vom Hals zu halten.

Leider hat die FDP bis heute gerade im Nahost-Konflikt und in ihrer Positionierung zu Israel nicht durchgehend zu einer klaren Position gefunden. So stimmte die Mehrheit der Bundestagsfraktion im Sommer 2006 gegen eine deutsche militärische Beteiligung an der EU-Friedensmission im Libanon. Nicht so sehr diese Entscheidung selbst als die Begründung einiger FDP-Spitzenpolitiker gab dabei zu denken. Es wurde nämlich argumentiert, Deutschland gebe mit einer solchen Beteiligung seine neutrale Vermittlerposition im Nahen Osten auf – als dürfe es im Konflikt zwischen dem demokratischen Israel und der terroristischen, islamistischen Hisbollah, die mit ihrem Raketenbeschuss israelischen Territoriums und durch die Entführung israelischer Soldaten den Konflikt ausgelöst hatte, für Deutschland „Neutralität" geben. Schwerer wog allerdings noch das Argument von FDP-Spitzenpolitikern, wegen seiner Vergangenheit werde Deutschland innerhalb dieser Mission nicht Herr souveräner Entscheidungen sein können. Es bestehe deshalb die Gefahr, deutsche Truppen könnten von Israel für seine eigenen Absichten einseitig instrumentalisiert werden. Dies konnte zumindest unterschwellig so verstanden werden, Deutschland werde von Israel wegen der NS-Vergangenheit moralisch erpresst und der jüdische Staat wolle die EU-Truppen mittels der Deutschen womöglich zu anderen, nämlich aggressiven, Zwecken benutzen als dem, die Einhaltung der Waffenruhe durch die Hisbollah zu kontrollieren.

Auch die Entspannungspolitik der 1970er und 1980er Jahre gegenüber dem Ostblock, auf die die FDP wegen des Wirkens ihrer Außenminister Scheel und Genscher besonders stolz ist, war nicht ohne Schattenseiten. Die Ostpolitik und die Entwicklung gemeinsamer europäischer Sicherheitsstrukturen in Zusammenarbeit mit der Sowjetunion haben den Frieden in Europa gewiss sicherer gemacht und letztlich zur Aufweichung des kommunistischen Lagers beigetragen. Richtig war es auch, dass die FDP Anfang der 1980er Jahre die Unterstützung des Nato-Nachrüstungsbeschlusses durchgehalten hat, nachdem ihr langjähriger Koalitionspartner, die SPD, davon abgerückt war – obwohl dieser Beschluss auf eine Initiative von SPD-Kanzler Helmut Schmidt zurückging. Gerne wird heute verdrängt, dass die Entspannungspolitik nur vor dem Hintergrund massiver atomarer Abschreckung funktionieren konnte. Und es waren letztlich die verschärften Rüstungsanstrengungen der USA unter Ronald Reagan, mit denen die Sowjetunion letztlich nicht mehr mithalten konnte.

Doch die Entspannungspolitik führte auch dazu, dass Dissidentenbewegungen im Osten zunehmend als Unsicherheitsfaktor empfunden wurden, der den scheinbar immer besseren Kommunikationsfluss zwischen Ost und West beeinträchtige. Trauriger Tiefpunkt dieser Politik war die mangelnde Unterstützung für die polnische Solidarnosc-Bewegung, die nach der Verhängung des Kriegsrechts in Polen im Dezember 1981 gewaltsam unterdrückt wurde. Ausgerechnet zu diesem Zeitpunkt weilte Bundeskanzler Schmidt zu einem Besuch bei Erich Honecker in der DDR. Das Treffen am Werbellinsee wurde nach Eintreffen der Nachricht aus Polen nicht unterbrochen – Schmidt nahm dem Staatsratsvorsitzenden seine Erklärung ab, er selbst sei von dieser Entwicklung überrascht. Honecker konnte den Kanzler dann wie geplant noch durch das Städtchen Güstrow führen, das zuvor von der Staatssicherheit systematisch von potenziellen „Störern" gesäubert worden und mit Hilfe bestellter linientreuer Statisten in ein großes sozialistisches Potemkinsches Dorf verwandelt worden war.

Solche beschämenden Sackgassen der „Realpolitik" sollten westliche Demokratien in Zukunft vermeiden. Es ist klar, dass nationale Interessenpolitik und realistisches Agieren auf der internationalen Bühne niemals spannungsfrei in einer Politik aufgehen kann, die die Verteidigung und Verbreitung von Menschen- und Freiheitsrechten, also von ureigensten liberalen Werten, als ihre oberste Richtschnur hat. Doch die Geschichte zeigt, dass auch die unmittelbaren Interessen des demokratischen Westens auf Dauer schweren Schaden nehmen, wenn diese Leitlinie aus den Augen verloren wird. Wer anders, wenn nicht die Liberalen, sollte es auf sich nehmen, unsere westlichen Gesellschaften stets an diese Wahrheit zu erinnern?

Patrick Adenauer

Die Werte der Familienunternehmer

Der Wertekosmos der Familienunternehmer entspricht zum großen Teil jenem Wertekanon, der jeder Marktwirtschaft zugrunde liegt. Dies begreifen offenbar alle jene nicht, die glauben, es gebe eine Art „wertfreie" Marktwirtschaft, die erst durch eine spezielle „Wirtschaftsethik" sozial verträglich gemacht werden müsse. Das ist Unsinn! Die Marktwirtschaft kann ohne moralische Basisregeln nicht funktionieren. So setzt sie an die Stelle von Gewalt den freien Vertrag, an die Stelle von Eroberung und Ausbeutung den freien Handel. Insoweit dient sie der Zivilisierung des Menschen, bändigt das natürliche „Recht des Stärkeren" und ist eine Art „moralische Anstalt". Als „Globalisierung" verbindet sie zu gegenseitigem Vorteil alle Menschen miteinander. Sie schafft ohne Zwang jene „Eine Welt" um die sich die erste, zweite und dritte sozialistische Internationale bis heute vergeblich bemühen.

Dies bedeutet die Achtung von Eigentum und Person des Nächsten: Du sollst nicht stehlen, du sollst nicht rauben! Welche Gesellschaft könnte ohne diese Basissätze überhaupt existieren? Der Familienunternehmer repräsentiert diesen Gedanken des Privateigentums in gesteigertem Maße: Er lebt ideell und materiell aus dem Eigentum eines Unternehmens, das er selbstverantwortlich für die Kunden betreibt und er hat als Familienunternehmer ein vitales Interesse daran, dieses Eigentum möglichst unversehrt an seine Kinder und Enkel weiterzugeben. Die Folge davon ist eine tägliche Schulung im *nachhaltigen* Denken, über die eigene Existenz hinaus. Es besteht in Familienunternehmen immer Transparenz darüber, wer Verantwortung trägt: die Eigentümer- und Geschäftsführungsfamilie. Es werden keine Risiken z. B. verbrieft oder verschoben. Verantwortung wird umfassend als Gesamtverantwortung für Unternehmen, Mitarbeiter, Region und für die Gesellschaft verstanden. So gibt es in solchen Unternehmen auch eine nachhaltige Wertbildung: echte Kapitalbildung durch Sparen in das eigene Unternehmen; Risikobewußtsein, Verzicht auf Exzesse und Moden sowie einen langfristigen Planungshorizont.

Dies unterscheidet den Familienunternehmer von den „Managern", sowohl in der Politik – Leute, die nur noch in Wahlzyklen denken – als auch in der Wirtschaft. Manager in der Wirtschaft fühlen sich häufig nicht an ein bestimmtes Unternehmen gebunden, sondern sie sind wie ein *Condottiere*, der jedem seine Dienste anbietet, der ihm eine gute Belohnung verspricht.

In dieser Achtung vor dem Eigentum und der Person des Nächsten ist natürlich auch der Verzicht auf jede physische Zwangsanwendung enthalten. Das Gebot: „Du sollst nicht töten" ist selbstverständliche Grundlage des marktwirtschaftlichen Tausches. Kein Markt kann ohne die Beachtung des Dekalogs existieren, besonders der eigentumsrelevanten fünften, siebten, achten, neunten und zehnten Gebote und speziell beim Familienunternehmer besonders des vierten Gebotes: „Du sollst Vater und Mutter ehren".

Ebenso wird der Unternehmer nicht erfolgreich sein, wenn er sich nicht um Versprechungen kümmert, vertragliche Zusagen nicht einhält. Tut er das, so ist er bald „weg vom Fenster". Für ihn ist es geradezu existentiell, nicht einen negativen SCHUFA-Eintrag zu bekommen. Im Wettbewerb geht es auch immer um Wettbewerb an Reputation. Wer arbeitet z. B. gern in einem Unternehmen, das als moralischer Grenzgänger bekannt ist? Wer unterhält mit einem solchen Unternehmen gerne geschäftliche Verbindungen? Vertrauen ist die Basis des Marktes.

Nicht nur durch Rücksichtnahmen auf das Eigentum und die Bindung an Versprechungen wird der Familienunternehmer moralisiert, sondern ebenso durch den Wettbewerb, der ihn weitgehend entmachtet und ihn in den Dienst seines Nächsten, das sind die Kunden auf dem Markt, zwingt. Wer diesem Nächsten nicht angemessen dient, muss den Markt verlassen. Dies ist ein ungeheures Disziplinierungsinstrument! Auch der Familienunternehmer wird nur dadurch groß, dass er anderen etwas Nützliches leistet. Der Gewinn spiegelt die Erfüllung seiner unternehmerischen Elementarpflicht wider.

Dies ist leider etwas, was unsere literarische Linke nicht begreifen will: Der Markt als geniale Erfindung, der jedermann dazu zwingt, in seinem eigenen Interesse (und ganz unabhängig von seinem Motiv) dem Nächsten zu dienen. Selbst das unlauterste Motiv, z. B. Neid, kann sich legal nur durch diesen Dienst vorwärts bringen. Dies gilt im übrigen nicht nur für Unternehmer, sondern ebenso für Arbeiter und Angestellte, die sich ja auch nur durch Leistung im Rahmen der Arbeitsteilung – und das heißt Leistung für andere – vorwärts bringen können und entsprechend bezahlt werden.

Welchen zivilisierenden Einfluss Wettbewerb hat, kann man z. B. daran erkennen, wie Monopolbetriebe Kunden behandeln und wie Unternehmen im

Wettbewerb dies tun. Ein Monopolbetrieb hat keinen besonderen Vorteil von Freundlichkeit im Service und darum behandelt er die Kunden ruppig. Man denke z. B. an die Gaststätten in der früheren DDR oder auch an die Art, wie sich früher die monopolistische Post gegenüber den „Anstaltsbenutzern", wie es hieß, benommen hat. Der Zwang, sich um die Gunst des Nächsten zu bemühen, verbessert so das soziale Klima, schafft „soziale Wärme".

Normalerweise können sich auch Manager nur durch echte Leistung für den Nächsten vorwärts bringen; werden sie aber zu wenig kontrolliert durch die Eigentümer, können sie leicht ein Eigenleben entwickeln, das sich von den Eigentümerinteressen, die eigentlich maßgebend sein sollten, entfernt. Da meistens auch eine Informationsasymmetrie zwischen Manager und Eigentümer besteht, können sich die Manager eine gewisse Zeit lang (die Nemesis des Marktes tritt irgendwann ein) allerlei im Sinne der Selbstbedienung erlauben. Wenn ich an die Managerentgleisungen nicht nur in den Banken, namentlich Staatsbanken, in letzter Zeit denke, habe ich einige Fragen an unser Gesellschafts- und Aktienrecht (und einige Fragen an die Politik). Es ist darum jedenfalls im Sinne ihrer Disziplinierung gut, Manager durch Kapitalbeteiligung an der dauerhaften Existenz des Unternehmens zu interessieren und so eine echte Interessengemeinschaft mit dem Eigentümer und ggf. seiner Familie zu schaffen, sie damit auch für Fehlleistungen mitverantwortlich zu machen!

Wenn Gemeinschaft und das Gefühl der Verantwortlichkeit für den Mitarbeiter ein ethischer Wert ist, dann stellen die Familienunternehmer auch in dieser Hinsicht Wertträger erster Ordnung dar. Es passt nicht zum Klima eines Familienunternehmens, dass man z. B. Mitarbeiter nur danach beurteilt, wie viel sie einem im Moment bringen. Niemand, kein Unternehmer, kann sichere Arbeitsplätze garantieren (wir sehen einmal vom privilegierten Staatsbetrieb ab), aber man kann sicher sein, dass ein Familienunternehmer nicht mit derselben Leichtigkeit, Hunderte oder Tausende entlässt, wie das häufig in anonymen Großkonzernen der Fall ist. Ein Familienunternehmen ist eben auch von der Kollektivpersönlichkeit der Familie durchdrungen, vom ihrem Geist und ihren Traditionen. Großunternehmerfamilien waren darum die Pioniere betrieblicher Sozialpolitik, von Ernst Abbe und Friedrich Krupp an. Betriebstreue ist ein Wert, den sie gern gepflegt haben! Treue um Treue! So wurden die Mitarbeiter auch innerlich emotional an das Unternehmen gebunden und die urmenschliche Sehnsucht nach „Zugehörigkeit" befriedigt. Ein großer sozialer Wert!

Die Räson eines Familienunternehmens ist nicht so eiskalt wie im Großkonzern, wo ständig nach Quartalsbilanzen geschielt werden muss. Der angebliche Gegensatz von „Kapital und Arbeit" findet in großen Familienunternehmen auch deswegen kaum Boden.

Gern übersehen wird, dass ein Familienunternehmer – oder überhaupt ein selbständiger Eigentumsunternehmer – eine der letzten Gruppen unserer Gesellschaft ist, die noch echte soziale Selbstverantwortlichkeit kennt. Damit ist das Vorrecht verbunden, nicht Zwangskunde in unserer fragwürdigen Sozialversicherung zu sein, dieser Riesenveranstaltung zur ökonomischen Unmündigmachung der Bürger und zur Behinderung der Kapitalbildung. Es steht darum auch kein „soziales Netz" bereit, wenn den Unternehmer ein Unglück trifft. Seine soziale Sicherung ist hauptsächlich das eigene Unternehmen, was das Gefühl der unmittelbaren Verantwortlichkeit weiter schärft.

Breit wird gegenwärtig darüber diskutiert, welches eigentlich die Aufgaben verantwortlichen Unternehmertums seien. Dabei übersehen einige, dass es die erste Aufgabe eines Schuhmachers ist, Schuhe zu machen. Er lebt davon, Knappheiten zu überwinden, indem er die Bedürfnisse seiner Mitmenschen befriedigt. Knappheitsüberwindung für die Massen durch Unternehmerinitiative – das war die Erfolgsidee der letzten zwei Jahrhunderte, des modernen Kapitalismus. Die Verbilligung der Nahrungsmittel durch Handelsunternehmen wie Aldi oder Tengelmann z. B. wirkt wesentlich „sozialer" als das Sozialprogramm irgendeiner Behörde! „Jede Ausgabe des Staates beruht auf einem Verzicht des Bürgers" hat Ludwig Erhard einmal gesagt. Nur Unternehmen schaffen echten „Mehrwert".

Der Unternehmer muss erst einmal ein guter Unternehmer sein, bevor er sich wohltätigen Werken, der Förderung von Wissenschaft und Kunst, oder dem Spenden eines örtlichen Brunnens zuwendet. Dies verkennen manche in der gegenwärtigen Debatte, um die sogenannte *Corporate Social Responsibility*: häufig neudeutsch für „Ablaß". Manche Großunternehmen kaufen sich dadurch frei für die allfälligen „Grausamkeiten", die sie begehen müssen, um weltweit wettbewerbsfähig zu bleiben. Der soziale Charakter und die Verantwortung des Unternehmers hängen nicht daran, dass sie Künstler fördern, oder ein Museum unterstützen. Wohl aber ist die Gesellschaft in größtem Umfang auf diese freien Initiativen der Unternehmen angewiesen, ihr Kulturbeitrag ist unschätzbar, in der Vergangenheit wie in der Gegenwart, auch wenn der Staat immer mehr an die Stelle der privaten, sozialen oder kulturellen Initiative getreten ist. Passen wir auf, dass der Steuerstaat nicht zum Monopolisten in diesem Bereich wird und die

Gesellschaft so kulturell verarmt und auskühlt. So wie im Sozialismus, wo nichts außerhalb staatlicher Genehmigung ging. Die Höhe unserer Kultur und unseres Wohlstandes hängt auch daran, dass es zahlreiche freie, wirtschaftliche und soziale Unternehmerinitiativen gibt.

Abschließend noch zu einer weiteren moralischen Konfusion. Immer wieder wird dem Unternehmer vorgehalten, dass er sich in seinem rücksichtslosen Wettbewerbs- und Maximierungskampf nicht an einer Ethik des „brüderlichen Teilens" ausrichte, sondern dem „krassen Egoismus" folge. Wer dies sagt, hat die ethischen Mechanismen einer arbeitsteiligen, komplexen Gesellschaft nicht verstanden. Es ist die archaische Ethik der Primärgruppen, der Urgemeinschaften, von der Familie bis zum Stamm – in ihrem Bereich natürlich unbedingt notwendig – die Idee verbindlicher gemeinsamer Ziele und des gemeinschaftlichen Teilens, die aus diesem Ansinnen spricht. Aber ein moderner Unternehmer kann dieser Maxime nicht folgen, denn er dient nicht unmittelbar seinem „Nächsten" im Stamm oder in der Familie, sondern den ihm größtenteils unbekannten Kunden in der ganzen Welt. Er nutzt dadurch, dass er nicht dem unmittelbar Nächsten, dem Nachbar, Freund oder Verwandten, sondern einem fernen Fremden „dient", der Gemeinschaft mehr, als wenn er ihr unmittelbar zu dienen versuchte. Sein Imperativ lautet eben nicht: Teile das Brot (das mag er als Privatmann tun!), sondern *vermehre* es, damit immer mehr Menschen satt werden können. Das Wunder der Brotvermehrung leistet der Unternehmer täglich!

So gelang es, seit dem 18. Jahrhundert, als die moderne Marktwirtschaft aufstieg, immer mehr Menschen zu ernähren – und auf höherem Niveau als in jeder früherer Zeit. Gewiss: im 19. Jahrhundert gab es zunächst eine Fülle von Armen in heutigen Begriffen, auch absolute Armut. Aber diese Armen haben in den Jahrhunderten davor gar nicht erst entstehen können. Sie fanden nicht einmal jenes Minimum, das ihnen physisch zu leben erlaubte. Sie verkamen, wie heute noch in einigen Entwicklungsländern, auf den Wegen oder im Straßengraben und waren mehr oder weniger lediglich ein polizeiliches Problem. Diese moralische Leistung des „modernen Kapitalismus", besonders in der modernen Version der Sozialen Marktwirtschaft möglichst viel Leben zu ermöglichen und zu erhalten, ist die überhaupt größtmögliche ethische Leistung. Die moderne Marktwirtschaft ist für den einfachen Menschen, den sogenannten kleinen Mann, geschaffen, die Industrie dient mit ihrer Serienproduktion vornehmlich den „Massen". Der Markt hat den Luxus, der früher Oberschichten vorbehalten war, verallgemeinert: Auch der „kleine Mann" muss heute nicht auf Auto, Auslandsreise, Kühlschrank, Zentralheizung oder EC-Karte verzichten.

Voraussetzung dafür, dass dies geschehen kann, ist allerdings, dass genug Prämien für den Erfolg erhalten bleiben und den Unternehmern nicht die Freude am Unternehmen und Wagen durch konfiskatorische Neidbesteuerung („Reichensteuer", scharfe Progression) verkümmert wird. Die wohltätigen Wirkungen des Familienunternehmens, die Wahrung seiner sozial wertvollen Besonderheiten, werden z. B. durch die geplante Erbschaftsteuerreform gefährdet. Die gegenwärtig in gewissen Kreisen übliche Hetze gegen die „Reichen", namentlich die reichen „Manager", aber gewiß nicht nur sie, wird sich gegen diejenigen auswirken, die sie betreiben. Man hat nur die Wahl: Entweder gleiche Armut für alle oder aber allgemeiner Wohlstand, wenn auch ungleich verteilt. Trotz aller ihrer furchtbaren historischen Misserfolge, sind die Vertreter der linken Seite offenbar nicht in der Lage, diese Alternative endlich zu erkennen – oder vielleicht ziehen sie allgemeine gleich verteilte Armut einem Zustand vor, indem zwar einige erfolgreicher und damit „reicher" sind als andere, es aber gleichwohl den meisten besser geht. Dies wäre freilich eine moralisch höchst fragwürdige, ja kriminelle Einstellung gegenüber dem Glück der Mitmenschen.

Aber steht nicht die aktuelle sogenannte Finanzkrise für ein Versagen von sozialer Marktwirtschaft und Unternehmertum auf der ganzen Linie? Nichts ist falscher als diese Ansicht: Am Anfang der gegenwärtigen Krise steht die Tatsache, dass die Politik für die Zurverfügungstellung des Geldes monopolistisch verantwortlich ist und dieses Monopol missbraucht hat. Durch sozialpolitisch motivierte Zinsabsenkungen („Politik des billigen Geldes") versuchten sich die amerikanischen Politiker besonders bei der Masse der Mieter populär zu machen. Aber auch die EZB hat die Geldmenge zu stark ausgeweitet. Erst in zweiter Linie in der Ursachenkette rangiert die zu geringe Eigenkapitalunterlegung, trotz Basel II. Dann haben vor allem US-Banker neue Wertpapierarten erfunden, die, aufeinander aufbauend, im Zusammenhang mit dem realen Wert, etwa einer Hypothek, verloren. Und schließlich haben angelsächsische Ratingagenturen mit ihren falschen Bewertungen das ihrige getan. Ich muss mich freilich etwas darüber wundern, dass unsere führenden Banker diese ganze Entwicklung, die sich seit langem abzeichnet, nicht aufgedeckt und rechtzeitig Alarm geschlagen haben. Dies ist fraglos *ihr* moralisches Versagen! Jetzt versucht die Politik, die Bereinigungskrise dadurch zu vermeiden, dass sie noch mehr Geld in den Markt pumpt.

Ich erwarte, dass Familienunternehmen wegen ihrer gesünderen Struktur die Krise besser überstehen werden als andere.

Volker Stein

Humankapital: Drei wohlverstandene Freiheiten

Am Begriff „Humankapital" scheiden sich die Geister: Für die Konzeptkritiker ist es menschenverachtend, dass Mitarbeiter (vermeintlich) auf ihren ökonomischen Wert reduziert werden, für die konstruktiven Personalexperten sind Menschen in der Arbeitswelt die Erfolgsfaktoren des Unternehmens und sollten daher als (Vermögens-)Wert der Unternehmen angesehen und entsprechend wertschätzend behandelt werden.

Humankapital wird auf vielen Ebenen der modernen Arbeitswelt thematisiert: auf der Ebene des Individuums („persönliches Humankapital"), auf der Ebene des Unternehmens („Wert der Belegschaft in Euro") sowie auf der Ebene der Gesellschaft („das Humankapital Deutschlands"). Wo auch immer die Diskussion geführt wird: Die soziale Marktwirtschaft gibt den Grundsatz vor, dass jeglicher wirtschaftlicher Wettbewerb und jegliche Optimierung ethisch verantwortbar bleiben sollten. Dies impliziert das Vorhandensein von Regeln, die – demokratisch legitimiert und mit dem Ziel einer sozialen Orientierung – den Individuen Chancen zur Steigerung ihres Wohlstands bieten. Gemeint ist hiermit gerade nicht die vollständige Liberalisierung (und damit Regellosigkeit) der Wirtschaftsordnung.

Gleichwohl sollen die Regeln in einer sozialen Marktwirtschaft auch nicht zu einem Verteilungsstaat führen, dessen planwirtschaftlich-zentrale Lenkung zu hohen Schuldenständen öffentlicher Körperschaften, Insolvenzwellen, niedrigem Wirtschaftswachstum, hohen Belastungen für die Sozialversicherungssysteme und realen Lohn- und Rentenkürzungen führt und damit für die einzelnen Bürger unbezahlbar wird. Vielmehr geht es um die Entwicklung von Zukunftskonzepten, die, wenn sie im Einzelfall auch gewöhnungsbedürftig sein sollten, dennoch die Chance zur Verbesserung der Ausgangslage in sich tragen. „Besser" meint im Folgenden das Primat des Erwirtschaftens dessen, was Allen in Form von Wohlstand zur Verfügung gestellt werden kann. Das ist nicht die gleichmacherische Verteilung: Verbesserung folgt vielmehr den Prinzipien Leistungsgerechtigkeit und Fairness. Die zentrale Voraussetzung für diese Quellen des Wohlstandes besteht darin, Freiheiten zu bewahren, in deren Rahmen sich diese Prinzipien entfalten können.

Auch das Verständnis, die Bewertung und die Optimierung von Humankapital ist ein Regelsystem, das sich in die Ordnung der sozialen Marktwirtschaft einfügen muss. Der nachfolgende Beitrag will im Hinblick auf die Gestaltung von Humankapital mit Bildung, Verantwortung und Bewertung drei zentrale Bereiche herausstellen, die einen engen Bezug zu Freiheiten in der Arbeitswelt haben. Es wird analysiert, auf welche Weise die Nutzung dieser Freiheiten auf der Ebene des gesamten Wirtschaftsraumes, der Unternehmen, der Mitarbeiter und auch der Arbeitssuchenden Verbesserungen im Sinne der sozialen Marktwirtschaft mit sich bringen können.

Freiheit 1: Humankapitalbildung zur Schaffung sozialer Chancen für Alle

Die Kernfrage einer sozialen Arbeitswelt lautet: Wie sind in ihr soziale Chancen für Alle herstellbar, so dass Jeder persönlichen Erfolg erzielen kann? Die Antwort lautet: Allen muss die Möglichkeit gegeben sein, in der Arbeitswelt mitzuwirken.

Zu einer freiheitlichen Sicht der Arbeitswelt gehört die Annahme, dass sich bei Jedem soziale Chancen durch Erziehung und Bildung entwickeln können und dass sozialer Aufstieg das Ergebnis des individuellen Strebens ist. Sicherlich gibt es fallweise Erziehungs- und Bildungsdefizite – dies darf aber nicht dazu führen, dass Menschen bereits allein aufgrund ihrer sozialen Herkunft von vornherein als „weniger leistungsfähig und leistungsbereit" stigmatisiert werden, was sich in den entsprechend geschichteten Bildungseinrichtungen dann noch als sich selbst erfüllende Prophezeiung verstärkt. An dieser Stelle ist somit zu fragen, welcher Bildungsbegriff der Entwicklung von Humankapital zugrunde gelegt wird.

So lange es Arbeit gibt, finden gesellschaftliche Debatten statt, die die angemessene Vorbereitung von Menschen für die Arbeitswelt präzisieren wollen. Das gesamte Ausbildungssystem – vom Kindergarten bis hin zur Hochschule – bereitet Menschen auf die Arbeitswelt vor. Allerdings ist dies nur ein Teil der Bildung: Der andere Teil ist das für notwendig erachtete lebenslange Lernen. Es wird insbesondere für eine wissensfokussierte Arbeitswelt gefordert, in der sich Beschäftigungssicherheit, langfristige Bindungen und Loyalität auflösen und in der man während des Arbeitslebens mehrfach Arbeitsstelle und Beruf wechselt. Eine solche Arbeitswelt wird sicher nicht Jeden treffen: Zu unterschiedlich sind die vielen Segmente des Arbeitsmarktes, die Bedürfnisse von Personen in verschiedenen Lebensaltern, die mehr oder weniger globalisierten Wettbewerbsbedingungen. Aber die mit diesem Szenario verbundene Debatte polarisiert: Entwickeln sich Kindergartenkinder mit oder ohne Lerndruck besser? Greift, sobald man sich der andauernden Optimierung des Humankapitals unterwirft, automatisch soziale Kälte um sich? Führt die nicht immer freiwillige flexible Selbstbestimmung beim Lernen hin zu oder weg von einer Demokratisierung? Auf jeden Fall gibt es gegenwärtig eine Reihe von Modernisierungs- und Reformanstrengungen – „von PISA bis zum Bologna-Prozess" –, die unmittelbare Berufsqualifizierung und Beschäftigungsbefähigung in den Mittelpunkt ihrer Bildungsziele stellen.

Primäres und im Anschluss daran lebenslanges Lernen meint somit vor allem Optimierung von Lernprozessen im Hinblick auf deren Relevanz für ökonomisch verwertbare Arbeit, wie dies der Bildungsforscher Erich Ribolits betont. Ein derartig mechanistisches Bild dominierend sachbezogener Lernzwänge, das soziale und kulturelle Belange weitgehend vernachlässigt, unterwirft auf jeden Fall die Debatte – und letztlich auch die durch sie geprägte Wirklichkeit – der Annahme, die Arbeitswelt sei bislang de facto weder ausreichend flexibel noch effizient und müsse gerade in dieser Hinsicht durch passgenauen Lernerfolg gestärkt werden. Diese Argumentation ist allerdings normativ geprägt: Sie zielt einseitig auf die Zielgröße des ökonomischen Gewinns ab. Der in ihr dominierende funktionale Bildungsbegriff instrumentalisiert Humankapital als Quelle für ein Nutzen maximierendes Durchsetzen der ökonomischen Unternehmensinteressen in der sozialen Umwelt. Humankapital tendiert demzufolge dazu, auszubeutende Ressource zu sein – vor allem, wenn man sich in vorauseilendem Gehorsam an ein unmittelbar an Vermarktung orientiertes Lernen anpasst.

Eine nicht einseitige ökonomisch-normative Argumentation würde zu anderen Schlussfolgerungen kommen müssen: Sieht man, wie der Erziehungsphilosoph John Dewey schon 1916, die soziale Effizienz der Lernenden als Zielgröße an, so müsste man mit Erziehung und Bildung in der heutigen Gesellschaft das kooperative, erfahrungsbasierte, miteinander verzahnte Leben in der sozialen Gemeinschaft deutlicher unterstützen. Dies hat allerdings zwei notwendige Konsequenzen: Erstens die Schwerpunktverschiebung von den vorherrschenden spezifisch berufs- und arbeitsorientierten Lerninhalten hin zu generelleren sozial- und lebenstauglichen (und auch kritischen) Lerninhalten. Zweitens die Schwerpunktverschiebung individuumszentrierter Lernformen hin zu gemeinschafts-

zentrierten Lernformen. Der hier folglich dominierende diskursive Bildungsbegriff begreift das Humankapital als ein Ertragspotenzial, das aufgrund seiner
Allgemeinbildungsorientierung in der Lage ist, zur ständigen individuellen und
kollektiven Selbstdefinition der interdependenten Gesellschaft, ihrer Ziele und
Problemlösungswege beizutragen. In einer solchen Argumentation ist Humankapital dann eher Träger von (Bildungs-)Wert und Voraussetzung für soziale
Chancen Aller.

Denn für die Humankapitaldebatte hat die Wertschätzung eines stärker all-
gemeinbildenden Lernens auf drei Ebenen Folgen:

- Individuen haben die Möglichkeit, durch Anreicherung ihres individuellen
  Humankapitals mit Allgemeinbildung gerade bei wechselnden Einsatzfel-
  dern in der Arbeitswelt beruflichen Erfolg zu sichern: Sie sind aufgrund ihrer zusätzlich sozialen und kulturellen Lernfähigkeit flexible Arbeitssu-
  chende beziehungsweise Arbeitende.
- Unternehmen haben die Möglichkeit, unter Einsatz ihrer flexiblen Mitarbeiter ihre betriebliche Effizienz sicherzustellen. Das Lernen von Allgemeinbildung steht nicht im Gegensatz zum Unternehmenserfolg, sondern verstärkt die breite Anwendbarkeit des vorhandenen Spezialwissens in Unternehmen und somit das nutzbare Ertragspotenzial der Mitarbeiter.
- Demokratische Gesellschaften haben die Möglichkeit, dass ihre allgemein-
  gebildeten Bürger die Demokratie, die sich im Industrie-, Dienstleistungs-
  und Wissenszeitalter bewähren muss, gestalten können, ohne sich zu sehr in
  Partikularinteressen zu verlieren.

Eine zeitgemäße Entwicklung von Humankapital, die zur Schaffung sozialer
Chancen für Alle beiträgt, begreift daher Bildung, Ökonomie und Demokratie in
ihrer gegenseitigen Abhängigkeit. Humankapital umfassend zu bilden stärkt die
Freiheit der Bürger, an gesellschaftlichem Wohlstand teilzuhaben.

*Freiheit 2: Humankapitalverantwortung zur Schaffung partnerschaftlicher Ar-
beitsverhältnisse*

Die Kernfrage des Arbeitens in Unternehmen lautet: Wie lässt sich die Zusammenarbeit von Unternehmen mit ihren Mitarbeitern so gestalten, dass beide Seiten ihre eigenen Interessen zumindest partiell befriedigen können? Die Antwort

lautet: Unternehmen und Mitarbeiter müssen sich gegenseitig den Raum für die Verfolgung eigener Ziele geben.

Zu einer freiheitlichen Sicht des Führens von Unternehmen gehört die Annahme, dass nicht nur die Unternehmen, sondern auch die Mitarbeiter berechtigte Eigeninteressen haben. Der Personalprofessor Christian Scholz beschreibt als zentrale Herausforderung für die „neue Arbeitswelt ohne Stammplatzgarantie", *win-win*-Situationen für alle Akteure herzustellen. Sein Begriff „Darwiportunismus" bedeutet, dass sich Unternehmen, die im darwinistischen Wettbewerb auf ihren Märkten stehen, gemeinsam mit ihren Mitarbeitern, die ihre individuellen Eigeninteressen zunehmend opportunistisch vertreten, möglichst offen über die Erfüllung ihrer wechselseitigen – und zum Teil auch kontroversen – Erwartungen einigen müssen.

Im Zusammenhang mit dem Beitrag, den die Humankapitaldiskussion für die Gestaltung solcher partnerschaftlichen Arbeitsverhältnisse leistet, spielen nachfolgend zwei Verantwortungsaspekte eine Rolle, deren Erfüllung konstitutiv ist für die ernsthafte, konstruktive betriebliche Einbindung des Humankapitals durch die Unternehmen.

Weg von der Bevormundung – hin zur Selbstverantwortung! Unternehmen sind darauf angewiesen, sich ergebende Entfaltungsmöglichkeiten in ihren Märkten wahrzunehmen. Sie wollen gerade nicht durch den Staat gelenkt werden, da hierdurch auch ihre Möglichkeiten beeinflusst werden, über eventuell entstehende Gewinne frei zu verfügen. Damit stehen Unternehmen jedoch in der Selbstverantwortung für ihr Kapital und dessen Wertentwicklung. Auch die Mitarbeiter sind in ihrer Arbeit nicht komplett fremdbestimmt, auch sie haben Freiheiten, sich weiterzuentwickeln. Gerade die Sichtweise von Mitarbeitern als Humankapital zeigt hier Optionen mit allseitigen Nutzenwirkungen auf: Für die Mitarbeiter ergeben sich Chancen der (positiven) individuellen Weiterentwicklung in Form von Lernen und Motivation. Für die Unternehmen ergeben sich umgekehrt Chancen der (positiven) Unternehmensentwicklung, wenn das Niveau des Wissens und das allgemeine Niveau der Mitarbeiterbindung und des Mitarbeitercommitments steigen.

Weg von der Verantwortungslosigkeit – hin zur gesellschaftlichen Verantwortungsübernahme! Unternehmen stehen immer stärker unter dem normativen „Zwang", konkrete Nachweise zu erbringen, dass sie ihrer gesellschaftlichen Verantwortung nachkommen. Das – durch die Vereinten Nationen angestoßene und in der Europäischen Union und damit auch in Deutschland forcierte – Postulat der *Corporate Social Responsibility* fordert von privatwirtschaftlichen Unternehmen unter Verzicht auf gesetzliche Vorschriften freiwillige Beiträge zur nachhaltigen, ethisch verantworteten Gestaltung der unternehmerischen Lebenswelt. Eine Möglichkeit für Unternehmen, dieser Verantwortungsübernahme unternehmensintern nachzukommen, ist das Zeigen von Transparenz im Umgang mit seinen Mitarbeitern. Hierzu gehört der glaubwürdige Nachweis, dass ein ernsthafter Umgang mit Mitarbeitern nicht nur in Hochglanzbroschüren behauptet wird, sondern dass dieser auch tatsächlich stattfindet. Hierzu gehört auch der überprüfbare Nachweis des konsequenten Einlösens von entsprechenden Versprechen, beispielsweise eine Kopplung nachhaltiger Humankapitalentwicklungs-Zielgrößen an Zielvereinbarungs- und Vergütungssysteme.

Die zeitgemäße Sicht von Humankapital läuft damit darauf hinaus, dass Menschen kein Kanonenfutter entfesselter Börsenspekulanten darstellen. Unternehmensseitige Verantwortlichkeiten für Humankapital zu fordern und zu institutionalisieren stärkt die Freiheit der Mitarbeiter, im Arbeitsleben ihre persönliche Entwicklung verfolgen zu können. Der Mitarbeiter ist der Mittelpunkt einer erfolgreichen und ethisch verantworteten Wirtschaft.

Freiheit 3: Humankapitalbewertung zur Schaffung zeitgemäßer Wettbewerbsfähigkeit

Die Kernfrage des Überlebens von Unternehmen lautet: Wie lässt sich in einer globalisierten Wirtschaft die Wettbewerbsfähigkeit optimieren, so dass das langfristige Bestehen eines Unternehmens gesichert wird? Die Antwort lautet: Nur ein professioneller Umgang des Unternehmens mit seinen wertvollen Ressourcen – und hier insbesondere mit seinen Mitarbeitern – kann zur Bestandssicherung führen.

Zu einer freiheitlichen Sicherung der Überlebensbasis von Unternehmen gehört die Annahme, dass Unternehmen über ihre Ressourcen verfügen können und dazu deren konkreten Werte sowie Wertveränderungen im Zeitablauf kennen müssen. Dies setzt zwingend eine Messung voraus – idealerweise in der Recheneinheit, die der Wirtschaft zugrunde liegt: Geld. Es gibt in der betriebswirtschaftlichen Personalforschung mittlerweile erprobte Instrumente, die genau dies leisten, so beispielsweise die vom Verfasser mit entwickelte Saarbrücker Formel.

Humankapital ist ein betriebswirtschaftlicher Erfolgsfaktor, der strategische Wettbewerbsvorteile begründet. Den Mitarbeitern wird unmittelbar die wettbewerbsentscheidende Rolle zugesprochen. Unternehmen müssen heutzutage in der Lage sein, personelle Risiken abzuschätzen und eine Auskunft zu geben, inwieweit das Unternehmen dauerhaft mit dem vorhandenen Humankapital rechnen kann. Dort, wo Unternehmen zu Übernahmekandidaten geworden sind, spielt bei der Ermittlung des Kaufpreises der Wert des immateriellen Vermögens eine zentrale Rolle. Insgesamt nimmt der Erfolgsdruck auf das Personalmanagement spürbar zu und verlangt nach einer monetär-quantitativen Entscheidungsgrundlage.

Unternehmen müssen damit nicht nur ihr Sach- und Finanzkapital pflegen, sondern auch immaterielle Vermögenswerte wie Marken, Patente und Mitarbeiter. Mitarbeiter, die Säulen eines Unternehmens in der Wissens- und Dienstleistungsgesellschaft, sehen sich häufig mit expliziten oder impliziten Drohungen der Unternehmensleitungen konfrontiert, in Entlassungswellen aus dem Unternehmen geschwemmt zu werden. Die angestrebte Kostenreduktion birgt allerdings die Gefahr, dass mit der Welle zugleich wertvolles Humankapital aus dem Unternehmen gespült wird – vielleicht sogar mehr, als es die Kostenersparnis wert wäre. An dieser Stelle beginnt eine betriebswirtschaftlich-fundamentale Diskussion um die Rolle der Mitarbeiter in der strategischen Unternehmensplanung. Vereinfacht ausgedrückt sind für manche Unternehmen die Mitarbeiter primär Kostenfaktoren, die es zu minimieren (und damit abzubauen) gilt. Dagegen steht das moderne personalwirtschaftliche Leitbild: Mitarbeiter stellen einen wesentlichen Wert und einen entscheidenden Wettbewerbsvorteil dar, den Unternehmen mit geeigneten personalwirtschaftlichen Maßnahmen optimieren können. Professionelle Personalarbeit ist in diesem Leitbild eine Investition in die Ressourcen des Unternehmens – verbunden mit der Erwartung, dass sich diese Investition auch amortisiert. Wenn Unternehmen hierfür Selbstverantwortung übernehmen wollen, müssen sie auch bereit sein, eine Investitionssteuerung durchzuführen, die mit Hilfe der Humankapitalbewertung bereits heute möglich ist.

Dass man den Wert des Humanvermögens eines Unternehmens ermitteln darf, gilt als weitgehend unstrittig – wie auch bei anderen immateriellen Vermögensgegenständen. Hierbei stellt die Beachtung einiger ethischer Grundnormen sicher, dass eine Humankapitalbewertung den Mitarbeitern nicht schadet, sondern nutzt: So bietet es sich an, als kleinste Bewertungsebene Beschäftigtengruppen anstatt einzelner Mitarbeiter vorzusehen, damit es zu keiner diskriminierenden Beurteilung von einzelnen Mitarbeitern kommt („gläserner Mitarbeiter"). Humankapitalwerte „pro Kopf" sind so höchstens als Durchschnittswerte ermittelbar. Zudem müssen Mitarbeitervertretungen in unternehmensinterne Bewertungen eingebunden werden und die Angemessenheit des verwendeten Bewertungsparadigmas bewusst reflektiert werden.

Was ist nun der Humankapitalwert eines Unternehmens? Im Gegensatz zum Finanzkapital handelt es sich beim Humankapital nicht um ein Eigentumsrecht des Unternehmens, sondern lediglich um ein eingeschränktes Nutzungsrecht an den Mitarbeitern. Aus den damit zusammenhängenden Besonderheiten ergeben sich mehrere Konsequenzen für eine Humankapitalbewertung:

- Humankapital kann in der normalen Bilanz von Unternehmen nicht gleichwertig mit anderen Vermögenswerten auftauchen, die als vollwertiges Eigentum des Unternehmens ausgewiesen werden. Daher ist ein separater Ausweis notwendig, etwa in betrieblichen Personalberichten.
- Mitarbeiter können das Unternehmen verlassen, aber auch in ihrer Wissensqualität und ihrer allgemeinen Motiviertheit entweder nachlassen oder aber zunehmen, wodurch Humankapital eine schwankende Potenzialgröße ist.
- Das Bewertungsergebnis spiegelt immer auch die jeweilige Personalstrategie eines Unternehmens wider, die den Umgang mit dem zu nutzenden Humanvermögen vorherbestimmt.

Humankapital als der in Geldeinheiten ausgedrückte Wert einer Belegschaft ist demzufolge zwingend ein Ertragspotenzialwert, der sich losgelöst von der Idee messen lässt, für welche Arbeit die vorhandenen Mitarbeiter eingestellt wurden. Entscheidend ist nur, welche Eigenschaften sie zum Zeitpunkt ihrer Bewertung aufweisen – also ob die vorhandenen Mitarbeiter in ihrem Beruf wertschöpfend eingesetzt werden könnten – wenngleich sich schlechter Einsatz demotivierend und damit wertmindernd auswirkt. Der Humankapitalwert ergibt sich auch zwingend immer losgelöst vom erzielten Umsatz und Gewinn – wenngleich beides durchaus auf die Leistungsbereitschaft und damit den Humankapitalwert wirkt. Die zentrale Stärke der Humankapitalbewertung liegt also darin, dass sie das Humankapital unabhängig von den Unternehmenserträgen und nicht ausschließlich auf Basis der Personalkosten misst. Somit ist es nicht nur möglich, dass Humankapitalwerte von Personalkosten oder Unternehmensgewinnen abweichen können: Es ist vielmehr beabsichtigt, diese Abweichungen als Warnfunktion zu nutzen.

Ausschlaggebend für die Überlebenswahrscheinlichkeit von Unternehmen ist aber nicht nur der absolute Wert des Humankapitals, sondern gerade auch dessen Veränderung im Zeitablauf. Steuerungsgrößen wie der Mitarbeiterbestand, Personalentwicklung und eine Veränderung der Leistungsbereitschaft durch Motivation führen zu einer Veränderung des Humankapitalwertes. Hieraus lassen sich Strategien für Unternehmen ableiten: Wo muss das Motivationsmanagement verbessert werden? Wo ist in Schulungen zu investieren? Steigert das Einstellen von Mitarbeitern den Wert des Humankapitals oder sind Entlassungen notwendig? Unternehmen können sogar im Rahmen eines Personalabbaus eine Humankapitalvernichtung vermeiden, wenn sie ethisch verantwortungsvoll mit den freizusetzenden Mitarbeitern umgehen und dadurch die verbleibenden Mitarbeiter nicht nachhaltig demotivieren.

Die zeitgemäße Unternehmenssteuerung verzichtet nicht auf die Bewertung von Humankapital, sondern nutzt dessen bewusste Gestaltung als Chance, die Wettbewerbsfähigkeit zu steigern. Betriebliches Humankapital zu bewerten stärkt die Freiheit der Unternehmen, sich in der Zukunft ihre wirtschaftliche Unabhängigkeit zu bewahren.

Fazit

Humankapital birgt eine Fülle freiheitlicher Chancen zur Stärkung der sozialen Marktwirtschaft unter den Bedingungen der modernen Arbeitswelt. Diese Chancen können nicht nur genutzt werden, sie müssen genutzt werden!

Ulf Poschardt

Freiheit und Kultur

Die Freiheit der Kunst

„Protect me from what I want" ließ die amerikanische Künstlerin Jenny Holzer auf einem ihrer LED-Bänder durch Galerien und Museen leuchten. *Truisms*, Binsenweisheiten, nannte sie derlei dialektische Sprüche, die eben genau das nicht waren: Binsenweisen. Im Gegenteil: Diese Sprüche beschäftigten sich nicht selten mit dem spannungsvollen Verhältnis von Freiheit, Begierden, Wünschen und Unfreiheit. Einer ihrer Kollegen, Mathew Barney setzte sich physisch fast unüberwindliche Hürden, um in entlegene Ecken seines Ateliers Freiheitliches zu zeichnen. Samuel Beckett schließlich schafft mit Murphy einen Helden, der nackt auf einen Schaukelstuhl gefesselt ist und den diese Erstarrung in die Reflexion zwingt.

Die Kunst und die Literatur (wie auch alle anderen Kunstformen) des 20. Jahrhunderts haben sensibel auf die Bedrohung der Freiheit wie die vermeintliche Herausforderung eines *Anything goes* der Postmoderne reagiert. Ihr Sensorium für drohende Unfreiheit oder künftige Befreiungen nahm politische Emanzipation ebenso oft vorweg wie den Terror von Diktaturen und Scheindemokratien. Künstler verstehen sich seit Beginn der Neuzeit zumeist als Herolde und Vorkämpfer von Freiheitsrechten – auch und gerade, weil diese Freiheit ihr Schaffen erst möglich macht. Schillers Diktum von der Kunst als Tochter der Freiheit ist ebenso oft zitiert wie immergültig, wenn es um die enge Verflechtung und Durchdringung von Freiheitssehnsucht und künstlerischem Ausdruck geht. Für eine Partei, die sich der Freiheit verschrieben hat, sind das gute Voraussetzungen, wenn nicht die Ideologien der Unfreiheit im 20. Jahrhundert ein besonders große Verführungskraft auf Künstler und Intellektuelle gehabt hätten. Ralf Dahrendorf hat mit den „Versuchungen der Unfreiheit" jene Irrungen und Wirrungen der klügsten Köpfe im 20. Jahrhundert nüchtern und kühl referiert. Obwohl er nur von Geisteswissenschaftlern und von jenen Grenzgänger zwischen Theorie und Politik spricht, skizziert er das Schicksal der russischen Konstruktivisten und italienischen Futuristen, von Brecht und Benn, Heiner Müller und

Salvador Dali mit. Ganz so leicht, darf Freiheit und Kultur nicht verwechselt werden. Lediglich in einer idealistischen Kunst erscheint die Freiheit unhintergehbar und gibt eine normative Tendenz vor.

In der Kultur (hier im engeren Sinne als jene „höhere" Kultur des Geistes wie Sprache, Kunst, Wissenschaft, Religion etc) haben sich unterschiedliche Freiheitsbedürfnisse und –rechte ineinander verknäult: Die Freiheit der Kunst, die der Künstler wie die des Betrachters (bzw. des Rezipienten) und schließlich als eine Art Grundvoraussetzung jene freiheitliche Verfasstheit der westlichen Welt, die eine geschützte Blüte auch ungehöriger, wilder und provokativer Kunst erst zulässt. Dennoch muss an dieser Stelle – vielleicht etwas ernüchternd – eingeschoben werden, dass die unbeugsamste Wertschätzung der Freiheit und ihre poetische Verklärung nicht zuletzt von jener Kunst ausgestrahlt wird, die selbst Opfer von Unfreiheit ist oder werden könnte. Oder aber jene Kunst, die nach der Beendigung einer Diktatur einer tief empfundenen Befreiung Ausdruck verleihen kann wie die „Movida" in Spanien nach dem Ende des Franco-Faschismus.

Darüber hinaus – und hier finden Liberale zurück zum fast ungebrochenen Idealismus – identifiziert die Kunst auch in offenen Gesellschaften Befreiungspotenzial. Die Künste als Seismographen jedweder gesellschaftlicher Verhärtungen und staatlicher Gängelung erspüren Missstände auch dort, wo die Politik noch keine Wahrnehmungstentakel installiert hat. Deshalb muss sich eine freiheitliche Politik für die Kunst nahezu zwangsläufig interessieren, auch wenn sich die Kunst derlei Instrumentalisierungen entziehen will. Hinzu kommt der für den Liberalen bestimmende Reflex, staatliche Gängelung oder Intervention stets zu problematisieren. Dieser Reflex ist bei Eingriffen in die Kulturlandschaft besonders aktiv.

Der Vorbehalt Subventionen gegenüber erscheint einem großen Teil des Kulturbetriebes suspekt. Vielleicht auch deshalb hat die sozialdemokratische und mitunter großzügige Kulturausgabenpolitik derart viele Freunde gefunden. Viele kulturelle Biotope verdanken ihr Selbstbewusstsein dem Tropf: Nicht von Mäzenen und Sponsoren, sondern von einem Abstraktum namens „Allgemeinheit", der oft genug in ein Mandat umgedeutet wird, für diese Allgemeinheit zu sprechen – oder noch reizender: anstatt dieser zu sprechen.

Die moralische Schmerbäuchigkeit vieler vermeintlich freier Projekte, die von öffentlicher Hand durchgebracht werden, hat mit der Abstraktheit der Produktionsbedingungen zu tun. Häufig werden Gefälligkeiten mit Subventionen auch erkauft. Die Töpfe des Bundes und der Länder haben mitunter bizarre

Umarmungen jener Kultur hervorgebracht, die sich am lautesten vom Leben der Steuerzahler und ihrer kapitalistischen Existenz distanzieren. Darüber zu diskutieren, wäre in jedem Fall ein Vergnügen. Was natürlich nicht heißen soll, dass linksradikales Theater aus politischen Gründen entsubventioniert werden muss. Nur: Es sollte wieder gefragt werden dürfen, ob diese Art von E-Kultur für ein elitäres, akademisches Publikum automatisch subventionswürdig ist.

Natürlich kann es einer liberalen Partei nicht um einen Anti-Elitenpopulismus gehen. Vielmehr muss die Anspruchshaltung eines Teiles der Kulturindustrie, die sich ganz auf staatliche Förderung verlässt, verändert werden. Dieser Anspruch ist mit einem Institutionen-Opportunismus verknüpft: Dieser deformiert die Kunst nachhaltiger wie jeder Marktmechanismus. Ästhetische und intellektuelle Abschleifungsprozesse geraten deftiger (weil selten tabuisiert) als beim Markt.

Der Erfolg zeitgenössischer Kunst, aber auch einiger Filme ohne Förderung, zeigen, dass öffentliche Gelder nicht zwangsläufig zu mehr und besserer Kultur führt. Liberale Kulturpolitik soll die Förderung nicht automatisch kürzen, sondern deren Routine und die hüftsteife Biederkeit als Ergebnis dieser Kulturpflege reflektieren. Dabei bieten sich Anknüpfungspunkte zu jenen Künstlern, Galeristen, Produzenten, Literaten und Bühnenbetreiber, die ohne Steuergelder auskommen. Deren Verdienste könnte stärker gewürdigt werden: Von der Untergrund-Hausbesetzer-Band bis zu Kunstmesse-Innovatoren wie die der ABC in Berlin.

Die Freiheit des Künstlers

Die Produktionsform des Künstlers ist stark individualistisch geprägt und trägt in sich eine liberale Allergie gegen Bevormundung und Lenkung. Insofern lässt sich in vielen Werken zeitgenössischer wie klassisch moderner Kultur ein liberaler Überzeugungskern isolieren, ohne diesen mit dem Ganzen des Künstlers zu verwechseln. Joseph Beuys gibt so einen interessanten Fall ab. In seinem Werk, das die Grenzen zwischen Kunst und Politik stets in Frage stellte, offerierte er der Freiheit eine zentrale Rolle. Es gibt wohl keinen Begriff, den Beuys häufiger verwendet und thematisiert hat. Freiheit war für Beuys ein individueller Impuls, das Handeln aus selbstbestimmten Motiven zu vollbringen. Der Freiheitsimpuls solle den Einzelnen dabei zu höheren Formen der Mündigkeit und Selbstbestimmung führen. Obwohl Beuys dies sehr stark mit der anthroposophischen Lehre Steiners und einem schwärmerischen Naturmystizismus versetzt, gehört die Selbstsetzung des Menschen als freiem Individuum seine Konzentration. Dabei changieren die Ansichten von Beuys zwischen national-libertären und romantisch-kollektivistischen Ansichten. Die Beuyssche Idee, dass jeder Mensch ein Künstler sei, beinhaltet jedoch jenen radikal liberalen Gedanken, dass Leben und Schaffen jedes Einzelnen in größtmöglicher Freiheit geschehen sollte – und zudem eine Art ästhetische Innovation die konsequente Modernisierung aller Bereiche der Gesellschaft mit sich bringen müsse. „Wer nicht selber denkt, fliegt raus" markierte als beuysscher Imperativ dessen radikal individuelle Konzeption von Aufklärung. Seine Arbeiten hat Beuys einmal als „Freiheitswissenschaft" bezeichnet. Der Weg von Beuys zu den Grünen ist Ende der 70er Jahre aufgrund seiner zum Teil angestaubten Volksgedanken und einer Sympathie für einen idealistischen Sozialismus folgerichtig.

Dennoch lohnt sich die Auseinandersetzung mit der Beuyschen Idee der sozialen Plastik und einer visionären Erkenntnis der Bedeutung der *Creative Class* für die Zukunft der westlichen Gesellschaft. Das „Jeder ist ein Künstler" nahm das *Do it yourself* des Punk voraus und diese Emanzipationsbewegung wiederum bereitete den Boden für eine unvergleichliche Erfolgsgeschichte der *Creative Class* in Großbritannien. Wenn man so will, waren Margaret Thatcher und Johnny Rotten, der Sänger von den *Sex Pistols*, Agenten einer libertären Rebellion an zwei verschiedenen Fronten. Die radikale Deregulierung und Privatisierung von Thatcher bedeutete auch eine Schwächung des Obrigkeitsstaates und seiner Gesetzeswut. Das *Anarchy in the UK* von den *Sex Pistols* beschrieb diesen neuen Zustand des Umbruchs und klagte ihn kulturell ein. Die kleinbürgerliche Enge des Kulturverständnisses von Thatcher hat verhindert, ihre Modernität zu erkennen. Wie nahe sich Punk und Thatcher waren wird erst in Figuren wie dem libertären Bourgeois Boris Johnson anschaulich, der als Tory-Kandidat Londoner Bürgermeister wurde mit einer Frisur und einer Unverschämtheit, die zwischen Sid Vicious und Oscar Wilde changierte.

Zurück ins weniger bourgeoise, hoch romantische Deutschland: Beuys erkannte, dass nur aus der Kreativität des Menschen heraus sich die Verhältnisse ändern können. Schon zu Zeiten der Studentenbewegungen distanzierte sich Beuys von dem Extremismus der Studenten und ihrer Verklärung von Massenmördern und Diktaturen. Obwohl selbst ein Idol vieler Studenten blieb er in seiner libertären Rebellion stets allen Verlockungen totalitärer Ideologien ebenso skeptisch wie ablehnend gegenüber.

Beuys Weg in die Politik war zwangsläufig. Sein pädagogisches Ideal, alles allen erklären zu wollen, vertäute sein oft mystisches, erdnahes Schaffen mit einem aufklärerischen Wollen, das bis in seine letzten Stunden ungebrochen blieb: als Künstler, als Professor und dann als Politiker der Grünen. Beuys hätte Kulturpolitik als Politik durch Kultur ersetzt – wohl deshalb haben ihn die Realos von seinem Listenplatz bei der Bundestagswahl 1980 gestrichen. (Heute hängt eine relativ geschmacksarme Fotoarbeit mit dem Antlitz von Beuys als Erinnerung an den Geist des Aufbruchs in den Fraktionsräumen der Grünen in NRW.)

Die Beuysche Idee der „sozialen Plastik" grundierte die Arbeit an einer besseren Gesellschaft mit einem schöpferischen Prozess, der Politiker und Künstler verbindet. Damit eröffnete Beuys der Kulturpolitik eine neue Perspektive, die Kultur und Politik zu Früchten eines Stammes machten. Beuys' Wirken war eine Gegenthese zur Verwaltungsarbeit der Kulturpolitik, die deren wichtigste Exponenten in der Bundesrepublik im Augenblick verkörpern. Dem radikalen Pragmatismus einer weitest gehend entideologisierten Politik kann nur schwer ein ästhetischer Widerstand entgegengesetzt werden: Die Zeiten sind nicht danach. Oder doch?

Liberale Kulturpolitik

Kulturpolitik kennt zwei Ausrichtungen: ein pragmatisches Expertentum auf der einen – und ein ästhetisch-intellektuelles Projekt auf der anderen Seite. Während der erste Kulturstaatsminister der Bundesrepublik Michael Naumann eher der Tradition eines französischen Ästhetizismus und Intellektualismus wie bei André Malraux und Jacques Lang verfolgte, gemäßigt tat dies auch der gelernte Kulturpolitiker und Philosoph Julian Nida-Rümelin, gelang es den Nachfolgern Christina Weiß und gerade amtierend Bernd Neumann, das Amt zu versachlichen. Was nicht nur einen Gewinn für die Bedeutung der Kultur in der Politik bedeutet.

Gelungene Kulturpolitik muss stets beides sein: Intellektuell-ästhetisches Projekt wie die administrativ-technokratische Ermöglichung und Unterstützung der Kultur durch alle Instanzen politischer Entscheidungsgewalt. Die stark föderale Grundtendenz der Kulturpolitik hat den Kulturdezernenten zu einer zentralen Figur jener Durchdringung von Geist und Verwaltung gemacht. Es waren vor allem gestandene Sozialdemokraten wie Hilmar Hoffmann in Frankfurt oder Hermann Glaser in Nürnberg, die mit ihrer Arbeit Weltanschauung lebendig machten. Gerhard Schröders Schachzug, im Wahlkampf 1998 das Amt eines Kulturministers zu versprechen, elektrisierte den Kulturbetrieb über die oft genug schon rot-grün denkenden und wählende Fraktion hinaus. Es war ein Bekenntnis zur Kultur, die dem rot-grünen Projekt eine Identität und ästhetische Statur gab, und Wählerstimmen bei jenen, die davon besonders profitierte.

Bürgerliche Kulturpolitik, auch die liberale, hat derlei Erfolge weniger vorzuweisen. Auch wenn Figuren wie Walter Rathenau und Gustav Stresemann als liberale Intellektuelle die Weimarer Republik geprägt haben und ein Theodor Heuss sicherlich auch als ästhetischer Denker von Rang gelten durfte, blieben insbesondere in der Bundesrepublik bürgerliche Politik (und ihre Anhänger) und geistige Welt einander misstrauisch bis ablehnend gegenüber. Guido Westerwelles Liebe zur zeitgenössischer Kunst, die wesentlich authentischer sein mag, als sie bisher kommuniziert werden konnten, haben ebenso wie die verdienstvolle Etablierung der Kultur im Grundgesetz als Ziel der Partei aufhorchen lassen. Aber darüber hinaus steht die FDP mit ihren Bemühungen wohl noch am Anfang.

Das ist eine Chance. Eine Chance auf mehr liberale Authentizität, die ausgerechnet jener Partei helfen könnte, die seit gut einem Jahrzehnt als besonders kühle und berechnende Vertreterin von Wirtschaftsinteressen wahrgenommen wird. Die bemerkenswert defensive Ausrichtung der FDP was Werte abseits des Fiskalischen betrifft, macht deutlich, wie groß das Bedürfnis einer in den letzten Wahlen durchaus erfolgreichen Partei ist, das Andere ihrer Vernunft aufscheinen zu lassen. Die Werte der Liberalen scheinen in der Polarisierung der politischen Auseinandersetzung gegen den sozialdemokratischen *Mainstream* abgetaucht zu sein. Die FDP hat sich auf ihre ökonomische Expertise verknappt: In der Rolle des marktfreundlichen Gegengiftes gegen den grassierenden Etatismus.

Eine kulturelle und intellektuelle Aura, wie sie die Grünen umgibt, wiederum bietet eine vorzügliche Kur gegen diese Wahrnehmung. Mit dem Bundespräsidenten Theodor Heuss hatte die FDP einen Staatsmann, der als Bundespräsident Klügeres zur zeitgenössischen Kunst Mitte der 50er Jahre sagen konnte als so mancher Kritiker oder Theorieprofessor. Heuss versucht dabei keine liberale „Agenda" zu verfolgen, sondern ließ mit seinem Verständnis anschaulich werden, wie sehr er sowohl in der Kunstgeschichte und ihren letzten Verästelungen zuhause ist, wie auch in den ästhetischen Umbrüchen der Gegenwart. Indem sich der Erste Mann im Staate mit abstrakter Malerei und Industriearchitektur auseinandersetzt verortet er sein Koordinatensystem auch außerhalb jenes schon damals enger werdenden Korridors des politischen Diskurses. Heuss galt nicht als bürgerlicher Politiker, weil er bürgerliche Politik betrieb, sondern weil er als Bürgerlicher Politik betrieb. Und nur, wer einen derart ausdifferenzierten und reflektierten Werte- und Wissenshorizont sein Eigen nennt, kann sich ohne Aufplusterungen in der bürgerlichen Welt des späten 19. wie auch des frühen 20. Jahrhunderts verankern. Die Authentizität des Interesses an zeitgenössischer wie klassischer Kunst beim Bundespräsidenten erscheint rückblickend nahezu unwirklich. Diese leicht kulturpessimistisch anmutende Einschätzung gilt auch für die anderen Parteien, denen mit dem Ableben von Denkern wie Carlo Schmid oder Peter Glotz jede intellektuelle Disposition zu entgleiten droht. Vielleicht liegt es aber auch an den Intellektuellen, die für eine politische Karriere zu bequem und für eine Ochsentour durch die Partei zu fein geworden sind.

Kunst und Bürgertum

Die Frage, was Kunst darf, ist einfach beantwortet: Grundsätzlich darf sie alles. Geschützt durch das Grundgesetz und gepflegt durch bürgerliche Liberalität, scheint die Freiheit der Kunst selbstverständlich geworden. Die Freiheit der Kunst verfasst einen diskursiven Raum, in dem die Gesellschaft in größtmöglicher Offenheit und ohne jedes Tabu über sich nachdenken kann. Die freien Künste, die Literatur, das Theater, der Film und die Musik haben in einer Jahrhunderte langen Emanzipationsbewegung in westlichen Demokratien einen Ort der freien Rede und des freien Gedankens entstehen lassen, der Grundvoraussetzung einer pluralistischen Gesellschaftsordnung geworden ist. Die Freiheit der Rede und des Ausdrucks sind einer der wichtigsten Prüfsteine für die freiheitliche Verfasstheit eines Landes.

Insofern ist der Kampf für die Freiheit der Kunst nicht nur ein Teil der bürgerrechtlichen Identität des Liberalismus, sondern bietet ebenfalls einen Hinweis auf eine normative Substanz von Außenpolitik. Wer Kultur als Staatsziel im Inland fordert, muss sich für die Freiheit der Künste auch im Ausland bemühen. Der Grad an Freiheit für Künstler und Kulturschaffende würde die Ordnung der

Welt in Freund und Feind erleichtern. Auch hier würde die Interessenpolitik idealistische Sporenelemente erhalten, welche die Kernüberzeugungen des Liberalismus handlungsweisend machen könnte.

Wesentlich pragmatischer erscheint danach der Blick auf die lebensweltliche Freiheitskonzeption, die liberale Politiker, Wähler, Sympathisanten und Kulturschaffende verbindet. Der Künstler ist als eine Art Berufsbild bzw. Gesellschaftsteilnehmer im Laufe der Neuzeit und insbesondere in der Moderne zum Idealtypus einer freien Existenz verklärt. In kitschigen Romanen und Filmen gilt der Künstler abwechselnd als leidender Existenzialist mit großer Unverstandenheit oder als ein lebenslustiges Geschöpf mit viel Wein, Sex und eruptivem Schaffensdrang. In der Gegenwart führt die Popularität der Kunst zu einer Idealisierung des Künstlers. Sie stehen, wie der Kulturtheoretiker Diedrich Diederichsen erklärt, „allgemein natürlich für ein angemesseneres Leben: intensiver, unmittelbarer, sexueller. Im Affektkapitalismus wollen plötzlich alle so sein. Etwas intensiv zu erleben ist wichtiger, als was man gerade erlebt."

Die Boheme ist längst ein Leitmilieu für Teile des Bürgertums geworden. Amerikanische Autoren benannten diese Variationen bürgerlicher Lebensform Bobos (*Bohemian Bourgeois*). Sie verbinden kapitalistische Berufspraxis mit einer lebensweltlichen Imitation der Künstlerexistenz. Noch knapper formuliert: Sie kombinieren den Ernst der bürgerlichen Erwerbstätigkeit mit dem Spaß des weitgehend tabulosen Künstler(nacht)lebens. Bemerkenswerterweise geschieht dies zu einem Zeitpunkt, wo viele Künstler bewusst Abstand genommen haben, von jener bacchantischen Lebenskonzeption. Bands wie Kraftwerk gingen mit Anzug und Aktentasche in Studio um elektronische Tanzmusik zu schaffen, Andy Warhol schuf mit der *Factory* eine Art Werkstatt, die eher an eine Kulturmanufaktur als an einen Genierummel erinnern wollte. Heute betreiben Künstler wie Thomas Demand, Olafur Eliason oder Jeff Koons reibungslos schnurrenden Kunstfabriken und mimen den bürgerlichen Mittelständler in seiner fortschrittlichsten Form.

Im Kulturbetrieb vermischt sich bürgerliche Möchtegern-Boheme mit der echten Boheme. Kunst- und Kulturvereine bilden Schnittstellen und Begegnungsforen. Für bürgerschaftliches Engagement sind die Kunst- und Kulturvereine Inkubationsherde für eine wechselseitige Durchdringung von unterschiedlichen Weltverständnissen und Lebensentwürfen. Kaum ein Land in Europa hat eine derart reiche und anspruchsvolle Landschaft an bürgerschaftlich organisierten Orten der Kulturvermittlung zu bieten wie Deutschland.

Anders als die staatlich – zu Recht – geförderte Museums-, Opern- und Literaturhaus-Kultur und anders auch als die von den Sozialdemokraten stets geförderte und privilegierte Stadtteilkultur, die vor allem der Sozialpolitik dient, kommen die Kunst- und Kulturvereine Deutschlands aus der Mitte der Gesellschaft und demonstrieren oft, wie aufgeschlossen, modern und weltläufig das deutschen Bürgertum auch in vermeintlich provinznahen Städten wie Coesfeld, Dülmen, Hildesheim, Wrodow oder Zwickau ist. Die Kunstvereine waren vom späten 18. Jahrhundert an Wegbereiter und Emanzipationsagent für das sich formierende Bürgertum. Die in der ersten Hälfte des 19. Jahrhunderts gegründeten Kunstvereine wollten die Gegenwartskunst und ihre Vermittlung nicht allein dem autoritären Staat und dessen Repräsentations- und Reflexionsbedürfnissen überlassen, sondern sorgten sich um eine unabhängige Wahrnehmung der Kunst außerhalb der bisher geltenden Vermittlungsinstanzen, zu denen neben dem Staat bis in das 20. Jahrhundert auch die Kirche gehörte.

Da Kunstvereine ihre Vorstände frei wählten, bildete sich in ihnen der Entwicklungsprozess der Gesellschaft gut ab. Während sich Museen der Sammlung von Kunst widmen und Galerien mit Kunst handeln, hatten und haben sich, so können Interessierte der Homepage kunstverein.de entnehmen, die Kunstvereine als *Non-Profit*-Institutionen ausschließlich der Vermittlung von Gegenwartskunst verschrieben.

Liberale Kulturpolitik benötigt einen neuen Zugang zur Gegenwartskultur und zur Kulturgeschichte. Die Emanzipationsbewegungen der letzten 100 Jahre bieten einen Fundus unorthodoxer Freiheitsvorstellungen und -meditationen. Dies schließt insbesondere Jugend- und Subkulturen ein. Bisher haben es bürgerliche und liberale Intellektuelle wie Organisationen kaum oder nur ungenügend verstanden, sich um die Emanzipationsverdienste jugendkultureller Umbrüche zu bemühen: Dabei geht es darum, sie aus sich heraus zu verstehen und ihre innovativen Energien einem Blick zu unterwerfen, der nicht einer (politischen) Marketing-Instrumentalisierung entspricht.

Um nicht allzu weitschweifig zu agieren, könnte diese Auseinandersetzung 1968 mit einer Positivanalyse jener Modernisierungen beginnen, welche die Studentenrebellion der Bundesrepublik beschert hat. Der Anti-68er-Affekt ist ebenso nachvollziehbar wie kurzsichtig. Doch gerade die hohen Sympathiewerte für die rotgrüne Regierung bei der Ablösung Helmut Kohls 1998 hatte eine Referenz in den elegant mehrheitsfähig gemachten Biographien von Gerhard Schröder und Joschka Fischer. Ihre Verknüpfung mit der ästhetischen wie gesellschaftlichen Wucht der 68er-Rebellion verhalf der später eher überraschungsarm ge-scheiterten Koalition zu einem fast glänzenden Start. Ihre Authentizität hatte kulturelle Wurzeln, die gegenüber einem überholten Helmut Kohl und schließ-lich einem weitgehend biederen Edmund Stoiber 2002 selbst bei bürgerlichen Wählern verfing. Weder die Union noch die FDP konnte sich mit dem Moderni-tätsschub von 1968 personell identifizieren: Dies war nicht nur ein Vorteil. In-sbesondere bei der FDP ist dies ein strategischer Fehler, war die FDP doch auch in Opposition zur Großen Koalition von Kiesinger Teil des Protestes, wenn auch in gemäßigter und eher bürgerlicher Form.

Als Eckensteher aller Aufbrüche der letzten Jahrzehnte haben sich die Libe-ralen eines sozialen wie ästhetischen Kraftfeldes verschlossen: Von Punk, einer zutiefst libertären Rebellion, bis zur individualistisch-hedonistischen Rave- und Techno-Bewegung. Die Geschichtsschreibung dieser Jugendkultur wurde linken Kulturwissenschaften und *Cultural Studies* überlassen. Liberaler Kulturpolitik fehlen Exponenten und Institutionen, die jene Verzerrungen und Ideologisierung zumindest problematisieren können. Mehr noch: Sie stehen diesen fremd gegen-über. Die Deutungshoheit über Jugendkulturen ist zur Gänze einer unoriginel-len linken Exegese überlassen worden.

Dabei sind viele Subkulturen längst Erfolgskulturen geworden. Der avan-cierte Kapitalismus fühlt sich nicht nur in ihnen heimisch, sondern rekrutiert dort seine künftigen Führungskräfte und Kreative. Zudem entstanden im Umfeld der Jugendkulturen seit dem Beginn der Popkultur kreative Berufe und technologi-sche Experimente, die mit der *Dotcom*-Ökonomie und im zweiten Schub mit Web 2.0 abseits „nerdiger" Subkulturen die Produktionsverhältnisse verschoben. Alle Sparten kultureller Produktionen bieten an ihren exponierten Front Schnitt-mengen zu anderen Feldern gesellschaftlicher Produktion.

Die Zukunft einer Hochlohnland-Volkswirtschaft wie Deutschland ist eng mit der Weiterentwicklung kultureller und ästhetischer Standards verbunden. Der Aufstieg der kreativen Klasse bietet für liberale Kulturarbeit geradezu vorbildli-che Bedingungen: Sie werden bisher kaum genutzt.

Aufgrund der demographischen Entwicklung des Landes wird das Werben um so genannte *High Potentials* im globalen Wettbewerb bedeutend: Auch hier hilft eine vitale und originelle kulturelle Landschaft um Heimatkonzepte zu schaffen, die abseits archaischer Folklore funktionieren. Am Golf und in Asien lässt sich beobachten wie selbst undemokratische Staaten wie China die Freiheitskorridore der Kultur nutzen um für inspirierende Arbeitsbedingungen für Nicht-Chinesen zu sorgen, deren Unterstützung man dringend benötigt

Die kulturellen Ressourcen sind unerschöpflich und erfreulich erneuerbar. In einem rohstoffarmen Land wie Deutschland dienen sie der Sicherung des Wohlstandes. In der Selbstbeschreibung als Kulturnation sollte vor allem ein Anspruch an sich selbst gestellt werden, der so auch für das Wirtschaftssystem galt. Das kulturelle Selbstverständnis definierte auch die politische Ausrichtung des Landes.

Ein im klassischen Sinne liberales Kulturverständnis blieb nach 1933 minoritär. Die so genannte Gerechtigkeitskultur hat in Europa, insbesondere in Deutschland die Idee einer Erfolgskultur vertrieben. Das kollektivistisch dräuende Solidaritätsgehabe hat den Individualismus marginalisiert. Er taucht nur mehr in den Schrumpfformen postmoderner Lebensroutinen auf, die konsumistischen Hedonismus mit Selbstverwirklichung verwechseln.

Liberale Kulturpolitik muss anders als bürgerlich-konservative Kulturpolitik die Ästhetik des Anderen dort glaubhaft vermitteln können, wo dessen progressiver Gestus zur Auseinandersetzung zwingt. Das Bürgertum ist heute selbst Subkultur geworden und hat die Lyotardsche postmodern linke Idee des *Patchwork der Minderheiten* längst adaptiert. Die kulturelle Landschaft, in der sich auch breite Teile der Mittelschicht bewegen, schillert seit knapp zwei Jahrzehnten in vielerlei Glanz. Das fortschrittlich liberale Bürgertum entwickelt eine Neigung, den Korridor bildungsbürgerlicher Interessen stets zu überdehnen: gegen den drohenden *Ennui* in der ewigen Wiederkehr des Gleichen und doch der Sehnsucht nach Stabilität verpflichtet. Die Kultur der Gegenwart bietet dazu hervorragende Möglichkeiten.

Während die Kanonisierung der Kultur sowohl von links wie rechts angestrebt wird, bietet eine Anti-Orthodoxie im Umgang mit Milieus und Strukturen, auch den anti-freiheitlichen, die Chance auf eine Fixierung auf Qualität. Liberale müssen dort hin, wo es im Zweifelsfall für die eigenen Ansichten unangenehm werden kann: Jener bürgerliche Reflex muss gemildert werden, der sich dem in der Kultur – trotz aller Tendenzen zur Verbürgerlichung -Unangenehmen zu entziehen versucht, weil es den inneren Kompass verstört. Das Wesen des Liberalen ist es, das Andere mitdenken zu können: aus Selbstbewusstsein und Souveränität heraus. Anders als eine linke und auch altmodisch konservative Kulturpolitik fühlt sie sich nicht ständig angegriffen. Zudem muss der freiheitliche Anspruch auch dort Freiräume zulassen, wo absehbar ist, dass dort auch nicht bürgerliche Kultur entstehen kann – im Vertrauen auf deren viraler Fortschritts-produktion müssen diese Räume auch Städtebaulich zugelassen werden – bis die ersten Tendenzen zur Verfeistigung einsetzen.

Während sich die sozialdemokratische Kulturpolitik stets mit einem ideolo-gischen Hintergrund der Kultur annäherte und ihr in vielerlei Formen einen ge-sellschaftlich emanzipatorischen Funktionszwang aufnötigte, der die soziale Frage mitbedachte, blieben auch jene Formen „volksnaher" Kultur unbeachtet, die unter dem Generalverdacht der kulturindustriellen Verblendungsmaschine standen. Im Koordinatennetz zwischen Stadtteil- und Arbeiterkultur, sozialem Realismus und sozialistischem Internationalismus und Multikultur sedierte sich ein enges Kulturverständnis, das heute nicht schlecht von der aquarellierenden oder trommelnden Genossin Oberstudienrätin ausgefüllt wird.

Kontrastierend dazu orientiert sich bürgerlich konservative Kulturpolitik um die Vermittlung klassischer Kulturkonzepte und jenen Trutzburgen der Hochkul-tur auf offizieller Seite und auf lokaler Ebene stark (und überaus verdienstvoll) um die Pflege von Brauchtum und Heimatkultur. Zudem gelang es Kulturminis-ter Neumann, den deutschen Film umfassend zu fördern. Angemerkt werden muss, dass erzliberale CDU-Kulturpolitiker wie Christoph Stölzl längst die en-gen Vorgaben eines bürgerlichen Konservatismus hin zu einer liberalen Grund-haltung aufgegeben haben. Im Sinne eines bürgerlichen Projektes dürfte es zwi-schen Union und FDP kaum unüberwindliche Positionen geben.

Brach liegend jedoch ist eine profunde Kenntnis der Popkultur zwischen Fernsehserien, Musikvideos und Internetrealitäten. Insbesondere in Deutschland beliebte amerikanische Fernsehserien von *Friends* über <u>Sex & the City</u> bis *Dr. House* bieten ein weites Feld zum Studium freiheitlich gewählter Ich-Konzepte. Ein anderes Feld, in dem die FDP kulturelles Profil gewinnen könnte, wäre mit einer Förderung jener Schnittstellen zur Naturwissenschaft, die seit gut einem Jahrzehnt Künstler wie Naturwissenschaftler elektrisiert. Auch hier fände eine liberale Kulturpolitik, die für eine weitreichende Freiheit der Forschung in Deutschland eintritt, bei Neuroästhetikern und Biophilosophen dann Zuspruch, wenn liberale Kultur- wie Forschungspolitik den engen, deutschen Korridor aus Ressentiment und Bevormundung hinter sich ließe um vor allem Forschung zu ermöglichen, anstelle sie am Gängelband des Staates zu halten.

Die Überlegungen gelten einem denkbar wuchtigen Begriff wie dem der Staatsästhetik. Wie soll unser Land künftig aussehen? Der immer noch wütende Karl-Heinz Bohrer hat über Jahrzehnte die provinzielle Staatsästhetik gegeißelt.

Die Mausesgräue der Bonner Republik war nach Ansicht des feingeistigen Liberalen Resultat einer mutlos verwichtelten Ausdrucksschwäche. Die Physiognomie der Republik sei dadurch entstellt. Mehr noch: Der objektiven Mangel in der Staatsästhetik ist mit der Stillosigkeit der Staatsbürger verkoppelt. Bohrers Ästhetizismus wiederum bringt dies mit einer in der Stillosigkeit aufscheinenden Charakterlosigkeit zusammen. 2007 stimmt er sich nach Jahrzehnten im Exil in London und Paris versöhnlich: In Berlin würde etwas entstehen, was der Stillosigkeit entgegentritt. Etwas Eigenes.

Ein fortschrittliches kulturelles Klima verstärkt die sich gerade formende Stilvielfalt Deshalb muss eine liberale Politik im Zweifelsfall auch für jenes Schimmern der Oberfläche sichere Sensorien der Stilbildung entwickeln, die gemeinhin als trivial denunziert werden. Die breite und immer noch wachsende Akzeptanz dieses neudeutschen, neusachlichen Stils in Design, Mode und Architektur strahlt längst von Berlin in die entlegensten Teile der Provinz – und in das Ausland.

Kultur als Alltagskultur entwickelt sich in einer freien und wirtschaftlich erfolgreichen Gesellschaft unbeirrt. Der bürgerliche *Ennui* treibt den Stil voran. Deutschland hat dabei viel nachzuholen: Insbesondere in Stilfragen gelang des dem bundesrepublikanischen Egalitarismus nicht, eine Poesie zu entwickeln, wie das in Skandinavien oder den Niederlanden gelang. Dabei sind die Traditionen mit dem Werkbund und dem Bauhaus gegeben. Der Erfolg einer Gesellschaftsordnung lässt sich auch an den Oberflächen dieser Gesellschaft ablesen: Die Attraktivität des Gesellschaftsmodel definiert sich mitunter gemäß den selben ästhetischen Kriterien wie jenen eines modernen Kunstwerks oder Kulturproduktes.

Nicht die ästhetische Programmatik der Kulturpolitik ist entscheidend, sondern deren Sensorium für die Phänomenologie des Alltags: dem ästhetischen Kontext aller Kultur im Land. Alles hat eine Form: Jede politische Entscheidung gibt eine Form vor, insofern ist das politische Handeln auch kulturell verkoppelt. Eine ästhetische Kompetenz setzt dabei Akzente, so wie das Ludwig Erhard mit seiner reflektierten Verehrung des Architekten Sep Ruf tat und damit den Stil der jungen Bonner Republik vorgab.

Vom Denkmalschutz und den Museen bis zu den Laboratorien der Gegenwart gilt es Tentakel für das ästhetische Potenzial des Landes zu entdecken. Kaum etwas strahlt schöner, als etwas befreites, von Freiheit durchdrungenes, eine lichte Soziale Plastik. Etwas, das unser Land werden könnte.

Olaf Kühne

Wissenschaft und Politik – Überlegungen zu einem Verhältnis gegenseitiger Verantwortung

Unter den zahlreichen Beschreibungen der Gesellschaft der Gegenwart, wie postmoderne Gesellschaft, postindustrielle Gesellschaft, Erlebnisgesellschaft, Weltgesellschaft usw., hat eine Beschreibung besondere Resonanz in Politik, Wirtschaft, Kultur und öffentlicher Meinung gefunden: die Wissensgesellschaft. Diese Diagnose reflektiert einerseits den erheblichen Ausbau von Wissen produzierenden Strukturen und Institutionen in den vergangenen etwa 100 Jahren, andererseits das Prinzip des Vertrauens auf die Problemlösungsfähigkeit systematisch gewonnenen Wissens. Insbesondere die Erzeugung, aber auch die Diffusion von Wissen wird in der Wissensgesellschaft im Wesentlichen von der Wissenschaft getragen (Maasen 1999). Diese Verwissenschaftlichung der Gesellschaft hat – dem Wissenschaftssoziologen Peter Weingart (2003, 15) zufolge – dazu geführt, dass „wissenschaftliches Wissen als letzte Instanz bei der Lösung von Problemen nahezu aller Art gilt". Durch diese zentrale Bedeutung von Wissen ist es zu einem Faktor gesellschaftlicher Reproduktion geworden wie Geld und Macht, ein Faktor, der sich in andere Faktoren transformieren lässt. Allerdings lässt sich Wissen lediglich dann in Macht oder Geld transformieren, „wenn es sich um exklusives Wissen handelt: Wissen, das der eine hat und der andere nicht hat, aber braucht" (Paris 2003, 42).

Mit diesem Bedeutungsgewinn von Wissen in der Gesellschaft stellt sich die Frage nach dem Verhältnis zwischen Politik als Trägerin der legitimen Vertretung von Gesellschaft und der Wissenschaft als Trägerin (neuen) Wissens. Insbesondere aus Sicht des Liberalismus, der um eine ausgewogene Balance der unterschiedlichen gesellschaftlichen Teile wie Politik, Wirtschaft, Verwaltung und Wissenschaft bemüht ist, stellt sich die Frage, wie eine solche Balance, die ein hohes Maß an Handlungs- und Entscheidungsfreiheit in den einzelnen Teilen der Gesellschaft voraussetzt, beeinträchtigt ist bzw. werden kann. Ein zentrales Element der Balance zwischen den einzelnen Teilen der Gesellschaft, die sich im Zuge der Modernisierung der Gesellschaft entwickelt haben und nach jeweils eigenen Funktionsmustern agieren, ist das Prinzip der Verantwortung. Verantwortung setzt die Fähigkeit und die Möglichkeit voraus, in Freiheit gemäß dem eigenen Willen zu handeln und die Folgen dieses Handelns zu berücksichtigen (Jonas 1988). Dem Prinzip einer kollektiven Verantwortung gegenüber den übrigen gesellschaftlichen Systemen liegt dabei auch das Prinzip der Reziprozität zugrunde. Ein Teil einer Gesellschaft in einer modernen Gesellschaft kann nicht ohne die übrigen Teile existieren: Ohne Wirtschaft würden Politik, Verwaltung und Wissenschaft die finanziellen Ressourcen, ohne Politik der Wirtschaft, Verwaltung und Wissenschaft der institutionelle Handlungsrahmen fehlen. Das Prinzip der gegenseitigen Verantwortung wird jedoch (zumindest partiell) unterminiert von den Eigengesetzlichkeiten der einzelnen gesellschaftlichen Teile, die primär an der Funktion des eigenen Teils der Gesellschaft und nicht an dem der gesamten Gesellschaft ausgerichtet sind. Im Folgenden wird diese Thematik vertiefend aufgegriffen, indem auf die Eigengesetzlichkeiten der Wissenschaft eingegangen und im Anschluss daran das konfliktäre Verhältnisse von Politik, Administration und Wissenschaft vor dem Hintergrund der daraus erwachsenden Herausforderungen (und Gefahren) für die Gesellschaft analysiert wird. Ein anschließendes Fallbeispiel zum Klimawandel und seiner Kommunikation in Wissenschaft, Öffentlichkeit und Politik soll zur Illustration dieses Konfliktes dienen. Anstelle eines Fazits werden schließlich Schlüsse aus liberaler Sicht gezogen und Anforderungen an ein am Prinzip der Verantwortung orientiertes Verhältnis – insbesondere von Politik und Wissenschaft – formuliert.

Die Eigengesetzlichkeit der Wissenschaft

Wie die anderen Teile der Gesellschaft auch, verfügt auch die Wissenschaft über ein spezifisches Belohnungssystem: Reputation. Reputation wird dabei – gemäß dem Soziologen Niklas Luhmann (1990) – auf Grundlage des für die Wissenschaft gültigen Codes von wahr und unwahr vergeben, während beispielsweise das politische System über den Code Macht innehaben und keine Macht innehaben funktioniert. Reputation wird dem gemäß über wissenschaftliche Verdienste vergeben. Damit bedeutet Reputation – nach innen wie außen – besondere Glaubwürdigkeit, „und Glaubwürdigkeit verschafft besondere Aufmerksamkeit, die sich in die Zuweisung von Ressourcen übersetzen lässt" (Weingart 2003, 23). Diese Zuweisung von Ressourcen wiederum kann in die Wissensproduktion (und deren Verteilung) investiert werden, wodurch neue Reputation und damit neue

Aufmerksamkeit entsteht, ein Selbstverstärkungseffekt. Aus diesem so genannten „Matthäus-Effekt" wird Arbeiten reputierter Autoren von reputierten Universitäten und außeruniversitären Forschungseinrichtungen eine besondere Aufmerksamkeit zuteil – auch für weniger bedeutsame Arbeiten.

Ein wesentliches Mittel der Verteilung von Reputation ist die Publikation von Beiträgen in renommierten Publikationsorganen (insbesondere Fachzeitschriften, aber auch Sammelbänden, Monographien in Fachverlagen). Die Publikationsmöglichkeiten in diesen Organen sind ein knappes Gut und bestimmt als soziales Anerkennungsverfahren von „vornherein die Struktur der Selbstanerkennung" (Popitz 1992, 118). Das Machtgefälle, in angesehenen Fachzeitschriften zu publizieren oder die Publikation verweigert zu bekommen, ist in häufig anonymisierten *peer-review*-Verfahren institutionalisiert. Dessen eigentliche Aufgabe besteht darin, die wissenschaftliche Kommunikationsgemeinschaft „vor unsinnigen, falschen und auch betrügerischen Beiträgen" (Weingart 2003, 33) zu schützen. Als *peers* werden von den Herausgebern von Publikationen dabei in der Regel Wissenschaftler mit hoher Reputation berufen, um damit Aufmerksamkeit auf die eigene Publikation (insbesondere Zeitschrift) zu binden. Die immanente Gefahr, dass sich die in *peer-review*-Verfahren zum Ausdruck kommende Reputation der *peers* in illegitime Macht verwandelt, bezeichnet Weingart (2003) als das größte Risiko der Wissenschaft. Illegitime Macht äußert sich beispielsweise darin, Beiträge mit missliebigem bzw. kritischem Inhalt unter dem Schutz der Anonymität abzulehnen, um so zwar die eigene Reputation zu schützen, aber den wissenschaftlichen Fortschritt zu blockieren und – was noch schwerer wiegt – die Freiheit der wissenschaftlichen Forschung einzuschränken. Diese Einschränkung hat zur Folge, dass bestimmte Themen aus dem Blickfeld wissenschaftlicher Betrachtung fallen (vgl. Kühne 2008). Dieser Prozess wird nicht zuletzt dadurch verstärkt, dass der Zugang (insbesondere zu unbefristeten) Stellen auf der Akkumulation von Reputation beruht, für die die Publikation von Beiträgen in *peer-reviewen* Publikationsorganen von zentraler Bedeutung ist. Diese Autoritätsbeziehung beruht dabei auf einem zweifachen Anerkennungsprozess (Popitz 1992, 29): „Auf der Anerkennung der Überlegenheit anderer als die Maßsetzenden, Maßgebenden und auf dem Streben, von diesen Maßgebenden anerkannt zu werden, Zeichen der Bewährung zu erhalten". Das Streben nach Zeichen der Bewährung lässt sich mit Pierre Bourdieu (1983) als Institutionalisierungsarbeit beschreiben und wird durch Schriftstücke, die den erreichten Status darstellen (insbesondere Promotions-, Habilitations- und Ernennungsurkunden), die Einladung zu lange verwehrten internen Fachtagungen, die Berufung in Akademien etc. dokumentiert. Dabei wird ein Loyalitätszuwachs gegenüber der eigenen Profession und ihren Institutionen dokumentiert, die sich auch in der Aufnahme von Zitierkartellen als Anerkennungsmuster äußert (Hard 1971).

Akzentuiert lässt sich mit Weingart (2003: 72) hinsichtlich der solchermaßen selektiv produzierten „Wahrheit" feststellen: „Der Erfolg von Wissenschaftlern, Wissen zu produzieren, ist nicht durch die ‚Wahrheit' dieses Wissens und seine Überzeugungskraft zu erklären. Vielmehr bedarf es des geschickten Manipulierens des jeweils relevanten Netzwerks heterogener Einheiten, wie Personen, technischer Artefakte und natürlicher Objekte, um die ‚Unterstützung' für die eigenen Ziele zu sichern. Nur wenn das Netzwerk stabilisiert werden kann, erhält das als wahr behauptete Wissen (z.B. eine Theorie) soziale Geltung". Diese Aussage dokumentiert eine erhebliche Entfernung der Wissenschaft von ihrem gesellschaftlich zugewiesenen Auftrag, Wahrheit von Nicht-Wahrheit zu unterscheiden und damit dass der übernommenen Verantwortung gegenüber den übrigen Teilen der Gesellschaft vielfach unzureichend nachgekommen wird.

Das Verhältnis von Politik, Administration und Wissenschaft und die Herausforderungen für die Zivilgesellschaft

Das Agieren von Wissenschaft ist heute – wie bereits hinsichtlich der Generierung von Ressourcen angedeutet – nicht allein auf das wissenschaftsimmanente Prinzip der Reputation zu reduzieren. Vielmehr ist Wissenschaft in ein System von strategischen Allianzen, Öffentlichkeit, Politik, Forschungsförderung und anderem eingebunden (vgl. Latour 1999). In den vergangenen Jahrzehnten hat sich dabei ein fundamentaler Wandel in der Art Wissenschaft zu betreiben vollzogen: War der vormals verbreitete Modus 1 der Wissensproduktion durch die Trennung von Grundlagen- und Anwendungsforschung geprägt, vollzieht sich zum Übergang zu Modus 2 die Mischung zu einer anwendungsbezogenen Grundlagenforschung (Gibbons et al. 1994). Die stärkere gesellschaftliche (insbesondere politische) Einbindung der Modus 2-Wissenschaft bedeutet zwar einerseits eine Erweiterung der Rechenschaftsbasis von Wissenschaft (Nowotny 2005), vergrößert aber auch den Einfluss von wissenschaftlichen Experten auf politische Entscheidungen, „und sei es nur in der Weise, dass es ihnen die zusätzliche Legitimität der Rationalität und der ,Objektivität' verschafft" (Weingart 2003: 92). Dabei kommt – Pierre Bourdieu (1992, 71) zufolge – den Wissenschaften „im Kampf der Vorstellungen [...] der aus gesellschaftlicher Sicht als wissenschaftlich, das heißt als wahr anerkannter Vorstellung, eine spezifische Kraft zu, die demjenigen, der über wissenschaftliches Wissen – über die soziale Welt – verfügt oder zu verfügen scheint, das Monopol auf den legitimen Standpunkt zu, auf die sich selbsterfüllende Prophezeiung verleiht".

Dadurch erhält wissenschaftliche Expertise eine politische Bedeutung, ohne dass sie den Anforderungen an die Funktion und den Spezifika des politischen Systems genügen würde, schließlich findet sich zwischen sektoralen wissenschaftlichen Schlussfolgerungen, Empfehlungen und öffentlichen Interesse bisweilen eine hohe Diskrepanz. Expertise ist transgressiv, das bedeutet, „dass alle ExpertInnen ihre wissenschaftliche Kompetenz überschreiten müssen, weil ihnen Fragen gestellt werden, die nicht ihre eigenen sind" (Nowotny 2005, 37). Um ein überspitztes Beispiel zu nennen: So kann die Renaturierung des Oberrheins zu einem verwilderten Gewässer aus Sicht des wissenschaftlichen Naturschutzes sicherlich wünschenswert sein, den Bedürfnissen der Öffentlichkeit würde eine Umsetzung solcher Planungen jedoch nicht entsprechen. Wesentlich schwerer als die Selektivität der Wahrnehmung und Partikularität der Eigeninteressen wissenschaftlicher Expertise ist „eine ständige potenzielle Bedrohung der anderen, primären Legitimationsbasis [...], nämlich des durch Wahlen dokumentierten Willens des Volkes" (Weingart 2003, 92).

Auf der anderen Seite findet sich aber auch eine zunehmende Abhängigkeit der Wissenschaft von der Politik: War der wissenschaftliche Experte in der Zeit von Modus 1 existenziell und hinsichtlich seines sozialen Status in seinem Urteil weitgehend unabhängig von der Politik, wird er in der Zeit der Wissensproduktion nach Modus 2 vielfach existenziell wie auch hinsichtlich seines sozialen Status von Drittmittelgebern sowie der Politik in Form wissenschaftlicher Expertise abhängig, womit durchaus eine Einschränkung des Denkbaren einhergehen kann (Kühne 2008).

Das Verhältnis von Wissenschaft und Politik wird noch dadurch verkompliziert, dass es häufig nicht durch einen unmittelbaren Austausch geprägt ist, sondern administrativ vermittelt ist. Bei der administrativen Transmission des Verhältnisses von Politik und Wissenschaft kommt es zur Einspeisung der Eigeninteressen der Verwaltung, wobei diese Einspeisung, nicht in der Neigung der Experten in der Verwaltung zum Verrat gründet, „sondern in ihrer ambigen Mittelstellung, in der sie sich auf Dauer nur halten können, wenn sie sich selbstständig nach allen Seiten verhalten" (Sofsky/Paris 1994, 164). Insbesondere bei akademisch Gebildeten innerhalb der Verwaltungen findet sich Loyalitätskonflikt: Einerseits gegenüber der politischen Führung, andererseits gegenüber den Fachkollegen, insbesondere den akademischen Lehrern, von denen der sich akademisch Bewährende schließlich anerkannt werden will (Kühne 2008).

Wissenschaftliche Expertise kann also nicht als objektives Instrument der Politikberatung gelten. Hierzu sind die (auch existenziellen) Eigeninteressen von Wissenschaftlern zu groß (geworden).

Das Beispiel des Klimawandels

Infolge der zunehmenden Komplexität der Gesellschaft ist auch das Verhältnis von Mensch und Umwelt einer Komplexitätssteigerung unterworfen. Dieses Verhältnis von Gesellschaft und Umwelt ist– trotz steigendem Forschungsaufwand – zunehmend von Unsicherheit, Nicht-Wissen und „hypothetischen Risiken" (Fischer 2005, 111) geprägt. Ein gegenwärtig als zentral wahrgenommenes Thema im Spannungsfeld von Wissenschaft, Politik, Verwaltung, veröffentlichter Meinung und Öffentlichkeit ist der globale Klimawandel und die daraus zu ziehenden Konsequenzen. Bereits auf der Ebene der Experten lässt sich ein Dilemma beobachten: Aufgrund der komplexen und vielfach rückgekoppelten Mechanismen der Stabilisierung der Temperatur der Erdatmosphäre bei gleichzeitig Jahrzehnte dauernden Standardmessperioden (Klimadaten werden in 30-jährigen Beobachtungsintervallen gewonnen) und bereits eingeleiteten oder noch einzuleitenden Gegenmaßnahmen treffen die Prognosen der Expertinnen und Experten mit hoher Wahrscheinlichkeit nicht zu (vgl. Funtowicz/Ramirez 1990). Ein öffentlicher Legitimitätsverlust der Wissenschaft wird damit – es sei nur um die Prognosen der 1980er Jahre hinsichtlich des so genannten Waldsterbens für das Jahr 2000 erinnert – wahrscheinlich: Wird die Gefahr der globalen Erwärmung besonders plastisch dargestellt, und es treten innerhalb kürzerer Zeit keine Veränderungen auf, gilt die Prognose als unnötig alarmierend, wird hingegen seitens der Wissenschaft auf eine plastische Darstellung verzichtet, gerät sie in Kritik, sie käme ihrer öffentlichen Verpflichtung nicht nach (Weingart 2001).

Im Prozess der Kommunikation in die Öffentlichkeit vollzieht sich ein Wettbewerb um die Deutungshoheit hinsichtlich der Fragen – in diesem Beispiel des globalen Klimawandels – von Ursache, Wirkung und zu ziehenden Konsequenzen. Dabei insistieren die Beteiligten auf dem Primat ihrer spezifischen Wahrnehmungen (Weingart/Engels/Pansegrau 2008, 155): „die Wissenschaft auf der ‚Wahrheit' ihres Wissens, die Politiker darauf, dass das Wissen entscheidungsrelevant und d.h. verlässlich sein müsse, und die Journalisten auf der Notwendigkeit, das Wissen verständlich und d.h. kurz und einfach zu präsentieren". Um Kontrolle über den Kommunikationsprozess zu erlangen nutzt die Politik häufig ihre Macht- und Finanzressourcen aus, indem nationale oder internationale Wissenschaftsexpertise systematisch aufgebaut wird, so dass das zum Entscheidungsprozess zugelassene Wissen verknappt und nahezu monopolisiert wird. So hat die Einrichtung des IPCC (*Intergovernmantal Panel on Climate Change*) – unabhängig von dem Wahrheitsgehalt der vertretenen Thesen – ein politisch betriebenes Deutungsmonopol zum Klimawandel geschaffen, das es erschwert, alternative Deutungsmuster und Handlungsstrategien in den Prozess der politischen wie öffentlichen Kommunikation einzuspielen (Weingart/Engels/ Pansegrau 2008).

Anstelle eines Fazits – Forderungen eines verantwortungsvollen Verhältnisses von Politik, Wissenschaft und Gesellschaft

Ein liberaler Zugang zu Wissenschaft – und darüber hinaus zum Verhältnis von Wissenschaft und Politik und noch allgemeiner von Wissenschaft und Gesellschaft – kann nicht von Beschränkungen, Gesinnungen, einem rücksichtslosen persönlichem oder kollektiven Egoismus geprägt sein, sondern muss vielmehr am Prinzip der von Max Weber (1919) herausgearbeiteten Verantwortungsethik orientiert sein: Im Bewusstsein um die Verantwortung um das eigene Tun muss der verantwortungsethisch Handelnde rational die potenziellen Folgen des eigenen Handelns einschätzen, indem Mittel, Ziele und Werte abzuwägen sind. Aus diesem Prinzip der Verantwortung von Wissenschaft und Politik als Teile der Gesellschaft ergeben sich konkrete Folgerungen:

- Die Ergebnisse öffentlich finanzierter Wissenschaft müssen der Öffentlichkeit zugänglich sein.

- Eine den Prinzip der Verantwortungsethik folgenden Wissenschaftsförderung muss kritisch gegenüber der Gleichsetzung von Wichtigkeit einer spezifischen Forschung und öffentlicher Aufmerksamkeit sein.

- Wissenschaftsförderung muss auch die ökonomischen wie wissenschaftlichen Opportunitätskosten bedenken und sich die Frage stellen, welche Auswirkungen die Förderung eines Themenkomplexes für andere Themenkomplexe hat.

- Eine verantwortungsethisch orientierte Politik darf nicht aus Gründen der einfacheren Durchsetzbarkeit aufgrund der scheinbaren Legitimation durch wissenschaftliche Expertise dieser ohne eingehende Prüfung der berechtigten Interessen der übrigen Gesellschaft folgen, sondern kritisch abwägen, schließlich ist die einzige Legitimationsbasis einer demokratischen Gesellschaft das Volk.

- Über die Relevanz von Wissenschaft dürfen nicht allein Wissenschaftler entscheiden. In die Ausrichtung von Forschung und Wissenschaft müssen Laien stärker eingebunden werden, die kein unmittelbares Interesse an der Verlagerung in eine bestimmte Richtung haben und somit weder der politischen Rationalität des Machtgewinns noch der wissenschaftlichen des Rationalitätsgewinns unterliegen.

- Politik muss sich der Eigenrationalität und den Eigeninteressen der sektoralen Wissenschaften bewusst sein. Wissenschaftliche Expertise, die eine Einschränkung von Grundrechten (insbesondere persönlicher Freiheit) fordert, muss aus liberaler Sicht insofern hinterfragt werden, ob die formulierten Ziele nicht auch durch alternative Mittel zu erreichen sind (so stellt sich die Frage, ob nicht langfristige Anpassungsmaßnahmen an der Klimawandel Freiheit weniger einschränken als Vorbeugungsstrategien). Politik muss auch die Eigenrationalität der eigenen Administration bedenken; auch hier stellt sich die Frage der Vorselektion von Alternativen gemäß eigener Macht- und Anerkennungsinteressen.

- Insbesondere bei komplexen Problemen mit hoher Unsicherheit muss eine auf verantwortungsethischen Grundsätzen basierenden Politik darauf verzichten, Experten in der Öffentlichkeit politisch einzusetzen, d.h. eine vereinfachende Vorselektion der Deutungsmuster zu betreiben, da dies sowohl zu einem Vertrauensverlust in Politik als auch in Wissenschaft führen kann, wenn sich alternative Deutungsmuster als probater herausstellen.

- Modus 1- Wissenschaft als unabhängige Institution des Strebens nach Wissen darf nicht aus Praktikabilitäts-, Anwendungsorientierungs- und Effizienzkalkül aufgegeben werden; sie kann als unabhängige Instanz zur grundsätzlichen Reflexion von Natur und Gesellschaft dienen.

Eine an Verantwortungsethik ausgerichtete liberale Politik muss die Grundlage für ein freies Spiel der wissenschaftlichen Diskurse legen und darf sich nicht dazu verleiten lassen, die Kontrolle über die Kommunikationsprozesse von wissenschaftlichen Ergebnissen in der Gesellschaft zu erlangen, um damit genehme Deutungen zu monopolisieren. Das Verhältnis von Politik und Wissenschaft muss sich stärker an dem Prinzip der gesellschaftlichen Verantwortung orientieren: Eine liberale Politik muss einen Rahmen der Offenheit für eine am Leitbild der Objektivität orientierte Wissenschaft erhalten bzw. schaffen, deren Ergebnisse wiederum als Grundlage einer ideologie- und vorurteilskritischen Politik dienen müssen.

Bibliographie

Bourdieu, Pierre: Ökonomisches Kapital – Kulturelles Kapital – Soziales Kapital, in: ders. (Hg.), Die verborgenen Mechanismen der Macht, Hamburg 1983, 49-80.

Bourdieu, Pierre: Homo academicus, Frankfurt a. M. 1992.

Fischer, Robert.: Regulierter Rinderwahnsinn. Die Reform der wissenschaftlichen Politikberatung innerhalb der Europäischen Union, in: Bogner, Alexander / Torgersen, Helge (Hg.), Wozu Experten? Ambivalenzen der Beziehung von Wissenschaft und Politik, Wiesbaden 2005, 109-130.

Funtowicz, Silvio / Ravetz, Jerome: Uncertainty and Quality in Science for Policy, Dordrecht 1990.

Gibbons, Martin / Limoges, Camille / Nowotny, Helga / Schwartzman, Simon / Scott, Peter / Trow, Martin: The New Production of Knowledge. The Dynamics of Science and Research in Contemporary Societies, London 1994.

Jonas, Hans: Prinzip Verantwortung, Frankfurt am Main 1988.

Latour, Bruno: Die Hoffnung der Pandora, Frankfurt am Main 1999.

Luhmann, Nikolas: Die Wissenschaft der Gesellschaft, Frankfurt a. M. 1990.

Kühne, Olaf: Distinktion – Macht – Landschaft. Zur sozialen Definition von Landschaft, Wiesbaden 2008.

Maasen, Sabine: Wissenssoziologie, Bielefeld 1999.

Nowotny, Helga: Experten, Expertisen und imaginierte Laien, in: Bogner, Alexander / Torgersen, Helga (Hg.): Wozu Experten? Ambivalenzen der Beziehung von Wissenschaft und Politik, Wiesbaden 2005, 33-44.

Paris, Rainer: Tücken der Macht. Das Beispiel der Politik. in: ders. (Hg.): Normale Macht. Soziologische Essays, Konstanz 2005, 27-60.

Popitz, Heinrich: Phänomene der Macht, Tübingen 1992.

Sofsky, Wolfgang / Paris, Rainer: Figurationen sozialer Macht. Autorität, Stellvertretung, Koalition, Frankfurt a. M. 1994.

Weber, Max: Wissenschaft als Beruf, München 1919.

Weingart, Peter: Die Stunde der Wahrheit? Zum Verhältnis der Wissenschaft zu Politik, Wirtschaft und Medien in der Wissensgesellschaft, Weilerswist 2001.

Weingart, Peter: Wissenschaftssoziologie, Bielefeld 2003.

Weingart, Peter / Engels, Anita / Pansegrau, Petra: Von der Hypothese zur Katastrophe. Der anthropogene Klimawandel im Diskurs zwischen Wissenschaft, Politik und Massenmedien, Opladen/Farmington Hills 2008.

Roland Kirstein

Freiheit und Sicherheit

Es dürfte kaum ein Wertepaar geben, von dem in stärkerem Masse vermutet wird, dass es in einem krassen Spannungsverhältnis steht. Die Freiheit, in Eigenverantwortung Chancen zu ergreifen, macht es normalerweise unvermeidlich, Risiken einzugehen, bringt also genau das Gegenteil von Sicherheit mit sich. Sicherheit bedeutet oft Beschränkungen der Handlungsfreiheit. Dennoch stellen gerade diese beiden Antagonisten gleichermaßen Grundbedürfnisse vieler Menschen dar. Einerseits wollen sie Handlungsfreiheit mit ihren Chancen und Risiken genießen. Auf der anderen Seite lässt die Sorge um die eigene Existenz, um das Wohlergehen von Familie und Freunden, den Wunsch nach Schutz zumindest vor allzu großen Risiken aufkommen.

Manche Liberale benutzen gerne Schlagworte wie die „Vollkaskogesellschaft", um sich über das Sicherheitsstreben von Individuen oder politischen Organisationen zu mokieren. Dieser Beitrag argumentiert, dass der Wunsch des Einzelnen, sich vor Risiken und Gefahren zu schützen, nicht im Widerspruch zu seiner freien Entfaltung steht – genauso wenig wie etwa sein Wunsch, Brötchen oder Milch zu konsumieren. Denn Sicherheit ist ein ökonomisches Gut. Seine Produktion kostet Ressourcen, die auch in anderen Verwendungen Nutzen stiften könnten; Sicherheit wirft also Opportunitätskosten auf. Das gilt für äußere wie innere Sicherheit, für Versorgungssicherheit und soziale Absicherung und schließlich für Versicherungen gegen persönliche Unglücke.

Auf allen diesen Ebenen besteht das politische Problem nicht darin, *ob* wir Sicherheit brauchen: Da sie ein Basisbedürfnis darstellt, besteht Nachfrage, die befriedigt werden sollte, wenn und soweit der dadurch generierte Zusatznutzen den Wert der nötigen Ressourcen übersteigt. Die Frage ist vielmehr, *wie* die Produktion von Sicherheit optimal organisiert sein sollte: staatlich oder privat, per Marktlösung, zentral oder dezentral.

Äußere Sicherheit und geopolitische Verpflichtungen

Deutschland erlebt derzeit die längste Friedensphase seiner Geschichte. Spätestens seit dem Ende des kalten Krieges ist Bedrohung durch äußere Aggressoren kaum noch vorstellbar. Hieraus den Schluss zu ziehen, dass es in Mitteleuropa nie wieder Krieg geben wird, wäre jedoch eine naive Abkehr von der Geschichte. Niemand kann die politischen Konstellationen des Jahres 2078 vorhersagen, genauso wie niemand etwa im Jahre 1871 vorhersagen konnte, dass Deutschland in den folgenden 70 Jahren zwei Weltkriege führen würde. Äußere Sicherheit bleibt also auch im 21. Jahrhundert ein wichtiges Thema. Hinzu kommt, dass Deutschland sich an mittlerweile zahlreichen Brennpunkten der Welt militärisch engagiert. Auch wenn ein ehemaliger Bundesverteidigungsminister behauptet hat, die Verteidigung unserer Freiheit beginne am Hindukusch, so resultieren diese Auslandseinsätze doch eher aus geopolitischen Verpflichtungen als aus den Notwendigkeiten der Landesverteidigung.

Landesverteidigung ist aus mindestens drei Gründen an den Zentralstaat delegiert. Ein juristischer Grund ist das staatliche Gewaltmonopol; niemand will ein hochgerüstetes Militär, dessen Oberbefehlshaber private Manager sind. Die beiden anderen Gründe sind ökonomischer Natur. Zum einen ist Landesverteidigung ein „öffentliches Gut", zum anderen unterliegt seine Produktion „steigenden Skalenerträgen".

Ein öffentliches Gut ist durch zwei Eigenschaften gekennzeichnet: Niemand kann davon abgehalten werden, es zu konsumieren; die Versorgung eines weiteren Nutznießers erhöht nicht seine Produktionskosten. Das ist anders bei einem privaten Gut: Der Ausschluss eines Nichtzahlers vom Konsum eines Brötchens ist normalerweise möglich; einen weiteren Konsumenten mit einem Brötchen zu versorgen, macht es erforderlich, Ressourcen aufzuwenden, um ein weiteres Brötchen zu backen. Für ein Brötchen kann der Hersteller also einen Marktpreis erheben, der die Kosten der Versorgung eines weiteren Konsumenten mindestens deckt. Von erfolgreicher Landesverteidigung profitieren dagegen auch solche Bürger, die keinen Beitrag (sei es finanzieller oder auch persönlicher Art) geleistet haben. Die Kosten der Landesverteidigung hängen vor allem von den geographischen Gegebenheiten des Areals ab, und nicht von der Anzahl der Bürger. Eine Marktlösung kann also nicht funktionieren, weil der Verteidigungsunternehmer keinen Preis erheben könnte (und dies auch gar nicht effizient wäre).

Steigende Skalenerträge liegen vor, wenn die Produktion eines Gutes vor allem Fixkosten aufwirft, wohingegen die zusätzlichen Kosten für eine weitere produzierte Einheit gering sind. Das ist bei öffentlichen Gütern wie der Landesverteidigung grundsätzlich der Fall. Wird ein Gut mit steigenden Skalenerträgen hergestellt, ist es ineffizient, wenn mehrere Produzenten aktiv sind. Effizient ist vielmehr die Produktion durch einen einzigen Anbieter; daher spricht man auch von einem „natürlichen Monopol". Es sollte also sinnvollerweise nur einen Hersteller für das Gut Landesverteidigung geben; Konkurrenz zwischen mehreren Anbietern würde zu Ressourcenverschwendung führen.

Mit dem Wunsch nach einem Gewaltmonopol des Staates erscheint also eine zentrale Produktion des Gutes „Landesverteidigung" sinnvoll. Dieses Prinzip erfordert jedoch nicht zwangsläufig die Errichtung einer Beamten- oder gar Wehrpflichtarmee. Eine Freiwilligenarmee aus staatlichen Angestellten würde dem Charakter der Landesverteidigung als öffentlichem Gut auch gerecht werden. Auch wenn Theodor Heuss die Wehrpflicht als „legitimes Kind der Demokratie" bezeichnet hat, dürften die volkswirtschaftlichen Kosten einer Berufsarmee trotz der damit verbundenen höheren fiskalischen Ausgaben geringer sein.

Auslandseinsätze der Bundeswehr haben dagegen nicht den Charakter eines öffentlichen Gutes. Selbstverständlich könnten „Nichtzahler" vom Konsum ausgeschlossen werden, selbstverständlich erfordern weitere Einsätze (wie auch die Ausdehnung von Einsätzen) eine Erhöhung des Ressourceneinsatzes. Zudem dürften Auslandseinsätze auch keine natürlichen Monopole darstellen – es ist nicht ersichtlich, wieso ein einziges UN-Mitglied den Frieden im Nahen Osten billiger sichern kann als eine Einsatztruppe, die aus mehreren Kontingenten besteht. Es gibt also aus ökonomischer Sicht kaum Gründe, warum der Staat die Beteiligung an UN-Missionen zu seiner eigenen Aufgabe erhebt. Hier wären private Lösungen (unter staatlicher Kontrolle) also denkbar, anders als Im Bereich der Landesverteidigung.

Innere Sicherheit und Rechtssicherheit

Zu den Hauptaufgaben des liberalen Rechtsstaates zählt es, Verfügungsrechte durchzusetzen, also Besitz- und Tauschsicherheit herzustellen. Hinzu kommt das Interesse der Bürger an körperlicher Unversehrtheit. Besitz- und Tauschsicherheit sind notwendige Voraussetzungen für das Funktionieren der Arbeitsteilung. Adam Smith hat Spezialisierung und Arbeitsteilung als die entscheidende Triebfeder gesellschaftlicher Produktivität identifiziert, wichtiger als Rohstoffe oder Boden. Der Ökonomie-Nobelpreisträger Douglas North hat darauf hingewiesen, dass nicht Zugang zu Rohstoffen (in eigenen Vorkommen oder etwa aufgrund der Ausbeutung rohstoffreicher Kolonien) der entscheidende Grund für den heutigen Wohlstand der Industriestaaten ist. Es sind stabile, funktionierende Institutionen, die Tausch- und Besitzsicherheit weitgehend garantieren. Dies ermöglicht einen funktionierenden Kapitalmarkt als Voraussetzung für Ersparnisbildung. So können Firmen Kredite für Investitionen aufnehmen oder große Mengen Eigenkapital sammeln. Niemand wird investieren, wenn er mangels Besitzsicherheit die Früchte seiner Saat nicht genießen darf. Genauso wird in einem System ohne Tauschsicherheit die Bereitschaft gering ausgeprägt sein, sich auf den Beruf zu spezialisieren, den man am produktivsten ausüben kann, wenn man für die Früchte seiner hochspezialisierten Tätigkeit nicht die anderen benötigten Güter eintauschen kann. Ohne Tauschsicherheit müsste jeder Rechtsanwalt oder Schuhmacher selber Gemüse anbauen.

Rechtssicherheit durch verlässliche Institutionen – staatliche wie Polizei und Gerichte, aber auch private wie Kammern und Schiedsgerichte – ist also wünschenswert, weil es stabile Erwartungen zwischen Marktparteien und bei Investoren schafft. Allerdings ist Rechtssicherheit per se wertfrei. Ein korruptes Gericht, ein gieriger Finanzminister schaffen durchaus stabile Erwartungen bei den Bürgern. Rechtssicherheit ist nur dann effizienzfördernd, wenn die rechtssetzenden und rechtsdurchsetzenden Institutionen auch „gerecht" handeln. Mit dem Begriff „Gerechtigkeit" kann in diesem Zusammenhang keine Ergebnisgerechtigkeit gemeint sein, da es dem Gedanken der Rechtssicherheit direkt widersprechen würde, wenn ein Gericht über vertragliche Ansprüche nach Verteilungsaspekten („der Ärmere bekommt Recht") entscheiden würde. Rechtssicherheit und Gerechtigkeit passen nur zusammen, wenn Gerichte die Vertragsfreiheit souveräner Parteien eines Zivilprozesses ernst nehmen. Gerechtigkeit kann in diesem Sinne also nur „Regelgerechtigkeit" bedeuten: Ein Zivilgericht soll, wenn eine vertragliche Regelungslücke zum Streit zwischen Parteien führt, den mutmaßlichen Willen der Parteien ergründen und entsprechend urteilen.

Besitz- und Tauschsicherheit wird nicht nur vor staatlichen Zivilgerichten oder privaten Schiedsgerichten produziert. Auch das Strafrecht soll u.a. Eigentum vor Diebstahl und Betrug schützen. Allerdings stehen die staatlichen Bemühungen in diesem Bereich vor zwei Problemen, einem deutlich sichtbaren und einem versteckten. Deutlich sichtbar wird die Begrenzung staatlicher Mittel, wenn man eine Polizeidienststelle oder eine Justizvollzugsanstalt sieht. Auch reiche Staaten werden es mit begrenzten Ressourcen nicht schaffen, Kriminalität völlig zu beseitigen. Jeder Euro, der in die Kriminalitätsbekämpfung geht, fehlt an anderen Stellen der Gesellschaft, etwa für Kindergärten oder Universitäten. Angesichts dieser Opportunitätskosten muss sich jede Gesellschaft mit positiven Kriminalitätsraten arrangieren (der Ökonomie-Nobelpreisträger Gary Becker prägte für dieses Dilemma den überraschenden Terminus „gesellschaftliche Nachfrage nach Kriminalität"). Obwohl jeder Bürger gerne sicher vor Kriminalität wäre, kann es totale Sicherheit also niemals geben. Allerdings ist Beckers „optimale Kriminalitätsrate" um so niedriger, je kostengünstiger innere Sicherheit produziert wird.

Weniger offenkundig ist das Konkurrenzverhältnis zwischen staatlicher und privater Sicherheitsproduktion. Geldschränke, Alarmanlagen, hohe Zäune, aber auch private Sicherheitsdienste in Einkaufspassagen stellen Alternativen zu staatlichen Bemühungen dar. Private und staatliche Maßnahmen können sich gegenseitig verstärken („Komplemente") oder ersetzen („Substitute"). Beispiel für Komplemente sind Alarmanlagen und Polizeiwachen – die Existenz der einen erhöht die Wirksamkeit der anderen. Beispiele für Substitute sind die private Schutzkraft und die Polizeistreife – kommt eine vorbei, kann die andere wegbleiben (also abgebaut werden oder sich stattdessen anderen Brennpunkten widmen). Die optimale, also kostenminimale Produktion innerer Sicherheit erfordert eine Mixtur, die sorgfältig auf die Verhältnisse zwischen den Inputfaktoren abgestimmt ist.

Ähnlich wie bei der Landesverteidigung erfordert die effiziente Produktion von innerer Sicherheit eine sorgfältige Aufgabenkritik des Staates. Er sollte sich nur in solchen Bereichen engagieren, in denen echte öffentliche Güter hergestellt werden. Private Güter, bei denen Nichtzahler ausgeschlossen werden können und bei denen die Versorgung weiterer Nutzer höhere Kosten aufwirft, gehören nicht in den Aufgabenbereich des Staates. Öffentliche Güter muss der Staat nicht zwangsläufig selbst herstellen; er kann auch private Anbieter lizensieren und entsprechend überwachen.

Dort, wo der Staat selber eingreift, übt er hoheitliche Gewalt aus, der seine Bürger unterworfen sind; er tritt dem Bürger also nicht als Gleichgestellter, sondern als Macht gegenüber. Daher sind an die staatliche Tätigkeit im Bereich der inneren Sicherheit besondere Qualitätsanforderungen zu stellen, die sorgfältiger demokratischer Kontrolle unterliegen müssen. Die wichtigste Qualitätsanforderung ist zwar aus dem Verwaltungsrecht bekannt, sie basiert aber auf einer ökonomischen Abwägung: die Verhältnismäßigkeit. Der Bürger muss sicher davor sein können, dass staatliches Handeln ohne guten Grund bzw. ohne Aussicht auf den gewünschten Erfolg in seine Freiheitsrechte eingreift. Ein gutes Beispiel für die Abkehr von diesem Grundsatz bilden die geplanten Online-Durchsuchungen. Gewiefte Kriminelle werden sich gegen den „Bundes-Trojaner" durch technische Vorrichtungen mühelos wappnen können. Dem BKA diese Handlungsmöglichkeit einzuräumen bringt also keinerlei Ertrag, stellt aber eine Bedrohung für die Freiheitsrechte völlig unschuldiger Bürger dar.

Versorgungssicherheit

In der modernen, arbeitsteiligen Gesellschaft sind nahezu alle Menschen auf eine sichere Versorgung mit Gütern angewiesen, die sie nicht selber herzustellen imstande sind. Strom, Heizung, Wasser, Telefon sind einfache Beispiele. Die Abhängigkeit von funktionierenden Versorgungssystemen geht aber noch weiter. Keiner weiß, ob er am 4. Juni des nächsten Jahres einen Gast zu Frühstück oder einen schweren Schnupfen hat. Aber jeder möchte gerne an so einem Tag ein, zwei Brötchen extra, oder ein gutes Schnupfenmittel erwerben können. Jeder verlässt sich also darauf, dass für seinen unregelmäßig auftretenden Bedarf von Produzenten und Händlern Überkapazitäten vorgehalten werden. Würde der Bäcker seine Brötchen-Produktion am 4. Juni einfach nach den Verkaufszahlen des Vortages ausrichten, fiele das Frühstück für den unvorhergesehenen Gast aus.

Die Existenz von Überkapazitäten ist Unternehmensberatern (oder auch liberalen Politikern) häufig ein Dorn im Auge. Hier liegen Kostensenkungspotentiale sowie Chancen für aggressives *Downsizing*. Jedoch sind Überkapazitäten häufig als Absicherung gegen Nachfrageschwankungen nötig. Wenn der Linienbus oft leer durch Nacht fährt, hat dies durchaus ökonomischen Sinn, weil er für potentielle Nachfrager die Option bereithält, einmal spontan mitzufahren. Ihn abzuschaffen, würde die Bevölkerung einer ländlichen Gemeinde nicht besserstellen. Ihn beizubehalten erfordert allerdings den Einsatz knapper Ressourcen, die an anderen Stellen fehlen. Wenn die Nachfrager Überkapazitäten wollen, dann müssen sie auch dann Beiträge zu ihrem Unterhalt leisten, wenn sie das Gut nicht benutzen. Ihr Optionswert macht Überkapazitäten zu einer Art öffentlichem Gut (der Sitz im Bus ist dagegen ein privates Gut). Ob Bürger bereit sind, für diesen Optionswert Beiträge zu zahlen, sollten sie in einem föderalen System möglichst dezentral selbst entscheiden; die Entscheidung über das Gut sollte idealerweise mit der Finanzierungsentscheidung einhergehen. Die Existenz von Überkapazitäten, die durch Zwangsbeiträge oder Steuern finanziert werden, ist also weder liberal noch illiberal – es kommt vielmehr darauf an, wie lieb und teuer den potentiellen Nutzern die Option auf das Gut ist, und ob die Überkapazität technisch effizient hergestellt wird. Bei dezentraler Entscheidung ist eher gesichert, dass nur solche Überkapazitäten realisiert werden, deren Optionswert höher als ihre minimalen Herstellungskosten sind.

Soziale Absicherung

Sogar Liberale, die sich mit vollem Herzen der Leistungsgerechtigkeit verschrieben haben, können sich in einem Sozialstaat wohlfühlen. Denn das Wirtschaftsgut „soziale Absicherung" hat zunächst wenig mit Umverteilung (also einer der Leistungsgerechtigkeit womöglich widersprechenden Ergebniskorrektur) zu tun. Umverteilung bedeutet, dass einer Gruppe genommen und der anderen gegeben wird. Wer Empfänger, wer Geber ist, hängt nicht vom Eintritt eines Risikos ab. Soziale Absicherung sichert dagegen denjenigen einen Transfer zu, die Pech hatten. Die Zugehörigkeit zur Gruppe der Geber oder der Empfänger steht also nicht bereits von vornherein fest.

Selbst wenn sie gelegentlich ein paar Euro beim Lotto riskieren, sind viele Menschen spätestens dann risikoavers, wenn es um größere Einsätze geht. Ein Akteur ist risikoavers, wenn er es vorzieht, 100 Euro Einsatz zu behalten, anstatt an einer Tombola teilzunehmen, die mit 10% Wahrscheinlichkeit einen Gewinn von 1000 Euro erbringt (wenn die Auszahlung mit 90% Wahrscheinlichkeit Null ist, dann beträgt der Erwartungswert des Gewinns 100 Euro). Der Risikoaverse würde allenfalls dann an der Lotterie teilnehmen, wenn der Einsatz deutlich niedriger (z.B. nur 80 Euro) wäre als der erwartete Gewinn. Die Differenz zwischen dem erwarteten Gewinn einer Lotterie und der maximalen Zahlungsbereitschaft für die Teilnahme nennt man Risikoprämie; bei Risikoaversen ist sie positiv. Risikoaverse sind nur dann bereit, bei einer Tombola einen Einsatz zu wagen, wenn eine genügend hohe Risikoprämie in Aussicht steht. Ein Risikoneutraler ist dagegen indifferent zwischen der Teilnahme an einer Tombola mit Erwartungswert 100 und einem sicheren Geldbetrag in derselben Höhe. Das Risiko ist ihm gleichgültig, seine minimal nötige Risikoprämie beträgt Null.

Im Leben gibt es zahlreiche Lotterien, die nicht Gewinne, sondern Verluste bringen. Autofahrer riskieren, einen Schaden zu verursachen, ein frisch gebautes Haus könnte einem Orkan zum Opfer fallen. Risikoaverse haben eine Zahlungsbereitschaft dafür, solche Verluste abzuwenden. Angenommen, ein Entscheider hat ein Vermögen von 1000 Euro, und ihm droht mit 10% Wahrscheinlichkeit ein Schaden von 100 Euro; bei Eintritt dieses Schadens hat er also nur noch 900. Zwar behält er mit 90% Wahrscheinlichkeit sein gesamtes Vermögen. Aber wenn er risikoavers ist, dann würde er diese risikoreiche Situation gerne vermeiden. Er wäre in einer Situation glücklicher, in der er von vorneherein nur bspw. 980 Euro besitzt, aber keinerlei Verlust droht. Um den erwarteten Schaden von 100 Euro abzuwenden, wäre der Risikoaverse also bereit, bis zu 20 Euro zu zahlen.

Findet der Risikoaverse einen Marktpartner, der risikoneutral ist, so kann ein Handel zwischen beiden zustande kommen: Der Risikoaverse gibt dem -neutralen z.B. 15 Euro, und der Risikoneutrale verspricht, den Schaden von 100 zu übernehmen, sollte dieser eintreten. Dieses Geschäft bringt beiden einen Vorteil: der Risikoaverse muss nur 15 zahlen, um das Risiko vollständig loszuwerden (was ihm 20 wert gewesen wäre). Der Risikoneutrale wäre schon bereit, das Risiko zu tragen, wenn er nur 10 bekommen würde. Versicherungsgesellschaften gelten als Risikoneutral, weil sie eine Vielzahl von Risiken übernehmen können, die sich zum Teil gegenseitig aufheben (oder zumindest voneinander unabhängig sind). Daher bieten solche Geschäfte zwischen Finanzdienstleistern und risikoaversen Privatpersonen Chancen auf beiderseitige Vorteile. Eine Alternative zur Versicherungsunternehmung ist der Risikopool: Eine Gruppe von risikoaversen Menschen schließt sich zusammen und verspricht gegenseitige Schadensdeckung. Ein Beispiel ist das berühmte *Lloyd's Register of Shipping*, das bei seiner Gründung kein Versicherungsunternehmen, sondern ein Risikopool war. Der Unterschied zwischen Versicherern und Pools besteht in der Beitragserhebung: Versicherer kassieren vorab einen Beitrag, aus dem sie die anfallenden Schäden decken. Die Mitglieder eines Risikopools zahlen nur, wenn tatsächlich ein Schaden anfällt.

Der Sozialstaat ist in diesem Sinne eher Versicherung als Pool, denn er erhebt Zwangsbeiträge unabhängig vom tatsächlichen Eintritt eines Schadensrisikos. Ein Pool aus 80 Millionen Bundesbürgern wäre allerdings nur schwer zu organisieren – wann immer ein Mitglied hilfsbedürftig wird, müsste zu dessen Unterstützung der vereinbarte Beitrag eingesammelt werden. Es ist transaktionskostensenkend, hier mit der Versicherungsstruktur zu arbeiten. Die Existenz dieses absichernden Sozialstaats nützt allen Mitgliedern, soweit sie risikoavers sind. Zwar hat jeder ein um die Beiträge gemindertes Einkommen, aber das Risiko eines größeren Einkommensausfalls ist gelindert.

Allerdings kann diese Konstruktion zu Fehlanreizen führen. Wer weiß, dass er versichert ist, wird in höherem Umfang zu risikoreichem Verhalten geneigt sein. Darüber hinaus könnten Mitglieder versucht sein, einen Schadensfall bewusst herbeizuführen. Der Volksmund sagt: Wo es eine Feuerversicherung gibt, brennt es öfter. Zum einen werden manche Scheunenbesitzer weniger sorgfältig mit ihrem Eigentum umgehen, als wenn sie die Folgen ihrer Unachtsamkeit selber zu tragen hätten. Zum anderen gibt es einen Anreiz zum „heißen Abriss". Am Beispiel des Sozialstaats: Die Versicherten könnten geneigt sein, ihr Bemühen um eigenständigen Broterwerb verringern. Eine Feuerversicherung versucht, durch regelmäßige Inspektionen sowie durch Untersuchungen nach Bränden dieses „moralische Risiko" zu vermeiden. Die Sozialversicherung steht bei diesem Versuch vor großen Problemen. So lässt sich kaum kontrollieren, ob die Beendigung eines Arbeitsvertrags tatsächlich durch Kündigung des Arbeitgebers erfolgt ist, so dass ein Versicherungsfall vorliegt, oder nicht doch einvernehmlich vereinbart wurde. Kein Kontrollsystem wird verhindern können, dass der Arbeitsunlustige seinem Arzt erfolgreich vorspielt, Bauchweh zu haben.

Allerdings verweisen diese Probleme eher auf die Frage nach dem *wie*, nicht aber nach dem *ob* des absichernden Sozialstaats. Dessen Risikovermeidungsfunktion kann seinen risikoaversen Mitgliedern selbst dann noch Vorteile bringen, wenn opportunistisches Verhalten Effizienz kostet (solange dieser Effizienzverlust gering ist, der Zugewinn durch Sicherheit dagegen groß). Effizienzverluste durch moralische Risiken fallen umso grösser aus, je größer und unüberschaubarer ein Risikopool oder eine Versicherungsorganisation ist. Bei sehr großen Pools haben die Mitglieder schnell das Gefühl, nur noch für die anderen einzuzahlen. Wer selber einen Versicherungsfall geltend macht, muss einen umso kleineren Teil des Schadens mittragen, je größer der Pool ist.

Kleinere Versicherungsgemeinschaften erlauben also nicht nur eine wirksamere Kontrolle von Fehlverhalten, sondern wirken auch noch moralischen Risiken entgegen. Hier liegt eine liberale Begründung für das Subsidiaritätsprinzip: Soziale Sicherung sollte zunächst auf Gemeinde- statt auf Bundesebene, und zudem eher durch Kleingruppen (wie Familienverbände) als durch den Staat organisiert werden.

Claus Dierksmeier

Freiheit und Globalisierung

1   Globalisierung und Globalität

Mit atemberaubender Geschwindigkeit verändert der globale Verkehr von Gütern und Menschen das natürliche und kulturelle Antlitz der Erde. Biologische Systeme verschwinden, Gebräuche und Konventionen vergehen, rechtliche wie politische Ordnungen zerfallen, Sprachen sterben aus und zahlreiche religiöse und traditionelle Wertegebilde sind im Rückzug begriffen. An ihrer statt, von exponentiell anwachsenden Informationsaustausch vorangepeitscht, nisten sich neuartige Weisen des menschlichen Miteinanders ein. Ausgefallene Lebensstile und Wertvorstellungen gelangen rasant von entlegenen Regionen der Welt und aus versteckten Winkeln des *Cyberspace* in die Wahrnehmung der Weltbevölkerung. Wenig ist noch privat, fast nichts bleibt mehr bloß lokal und das Internet ebnet mittlerweile die Hindernisse physischen Austauschs so effizient ein, dass heute als trivial erscheint, was noch vor kurzem nur prophetisch geraunt wurde: Dass alles irgendwie mit allem zusammenhängt.

Insofern lässt sich sagen: Globalisierung war gestern. Heute befinden wir uns in der Ära der Globalität. Zwar können noch etliche Prozesse der Globalisierung aufgehalten und manche sogar rückgängig gemacht werden; doch der generelle Zug der Zeit wird sich nicht umkehren. Die Weite und die Tiefe der bereits realisierten Globalisierung zwingt schon heute den meisten Menschen ein Denken in Kategorien von Globalität – ein Rechnen in planetarischen Maßstäben, ein Abwägen von globalen Handlungsfolgen, ein Antizipieren von weltweiten Entwicklungen – auf. Wie auch immer also die zukünftige Weltinnenpolitik aussehen wird, jene Globalität muss als konstitutives Faktum des gegenwärtigen Bewusstseins der Menschheit anerkannt – und in dieser Funktion auch von der Politik berücksichtigt werden.

Obschon es nationenübergreifenden Handel und Kulturaustausch seit jeher gibt, ist doch die heutige Zeit disanalog zu allen vorangehenden Epochen. Wir leben in einer Welt, die sich nicht mehr nur schrittweise globalisiert, sondern die insofern bereits globale Realität hat, als dass weltweite Effekte unseres individuellen Tuns, unseres lokalen Wirtschaftens und unserer nationalen Politik mittlerweile eher im Regel- als im Ausnahmefall auftreten. Globalität ist insofern nur die Chiffre der Zeit, d.h. ein Zeichen unserer Wirklichkeit unmittelbarer Interdependenz, in der uns bewusst wird, dass unsere jeweiligen Aktionen – von der Erderwärmung über kulturelle und soziale Externalitäten unserer Handlungen – unabsehbare Fernfolgen zeitigen, die wir zu vertreten haben.

Während die Rede von Globalisierung noch den Eindruck nahelegt, jene Dynamiken seien geistig wie praktisch kontrollierbar, verweist der Ausdruck Globalität auf eine gegenläufige Sichtweise; er deutet an, dass unser Wissen unserem Wirken nicht gewachsen ist. Die Bedeutung dessen, was wir tun, liegt heute nicht mehr nur akzidentell, sondern prinzipiell jenseits dessen, was wir beabsichtigen und planen. Was wir dabei konkret dem Planeten als Hinterlassenschaft einschreiben, mag zwar vollständig erst in der Zukunft zu entziffern sein, die Verantwortung für unsere Botschaft an die Zukunft indes ist bereits heute unsere abstrakte Bürde.

Während in der Vergangenheit lediglich idealistische Moral dazu aufrief, so zu handeln, als ob wir in unserem Tun der ganzen Welt gegenüber Rechenschaft schuldeten, so dämmert uns derzeit, dass genau dies das Kennzeichen unserer gegenwärtigen Situation ist: Die Grenzen der von uns zu berücksichtigenden räumlichen wie zeitlichen Externalitäten unseres Handelns *ad infinitum* hinauszuschieben, drängt sich zusehends – aufgrund der immer intensiveren und extensiveren Rückwirkung aller von uns gezeitigten Handlungen – als pragmatische Voraussetzung politischer wie ökonomischer Nachhaltigkeit auf. Ob wir zukünftige Globalisierungsschübe verlangsamen oder sogar aufhalten, was bleibt, ist der fundamentale Wechsel unseres geistigen Paradigmas hin zu einem Denkmodell, in dem die unberechenbaren und unbestimmten Handlungsfolgen ebenso thematisch werden wie jene, die von unseren etablierten Modi ökonomischer Buchhaltung und politischer Verantwortungszuschreibung erfasst sind. Globalität – das ist die Einsicht, dass wir einen geschichtlichen Ort erreicht haben, von dem aus die Perspektive moralischer Universalisierung mit der pragmatischen Perspektive des aufgeklärten Selbstinteresses nahezu zusammenfällt. Welche *Governance*-Systeme auch immer wir zukünftig in Anschlag bringen wollen, sie alle müssen jener neuen Prämisse Rechnung tragen: Sofern und sobald politische Legitimierung nicht mehr innerhalb enger geographischer Grenzen generiert werden kann, muss sie sich aus anderen Quellen speisen. Der nationale Grund und Boden kann fortan nicht mehr in Abgrenzung zum Rest des Planeten, sondern nur noch im Sinne einer lokalen Repräsentanz der Menschheit insgesamt angesehen und verwaltet werden.

2 Freiheit

Die Politik der Zukunft wird sich maßgeblich von bisherigem Regieren unterscheiden. In globalisierten Gesellschaften versagen zusehends die traditionellen – religiösen und konventionellen – Werte, die bislang noch den moralischen Kitt unserer Gemeinwesen bildeten. Des einen Gott ist des anderen Götze; die Wahrheit einiger erscheint anderen als Häresie. Je stärker der interkulturelle Austausch und je schneller der kulturelle Wandel, desto schärfer stellt sich das folgende Problem: Regionale Bräuche, tradierte Religion und die Konventionen der Vergangenheit werden nicht mehr fraglos gewürdigt; an ihre Stelle treten neue, andere Werte. Mit jedem Globalisierungsschub reduzieren sich die Reichweite und die Regelungskraft traditioneller Ethiken. Weil jeder gegen Normen andenkt und anrennt, deren Begründung er nicht akzeptiert, geht unserer gemeinsamen Lebenswelt mit jedem Zuwachs an Pluralismus auch immer ein Stückchen geteilte Ordnung verloren. Zugleich jedoch erweist sich die Schnittmenge der bisher weltweit geteilten Werte als zu klein, um allein aus ihr heraus die Probleme des Globus anzugehen. Wie also die Welt verwalten?

Im Reigen aller global in Anspruch genommenen Werte kommt der Freiheit eine Sonderrolle zu. Denn Freiheit muss jeder in Anspruch nehmen; und sei es auch nur, um Freiheitlichkeit in der eigenen Lebensführung abzulehnen. Auch jene, welche sich mit Verve unfreiheitlichen Lebensmodellen verschreiben, tun doch eben dies in freier Selbstbestimmung. Sie haben also keinen (guten) Grund, ebensolche Autonomie anderen zu versagen. Darin – in dieser rekursiv-selbstbegründenden Struktur – ist die Idee der Freiheit einzigartig; und darum empfiehlt sie sich als Ausgangspunkt für das Erarbeiten von kulturübergreifendem Konsens über Wertfragen. Freiheit ist zudem ein struktureller, kein materialer Wert. Sie kann darum mit den meisten materialen Werten zusammen bestehen, ohne von diesen überdeckt oder ersetzt zu werden. Auch darum kommt der Idee der Freiheit in unserer globalisierten Welt eine hervorragende Stellung zu.

Trotzdem hat jüngst das Image der Freiheit stark gelitten. Denn längst nicht alles, was unter dem Banner der Freiheit in den letzten Jahren vermarktet wurde,

344

blieb liberalem Gedankengut treu. Exzessive Deregulierungs- und Privatisierungsmaßnahmen etwa führen keineswegs immer zu einer „Liberalisierung" der Lebenswelt, sondern oftmals zur ökonomischen Versklavung benachteiligter Bevölkerungsteile. Obzwar die Verantwortung für die verantwortungslosen *laissez-faire*-Politiken des *Washington Consensus* allein im neoliberalen Lager und keinesfalls bei den klassischen Liberalen und noch weniger bei den US-amerikanischen *Liberals* liegt, erlitt doch die Idee der Freiheit insgesamt Kollateralschaden. Etliche, die man in das libertäre Prokrustesbett spannte, verargen die dabei erlittenen Verzerrungen dem Freiheitsgedanken schlechthin, nicht nur seiner neoliberalen Perversion. Zudem haben wirtschaftliche wie militärische Ausfälle gegen das internationale Rechtsgefüge und ebensolche Einfälle in nationale Souveränitätsräume, die seitens der USA zynischer- oder/und dummerweise im Namen der Freiheit durchgeführt wurden, dem Nimbus der liberalen Idee geschadet.

Die derzeitige weltweite Krise des Liberalismus kommt also nicht von ungefähr; doch birgt sie auch die Chance zur Neubewertung des Freiheitsideals. Die von der weltpolitischen Situation aufgenötigte Reform des liberalen Denkens kann dieses verjüngen. Zu lange haben angloamerikanische Philosophen den Gehalt der Freiheit allein auf den Schutz von Privatheit und Privatbesitz eingeengt. So wichtig individuelle Handlungsoptionen und Besitzstände sind, so wenig darf man jedoch Freiheit in ihnen aufgehen lassen. Wer Besitz und Konsumwahl zu absoluten Werten deklariert, schließt damit andere, konkurrierende Nuancen der Freiheitsidee aus. Kommunitäre Kritiker inmitten unserer offenen Gesellschaften und extremere externe Stimmen haben schon lange formuliert, dass eine einseitig angloamerikanische Fassung des Freiheitsgedankens diesen zur Farce macht; denn so verkommt das liberale Ideal selbstbestimmten Lebens zu einem kommerzialistischen, hedonistischen und moralisch wie kulturell anspruchslosen Idol. Warum sollten diesem schäbigen Idol hergebrachte Werte und Sitten geopfert werden? Warum sollten Formen und Vorstellungen des guten Lebens zurücktreten, damit eine Vision von Freiheit Raum greifen kann, die unter Liberalismus lediglich die rücksichtslose Maximierung von Profiten oder eine gierige Jagd nach Vergnügungen versteht? Wer kann ernsthaft verlangen, am Wesen solcher Freiheit solle die Welt genesen?

In jenen Debatten benutzen Gegner wie Befürworter zumeist eine *quantitative* Konzeption von Freiheit („mehr Wahlmöglichkeiten", „weniger Staat", „maximales Selbstinteresse" oder, so schlicht wie schlecht, „mehr Netto"). Freiheit darf jedoch nicht mit der schieren Anzahl von Wahlmöglichkeiten verwechselt werden. So wie jeder Einzelne eine kleine Anzahl attraktiver Optionen jederzeit einer großen Menge sinnloser Wahlmöglichkeiten vorzieht, so muss auch jede politische Gemeinschaft die Weisheit besitzen, eine qualitative Bewertung ihrer Optionen vorzunehmen. Genau darin aber zeigte sich in der jüngeren Vergangenheit der Westen so uneinsichtig wie ungeschickt. Im trunkenen Glauben an den Markt feierte man das schiere Anwachsen an Möglichkeiten, ohne auf deren Qualität zu achten, was nicht selten zum Triumph von Kapital über Kultur führte. Im plutokratischen Acker des Marktes gedeiht Kultur eben eher schlecht als recht. Und auch das zarte Pflänzchen der Demokratie nimmt hier schnell Schaden. Denn je mehr die Politik sich vermarktet und den Markt bzw. arbiträre Kosten/Nutzen-Kalküle zum Richter über das Gemeinwohl erhebt, umso mehr verkommt Demokratie von einer deliberativ-allseitigen Willensbildung zu einem finanzgetriebenen Prozess organisierter Mehrheitsmeinungsmache.

Wenn die Idee der Freiheit lediglich in quantitativen Kategorien gedacht wird, verlieren sich ihre zentralen qualitativen Bestimmungen. Wer demgegenüber der Freiheit Würde restaurieren will, dem muss es darum gehen, eben jene *qualitativen* Aspekte wieder hervorzuheben, die herausstellen, welche Art von Freiheit wir Grund haben zu schätzen und zu schützen. Die Idee der qualitativen Freiheit verschränkt nämlich grundsätzlich die individuelle mit der universellen Freiheit. Demzufolge ist Freiheit genau dann verteidigenswert, wenn unser Anspruch auf Freiheit die Anerkennung unserer Pflicht zur Freisetzung anderer einschließt. Der Anspruch auf Freiheit des einen schließt die Befreiung aller anderen mit ein. Solange auch nur eine Person unfrei ist, bleibt, der Idee nach, die Freiheit aller unvollkommen.

Recht verstanden erstreckt sich Freiheit auf alle Personen. Rasse, Geschlecht und Religion sind für den Anspruch auf Freiheit unerheblich, aber auch zeitliche und räumliche Distanz. Die Bürger ferner Länder und die Angehörigen zukünftiger Generationen haben ebenso Anspruch auf die Zugangsbedingungen zu einem freien Leben wie Menschen, mit denen wir in direkter Interaktion stehen. Der universale Anspruch der Freiheit gibt, als universaler Anspruch auf Freiheitszugangsbedingungen, dem Freiheitsgedanken die nötigen qualitativen Konturen, von denen her sich sodann gesellschaftlich die jeweils angemessenen Quantitäten (Größe der persönlichen Freiheitsräume, Reichweite gesellschaftlicher Mitbestimmung, etc.) festlegen lassen.

Bloße Abstinenz vom Beeinträchtigen der Rechte anderer reicht nicht aus. Wahre Freiheit verlangt das aktive Ermöglichen und Unterstützen der Autonomie anderer. Denn Freiheit ist, was seltsamerweise oft übersehen wird, ein kulturelles Produkt. Sie wächst nicht auf Bäumen, sondern gedeiht nur in (gewissen) Gesellschaften. Freiheit ist vermittels der gesellschaftlichen Bedingungen, die sie ermöglichen und schützen, eine durch und durch soziale Errungenschaft. Ohne gesellschaftlichen Subtext mögen wir zwar auf metaphysische Freiheit rekurrieren, aber unsere Chancen, diese lebenspraktisch zu kultivieren, wären vernachlässigenswert. Freiheit benötigt daher sowohl ein reges bürgerschaftliches Engagement wie auch einen aktivierenden Sozial- und Kulturstaat.

Insofern die Idee der qualitativen Freiheit die Anliegen sowohl der individuellen wie der gesellschaftlichen Freiheiten vermittelt, so dass alle in Freiheit leben können, zieht dies auch Konsequenzen für den Demokratiebegriff nach sich. Die Idee der qualitativen Freiheit holt die Demokratie vom Thron eines vergötterten Selbstzwecks und gewährt ihr untergeordneten, funktionalen Rang: Demokratie wird Mittel zum Zweck des autonomen Lebens aller. Sie gewinnt ihre Souveränität nicht aus sich, sondern aus ihrem Aufgabenzusammenhang. Auf die Formel gebracht soll Demokratie dasjenige Prozedere darstellen, mittels dessen aus Betroffenen Beteiligte werden. Was alle betrifft, soll auch von allen mit gestaltet werden. Darum ist auch über die nationalstaatlichen Ordnung hinaus die Forderung nach globalen demokratischen Strukturen notwendig und sinnvoll.

Denn die universalen Ansprüche und Auswirkungen einer globalen Politik der Freiheit müssen zweierlei leisten: Sie haben die Spezifität des Regionalen zu integrieren und dürfen doch nicht das Allgemeine dem Lokalen relativistisch ausliefern. Beide Pole sind zu vermitteln im Ermitteln eines konkret-allgemeinen Gemeinwillens. Während die faktische Willensbildung zumeist *bottom-up* verläuft, werden die in diesen Verfahren zur Geltung gebrachten Ansprüche jedoch normativ-kritisch an einer *top-down* heruntergereichten Legitimationskette gemessen, deren höchsten Punkt die Gesamtheit aller Personen bildet. Mit anderen Worten, die Menschheit insgesamt liefert den höchsten Legitimationsgrund politischen Handelns überhaupt. Es handelt sich also bei nationaler Politik streng genommen um Subsidiarität in scharf umrissenen normativen Grenzen: Nur Unterfangen, die im Namen der Menschen gerechtfertigt werden können, dürfen subaltern Legitimität beanspruchen. Nationale Souveränität ist nicht und niemals absolut.

3 Global Government versus Global Governance

Globale Probleme verlangen (zumeist) nach globalen Lösungen, die (oft) globale Institutionen voraussetzen, welche ihrerseits (nicht selten) auf einem zumindest minimalen globalen Wertekonsensus aufruhen. Von daher scheint ohne globale Werte globalen Problemen nur schwer und selten beizukommen zu sein. Zugleich aber fürchten viele eine Weltmonokultur, die mit uniformen und standardisierten Verfahren der inhärenten Diversität unserer globalen Lebenswelt Gewalt antut. Aus Gründen kultureller Sensibilität und moralischer Empathie scheint demgegenüber ein relativistischer Zugang bzw. eine Präferenz des Regionalen über das Universale geboten.

Dennoch ist der Ruf nach *Global Government*, normativ betrachtet, unabweisbar, wo immer Menschen faktisch aufeinander einwirken. Wo die Auswirkung von privatem und wirtschaftlichem Handeln über die Grenzen nationaler Rechtsordnungen hinausreichen, muss das Recht auf dem Fuße folgen – und sich gleichermaßen globalisieren. Niemand soll schließlich Richter in eigener Sache sein. Wo also Konflikte möglich sind, haben unparteiliche Schlichtungsinstitutionen wirklich zu sein; und da jede Judikative eine Legislative und eine Exekutive benötigt, folgt die Forderung nach einer weltweiten Rechtsordnung der Faktizität weltweiter Interaktion auf dem Fuße.

Jedoch besteht eine wichtige Disanalogie zwischen dem Naturzustand der Individuen, d.h. bevor sie sich erstmalig gesellschaftlich organisieren, und der gegenwärtigen supranationalen Rechtslage. Durch ihre Einbindung in Nationalstaaten sind die meisten Personen bereits weitgehend rechtlich abgesichert, so dass die Notwendigkeit einer unmittelbaren Mitgliedschaft aller Menschen in einem Weltbürgerstaat kaum zu deduzieren ist. Zu fordern bleibt indes, dass alle im bisherigen Rechtsgefüge noch unterbestimmten Rechtsräume durch geeignete global wirkende Institutionen ausgestaltet werden. Im Zeitalter der Globalität gibt es nicht wenig solcher gestaltungsbedürftigen Rechtsräume. Das Nationalstaatsmodell muss daher nicht nur akzidentell, sondern prinzipiell zugunsten einer Weltrechtsordnung überformt werden, welche es zu ihrem expliziten Anliegen macht, diejenigen Konsequenzen individuellen, korporativen wie staatlichen Handelns auszugleichen, welche jenseits des nationalen Verantwortungsraumes zu Buche schlagen.

Während innerhalb des Staatsterritoriums niedergehende negative Externalitäten noch durch nationale Gesetzgebung internalisiert und neutralisiert werden können, ist dergleichen im Hinblick auf globale Externalitäten zumeist nicht der Fall. Die Unterregulierung des globalen Wirtschaftsraumes schafft bekanntlich das Problem des *race-to-the-bottom*: Wirtschaftliche Akteure können sich Produktionsorte suchen, an denen ihnen mangels adäquater rechtlicher Rahmen für kontextschädliches Handeln geringe oder gar keine Kosten entstehen. So trägt die Weltgemeinschaft die Kosten für ein nicht-nachhaltiges privatwirtschaftliches Profitstreben – und damit wird das Legitimitätsmodell des Kapitalismus (nämlich: durch privates Gewinnstreben gesellschaftlichen Mehrwert zu erzeugen) *ad absurdum* geführt. Vielmehr untergräbt so eine quantitativ entgrenzte wirtschaftliche Freiheit die Bestandsbedingungen der politischen wie ökonomischen Ordnungen qualitativer Freiheit.

Bisher hat die systemische Stelle, die einer repräsentativ legitimierten Weltrechtsordnung gebührt, die unheilige Allianz aus WTO, IMF und Wall Street übernommen, die im *Washington Consensus* ihr Credo formulierte. Der – gewiss nicht immer unberechtigte – Vorwurf, diese Institutionen hätten die legitimen Anliegen der Entwicklungsländer zugunsten weit weniger legitimer Interessen ökonomisch besser gestellter Klienten vernachlässigt, hat der Weltinnenpolitik nachhaltig geschadet. Denn so wurde das ebenso notwendige wie respektable Vorhaben, grundlegende globale Standards zur Wohlfahrt aller zu verabreden, in unnötigen Zweifel gezogen. Denn schließlich ist mit radikaler wertrelativistischer Skepsis niemandem geholfen. Subsidiarität und Föderalismus sind für das Management einer komplexen Welt unabdingbar, doch ein überzogener Rückzug ins Regionale verkennt, dass auch lokale Ordnungen von globalen Kontexten abhängen. Bleiben diese unreguliert, werden sie das Lokale unterminieren. Ohne eine zumindest minimal gerechte sowie nachhaltige Weltwirtschaftsordnung würde zum Beispiel die ungeheure Macht, die heutzutage transnationalen Korporationen haben, alsbald die letzten Reste örtlicher Eigenständigkeit vom Erdboden fegen. Und was über Jahrhunderte aus mühevoller kultureller Konstruktion erwuchs, würde in wenigen Wochen von der entfesselten Dynamik der Weltfinanz hinfort getragen.

Man bedenke: Zwei Drittel der 150 finanzkräftigsten Institutionen der Erde sind heute nicht mehr Staaten, sondern Unternehmen. Aufgrund ihrer geballten Macht kommt ihnen eine nicht mehr nur private, sondern öffentliche Verantwortung zu. Transnationale Konzerne sind *de facto* politische Entitäten und müssen auch als solche erkannt und in die Pflicht genommen werden. Interessanterweise wird diese Sicht in etlichen Firmenetagen geteilt. Aus einem Interesse an langfristiger Profitabilität heraus verschreiben sich zusehends mehr Unternehmen dem ökologischen wie sozialen Ressourcenschutz. Der Wille zur Nachhaltigkeit ist allenthalben präsent und drängt zu institutionellen Neuerungen. Deren Ziel ist es, die systemischen Anreize zu jenen Abwährtsspiralen abzuschaffen, die bisher den wirtschaftlichen Globalisierungsprozess charakterisieren. In den vergangenen Jahren sind darum durch freiwillige Selbstbindungen wirtschaftlicher Akteure sektor-spezifische Programme (wie der *Kimberly Process* in der Diamantenbranche), industrieweit operierende Institutionen (z.b. EITI in der Abbauwirtschaft) und universal ansetzende Institutionen (*UN Global Compact*) entstanden, die mit den Mitteln weicher Sanktionen (organisierte Öffentlichkeit, Reputationsschäden, Kooperationsverweigerung) zu erreichen suchen, was auf globaler Ebene (noch) nicht mittels harter, rechtlicher Sanktionen durchsetzbar ist: *Fairness* im globalen Wettbewerb.

Von diesen Institutionen geht ein neuer Impuls aus, der optimistisch stimmt. Dass ein Wirtschaften zum Wohle der natürlichen wie kulturellen Mitwelt möglich und profitabel sein kann, wird immer mehr zum gedanklichen Allgemeingut einer sich von innen heraus reformierenden und bisweilen, z.B. im *Social Entrepreneur*-Sektor, geradezu revolutionierenden Wirtschaft. Es ist zu hoffen, dass die Politik die Zeichen der Zeit erkennt und der Wirtschaft und dem Zivilsektor in ihren Bemühungen um eine sinnvolle Regulierung unserer geteilten globalen Lebenswelt folgt. Denn auch die besten sanften Sanktionen können nicht Institutionen verbindlichen Rechts ersetzen. Nicht jeder Konflikt kann durch Mediation beigelegt, nicht jede Spannung bi- oder multi-lateral aufgehoben werden.

Am Extremfall zeigt sich stets erneut, dass gesellschaftliches Miteinander mehr ist als ein zu sozialen Dimensionen aufgeblähter Privatvertrag. Der (auch Asymmetrien verkraftende) Pakt, den Menschen mit einander schließen, um Gesellschaften zu begründen, formuliert die Grundlage der (zumeist auf symmetrische Reziprozität bedachten) Privatautonomie; nicht umgekehrt. Darum muss der Lebenswirklichkeit unserer Globalgesellschaft eine angemessene Rechtswirklichkeit nachgeliefert werden. Wer vom Handeln anderer positiv wie negativ affiziert werden kann, hat ein Anrecht darauf, die jenes Handeln bestimmenden Entscheidungen zu beeinflussen. Was alle betrifft, ist Sache aller; und deshalb steht in Geltungsfragen die Idee eines allseitigen Menschheitsbundes über all jenen zwei- und mehrseitigen Bindungen und Institutionen, zu denen sich Menschen und Völker global zusammenfinden.

Es ist nicht das pluralistische Gewebe faktisch eingegangener Verbindlichkeiten, aus dem der Gedanke globalen Rechts Legitimität erfährt, sondern umgekehrt folgt aus dem Anspruch jeder Person auf den umfassenden und unbedingten Schutz ihrer Würde die Legitimität aller Unterfangen, eben jene Würde durch die Verabredung rechtlicher Pflichten zu wahren und zu schützen. Genesis und Geltung globaler Rechtsakte fallen also auseinander. Während (genetisch) durchaus *Global Governance* das derzeit geeignete Mittel zum Zweck sein kann, um das menschliche Zusammenleben durch soziale und ökologische Standards zu optimieren, so ist und bleibt doch (geltungstheoretisch) das subjektive Anrecht auf rechtliche Verbindlichkeit zentral: In einigen Felder kann dieselbe nur durch *Global Government* dauerhaft gesichert werden. Während nämlich für einige Ziele der Menschheit der flexible Zugang von *Global Governance* sich als durchaus geeignet erweist, wird für andere, etwa den unbedingten Schutz der Menschenrechte, sicherlich besser durch klassische *Government*-Institutionen gesorgt.

Wie auch immer aber die Weltgemeinschaft jene Verfahrensfrage letztendlich entscheidet, die Zielperspektive, in der die Auswahl der jeweils geeigneten politischen Realisierungsmittel getroffen werden muss, lässt sich bereits heute klar konturieren: Die Welt war und ist Gemeinbesitz aller Menschen – und genauso sollte sie auch behandelt werden; nämlich im Dienste und zur Förderung der qualitativen Freiheit aller.

Autorenverzeichnis

Dr. Patrick Adenauer, geb. 1960, ist Präsident des Verbandes „Die Familienunternehmer – ASU". Zuvor arbeitete er als Unternehmensberater in Düsseldorf und New York und war Geschäftsführer der Unternehmensgruppe Bauwens. Er ist Mitglied der CDU.

Alexander Alvaro, geb. 1975, ist seit 2004 Mitglied des Europäischen Parlaments und dort innenpolitischer Sprecher der „Allianz der Liberalen und Demokraten für Europa" (ALDE). Er ist zudem Mitglied im Ausschuss für bürgerliche Freiheiten, Justiz und Inneres.
www.alexander-alvaro.de

Daniel Bahr, geb. 1976, ist seit 2002 Mitglied des Deutschen Bundestages. Zwischen 2002 und 2005 war er der Sprecher der FDP-Fraktion für demographische Entwicklung, Behindertenpolitik und Pflege. Seit 2005 ist er gesundheitspolitischer Sprecher.
www.daniel-bahr.de

Nicola Beer, geb. 1970, ist Mitglied des Hessischen Landtags, wo sie als stellvertretende Fraktionsvorsitzende der FDP-Fraktion und deren Sprecherin für Wissenschaft, Kultur und Justizvollzug tätig ist. Sie gehört dem Bundesvorstand der FDP an und arbeitete vor ihrer politischen Laufbahn als Rechtsanwältin.
www.nicola-beer.de

Jörg Bode, geb. 1970, ist Parlamentarischer Geschäftsführer sowie innenpolitischer Sprecher der FDP-Fraktion im Niedersächsischen Landtag. Vor seinem Wechsel in die Politik arbeitet er für die Commerzbank und die Deutsche Bank.
www.joerg-bode.de

Marco Buschmann, geb. 1977, arbeitet als Rechtsanwalt für eine US-amerikanische Sozietät. Er war Mitglied der Grundsatzprogrammkommission der Jungen Liberalen und wirkte in der Arbeitsgruppe mit, die den Leitantrag zur Innen- und Rechtspolitik für den FDP-Bundesparteitages 2005 vorbereitete.

Prof. Dr. Claus Dierksmeier, geb. 1971, unterrichtet Philosophie am *Stonehill College* in Easton (Boston), USA. Seine Spezialgebiete sind die Wirtschafts- und Politikphilosophie. Gegenwärtig ist er auch als akademischer Berater des *Strategy Institute* der *Boston Consulting Group* zu Fragen der *Corporate Social Responsibility* tätig.

Dr. Achim Doerfer, geb. 1965, ist Rechtsanwalt und Fachanwalt für Handels- und Gesellschaftsrecht. Seit 1997 selbständig mit eigener Kanzlei in Rechts- und Steuerberatung. Seit 2001 Bundesvorsitzender der Liberalen Türkisch-Deutschen Vereinigung.
www.ltd-ev.de und www.radoerfer.de.

Patrick Döring, geb. 1973, ist seit 2005 Mitglied des Deutschen Bundestages. Der studierte Ökonom ist dort Sprecher der FDP-Fraktion im Ausschuss für Stadtentwicklung und EU-Fragen.
www.patrick-doering.de

Angela Freimuth, geb. 1966, ist Rechtsanwältin und seit 2000 Mitglied des Landtags Nordrhein-Westfalen. Sie die Haushalts- und Finanzpolitische Sprecherin der FDP sowie Landtags-Vizepräsidentin.
www.angela-freimuth.de

Otto Fricke, geb. 1965, sitzt seit 2002 für die FDP im Deutschen Bundestag. Dort ist er Vorsitzender des Haushaltsausschusses.
www.otto-fricke.de

Christopher Gohl, geb. 1974, ist als Senior Berater eines etablierten Unternehmens der politischen Kommunikation im Bereich organisierter öffentlicher Dialoge tätig. Vor seiner Elternzeit bis Mitte 2009 war er Projektleiter beim größten politischen Mediationsverfahren in Deutschland, dem Regionalen Dialogforum Flughafen Frankfurt.

Miriam Gruß, geb. 1975, ist seit 2005 Mitglied des Deutschen Bundestages. Die Politikwissenschaftlerin ist kinder- und jugendpolitische Sprecherin der FDP-Bundestagsfraktion und Mitglied im Ausschuss für Familie, Senioren,

Frauen und Jugend. Von Juli 2007 bis April 2008 stand sie der Kinderkommission des Deutschen Bundestages vor.
www.miriam-gruss.de

Dr. Christoph Hartmann, geb. 1972, ist seit 2002 Landesvorsitzender der FDP Saar und seit 2004 Vorsitzender der FDP-Landtagsfraktion Saarland. Zuvor war er bildungspolitischer Sprecher der FDP-Bundestagsfraktion.
www.christoph-hartmann.de

Dr. Richard Herzinger, geb. 1955, ist Redakteur der *Welt am Sonntag*. Davor war er Redakteur bei der *Zeit* und Deutschlandkorrespondent der Zürcher *Weltwoche*.

Stefan Kapferer, geb. 1965, ist Staatssekretär im niedersächsischen Ministerium für Wirtschaft, Arbeit und Verkehr.

Michael Kauch, geb. 1967, ist seit 2003 Mitglied des Deutschen Bundestages. Er ist umweltpolitischer Sprecher der FDP-Bundestagsfraktion, Mitglied im Parlamentarischen Beirat für Nachhaltige Entwicklung sowie Vorsitzender des Bundesfachausschusses Soziales der FDP.
www.michael-kauch.de

Prof. Dr. Roland Kirstein, geb. 1965, unterrichtet *Business Economics* an der Otto-von-Guericke-Universität Magdeburg. Seine Forschungsinteressen liegen auf dem Gebiet der Kollektiven Entscheidungen und der Ökonomischen Analyse des Rechts.
www.rolandkirstein.de

Dr. Silvana Koch-Mehrin, geb. 1970, ist seit 2004 Mitglied des Europäischen Parlaments. Sie ist stellvertretende Vorsitzende der „Allianz der Liberalen und Demokraten für Europa" (ALDE) und Mitglied des FDP-Bundesvorstandes.
www.koch-mehrin.de

Prof. Dr. Dr. Olaf Kühne, geb. 1973, ist außerplanmäßiger Professor für Geographie an der Universität des Saarlandes, Direktor des Instituts für Landeskunde im Saarland e.V. und Leiter des Referates Landesplanung im Ministerium für

Umwelt des Saarlandes. In seiner wissenschaftlichen Arbeit befasst er sich insbesondere mit den Themen Stadt- und Regionalsoziologie, Raumordnung und Landschaftskunde.

Patrick Kurth, geb. 1976, Politikwissenschaftler, ist seit 2004 FDP-Generalsekretär in Thüringen und für den Landesverband Spitzenkandidat für die Bundestagswahl 2009.
www.patrick-kurth.de

Christian Lindner, geb. 1979, ist seit 2000 Mitglied des Landtags Nordrhein-Westfalen und seit 2005 stellvertretender Fraktionsvorsitzender der FDP-Landtagsfraktion. Er ist zudem FDP-Generalsekretär in Nordrhein-Westfalen und Mitglied des Bundesvorstandes der FDP. Im September 2009 kandidiert er für den Deutschen Bundestag.
www.christian-lindner.de

Horst Meierhofer, geb. 1972, ist seit 2005 Mitglied des Deutschen Bundestages. Er ist Sprecher der FDP-Bundestagsfraktion für Gewässerschutz, Umweltplanung und Entsorgungswirtschaft sowie Mitglied des Umweltausschusses.
www.horst-meierhofer.de

Jan Mücke, geb. 1973, ist seit 2005 Mitglied des Deutschen Bundestages und seitdem Parlamentarischer Geschäftsführer der FDP-Bundestagsfraktion.
www.jan-muecke.de

Gisela Piltz, geb. 1964, ist seit 2002 Mitglied des Deutschen Bundestages. Sie ist Innen- und Kommunalpolitische Sprecherin der FDP-Bundestagsfraktion.
www.gisela-piltz.de

Dr. Ulf Poschardt, geb. 1967, ist seit 2008 stellvertretender Chefredakteur der *Welt am Sonntag*. Zuvor arbeitet er u.a. als Chefredakteur des Magazins der *Süddeutschen Zeitung* und Gründungschefredakteur der deutschen Vanity Fair. Er ist Autor der Bücher „DJ Culture", „Anpassen", „Cool" und „Über Sportwagen".

Florian Rentsch, geb. 1975, ist seit 2003 Mitglied des Hessischen Landtags und seit 2008 Parlamentarischer Geschäftsführer sowie gesundheits- und familienpolitischer Sprecher der FDP-Fraktion.
www.florian-rentsch.de

Dr. Philipp Rösler, geb. 1973, ist seit Februar 2008 Niedersächsischer Minister für Wirtschaft, Arbeit und Verkehr und seit 2006 Landesvorsitzender der FDP in Niedersachsen.
Er ist zudem Mitglied im Präsidium der FDP-Bundespartei.
www.philipp-roesler.de

Frank Schäffler, geb. 1968, ist seit 2005 Mitglied des Deutschen Bundestages, wo er für die FDP Mitglied im Finanzausschuss ist.
www.frank-schaeffler.de

Marina Schuster, geb. 1975, ist seit 2005 Mitglied des Deutschen Bundestages. Sie ist Mitglied im Auswärtigen Ausschuss und dort vor allem für die Themen Afrika und Lateinamerika zuständig. Darüber hinaus ist die gelernte Diplom-Kauffrau Obfrau und Sprecherin im Unterausschuss Globalisierung und Außenwirtschaft.
www.marina-schuster.de

Prof. Dr. Volker Stein, geb. 1966, ist seit 2006 Inhaber des Lehrstuhls für Betriebswirtschaftslehre mit Schwerpunkt Personalmanagement und Organisation an der Universität Siegen.
www.pmg.uni-siegen.de

Florian Toncar, geb. 1979, ist Mitglied des Deutschen Bundestages. Der Jurist ist dort Sprecher der FDP-Fraktion für Menschenrechte und humanitäre Hilfe.
www.florian-toncar.de

Johannes Vogel, geb. 1982, ist seit 2005 Bundesvorsitzender der FDP-Jugendorganisation Junge Liberale. Er studiert Politische Wissenschaft, Geschichte und Öffentliches Recht in Bonn.
www.johannes-vogel.de

Dr. Volker Wissing, geb. 1970, ist seit 2004 Mitglied des Deutschen Bundestages und Obmann der FDP im Finanzausschuss. Er ist zudem Sprecher der FDP-Bundestagsfraktion für Föderalismusreform. Vor seiner politischen Laufbahn arbeitete er als Richter am Landgericht Landau.

www.volker-wissing.de